唐平铸文革实录

《毛主席语录》的诞生及其他

唐平铸文革实录

唐炎明、唐亚明　著

中文大學出版社

《〈毛主席语录〉的诞生及其他：唐平铸文革实录》

唐炎明、唐亚明 著

© 香港中文大学 2019

国际统一书号（ISBN）：978-988-237-069-2

出版：中文大学出版社
　　　香港 新界 沙田 · 香港中文大学
　　　传真：+852 2603 7355
　　　电邮：cup@cuhk.edu.hk
　　　网址：www.chineseupress.com

The Birth of Quotations from Chairman Mao *and So On:*
Tang Pingzhu's True Records of the Cultural Revolution (in Chinese)
　　By Tang Yanming and Tang Yaming

© The Chinese University of Hong Kong 2019
All Rights Reserved.

ISBN: 978-988-237-069-2

Published by The Chinese University Press
　　　　　The Chinese University of Hong Kong
　　　　　Sha Tin, N.T., Hong Kong
　　　　　Fax: +852 2603 7355
　　　　　Email: cup@cuhk.edu.hk
　　　　　Website: www.chineseupress.com

Printed in Hong Kong

目录

学生时代的唐平铸（1933 年）

唐平铸和陈友孟结婚照（1929 年于武汉）

唐平铸（左二）高兴地站在缴获的山炮上（1947 年）

唐平铸（1949 年）

重庆解放时任 34 师政委的唐平铸（中）
与战友们合影（1949 年）

时任重庆军管会主任的唐平铸与妻子陈友孟和
在重庆出生的两个女儿（1952 年）

唐平铸（后排左四）在朝鲜采访中朝军队（1956 年）

唐平铸在北京接待苏军代表团（1956年）

唐平铸与家人（1958年）

唐平铸在苏联《红星报》
参观学习（1959 年）

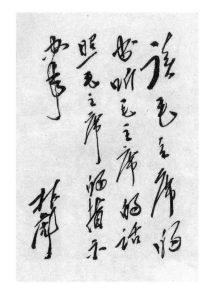

林彪应唐平铸所请为《毛主席语录》
题词"读毛主席的书，听毛主席的话，
照毛主席的指示办事"。（1965 年）

1965 年 5 月 1 日《解放军报》
首次在报眼位置刊登"毛主席语录"

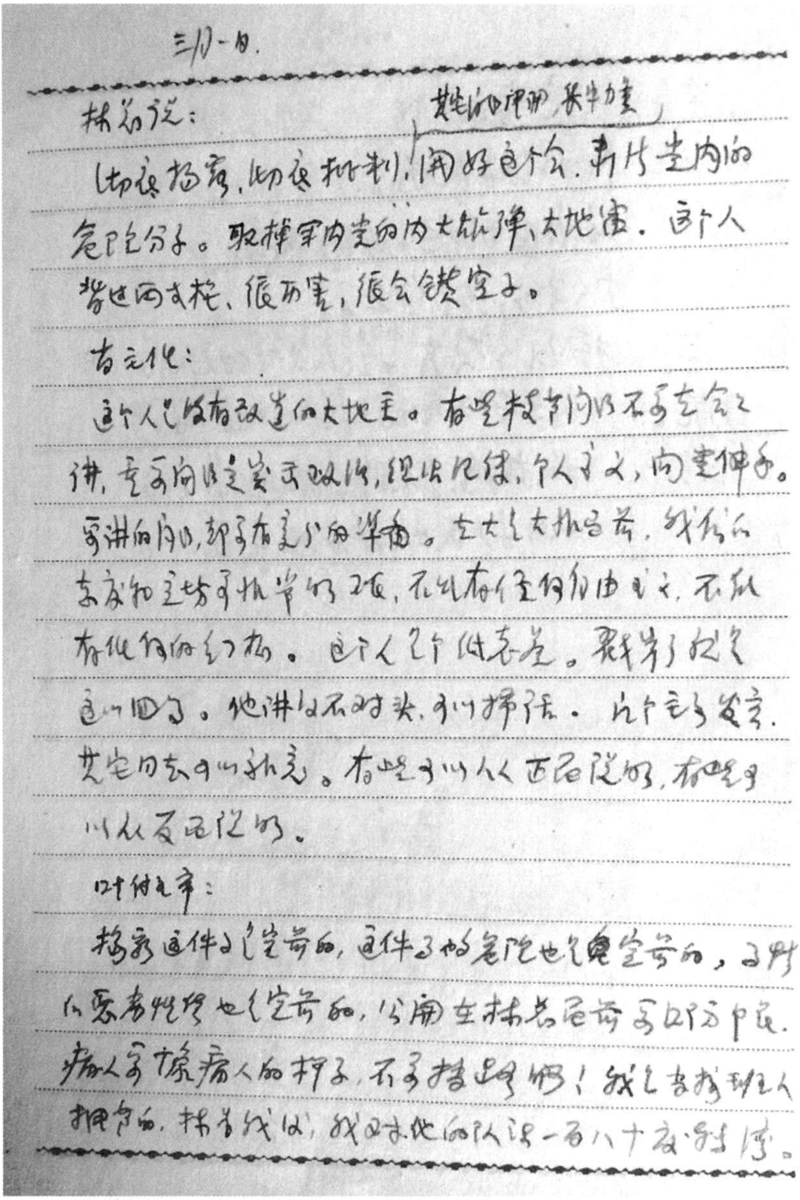
三月一日.

林总说：

一切要揭露，一切要批判，开好这个会。揭发党内的危险分子。睡在我们党内的大炸弹、大地雷。这个人背后两支枪，很厉害，很会钻空子。

[illegible]

这个人是没有改造的大地主。[illegible]

[illegible]

[illegible]我对他的认识一百八十度转弯。

唐平铸记录的林彪、肖华、叶剑英对罗瑞卿的批判（1966年）

唐平铸（1965 年）

批罗会议期间的唐平铸与家人在北京潭柘寺（1966 年）

毛泽东、江青、李讷（前排左一）在天安门，
后排左二为唐平铸（1966年8月18日）

林彪（左三）在天安门城楼与唐平铸（左二）
等人合影（1966年8月31日）

平铸胜同志 同愿头
人民日报社 公用 信笺

总理：

送上"抓革命，促生产"社
论，请审阅。社论初稿已经
伯达同志审改过。准备今晚用。

敬礼！

已呈送主席、陶铸
同志审阅。

唐平铸
九月六日

在唐平铸呈送的《人民日报》社论《抓革命，促生产》
信上，周恩来批复："平铸同志：同意。"（1966 年 9 月）

毛泽东和和手挥《毛主席语录》的林彪

并排站在天安门（1966 年 10 月 1 日）

中央文革小组接见红卫兵

（左起：关锋、陈伯达，江青、唐平铸）（1966 年 12 月）

再版前言

毛泽东同志是当代伟大的马克思列宁主义者。毛泽东思想是在帝国主义走向崩溃、社会主义走向胜利的时代，在中国革命的具体实践中，在党和人民的集体奋斗中，应用马克思列宁主义的普遍真理，创造性地发展了的马克思列宁主义。毛泽东思想是中国人民革命和社会主义建设的指针，是反对帝国主义的强大的思想武器，是反对修正主义和教条主义的强大的思想武器。毛泽东同志不但规定了我军坚定不移的政治方向，而且规定了我军建设唯一正确的路线。我们党的指导思想，我们党的斗争经验，我们党的理论，最概括地集中到了毛泽东思想里。因此，永远高举毛

1

唐平铸把《毛主席语录》前言改为林彪再版前言的
手稿原件（1966 年 12 月）

毛泽东和林彪在天安门上接见新闻界负责人
（左起：唐平铸、胡痴、穆欣）（1967 年 5 月 1 日）

唐平铸（右一）在北京工人体育场被批斗（1967 年 1 月）

唐平铸（中）在文革期间被长期监禁的建筑物前与
亚明（左）、炎明（右）合影（1982年）

唐平铸（右二）带病视察战斗过的部队（1984年）

自序

我们面前放着一堆已经发黄的文化大革命时期的资料。翻阅这些尘封年久的文件、会议记录、专案材料、笔记及平反结论，思绪一下子被带回了那个年代。文革伊始的 1966 年 5 月 30 日，刘少奇、周恩来、邓小平致信毛泽东，拟派陈伯达率中央工作组进驻《人民日报》，在外地的毛泽东当日批准同意。刘少奇接见《解放军报》副总编辑唐平铸，宣布中央任命其为《人民日报》代总编辑的决定。1966 年 6 月，唐平铸从中央军委机关报《解放军报》调往中共中央机关报《人民日报》，任党委书记、代总编辑和临时工作委员会负责人，同时担任全国记者协会副主席。1966 年 8 月 28 日，毛泽东专门召见了唐平铸和《解放军报》代总编辑胡痴。1967 年 1 月经毛泽东和中共中央批准，中央军委决定成立以徐向前为首的全军文革小组，唐平铸是小组成员，并兼任军报顾问。

在文化大革命的各个阶段，毛泽东、林彪、周恩来、陶铸、陈伯达以及中央文革直接领导了《人民日报》和《解放军报》。当年，这两份最具影响力和权威性的报纸是全国的舆论中心，是向亿万群众传达、布置"无产阶级司令部"最高指示、命令的"中央文件"。

由《解放军报》编辑的《毛主席语录》在文化大革命中占有特殊的地位。唐平铸是《语录》编辑出版的主要负责人和编者，是署名林彪的"再版前言"的起草人。本书如实地写出了《语录》产生的背景及经过，写出了林彪最初不同意题字，是江青提出用林彪的名义写再版前言，并与周恩来、康生、陈伯达等人修改、审定的事实，以及《语录》给人们的启示、教训和借鉴。

文革初期被打倒的第一人是罗瑞卿。本书披露了"批罗"会议的内幕，包括唐平铸保存多年、鲜为人知的邓小平主持的"批罗"会议记录，罗瑞卿的检查，周恩来、邓小平等人在京西宾馆会议上的讲话以及将帅们的发言等——从中可以看出毛泽东动用"枪杆子"开展文化大革命的全过程。笔者从历史角度探讨一大批党和军队领导人参加"批罗"的深层原因，并分析毛泽东如何用"批海瑞罢官"和"批罗"，从一文一武开刀，拉开了文化大革命的序幕。另外也展示了"批罗"会议后，《解放军报》连续发表七篇论"突出政治"的社论及相关背景。

本书引用了胡痴亲笔记述的经毛泽东同意、江青把女儿肖力（即李讷）安插到解放军报社的详细经过。在毛泽东的支持和江青的谋划下，肖力制造了震惊军内外的"一·一三"事件，把《解放军报》牢牢控制在中央文革手中。唐平铸也为此遭到了厄运。

震惊中外的"揪军内一小撮"是文化大革命中的重大事件之一。它是一场刮向军队的夺权风暴，数以万计的人受到揪斗和株连。时至今日，对这一问题仍然众说纷纭。本书用史料及唐平铸的经历揭示了这一事件的内幕，指出了毛泽东在这一问题上的责任，分析了毛泽东晚年的心态和党内民主的症结。

《人民日报》是全国第一个被夺权的单位。本书剖析了文革初期《人民日报》和《解放军报》发表的重要社论、评论及文章的起草、定稿及审批过程。从中可以看出，毛泽东统领着文化大革命的舆论导向。在指导这场运动的全局性文章、文件中，不仅有他的口述，有他发出的最高指示，有他亲笔写的评论和段落，有他亲自删改、添加的文字，而且重要的社论大多是由他签发的。

本书记述了《解放军报》和《人民日报》对"触及灵魂的大革命"所起的推波助澜的作用，并记述了唐平铸由想紧跟、跟不上，到不理解、有抵制，直至被批斗、监禁，在那"如火如荼"的岁月里被政治漩涡吞没的全过程。书中也出示了康生、江青相互批示，密谋除掉唐平铸的亲笔信内容。抄录了时任副总理的谭震林直接写给林彪的信件，信件怒斥江青一伙，发泄对文革的不满，为陶铸、刘志坚、唐平铸等人鸣不平。

作为军队的笔杆子，唐平铸多次参加了中央军委重要文件、军委负责人讲话和有关各项指示、命令的起草以及军队条令条例的编写等工作。如：1960 年，他是毛泽东批准的军委扩大会议《决议》的主要执笔人；1962 年，他在为林彪撰写"七千人大会"上的发言稿时，目睹了持反对意见的罗瑞卿与叶群面对面的激烈冲突，林彪重新拉了"条子"；1964 年，他根据林彪接见刘志坚和他本人的口述，起草了经毛泽东肯定的、林彪著名的"突出政治"指示；1965 年，他参加了贺龙《中国人民解放军的民主传统》一文的起草，他是林彪署名的《人民战争胜利万岁》一文的撰稿人之一；1966 年，江青、康生主持中央文革对林彪的"五一八"讲话（即后来所说的政变讲话）进行修改和补充，军委让他代表军队参加了整理。此外，他还主持了《人民日报》《解放军报》许多重要社论、文章和文件的起草、送审。毛泽东、周恩来、林彪等人多次接见他。

唐平铸于 1967 年 1 月 17 日被《人民日报》造反组织关押，2 月 27 日释放恢复工作。1968 年 9 月 17 日被中央专案组正式逮捕，1975 年 5 月 25 日释放，前后被监禁了近七年。本书写出了唐平铸从青年时期起跟随毛泽东征战的路程，写出了他的崇信、迷茫、失误和斗争，以及这位老军人在被羁押岁月中的痛苦和渴望。在被释放长达五年后的 1980 年 2 月，中央军委终于为他做出了"彻底平反、恢复名誉"的政治结论。由于身心长期遭受摧残，他于两年后的 1982 年被诊断出癌症，1985 年 7 月 20 日在北京逝世。

唐平铸是《解放军报》创始人之一，从创刊起一直担任副总编辑，实际主持了军报的日常工作。他和他几十年的战友胡痴（曾任《解放军报》副总编、总编）留下了大量的笔记、会议资料、申诉信、平反材料、日记等遗物。作为唐平铸的子女，我们与父亲有过许多次长谈。在他去世后长达十多年的时间里，我们也陆续采访了一些文化大革命中重大事件的亲历者和当事人。本书即根据这些史料和采访内容，揭示了文革初期中央内部和新闻界一些鲜为人知的往事，对文化大革命中一些重大事件、问题做了材料补充，有的提出了质疑。我们认为，为历史留下负责任的记录，有助于对那个特殊年代的研究。

"从死地走一回，胜学道三十年。"这是顺治年间被流放宁古塔的士人方拱乾在《宁古塔志》中写的一句话。在文革的十年里，我们的祖国在疾风暴雨中走了过来。人们对过去的反思，成为改革开放的动力。文革结束后，经过四十年的奋斗，中国变得更加美好和富强。虽然父亲这一代满怀革命理想的先驱者未能看到今天，但是他们一步步走过来的坚实脚印却永远留在了历史的征途上。

"今美于昨，明复胜于今。"这是我们写作此书、记录历史的唯一目的。

唐炎明、唐亚明

2017 年 6 月 18 日

第一章

《毛主席语录》诞生、传播始末[*]

　　提起《毛主席语录》，凡是亲身经历过文化大革命的人，眼前就会浮现出万众欢腾、人人挥动《语录》，热烈而有节奏地高呼"毛主席万岁！毛主席万岁！"的红色海洋；浮现出毛泽东神采奕奕、红光满面、微笑着向数以百万计的红卫兵招手的盛大场面。

　　在文化大革命这一轰轰烈烈的政治舞台上，《毛主席语录》被当成人们对毛泽东崇拜和敬仰的象征，也成了一些人用来攻击对方、为我所用的"锐利武器"，以及一伙人装扮自己、欺骗群众、搞阴谋诡计的政治道具和"法宝"。这个辑录毛泽东各个时期重要讲话和论述的小册子，是人们必读、必带、必用的"红宝书"，它的影响力和发行量，远远超过当时世界上任何一本书、杂志和小册子。可以说，《毛主席语录》是解读 20 世纪中国史以及文化大革命的一把钥匙。本章将以唐平铸遗留的工作笔记、交代材料、未刊文件等为基础，详细追溯《毛主席语录》从编辑、发行到流传，以及风靡世界这一过程的始末。

历史背景

　　曾经有人写文章说，《毛主席语录》是某一个人编出来的，这不是事实。

---

* 本章初稿曾以《〈毛主席语录〉编发始末》为题发表于《百年潮》2015 年第 1 期，第 18–28 页。

唐平铸从始至终主持了《解放军报》的《毛主席语录》的收集、摘录和编发工作。他回忆说:《毛主席语录》是根据中央军委、总政的指示,由解放军报社作为一项重大政治任务集体完成的,正像出版《毛泽东选集》是由中共中央毛泽东著作编委会集体完成的那样。1964 年 1 月,《语录》最早定名为《毛主席语录 100 条》,后改为《毛主席语录 200 条》。根据总政的意见,1965 年 5 月在此基础上重编的《语录》定名为《毛主席语录》。1965 年 8 月刊登有林彪题词的《毛主席语录》再版发行,前言署名为中国人民解放军总政治部。1966 年 12 月,由林彪署名再版前言的《毛主席语录》正式面世。[1]

为了深入了解这段历史,笔者专门采访了文革时期的解放军总政治部副主任刘志坚,总政宣传部副部长姜思毅,《解放军报》代总编辑胡痴,《解放军报》副总编辑吕梁、张秋桥等人。他们都曾领导或参与过《毛主席语录》的编审工作,为笔者详尽地讲述、分析了《毛主席语录》产生的历史背景。他们都认为:《毛主席语录》是中国革命和中国共产党特定发展时期的产物,它的产生,与当时中共中央把毛泽东思想作为全党全军全国人民的指导思想的决策有着紧密的联系,是与当时广泛开展的学习毛泽东著作的群众运动分不开的。他们同时还认为,这也与毛泽东晚年欣赏个人崇拜有直接的关系。

中国共产党早在延安时期就开始宣传毛泽东思想了。1945 年 6 月,党的第七次代表大会明确规定,毛泽东思想是中共一切工作的指导方针。刘少奇在修改党章的报告中进一步阐述了毛泽东思想的内容,并向全党提出:学习毛泽东思想,宣传毛泽东思想,遵循毛泽东思想的指示进行工作,乃是每个党员的职责。

刘志坚说:"战争时期条件十分艰苦,印刷很困难。我军的指战员手中如果有一本毛主席著作就很不错了。在打仗的间隙读读毛主席的书,从中能得到不少有益的启示和教育,是很大的政治享受和提高。"[2]

姜思毅说:"蒋介石十分惧怕我们的政治思想工作,惧怕毛主席的书,把它称为'禁书''匪书',说共产党在搞'赤色宣传'。毛主席的《矛盾论》《实践论》《论持久战》《在延安文艺座谈会上的讲话》等多篇著作,在海内外流传很广,不少人能背诵几段,当时已是脍炙人口了。"[3]

胡痴说："战争时期，我一直从事军队的报纸工作。那时的办报条件非常差，通讯手段也很落后。日本鬼子扫荡时，我们只有一台油印机，有时连蜡纸都没有。解放战争时条件就好多了。当时，一有党中央的声音，一有毛主席对时局的分析和评论文章，我们都以最高的热情在第一时间刊登出来。淮海战役双堆集战斗中，我们的一位连长在冲锋时牺牲了，在他的挎包里找到了一本毛主席的《论持久战》，鲜血已把它浸透了。他把书中的重要论述都作了标注和整理。有人说这是最早的语录雏形。有个战地记者写了一篇悼念文章纪念这位为了胜利献出生命的烈士，可惜我记不起文章的名字了。在战争环境中，我们经常在《战友报》和《人民战士报》上选登一段或几段毛主席的论述。当时还不叫语录。"[4]

新中国诞生后，中国共产党一直重视对毛泽东思想、毛泽东著作的宣传和普及。党中央还专门成立了毛泽东著作编委会。经毛泽东同意和审定，《毛泽东选集》中的一些章节和内容进行过多次修改补充。

1956年，在第二十届苏共党代会上，苏共总书记赫鲁晓夫公开批判已故领导人斯大林，给社会主义阵营的各国共产党带来了强烈冲击，继而发生了波匈事件，更加剧了混乱和分裂。[5]在同年9月召开的中共八大上，修改后的党章中指导思想只保留了"马克思列宁主义"，经毛泽东审定，没有提"毛泽东思想"，而是写进了集体领导的内容。然而在1958年3月的成都会议上，毛泽东提出了大跃进的构想，要高举"总路线、大跃进、人民公社"的"三面红旗"，并强调了个人崇拜的必要性，并说："我是主张个人崇拜的，就是说正确的主张必须要赞成，错误的主张必须要反对。问题不在于个人崇拜，而在于是否是真理。"毛泽东的话无疑与党章中集体领导的内容相悖。

1959年4月，刘少奇当选国家主席，毛泽东退居二线。在实际工作中，大跃进的问题逐渐显露出来。毛泽东和其他中央领导人对此有所察觉，7月举行了庐山会议，意在纠正大跃进中"左"的错误。然而因国防部长彭德怀对大跃进的方针和问题据实提出了不同意见，引起了毛泽东的震怒，"纠左"骤然转为"批右"，彭德怀等人被批判、撤职。9月，长期托病的林彪就任国防部长。

大跃进是 1959 年至 1961 年 "三年困难时期" 的主要原因。毛泽东 "三面红旗" 的政策受挫，在党内受到了质疑。1962 年 1 月，在总结教训的七千人大会上，刘少奇对毛泽东关于错误、成绩是 "一个指头和九个指头" 关系的比喻公开表示不认同。这时，林彪站了出来，拥护毛泽东的领导地位，突出强调毛泽东思想，并提出要用毛泽东思想武装人民解放军。

学习毛主席著作的热潮

林彪就任国防部长后，于 1959 年 8 月 18 日至 9 月 12 日在北京召开的中央军委扩大会议上说："我们学习马克思列宁主义怎样学呢？我向同志们提议，主要是学习毛泽东同志的著作。这是学习马列主义的捷径。毛泽东同志全面地、创造性地发展了马克思列宁主义，综合了前人的成果，加上了新的内容。我们学习毛泽东同志的著作容易学，学了马上可以用。这是一本万利的事情。"[6]

1960 年 8 月 30 日，《解放军报》头版头条刊登了 "林彪元帅号召学习毛泽东思想" 的报道。9 月 14 日至 10 月 24 日，林彪在广州主持了中央军委扩大会议，他在会上说："毛主席有许多警句，要把它背下来，恩格斯主张不要死背，但是我主张就是要背一点东西。""肚子里就是要背得那么几条。"[7] 这次会议的中心议题是加强政治思想工作。会议决议提出，要高举毛泽东思想的伟大红旗，把学习毛泽东著作的运动推向新的高潮，并提出要把学习毛泽东著作摆在一切工作的首位。会上，林彪还提出了 "四个第一"（人的因素第一、政治工作第一、思想工作第一、活的思想第一）和 "三八作风"（三句话：坚定正确的政治方向、艰苦朴素的工作作风、灵活机动的战略战术；八个字：团结、紧张、严肃、活泼）。

唐平铸参加了这次会议，并且是中央军委决议的执笔人之一。毛泽东非常赞赏这个决议，他亲自主持修改，并批示：这个决议 "不仅是军队建设和军队政治思想工作的指标，而且它的基本精神，对于各级党组织、政府机关以及学校、企业部门等都是有用的"。决议说："在我军有一些人，以系统学习马列主义为借口，排斥学习毛泽东著作，并企图否定毛泽东思想的系统性。我们必须坚决反对这种荒唐错误的观点。"该决议得到党中央和毛泽东的批准，并由毛泽东批转全党、全军、全国。由此，在20世纪60年代掀起了一个大张旗鼓学习毛泽东著作的高潮。

解放军率先从1960年开始了学习毛主席著作运动，到1963年时，全军干部的100%，战士的90%以上，职工和家属的80%以上都参加了。[8] 受到解放军的影响，学习毛主席著作的运动在全国日益高涨。

自林彪主持军委工作以来，他强调突出政治，用毛泽东建军思想整建军队。他提出的"四个第一""三八作风"和"四好连队"（政治思想好，三八作风好，军事训练好，生活管理好）、"五好战士"（政治思想好，三八作风好，军事技术好，完成任务好，锻炼身体好），以及"两忆三查"（忆阶级苦、忆民族苦；查立场、查斗志、查工作）等一系列举措，都得到了毛泽东的肯定和支持。

《解放军报》对林彪"突出政治"的整军方略进行了积极配合。1960年9月30日，发表了《坚决把毛泽东思想学到手》的社论；10月1日，发表了林彪的长文《中国人民革命战争的胜利是毛泽东思想的胜利》；11月23日，用第一版整版刊登了《毛泽东论人民战争和人民军队》的语录；26日，在第二版用黑体字刊登了"困难的工作就像担子一样摆在我们面前，看我们敢不敢承担"的语录；12月19日，又发表了《用毛泽东思想回答实际问题》的社论。

1961年1月，林彪在《关于加强政治思想工作的指示》中，进一步提出学习毛泽东著作要"带着问题学，活学活用，学用结合，急用先学，立竿见影，在'用'字上狠下功夫"。1月24日，《解放军报》在第一版刊登了毛泽东的《农村调查序言》；25日，在第一版和第二版刊登了《毛泽东论调查研究》的语录；2月6日，又在第一版刊登了《毛泽东论政策》的语录；3月31日，在第一版头条刊登了"有很多人以为，搞不好官兵关系、军民关系是由于方法错了……"这条语录。

对《解放军报》在全国的报纸中率先刊登毛主席语录的情况，林彪很满意。1961 年 4 月，他在视察北京部队时指示说："为了让战士们不论在任何条件下都能及时得到毛泽东思想的指导，《解放军报》应经常选登毛主席有关语录。"[9] 从 5 月 1 日起，《解放军报》在第一版右上方的"报眼"上，开设了《毛主席语录》的专栏，根据当天的报道内容，每天选登毛泽东的语录。

《解放军报》在每天下午召开的编委会上，根据选出的稿件和总政的要求进一步确定第二天的报道重点，并分别由各处室从《毛泽东选集》里挑选出相应的语录，由资料室确认和校对，最后送总编室审定。如《毛泽东论调查研究》《毛泽东论政策》《毛泽东论理论和实践的关系》等，都是动员全社编辑人员进行挑选和编辑。这些主题，有的后来成为了《毛主席语录》最初的题目。

1961 年，解放军有数以千计的连队被评为"四好连队"，几十万名战士被评为"五好战士"。在军内开展学习毛主席著作运动时，林彪提出应主要学习"老三篇"，即毛泽东的《为人民服务》《纪念白求恩》《愚公移山》三篇著作。这些著作都强调舍己为公、不惜牺牲个人利益的献身精神。

在这种政治形势下，模范连队和典型人物不断涌现，有代表性的是"抵御资产阶级腐蚀"的"南京路上好八连"，毛泽东当时欣然写下了《八连颂》的著名诗篇；以及"愿做一颗永不生锈的螺丝钉"的好战士雷锋；还有作风过硬，一不怕苦、二不怕死的"硬骨头六连"等一大批典型。由于《解放军报》的大力宣传，这些模范和典型在全国引起了巨大反响。在雷锋的遗物中，有一本《毛泽东著作选读》，扉页上有雷锋手写的话："读毛主席的书，听毛主席的话，照毛主席的指示办事，做毛主席的好战士！"后来，林彪用毛笔写下了这段话的前三句，印在《语录》的扉页上。

初版《语录》的编发

刘志坚回忆说，《解放军报》最初刊登毛主席语录，并不是根据林彪的指示开始的，而是在林彪提倡的解放军学习毛主席著作运动中产生的想法，是《解放军报》根据基层部队的要求自己搞的。[10] 后来唐平铸调到《人民日报》后，《人民日报》也开始在第一版的报眼上刊登毛主席语录。很快，全国各大报纸也相继模仿。文化大革命中，全国所有的报纸都一天不停地在第一版的报眼上刊登毛主席语录，而且，报纸各版面的语录都使用醒目的黑体字。直到文革结束近一年半后的 1978 年 4 月，全国报纸在第一版报眼上刊登语录的做法才停止，共持续了近 12 年之久。

1960 年，《解放军报》总编辑欧阳文被撤职后，报社的许多工作落在了参加创建《解放军报》的唐平铸、胡痴和吕梁等人肩上。有一次，唐平铸带领军报的人员去《天津日报》参观学习。他看到该报资料室把从《毛泽东选集》里挑出来的语录做成卡片，按类别分开，查找起来方便、迅捷。他马上表示："这个方法对刊登毛主席语录很有用，要全都抄下来。"[11] 回京后，他立即派资料室的人员去《天津日报》学习编语录卡片的经验，把抄回的卡片和军报自己不断挑选积累的语录，按主题做出了目录。这大大方便了《解放军报》每天刊登语录的工作，也对后来编辑语录发挥了很大作用。

在部队，很多干部、战士每天剪贴《解放军报》上的语录，收集成册，或者把它抄在笔记本上，还有的战士每天抄在活动黑板上，在行军、训练、助民劳动、抢险救灾时鼓舞士气。当年，部队战士大都生长在农村，文化程度不高，直接阅读《毛泽东选集》有困难，这种简洁易懂好记的语录形式很受他们欢迎。所以毛主席语录不仅被用于政治思想教育，也成为战士们学习文化的基本教材。

林彪在 1961 年 10 月 18 日至 11 月 4 日于北京召开的全军政治工作会议上说："《解放军报》每天刊登毛主席语录。要编出必要的基本教材，帮助连队指导员解决问题。"[12] 继而又在 1962 年的党中央扩大工作会议上说:"《解放军报》经常根据当前的需要，刊登毛主席讲话的摘录，受到了部队的欢迎。"[13]介绍了这一做法。时任总参谋长的罗瑞卿在《解放军报》"毛主席语录宣传小结"上批示:"大型辑录形式好，以后还可以用。"

当时许多党员，特别是一些领导干部，是因为热爱和崇拜毛泽东而渴望学习毛泽东著作的。他们把林彪提出、经毛泽东肯定的一些提法和做法当作指示来理解和执行。

毛泽东著作语言流畅，通俗易懂，如《湖南农民运动考察报告》《为人民服务》《纪念白求恩》《愚公移山》《反对自由主义》等名篇，许多人可以背下某些章节甚至全部内容，但他们对马克思的《资本论》《哥达纲领批判》，恩格斯的《路德维希·费尔巴哈和德国古典哲学的终结》《反杜林论》，列宁的《唯物主义和经验批判主义》《进一步，退两步》等马列主义经典著作的理论和其中的一些外国人名、地名，却一时看不太懂，理解不了。这是当年党和军队理论和文化水平的实际情况。

在学习毛泽东著作运动中，从部队的干部战士中涌现出了各式各样的方法:有的人把毛泽东著作里的一些话做上标记;有的人从书中摘抄下来;有的人逐条分类整理;还有的人写了心得体会，寄给《解放军报》和领导机关。《解放军报》收到不少基层来信，要求把刊登过的毛主席语录汇编起来，印发部队使用。可以说，《毛主席语录》的雏形来源于基层，来源于学习毛泽东著作的群众运动。

基于这种情况，在军报的党委会上，唐平铸提议编发《毛主席语录》。[14]这一提议在会上讨论通过后，以《解放军报》党委的名义上报了总政治部。1963 年 12 月 20 日，在总政召集的全军政工会议上，唐平铸正式提出了编发《毛主席语录》的具体建议，并得到了与会者的支持。总政宣传部副部长姜思毅在会上介绍说，他刚刚从中印边境自卫反击战的部队回来，在战斗中，指战员用毛主席语录鼓舞士气，英勇杀敌，大大提高了部队的战斗力。[15]与会者纷纷提出，部队要求编发《毛主席语录》的呼声很高，希望尽快落实。

会后，总参谋长罗瑞卿、总政主任肖华和副主任刘志坚进行了认真研究。[16] 当时的考虑有这么几个方面：一是毛主席本人的意见如何？二是迄今为止，毛主席著作都是由中共中央毛泽东著作编委会负责编辑，军队搞是否合适？三是如果编《毛主席语录》，是不是需要成立一个班子？

针对这些问题，研究的结果是：虽然不好直接请示毛主席，但是可以感觉到毛主席一定会支持。因为此时中共中央毛泽东著作编委会主任是刘少奇，而毛泽东对刘少奇已经生出了戒心，故而有意用林彪主持的军方，平衡刘少奇、邓小平负责的党政机构。虽然这一策略在当时没有挑明，但是军队上层已有感觉。

罗瑞卿等人因此得出结论：军队自己编《毛主席语录》也未尝不可，和党中央毛著编委会并不冲突。所以最终决定，让解放军报社在全军政工会议期间，先试编一本《语录》，征求大家的意见。唐平铸向报社传达了这一决定。胡痴说："《解放军报》接受任务后，我们党委发动了全体人员，各个处室怀着对毛泽东著作热爱的感情，紧急投入了工作。几乎每个人都参加了选编。"[17]

唐平铸与报社人员一起，对编辑语录的指导思想、方法、专题的选择、语录的选定等问题进行了讨论。在对语录分类的基础上，唐平铸拟定了毛泽东在各个历史时期有关共产党、社会主义和共产主义、帝国主义、正确处理人民内部矛盾、人民战争、人民军队、爱国主义、调查研究、为人民服务、批评与自我批评、团结、纪律、文化艺术等方方面面论述的二十余个专题。《毛主席语录》的摘抄、收集、整理、分类、校对等工作由总编室资料组具体负责。资料组工作人员接受这一紧急任务后，日以继夜地紧张工作，根据拟定的题目，各人分头阅读毛泽东著作，在过去已汇编的毛主席语录的基础上，进一步把有关的论述摘抄出来，经唐平铸选定后，由报社党委最后把关。

1964 年 1 月 5 日，题为《毛主席语录 200 条》的试行本编印好了。为 16 开本，分 23 个专题，收录了 200 条语录。这个试行本被唐平铸送到了全军政工会议上征求意见。然后，根据提出的意见，又进行了修改。书名改为《毛主席语录》，专题增加到 25 个，收录了 267 条语录。这便是文革时人手一册的《语录》的前身。

《语录》与《毛泽东选集》的不同点在于，它没有按年代和时间顺序确定目录，而是把毛泽东在各个时期的相关重要文章、论述的要点集中辑录。其特点是除了集纳了毛泽东的重要论述外，对每一条语录，都注明了出处、时间和地点，有利于读者查阅学习原文，使读者更全面、系统地了解毛泽东的思想、观点、方法和针对某一问题的论述，便于选用和携带。如《语录》中"为人民服务""人民战争""群众路线""勤俭建国"等条目的确定，就是依据这个原则。再如《语录》第六节"帝国主义和一切反动派都是纸老虎"，摘选了毛泽东 1946 年 8 月与美国记者斯特朗的谈话及在国内和莫斯科等各种场合的多次讲话；而第七节标题为"敢于斗争，敢于胜利"，仍然选了毛泽东与斯特朗的同一篇谈话，其内容则不同。

初印的《语录》印数很少，只供征求意见用。在听取各方面的意见后，又多次进行了修改和增删，最后报请总政军委批准，于 1964 年 5 月 1 日正式出版了《毛主席语录》。这本《语录》分 30 个专题，355 条。总政决定，干部每人发一本，战士每个班一本，军队内部发行。《解放军报》为此发了消息。

重新编辑出版

一年后的 1965 年，《解放军报》党委决定重编《毛主席语录》。

时任《解放军报》资料组组长的王金后来撰文回忆了重编《语录》的经过。这是一篇珍贵的当事人记录：

> 60 年代初，随着《毛泽东选集》第四卷的出版，全军广泛开展学习毛主席著作活动。当时，《解放军报》经常在一版报眼的位置刊登毛主席语录。这些语录是结合部队工作实际和当天报纸宣传的需要，由有关的编辑处、政工处、文化处、理论处等选辑出来的。此外，军报编辑部还结合部队的工作任务，以专题的形式汇编毛

主席的有关论述，集中在一起刊登。如曾经刊出《毛泽东论调查研究》《毛泽东论政策》《毛泽东论理论联系实际》等专题汇编。专题汇编成为后来《毛主席语录》的专题。这些语录的汇编，都发动了全社同志辑录，一方面增强了宣传的效果，另一方面也体现了军报全社同志学习的成果。军报刊登毛主席语录和毛主席语录专题汇编的做法，受到了部队广泛欢迎，促进了学习毛主席著作活动的深入开展。当时，许多干部战士把军报刊登的毛主席语录剪贴下来，或者他们自己也采用摘抄语录的形式学习毛主席著作。报纸刊登毛主席语录的宣传形式，在全国报纸中是《解放军报》率先采用的。后来，这种宣传形式逐渐为许多报纸所采纳。

我们资料组的工作任务是为编辑部服务。总编室领导根据编辑工作的需要，要求资料组汇集毛主席语录以及马、恩、列、斯的有关论述，以便编辑部查寻选用。

1963 年底，唐平铸同志在参加全军政治工作会议期间，指示资料组尽快编一本毛主席语录，并亲自和我们一块拟定了若干专题。资料组的同志接受这一紧急任务后，在过去已汇编的毛主席语录的基础上，根据上级领导拟定的题目，分头阅读毛主席著作，把有关的论述摘抄出来，最后经唐平铸同志选定。1964 年 1 月军报编的《毛主席语录 200 条》出版了。这是军报编印最早的一本毛主席语录，开始书名定为《毛主席语录 100 条》，后因选用语录增多，书名才改为《毛主席语录 200 条》，为 16 开本，印数很少，只发部队，征求意见。

1963 年 12 月 23 日至 1964 年 1 月 13 日召开了全军政治工作会议。会议下发了经毛泽东批准的《关于加强军队政治思想工作的决议》，该《决议》肯定了林彪的上述提法，"不仅适用于战士，也适用于干部，不仅适用于一般干部，也适用于高级、中级干部，适用于各行各业做各种不同工作的干部"。

1965 年，军报领导决定重编毛主席语录，其原因：一是部队对《毛主席语录 200 条》的编辑工作提出不少修改意见，建议增加专题和语录的条数；其次，1964 年 7 月，毛主席的四篇著作公开发表，即《在中国共产党宣传工作会议上的讲话》《反对本本主义》《被敌人反对是好事而不是坏事》《人的正确思想是从哪里来的？》。这四篇文章的有关论述，也应选入《语录》。

任务下达后，我作为资料组组长，感到很光荣，同时也感到担子很重，压力很大。根据唐平铸同志的具体指示，我们多次开会研究，大家热情很高，出主意想办法，表示要克服困难，力争按时圆满完成任务。工作开始后，资料组有关的几位同志，集中力量，精读精选，互相商讨，有时还加班加点。为了避免在摘抄中出现差错，采用了把所选出的语录从书里剪下再贴在纸上的办法。为此，每人发了一套《毛泽东选集》四卷简装本和几册单行本，以备剪贴之用。经过几个月的工作，反反复复，修修改改，多次送军报领导审阅修改，最后报请总政领导批准，于 1965 年 5 月重编的语录出版了，书名改为《毛主席语录》，为 52 开本，也是最早的小开本语录。印数增多，但仍在部队内部发行。

重编的《毛主席语录》才写了《前言》。《前言》中关于毛泽东思想的论述，记得是按"七大"的提法写的。我随唐平铸同志去总政副主任刘志坚家里请示时，主要是请他审阅《前言》，刘志坚同志当时同意了这种写法。可惜，现在手头没有资料，仅凭记忆，无法核实，只好存疑。至于《前言》关于毛泽东思想的表述，后来按军委扩大会议决议重新改写了，那是以后的事。

当时，军报的几位领导和总编室的领导，对《毛主席语录》的编辑工作都很关心和重视。编辑《毛主席语录》，是唐平铸同志根据部队的要求提出的，编辑《语录》的指导思想、专题的研究、语录的选用，都是由他提出和反复审定的。资料组的几位同志，如田晓光、陈士忠、周弘波等同志在完成编辑出版语录的具体任务中，做了大量的工作，其中田晓光、陈士忠两位同志还负责了语录的校对工作。我在社领导的指示下，除了做一些具体组织领导工作外，也参加了编辑工作。资料组的其他同志也积极支持和参与辑录。例如，杜淑芳、黄凤波等还专程赴《天津日报》一周，学习他们辑录语录的经验。《天津日报》摘录语录的经验，对我们也很有帮助。

军报编辑出版的《毛主席语录》在军内外引起广泛关注，发行量日益增加。在此之后，特别是"文革"时期各地陆续出版了多种版本的毛主席语录或专题语录，但军报编的这本《毛主席语录》是最早的一本，其发行量最多，影响也最大。

这位时已年过九旬的军报老人还写道：

> 实事求是地说，这本《毛主席语录》的诞生，是在总政的领导下由社领导、编辑部、资料组许许多多同志群策群力、集体劳动的结果。经总政批准出版的《毛主席语录》，对全军开展学习毛主席著作活动起了促进作用。至于在"文革"期间那种极其特殊的历史条件下，它所起到的作用则另当别论了。[18]

这次重编的《毛主席语录》增加了《前言》，由唐平铸根据军委扩大会议的决议执笔起草，经军报党委讨论后送刘志坚副主任，由总政审批后报罗瑞卿总参谋长。6月29日，在罗瑞卿的家中，由罗瑞卿主持，相关的总政领导及唐平铸等人参加了对《前言》的讨论。唐平铸回忆，在讨论林彪提出的"毛泽东思想是当代最高最活的马克思列宁主义"这句话时，罗瑞卿说："不能这样讲，最高难道还有次高吗？难道没有更高了吗？最活，难道还有次活吗？最高最活不好理解，外国人也不好翻译呀！"[19] 罗瑞卿经过考虑，删去了林彪的"最高最活"。该《前言》在修改后，报给林彪，署名为"总政治部"。

《前言》中写道："为了帮助基层干部和战士更好地学习毛泽东思想，我们把《解放军报》刊载过的语录，加以补充，编辑了这本《毛主席语录》。并按照少而精的原则，力求使所选内容适合基层干部和战士的需要和水平。——遵照林彪同志的指示，要像发武器一样，把《毛泽东著作选读》和《毛主席语录》发给全军的每个战士。"

经过几个月的工作，多次送军报领导审阅修改，1965 年 8 月 1 日，经总政党委审查和定稿，重新编辑的《毛主席语录》出版了。《语录》的第一页是"毛主席语录"五个红字，下为"中国人民解放军总政治部编印"。第二页为毛泽东头像照片，第三页为林彪的题词。初版《语录》从编辑到出版，林彪没有过问过。此次重新出版，《解放军报》特地请他题词。林彪用毛笔题写了雷锋的话："读毛主席的书，听毛主席的话，照毛主席的指示办事。"

和 1964 年的初版相比，这一版《语录》在内容上做了少量增删和调整，类目顺序和类名也作了相应改动，新增了《毛泽东选集》第四卷中关于"敢于斗争，敢于胜利"的专题，还根据周恩来夫人邓颖超的提议，增设了第 31 项"妇女"专题，又增加了第 33 专题"学习"。同时最后一页上仍注明"内部发行"字样。

根据基层部队的反映，为了携带方便，防止磨损，又不被汗水、雨水浸湿，该版《语录》由初版时的 52 开本缩小为 64 开本（长 13 厘米，宽 9 厘米），装上了象征革命意义的红色塑料封皮。在后来的文化大革命中，外国人称《毛主席语录》为"小红书"。当时国内还没有这种叫法。

《毛主席语录》的发放仪式十分隆重。总政通知要求各部队，要像发枪一样，每个干部、战士人手一本。发放的当天，各部队和基层连队，从边防海岛到高原哨卡，从茫茫雪原到炎热的边关，战士们敲锣打鼓，迎接"宝书"。

从内部发行到走向全国

作为解放军内部读物而编辑出版的《毛主席语录》后来普及到了全国，主要是由于当时毛泽东的威望和影响。实事求是地说，当时的许多人，也包括林彪、罗瑞卿和其他中央领导，甚至毛泽东本人，都没有想到这本《语录》会在文化大革命中起到那样特殊的作用。

1964 年 5 月 1 日出版的《毛主席语录》，最初是军队干部每人一本，战士每班一本，但是部队基层强烈要求战士们每人发一本。在半年后的 12 月 29 日，林彪做出了指示，说："《毛主席语录》在部队非常受欢迎。每班一本太少了，听说战士们竞相阅读。增印一些，给每个战士发一本。毛主席著作是最重要的思想武器。要把《毛泽东著作选读》和《毛主席语录》像武器那样，发给所有战士人手一册。"[20] 根据林彪的指示，《语录》发到全军每一个人手上。

《毛主席语录》发放部队以后，周恩来、朱德、彭真等许多中央领导派秘书向《解放军报》索要。同时，《毛主席语录》引起了全国人民的注目。人们出于对毛泽东的敬仰和对毛泽东思想的崇拜，都渴望得到和学习《毛主席语录》。各地、各党政部门纷纷来电话、电报、信函索取，甚至有不少人专程前往《解放军报》要求购买，还有的机关和团体提出"帮助军报印刷"。《解放军报》应接不暇，只好请示刘志坚副主任。对此，刘志坚指示说："这本书是总政治部根据军队的具体情况编印的，限定在军队内部阅读。如果我们向军外广泛发行，等于我们代替党中央做工作，这样不好。如果军外机关要印这本书，让他们请示中央宣传部才合情合理。"[21] 他还规定：只要不是军人，即使是中央委员也不要给；不在军外印刷；军外来要婉言拒绝。

但是，指示、规定挡不住索要的热潮。1964 年 5 月 28 日，罗瑞卿总长指示："可以让军外代印，也可以发给在军队学习的政府机关干部。"[22] 6 月 11 日至 29 日在北京召开的共青团第九届全国代表大会上，代表们强烈要求把《毛主席语录》发给他们，得到了罗瑞卿的同意。在那之后，党中央和国务院的各部委纷纷前往《解放军报》商谈代印《毛主席语录》。刘志坚为了减轻《解放军报》印刷厂的负担，7 月 10 日在电话里说："《解放军报》做一个特集，全文登载《毛主席语录》，标明内部发行。"[23] 但是第二天，中央宣传部来电话，不同意这样做。

这一版《毛主席语录》，原计划发行 420 万册，结果到第二年 8 月 1 日再版的一年零三个月之间，发行了 1,213 万册，《解放军报》还专门成立了发行《毛主席语录》的部门。再版时，总政治部仍然限定在军内发行。因为加进了新的内容，部队要求重新颁发。同时，许多军外的部门来军报要求代印，据说公安部提出一次印 50 万册。刘志坚请示罗瑞卿后，决定把《解放军报》《语录》的印刷版借给军外。9 月 16 日，康生和中宣部部长陆定一看了再版的《语录》，要求地方也印制。9 月 20 日，贺龙副总理也指示把印刷版借给国家体委。11 月 19 日，中央办公厅给《解放军报》打电话说，毛主席同意把《语录》的印刷版给安徽省委，让他们在当地印刷。另外，人民出版社给中共中央毛选编委会打了报告，提出向社会发行军队编辑的《毛主席语录》。为此，中央决定，由人民出版社出版《毛主席语录》，由新华书店发行，在全国销售。

1966 年 7 月，文化部根据中央指示，在北京召开了"全国毛主席著作印刷计划会议"。会议提出："各地的出版、印刷、发行部门，在条件允许的情况下，所有的印刷工厂都要接受印刷装订毛主席著作的政治任务，想方设法加大毛主席著作的印刷发行数量。"[24]

同年 8 月 8 日的《人民日报》发表社论《全国人民的大喜事》，说："大量出版毛主席著作，是无产阶级文化大革命的伟大胜利。"从那以后，全国各省市自治区的印刷厂日以继夜，全力以赴印刷《毛主席语录》，在 1969 年"九大"前达到了高峰。所有地方都按需印刷，全国几乎每人一本。

1966 年，在中国大陆掀起《毛主席语录》热潮的同时，香港、澳门和各国的华侨也渴望得到这本书。当时，《毛主席语录》不能正式向海外发行的主要原因是有"总政治部"名义的前言和"内部发行"的字样。11 月 18 日，新华书店北京发行站给中宣部和文化部写报告，要求紧急印刷供出口用的《毛主席语录》。报告说："如果这个问题迟迟不解决，在政治上势必造成严重的损失。"

1966 年 12 月 16 日，林彪署名的《再版前言》一发表，这个问题迎刃而解。从此，《毛主席语录》大量涌向国外。

江青提议由林彪署名《再版前言》

在 1966 年 8 月 1 日至 12 日召开的八届十一中全会上，林彪被毛泽东定为接班人。总政领导上报军委后，由唐平铸将《毛主席语录》前言中对毛泽东和毛泽东思想的评价，按照这次全会的决议重新进行了改写，并报请总政和中央军委批准。

文革中被监禁近七年的唐平铸，在释放出来一年后，于 1976 年 10 月 6 日给总政党委的信中写道："1966 年 10 月间，在中央文革的一次会议上，江青看到《解放军报》编辑的、用总政治部名义出版的《毛主席语录》受到干部和群众的欢迎，她提出改为林彪主持编辑，并令我和胡痴报告总政，把原来的前言改为林彪写的前言。其实这个《语录》编成后，请林彪提字，开始他还不愿意。用林彪名义写的《毛主席语录》再版前言，是康生、陈伯达和江青主持修改定稿的，有些话是康生加进去的。"[25]

1976 年 11 月 10 日，原《解放军报》代总编辑胡痴在给总政党委的信中写道："1966 年底左右，江青在中央文革一次会议上说：'《毛主席语录》的前言要改一下，用林副主席的名义重新发表，这样影响更大。'陈伯达马上附和。江青遂让唐平铸写了个初稿。江青、陈伯达等亲自主持修改。林彪签阅后，让新华社转发全国各报发表。"[26]

1966 年 12 月 15 日晚，中央文革小组在钓鱼台主持讨论修改过的《毛主席语录》前言。据参加了这次会议的刘志坚（时任中央文革小组副组长）回忆，周恩来、陈伯达、康生、江青、王任重、张春桥、刘志坚、王力以及唐平铸、胡痴等人参加了讨论。会议以唐平铸起草的前言为基础，边议边改。唐平铸做了记录。陈伯达、康生发言最多，成为修改工作的中心。周恩来也多次发言，提出了重要意见，比如"毛泽东思想是在帝国主义走向全面崩溃，社会主义走向全世界胜利时代的马克思列宁主义"中"全面"和"全世界"这两个词，就是周恩来根据八届十一中全会的决议强调写上的。

相比原版的《前言》，修改后的《再版前言》做了重大改动。比如：原版中的"毛泽东同志是当代伟大的马克思主义者"，在"伟大"前加了"最"字；增加了"毛泽东同志天才地，创造性地，全面地继承、捍卫和发展了马克思列宁主义，把马克思列宁主义提高到一个崭新的阶段"这段评价。唐平铸说，这是八届十一中全会公报中的提法。

《再版前言》删去了原版中"在中国革命的具体实践中，在党和人民的集体奋斗中，应用马克思列宁主义的普遍真理，创造性发展了的马克思列宁主义"一段话。唐平铸说这是康生的意见。增加了林彪"学习毛主席著作要带着问题学，活学活用，学用结合，急用先学，立竿见影，在用字上狠下功夫"的话。

刘志坚说："江青提出要把《毛主席语录》的前言改成林彪的名义，在讨论时我内心是不同意的，因为写有总政名义的前言《语录》影响很大，不但军队人手一册，而且已发到全国。在会议期间没有找到林彪对毛泽东思想和毛泽东著作的系统论述，只好让唐平铸写了个初稿。我参加了中央文革对初稿的审查，主要是江青、康生、陈伯达谈。以林彪名义的前言是中央文革讨论后决定的。"[27]

根据江青的意见，决定将修改过的前言改名为《再版前言》，署名林彪，落款日期为 1966 年 12 月 16 日。自此以后，再印的《毛主席语录》就是带有林彪署名的《再版前言》的新版本。该版可以算作《语录》的第三版，它标志着《毛主席语录》由军内发行转向公开发行。原版中林彪的题词"读毛主席的书，听毛主席的话，照毛主席的指示办事"后面又加了一句"做毛主席的好战士"。

与 1965 年总政治部的《前言》相比，《再版前言》把对毛泽东的评价提到了更高的高度，把号召全军扩大到了号召全国人民。《再版前言》强调说："毛泽东思想是全党、全军和全国各项工作的指针。因此，永远高举毛泽东思想的伟大红旗，用毛泽东思想武装全国人民的头脑，在一切工作中坚持以毛泽东思想挂帅，是我党在政治思想工作中最根本的任务。广大的工人、农民、士兵和群众，广大的革命干部，广大的知识分子队伍，都要把毛泽东思想真正学到手，每个人都要读毛主席的书，听毛主席的话，照毛主席的指示办事，做毛主席的好战士。"

《再版前言》还写道："当前我们伟大的祖国，正在出现一个工农兵学习掌握马克思列宁主义、毛泽东思想的新时代。毛泽东思想一旦被广大群众所掌握，必将变成无穷的力量，成为具有无比威力的精神原子弹。《毛主席语录》的大量出版，是广大群众掌握毛泽东思想，推动我国人民思想革命化的重要措施。让我们在全国范围内掀起活学活用毛主席著作的新高潮，在毛泽东思想的伟大红旗下，为把我国建设成为现代农业、现代工业、现代科技、现代国防的伟大的社会主义国家而奋斗！"

值得注意的是，《再版前言》里提出了"四个现代化"的目标。这件事在林彪垮台后的一段时间不提了。而到了1975年1月13日至17日，第四届全国人大在北京举行。在这次会上，周恩来作《政府工作报告》，又重申了在20世纪末实现"四个现代化"的目标。

1966年12月17日，《解放军报》全文刊登了以林彪的名义写的《再版前言》，19日又发表了《句句熟读 句句照办》的社论。社论说："在我国人民喜爱的宝书《毛主席语录》再版的时候，林彪同志为它写了前言，号召全国人民认真地刻苦学习，掀起活学活用毛主席著作的新高潮。"

社论还写道："林彪同志一再提倡学习毛主席语录。他指出，毛泽东思想极为丰富，学习毛主席著作要重点突出，毛主席的许多基本观点要反复学习，反复运用，一些最精辟最重要的话要能够背下来。他要求报纸经常结合实际，刊登毛主席语录，让大家时刻接受毛泽东思想的指导，并且指示总政治部编印《毛主席语录》，发给每个干部战士。林彪同志还说，对毛主席语录，一定要多写，多学，多用。林彪同志宣导的学习毛主席语录，为广大工农兵活学活用毛主席著作开辟了广阔的道路，对于普及毛泽东思想起了巨大的作用。"

唐平铸在交代材料中写道："我奉命于12月16日晚赶到林彪处，请他审定和签阅由中央文革主持、以林彪名义写的《再版前言》。其实，被毛泽东定为接班人的林彪，开始时连为《语录》题字都要我们一再请求，再版前言也不是他写的。军报12月19日社论里林彪的一些话，是我到毛家湾请示时，林彪当面说的。回到报社后我立即向刘志坚作了汇报，并报军委总政和中央文革。当晚，我主持起草《句句熟读 句句照办》的社论。12 月 17 日,《解放军报》全文刊登了以林彪名义写的《毛主席语录》再版前言,12 月 19 日军报社论见报。"[28]

1967 年 3 月,根据毛泽东"炮打司令部"大字报的号召,全党、全国声讨"党内最大的走资本主义道路当权派"刘少奇,他的著作《论共产党员的修养》也被批判。《毛主席语录》的第 24 个专题原为"思想意识修养",总政报请军委后,经毛泽东同意,改为"纠正错误思想",并去掉了语录里有关刘少奇的一段话:"刘少奇同志曾经说过,有一种人的手特别长,很会替自己个人打算,至于别人的利益和全党的利益,那是不大关心的。'我的就是我的,你的还是我的。'(大笑)"

在全国范围内大量发行的是 1967 年 3 月以后出版的《毛主席语录》。

《语录》定本的形成

《解放军报》编辑,又以林彪的《再版前言》再版的《毛主席语录》自此基本定型,以后没有进行过大的改版。最终定型的《毛主席语录》共分 33 个专题,427 条,是从毛泽东 1926 年 3 月至 1964 年 12 月发表的 124 篇文章中挑选出来的。其中,20 年代 4 篇,30 年代 25 篇,40 年代 52 篇,50 年代 34 篇,60 年代 9 篇。选出最多的文章是 1957 年 2 月的《关于正确处理人民内部矛盾的问题》,共 36 条,其次是 1945 年 4 月的《论联合政府》,共 25 条,然后是 1938 年 10 月的《中国共产党在民族战争中的地位》,共 23 条,1957 年 3 月的《在中国共产党全国宣传工作会议上的讲话》,共 16 条。

《语录》共 88,000 字,270 页,长 13 厘米,宽 9 厘米,有深红色塑料封皮。扉页印有毛泽东的照片,首页印有林彪的手写题词:"读毛主席的书,听毛主席的话,照毛主席的指示办事。"有的地方在印制时,在红塑料皮上印上毛泽东的彩色头像,有的用字典纸印成了各种袖珍本,但内容基本没有变动。

从 1965 年起，特别是在文革期间，编纂《毛主席语录》成为一种风潮，各地曾出现了各种版本的《语录》。但是，哪个版本都没有超过解放军报版的《语录》。为什么《语录》没有形成"百花齐放"，而最终"一枝独秀"了呢？可以分析有以下几个原因。

第一，解放军报版最先出版，最先送给了中央领导人以及各地领导人，同时发给数百万的解放军干部和战士人手一册。群众认为这是最早的"正统版"。

第二，林彪在文革初期的政治影响。文革开始后，林彪成为"全党全国全军的副统帅"，而且当年广泛宣传解放军的《毛主席语录》是根据林彪的指示编辑的，而且他还写了《再版前言》。所以，随着林彪地位的上升，《语录》的影响也逐渐扩大。《毛主席语录》也抬高了林彪的声望。

第三，解放军在人民心目中的形象和声望。毛泽东号召"全国人民学习解放军"，解放军的一切都成为群众的榜样。在文革中，红卫兵身穿绿军装，头戴绿军帽，腰扎军用皮带，手拿红彤彤的《毛主席语录》。当然，这本《语录》也要和解放军的一模一样。

第四，与学习《毛主席语录》的方法有关。文革中，学习《语录》成为一种"仪式"。在开大会、工作之前，都要有人带头说："请打开《毛主席语录》第某页，朗诵某段。"然后以"毛主席教导我们说"为开始，全体齐声朗诵那段语录。如果每个人手里的《语录》不一样，这种"仪式"就难以进行。

第五，《毛主席语录》没有像《圣经》那样，在每一段前面编号。如果有编号，即使不同的版本也可以同时朗诵。《毛主席语录》没有编号，所以只有解放军报版可以通用。可以说，在世界出版史上，这也是一种奇迹。顺便说一下，在日本被翻译出版的几种版本的《毛主席语录》，每段语录前都有编号。

由《解放军报》编辑出版的、成为文化大革命象征的《毛主席语录》，反映了军队在当年的作用和地位。林彪在 1967 年 8 月 9 日说："发动文化大革命有两个条件，一是毛泽东思想和毛主席的声望，另一个是解放军的力量。"

毛泽东和林彪的态度

据《解放军报》的电话记录，1964 年版的《毛主席语录》出版后不久，毛泽东就让秘书给《解放军报》打电话要一本。这件事说明毛泽东在刚开始时就知道《语录》的出版。

1965 年 11 月 15 日，毛泽东在蚌埠同安徽省委谈话时，拿出一本《毛主席语录》给大家看，说，这个本子不错。这本书共有 23 章，够了，比孔夫子的著作还多。老子的文章也只有五千字，还没有这个本子这么多。马恩列斯文章太长，我主张写短文章。当在座的省委们表示群众很欢迎这本书，最好一个生产队发一本时，毛泽东说，好嘛，向中央办公厅要。提不通，到下次中央工作会议上再提。[29]

1965 年 11 月 19 日，中央办公厅给《解放军报》打电话，说毛主席同意把《语录》印刷纸版给安徽省委，让他们印刷军队内部发行的《语录》。同年 12 月，毛泽东在一次谈话中说："不久前我在火车上看到服务员拿着一本《毛主席语录》，是军队编的。这本《语录》就像《论语》嘛。"[30]

毛泽东赞成用语录的形式传播自己的思想，希望《语录》普及到全国。有一封信可以证明这一点。1965 年 12 月 28 日，刘志坚把总参谋部代总长杨成武的一封信转给了《解放军报》总编室。该信全文如下：

刘副主任：

　　主席指示陈伯达同志编写一本全国通用的《毛主席语录》。准备编写六万字左右，现只编写出一部分，约三万多字，给我送来一份。陈伯达同志说，这本语录是在总政和各地所编写的主席语录基础上编写的，要征求总政的意见，将来他们讨论时还要请总政派人参加。

　　此事我已向林副主席报告过，林副主席指示：这是件大好事，要大力支持，需要我们做什么，我们就做什么。

　　现将我的一份稿转上，请你即告有关同志先研究，待陈伯达同志征求意见时，即可告伯达同志或参加研究。并请将结果告我一下。

　　此致

敬礼

杨成武

一九六五年十二月二十八日

　　唐平铸同时接到了刘志坚的电话，准备了意见和人员，但不久就没了下文。后来陈伯达回忆并解释说："这一段时间，我还主持编辑了一本《毛主席语录》，内容比解放军总政治部编的那本多，也更有系统。可后来毛主席还是用总政治部编的，大概是为了加强林彪的影响吧，因为名义上那本是林彪主编的。我编的这本只印了少量，发给《红旗》等单位的同志参考。"[31]

　　顺便提及，除陈伯达这个版本外，还有两个同样夭折的《毛主席语录》版本。其中一个版本仍与唐平铸有密切关系。文革初期，唐平铸参与了《毛主席语录一百条》的编辑工作，而在他被关押时，这成了他的罪行。造反派为他罗织的"罪行录"中是这样说的：

　　一、1966 年 8、9 月间，陶铸、胡乔木、唐平铸为了捞取政治资本，未经中央同意，草率地搞了一个《毛主席语录一百条》(其中三十几条是没有公开发表过的)，要在《人民日报》上发表。陈伯达同志及时制止了这一行动，他们的罪恶目的才未得逞；

　　二、在编选《毛主席语录一百条》时，胡乔木胆大包天，篡改主席语录。唐平铸不但不揭发，反而与胡乔木同谋合作，并攻击某些毛主席语录"语法不通"。——《毛主席语录》中有一条是"一个人做点好事并不难，难的是一辈子做好事，一贯的有益于广大群众，一贯的有益于青年，一贯的有益于革命……"唐平铸将"一贯的"改为"一贯地"，并说"按语法应该改"。不久，报社编发了毛主席关于群众路线问题的语录，唐平铸又将这条语录作了篡改；

　　三、唐平铸同陶铸一个鼻孔出气，反对文章中引用毛主席语录，同时又借机攻击林彪同志。去年 8 月 9 日，陶铸在中宣部说："毛主席语录引用多不一定是宣传毛泽东思想。"唐平铸在编辑部公开说："陶铸同志说过，有人引用毛主席语录很多，但观点却是错误的。"他又说："林总就是很少引用主席语录，我们应向林总学习。"他甚至煽动说："有些人对主席语录不敢改，怕打成黑帮。"[32]

还有一个版本来自解放军政治学院。1969 年底，他们根据军委办事组的意见，编辑了一本名为《毛泽东思想胜利万岁》的语录手册。这本小红书，封面是林彪手书的书名，书中不仅收入原先出版的《毛主席语录》33 章 270 页，又编入了文化大革命期间以毛泽东"最新指示"为主的语录 46 章 492 页，还编入了林彪的语录 35 章 490 页。1970 年庐山会议后，林彪开始失势。在一次政治局会议上，周恩来说："听说军队搞了一本新的语录，这件事没有经过中央。德生同志，请你查一查。"时任总政治部主任的李德生奉命收缴并制止了这本书的继续出版发行和使用，并把处理结果分别向毛泽东、周恩来作了汇报。[33]

1966 年 10 月 1 日，北京举行了盛大的国庆节游行。在天安门城楼上，有位非洲裔外宾朝毛泽东走去，并拿出《毛主席语录》，请求毛泽东为他签名。毛泽东愉快地满足了他的要求。这位外宾名叫罗伯特·威廉，是美国民权领袖之一、作家。他成为自《毛主席语录》发行以来，第一个得到毛泽东签名的人。同日，毛泽东在天安门城楼上还应美国作家、中国人民的好朋友安娜·路易斯·斯特朗和澳大利亚共产党（马列主义）主席爱·弗·希尔等人的请求，也在《毛主席语录》上签了名。意义很明确，毛泽东希望这本小册子不仅对国内也对国外产生影响。

毛泽东对编辑《毛主席语录》不仅非常重视，而且有具体的意见和指示。1967 年 3 月 16 日，陈伯达、康生、王力向毛泽东请示，要求修改《毛选》某些人名和注释问题时，毛泽东专门对《毛主席语录》作了指示：语录本中引用《整顿党的作风》中刘少奇的那段话，删去。第 24 节题目"思想意识修养"改为"纠正错误思想"。[34]

在文化大革命中，全国上下、男女老幼、工农兵学商，甚至连不少外国人都高高举起了《毛主席语录》。毛泽东在天安门城楼上看着万人涌动，挥动《语录》的红色海洋，满面笑容。可以看出，他欣赏用《语录》的形式传播他的思想。

林彪事件后，公开了毛泽东在 1966 年 7 月 8 日写给夫人江青的一封信，信中说："我历来不相信，我那几本小书，有那样大的神通。现在经他一吹，全党全国都吹起来了，真是王婆卖瓜，自卖自夸，我是被他们逼上梁山的，看来不同意他们不行了。在重大问题上，违心地同意别人，在我一生还是第一次。叫做不以人的意志为转移吧。"

文革后的 1977 年 7 月 21 日，恢复了中共中央副主席等职务的邓小平在中共十届三中全会上说："林彪、陈伯达这些人，还把毛泽东思想同马克思列宁主义割裂开来，这是对毛泽东思想的严重歪曲……要对毛泽东思想的体系有一个完整的、准确的认识，要善于学习、掌握和运用毛泽东思想的体系，来指导我们的各项工作。只有这样，才不至于割裂、歪曲毛泽东思想，损害毛泽东思想。"[35] 然而，毛泽东既然知道全国人民学《毛主席语录》，如果这本书真的"歪曲和割裂"了自己的思想，没有体现"系统性、完整性和准确性"，他会坐视不理吗？通观整个文化大革命，毛泽东是同意用《语录》的形式概括自己的思想，并欣赏这本小册子的，在这一点上，几乎没有质疑的余地。

《毛主席语录》的编辑、发行，是林彪"突出政治"整军方略的产物，但几版《语录》的编辑和出版，他都并没有具体过问，《再版前言》也只是挂名。而由林彪"原创"的说法："毛主席的话，一句顶一万句"，在文化大革命中，则经常被用在宣读毛泽东的最新指示和引用《毛主席语录》的时候，来形容它的巨大威力。这句话最引起关注，是在 1966 年 5 月 18 日，林彪在中央政治局扩大会议上发表的讲话中（林彪事件后称为"政变讲话"）。林彪在讲话中谈到在中国发生政变的可能性，还谈到毛泽东和毛泽东思想的伟大作用。为了在解放军内部进行思想教育，发行《毛主席语录》是正确和必要的措施。他还强调，一定要抓住政治不放，抓住活学活用毛主席著作不放。毛主席的话，句句是真理，一句超过我们一万句。

但"政变讲话"并不是"一句顶一万句"的最初出处，这句话最早

是在军报元旦社论中公开提出的，唐平铸是它问世的见证人之一。军报
第九任总编辑吴之非曾撰文谈到他随唐平铸到苏州，听取林彪对1966
年《解放军报》元旦社论指示的情景：

> 这是1965年12月28日，我们上午到，下午就去见林彪。天阴，
> 不曾开灯，房间又比较大，我离林彪有四五米远，林彪是什么模
> 样看不大清楚，但他说话的湖北口音是听得很清楚的。唐平铸念
> 的稿子，我做的记录。当念到毛主席的威信最高，林彪说，水平
> 最高，威力最大，一句顶我们一万句。[36]

文革初期，当《语录》编好后，在一次会议期间，唐平铸请示林彪
有什么指示时，林彪只简单说了一句："你们搞了，就要搞好。要短，
要精，便于携带。"在这之后，林彪没有再过问过《语录》的编辑和出版。

学习和运用

文革开始后，从1966年8月18日的红卫兵大会起，全国掀起了
崇拜毛泽东的热潮。《毛主席语录》不离手，毛主席教导不离口"成为
考验每个人是否忠于毛主席和革命的试金石。人们似乎生活在《毛主席
语录》之中。林彪说："要带着问题学，活学活用，学用结合，急用先学，
立竿见影，在用字上狠下功夫。"这一学习方法首先在解放军内部使用，
在文革期间得到了推广。阅读《毛主席语录》不是一般的作者和读者之
间的循环，而是作者→学习运动→读者之间的循环。

当时驻北京的日本记者柴田穗后来写道：

> 在市内的各个街头，竖立着巨大的毛主席语录牌，几乎所有
> 的墙上都写满了毛主席语录。我的所见所闻全都是"毛、毛、毛
> ……"全中国在顷刻间被毛泽东的头像、雕像、语录所淹没。连外

国人住的北京饭店、新侨饭店也开始变样，大厅正面的屏风换成了毛主席语录。走进大厅，里面矗立着巨大的毛泽东雕像。各房间里的装饰画换成了毛主席语录和毛泽东像。楼道和各楼层放着《毛主席语录》的外文版，可以自由索取。回到房间，打开收音机，北京广播电台在播放赞美毛泽东的歌曲《大海航行靠舵手》。街上的红卫兵和饭店的服务员在集合时都首先"敬祝毛主席万寿无疆"，然后说"毛主席教导我们说……"打开《毛主席语录》指定的页数，一齐高声朗读。这成为一种形式。

……我到北京王府井的新华书店看了看，所有书架上都是毛泽东的著作和《毛主席语录》。除此以外，有一点科学和医学书，文学、思想、政治、经济、历史、哲学等书一本也没有。连马克思、恩格斯、列宁的翻译著作也没有。

……1966 年 10 月 1 日，是文革的第一个国庆节。在巨大的白色石膏的毛泽东雕像后，跟着怒涛汹涌的红卫兵海洋。一百多万红卫兵排成大约二百纵列，高举《毛主席语录》行进，好似一大片红色地毯向前滚动。他们的眼睛都集中在一点，都在寻找毛泽东的身影。如果毛泽东不在天安门城楼上，红卫兵们就会停下脚步，整个游行队伍就会停顿下来。大会主持人广播催促他们往前走，周恩来在城楼上横向挥动《毛主席语录》，示意红卫兵队伍快走。当毛泽东一出现在城楼上，红卫兵挥舞《毛主席语录》高呼"毛主席万岁！毛主席万岁！"天安门前成为狂热和兴奋的漩涡。从望远镜里可以看到红卫兵们都在流泪。[37]

当年，红卫兵手册《破旧立新一百例》里有这样的内容：街道居委会负责在各处竖立毛主席语录牌，各家都要挂毛主席像和毛主席语录；《毛主席语录》人手一册，随时携带，一有机会就学习，一切遵循毛主席的教导；在自行车和三轮车上挂毛主席语录牌。公共汽车和火车上挂毛主席像和毛主席语录牌。

文革开始后，各地许多街上的墙壁都被涂上红油漆，写上毛主席语

录，俨然一片"红海洋"。1966 年 12 月 28 日，中共中央和国务院发出
了《关于制止大搞所谓"红海洋"的通知》。通知说："根据各地群众反映，
最近城市中有些党政机关部门，借口写毛主席语录，'美化市容'等等，
大搞所谓'红海洋'，就是用红色的油漆把大门和大片大片的墙壁涂成
红色，甚至强迫群众挨家挨户出钱。有些农村中，除了'红海洋'外，
还搞了大牌坊。还有别有用心的走资本主义道路当权派和坚持资产阶级
反动路线的人，想利用这个方法使群众没有贴大字报的地方，掩盖自己
反毛泽东思想的罪行，他们的这一做法，不但完全违背毛泽东同志历来
教导的艰苦朴素的作风，而且是一种抗拒大字报，对抗无产阶级文化大
革命的恶劣行动。中央认为，各级领导机关必须坚决制止这种错误做法。
特此通告。"[38]

当时，由于反对"反革命修正主义教育制度"，全国的所有学校都
停止了正常的教学工作。教材和课本大部分被破坏，取而代之的是《毛
主席语录》和《毛泽东选集》。1966 年 9 月的一所广州小学，在每天四
小时的课程中，两小时学习《毛主席语录》，一小时学唱歌颂毛主席的
歌曲和"语录操"，正常的课程只有一小时的算术。中学和大学的情况
类似。

1966 年 6 月，教育部《关于 1966–1967 年度中学、大学政治、语文、
历史课本的报告》里这样说："小学生也应该学习毛主席著作。小学低年
级学习《毛主席语录》，小学高年级学习老三篇。"1967 年 2 月，中共中
央在《对小学文化大革命的通知（草案）》和《对中学、大学文化大革命
的意见（供讨论和试行用）》里，做了同样的规定，规定中学和大学的课
程以毛主席著作为主。

另外，群众性的"早请示，晚汇报"从文革初期开始，一直持续到
1971 年 9 月的"林彪事件"。在这期间，全国几乎所有人每天或集体或
个人，举行所谓"早请示"仪式，早上站在毛主席像前，挥动《毛主席
语录》，高喊："敬祝我们心中最红最红的红太阳毛主席万寿无疆！万寿
无疆！敬祝毛主席最亲密的战友林副主席身体健康！永远健康！"然后

高唱歌颂毛主席的《东方红》《大海航行靠舵手》，再背几条语录，然后开始一天的工作和学习。"晚汇报"的形式和"早请示"基本雷同。

1966 年 9 月 30 日，全国各大报一齐刊登了 10 首《毛主席语录歌》。从那以后，毛主席语录被纷纷改编成语录歌，在群众中广泛传唱。同时，还出现了"语录操""忠字舞"等。

当时的《人民日报》《解放军报》等各大报纸，每天都必不可少地刊登从《毛主席语录》中摘选出的与当时形势和报道重点相关的语录。每当"两报一刊"一发表毛泽东的最新指示，每当集会、游行或政治学习时，每当批斗"走资本主义道路当权派""地、富、反、坏、右"和"臭老九"时，人们必须首先高举手中的《毛主席语录》，大声齐声背诵其中的一段，然后才能进入正题。全国到处洋溢着《语录》的歌声，到处是《语录》的红色海洋。就连国家领导人接见外宾时，也要手举《语录》。男女老少、工农兵学商都在高呼"万岁"，跳"忠字舞"，做"语录操"，唱"语录歌"。在起草文件时，写信时，开会或集会游行时；在相互见面问候时，打电话时，甚至起床后、吃饭前、睡觉前，都要写或说一句相应的毛主席语录，向毛主席他老人家表"忠心"，"恨斗私字一闪念"。有的人为了表达对毛主席的虔诚，竟不怕疼痛，把毛泽东的像章生生别在自己的胸脯上。

1967 年 6 月 17 日，在我国首次进行氢弹试验时，轰炸机驾驶员孙福长在飞行时背诵《毛主席语录》，结果在预定的早上 8 点忘了按下投掷器的电钮。当耳机里传来周恩来总理的声音时才注意到时间，第二次投掷成功了。[39]

当时曾报道一家医院的外科医生采用了一种新的治疗方法，就是在给病人开刀时，不用麻药，让病人背诵毛主席语录，说是他老人家的话可以产生巨大的精神力量，能驱散开刀引起的疼痛。据说病人"真"的不疼了，还向记者"一阵阵微笑"，取得了既学习又治病双丰收的惊人疗效。

为了表示对毛泽东和《语录》的敬意，当时许多人叫"请"或"迎"，而不用"领""拿""要""买""取"这样的字眼。有一个生产队到公社"请"《毛主席语录》，不仅人和车要披红布、戴红花，而且把马也涂抹成了红色，谓之"红人红马红车迎接红宝书"。

有一个老干部，在念《毛主席语录》中的"革命不是请客吃饭，不是绣花，不是做文章"时，一绕嘴念成了"革命请客不吃饭"，引来台下一阵狂笑和怒斥，立即遭到造反派的一顿暴打。《人民日报》的一位女工错排了一个铅字，把"祝伟大领袖毛主席万寿无疆"排成了"无寿无疆"，受到严肃处理。而"一小撮""坏人""黑帮""狗崽子"，也有"享受"念《语录》的权利，他们被驱赶到太阳底下连续背"凡是反动的东西，你不打，他就不倒。这也和扫地一样，扫帚不到，灰尘照例不会自己跑掉"。一直背得口干舌燥，昏倒在烈日下，还要被造反派"再踏上一只脚"。

林彪在 1968 年 3 月 26 日指示："每天读毛主席的书，每天用毛主席的书。"从那以后，解放军开始了"天天读"的活动，以后普及到了全国。每天的学毛著时间被规定为"雷打不动"。

1968 年 3 月 16 日，《人民日报》发表了"大办家庭学习班，农民思想好"的报道。报道说："在林彪副主席 1967 年国庆节号召办毛泽东思想学习班以来，各地的单位、学校、农村、工厂等陆续办起了学习班，同时，出现了家庭学习班。在河北省晋县小樵公社小樵大队，各家庭学习班选出识字的人当辅导员，到不识字的家庭朗读《毛主席语录》，然后全体背诵、讨论。早上起来后，妇女边做早饭边学习，饭前饭后全家围着饭桌读《毛主席语录》。晚上睡觉前，丈夫给妻子、孩子读，孩子给爷爷奶奶读，互教互学。虽然每次学习的内容少，但是学习的次数多，慢慢积少成多。各家庭每五天开一次'斗私批修会'。在农忙不能保证学习时，他们坚持办学习班，他们不是等到农闲，因为农活儿越忙，'私'字就越容易冒出来。在出工前，根据当天干农活儿可能出现的问题，学习几段有关的语录。在休息时间，大家集中在一起背诵毛主席语录，互相交心。晚饭后，全家对照最高指示检查一天的行为。全体社员齐心合力推动这场运动。"

　　《毛主席语录》对中国大众的语言产生了重大的影响，毛泽东的语言和文风渗透到人们的生活当中。最意外的成果是，《毛主席语录》向全国推广了普通话。"日本毛泽东著作语言研究会第一次访华团"从1967年8月至9月在中国各地进行了考察，证实了这一点。访华团成员之一新岛淳良在《毛泽东的思想》一书中写道："《毛主席语录》对当代中国普及普通话发挥了巨大的作用。在辽阔的中国大地上，有五种大的方言和无数小的方言。但是不论在哪儿，人们齐声读《毛主席语录》时大都用普通话。……反复读直至背下来。这些语言不可能不影响到日常生活的语言。在用极为难懂的方言说话的农民嘴里，也可以听到他们自然引用的毛主席语录。我只能听懂那一部分普通话。"[40]

　　除了推广普通话，对民众识字也产生了作用。中国在文革前的非识字率高达50%以上，而文革结束时减少了近10个百分点。这与全国大众性学习《毛主席语录》和毛主席著作不能说没有关系。

笔者亲历的《语录》大战

　　当时，唐炎明在哈尔滨军事工程学院（简称"哈军工"）就读，同学中有许多党和国家领导人、军队干部的子女。1966年底，哈军工的两派学生组织"红色造反团"与"八八红旗战斗团"，在北京西单广场为谁是真正的革命造反派进行辩论，展开了一场《语录》大战，引来了数千人围观。一派高喊："毛主席教导我们说，凡是反动的东西，你不打，他就不倒……"另一派举着高音喇叭狂呼："毛主席教导我们说，人不犯我，我不犯人，人若犯我，我必犯人。造反有理，造反有理！"势不两立的两派组织由相互比拼《毛主席语录》，到身体接触，最后大打出手。中央文革后来明确表态，"八八团"是保守组织。林彪与其前妻的女儿林晓霖是"八八团"的一员，林彪为此特派专人带着他的声明到哈尔滨宣布，林晓霖的言行不代表他，他们父女之间没有任何关系。

　　唐炎明大学毕业后，被分配到远离大连市东面海外的岛屿锻炼。

这个岛很小，在中国地图上都无法标注。岛上驻守着三个单位，一个是观通站，一个是唐炎明所在的岸炮连，另一个是陆军的炮连。该岛属于军事禁区，没有老百姓居住，不允许渔船靠近。岸炮连的任务是用岸炮局部封锁渤海海域，防范由东边海上来袭的入侵之敌。由于远离大陆，条件十分艰苦，吃的粮食、蔬菜和肉都是设在大连老虎滩的营部定期派登陆艇送的。

1967年初，各地武斗成风。大连和旅顺的许多造反派纷纷强占高楼和制高点，建立自己的基地和据点，并派"重兵"把守，对立的双方用真枪实弹互相打了起来。小岛远离大陆，除了学习、训练外，大家对外面的实际情况浑然不知，许多人连"无产阶级革命左派"是啥模样都没有见过，更弄不清他们是怎么造反的。一直到接到上级要求帮助转移武器的任务后，大家才紧张起来。一天夜里，五六艘满载着轻武器（步枪、机枪、冲锋枪、手枪、手榴弹等）和弹药箱的基地运输艇，在夜色的掩护下，把长长短短的武器和弹药一箱箱、一捆捆运送到岛上。连长命令大家连夜突击搬运隐藏，全连的官兵迎着寒冷的海风，高呼毛主席语录，互相鼓励着，背的背，扛的扛，整整干了一个通宵，总算完成了任务。

第三天情况就完全不同了。观通站通知说，海面上有一艘打着大红标语的汽艇正驶来。连长焦急地立即请示营部怎么办。1967年1月25日刚刚宣布了中共中央、国务院、中央军委、中央文革小组《关于人民解放军坚决支持革命左派群众的决定》，《决定》指出："在这场伟大的无产阶级向资产阶级的夺权斗争中，人民解放军必须坚决站在无产阶级革命派一边，坚决支持和援助无产阶级革命左派。"面对这个突发事件和中央的命令，营里也无法决定。在请示基地后，基地命令必须用生命保证武器、弹药的绝对安全，最好不要让汽艇靠岸，但没有说明如何执行这个命令。面对"如何对待革命左派""如何满足他们的要求"这种复杂的特殊情况，估计基地也无法决断，也要向上请示。基地只是说要打不还手、骂不还口，要做耐心细致的说服、教育工作。并要求电话机旁不准离人，时刻保持联系。

那时有一个副营长在岛上检查工作，是最高领导。他命令大家以最快的速度把所有的枪栓卸下，藏到几个分散的大油桶里。陆军炮连有一个大弹药库，也接到命令，准备一旦发生紧急情况，就按上级指示把造反派隔开，不得已的情况下，可以引爆仓库，不能让武器流散到社会上。这时，汽艇越来越近。岸炮连的一部分炮位阵地位于岛的西侧，汽艇直扑前沿海滩。大家十分着急。按道理，这里是军事禁区，在紧急情况下，用双管三七炮一个平射就可将这艘汽艇击毁。但在当时的情况下，谁也不能下这样的命令。这时候副营长看到了唐炎明，他说："你是大学生，又刚刚支过左，就由你同造反派谈判。"唐炎明虽然心里紧张，但这是命令，必须执行。

大家大声向汽艇喊话，让它不要靠近海岛，可是汽艇上的人一个劲儿地挥动着《毛主席语录》，不答话。营长命令全连紧急集合，全营一百多人全部到位，连饲养员、文书及炊事班的同志都参加了这一紧急行动。大家齐刷刷地站成四路，组成了封锁的人墙。

汽艇不顾劝阻靠了岸。艇上的"造反有理""向解放军学习，向解放军致敬"的大红标语格外醒目。只见从上面下来七八个人，有的头戴安全帽，有的敞胸露怀，挽着胳膊，其中还有一个女的，手举一个铁皮喇叭筒不停地喊话。他们一上岸，就伸出了手，脸上皮笑肉不笑："亲人解放军，我们最最最亲的亲人，我们是来向你们求救的。帮帮你们的阶级弟兄，帮帮无产阶级革命左派，借给我们一点武器吧！"还有一个造反派说："中央刚刚颁布了要求解放军支持革命左派的决定，我们就是乘着党中央、毛主席《决定》的东风来的，是中央的《决定》鼓舞着我们，我们只是来借点武器，你们要执行中央的命令，不借也得借！"唐炎明根据基地的命令，向他们表示军事禁区不得擅自闯入，武器不能借，更不能给，请他们立即返回。这些天不怕地不怕，在武斗中杀红了眼的"左派"们，有的拿着匕首，有的手里攥着一米多长的垒球棒子，有的拿着铁链，还有一个人揣着颗手榴弹，他们根本不听劝阻，一个劲儿地往岸上冲。

唐炎明担心他们会乱来，向他们说："你们的心情我们理解。毛主席号召造反，我们解放军支持你们，但是没有上级的命令，说什么也不能把武器给你们。"这时一个造反派先背诵了一句毛主席语录："要奋斗就会有牺牲，死人的事情是经常发生的。但是我们想到人民的利益，想到大多数人民的痛苦，我们为人民而死，就是死得其所。"大家紧张地盯着这个背得挺"溜"的人。他口中竟然念念有词："就我们自己的愿望说，我们连一天也不愿打。但是如果形势迫使我们不得不打的话，我们是能够一直打到底的（《毛主席语录》里的一段话）。"他突然掏出手榴弹，声嘶力竭地威胁道："咱们用不着啰唆来啰唆去，说什么你们也得把武器给我们！你们不支持革命兄弟，就是不执行中央的决定！与其让对立面打死，不如就死在你们面前！你们给一句痛快话，借还是不借？！"全连战士不动声色地、紧张地盯着他。

后来，他们看硬的不行，就来起了软的。有的向战士们念《毛主席语录》；有的解下扣子，敞开衣服，哭诉着让大家看被另一派打的伤口；有一个矮个子伸出手掌，比画成手枪的样子对唐炎明说："兄弟，我们就一条船，装不了多少。咱哥们儿不要大的，来点这个就行。"那个女的竟哭得昏死了过去。

这时，陆军炮连给他们送来了饭菜，有西红柿炒鸡蛋、疙瘩汤，还有带鱼。饭菜在夜空中随着海风散发出诱人的阵阵香味。陆军炮连在山上组成了厚厚的一堵人墙。唐炎明突然看见送饭的人中有一个陆军排长，上前搭话才知道他们是以送饭为名摸情况来了。事后才知道，陆军炮连担心这边吃紧，准备派一个排来支援。唐炎明一看表，两个连队已七八个小时滴水未沾，更不要说吃上一口热饭了。潮湿的海风一阵阵袭来，越吹越猛，战士们强忍着饥渴，手拿《毛主席语录》，纹丝不动，警惕地盯着这伙造反派。

没想到造反派吃完了饭，来了精神，竟向大家宣讲起《语录》，什么"军民团结如一人，试看天下谁能敌"，什么"谁是我们的敌人，谁是我们的朋友，这是革命的首要问题"，什么"我们应当相信群众，我们应当相信党，这是两条根本的原理"，什么"真正的铜墙铁壁是什么？是群众，是千百万真心实意拥护革命的群众"，等等，一大段一大段地念着。唐炎明立即回头向大家喊道："同志们，让我们集体背诵《毛主席语录》，'没有人民的军队，便没有人民的一切'。"当大家背诵完这一段后，唐炎明又喊道："咱们从《语录》的第一个专题开始，一个排、一个排地轮着背，一段接一段地背！大家说好不好啊？"全连官兵大吼一声"好！"愤怒的吼声竟然把栖息在远处食堂的一群海鸥都吓跑了。

战士们每天早请示、晚汇报，天天背的就是《毛主席语录》，还进行过全营的背《语录》大赛，政治学习就是"精读"毛主席著作，早把"老三篇"和《语录》的每一个章节都背得滚瓜烂熟。唐炎明指挥着大家，背一段《语录》，向前跨一步，一步接着一步向造反派们的身边逼近。《毛主席语录》的声音如海啸一样，一浪高过一浪。他们一见这阵势，慌了，一点点向岸边退去。

战士们完全是按上级"只动口，不动手，耐心做说服教育工作"的指示办的。就这样，背诵《毛主席语录》的持久战，一直持续到晚上9点多。最后，造反派们实在挺不住了，一个头头对唐炎明说："我算服了，不过我们记住了这个地方。能不能给船加点柴油？"不一会儿，这些来势汹汹的"革命左派"就灰溜溜地撤走了。

战士们高举着《毛主席语录》，欢呼着、拥抱着、跳跃着，谈论着《语录》的强大威力。唐炎明却在心里暗想，幸亏人多，除了《语录》的威力外，战士们死也不会让他们夺去手中武器的。但是如果万一出现突发情况，后果将不堪设想。因为那时有不少地方的造反派疯狂地抢夺部队的枪支弹药，有的战士还被他们残忍地杀害了。

发生在小岛上的"语录大战"这样的事例，在文化大革命中不胜枚举。造反派用《语录》打派仗，选出对自己有利的语录，互相攻击。这种现象被称为"语录仗"，各派都声称自己"最忠于毛主席"。为了"保卫毛泽东思想"，各地展开了武斗，有的发展成血腥的杀戮。

据说当年的红卫兵领袖之一韩爱晶曾为此事问过毛泽东："现在大家都在引用主席著作中的一些话，来证明自己行动的正确性。在引用时，可以有不同的解释，甚至完全相反的解释。主席在的时候，容易解决。主席不在了，该怎么办？"毛泽东回答说："我说过的话，今后肯定会有不同的解释，必然如此。你看从老夫子到佛教、基督教，后来还不是分成许多派别，有着许多不同的解释。任何事物没有不同的解释，就不会有新的发展，新的创造。否则就停滞，就死亡了。"[41]

《语录》风靡世界

在文化大革命中，为了向全世界普及和推广毛泽东思想，指导各国人民的民族解放运动，出版外文版《毛主席语录》成为对外出版的主要工作。《毛泽东思想的光辉照耀着全世界》一书中这样写道："从 1966 年 6 月文革开始到 1967 年 4 月截止，世界上有 150 多个国家和地区向中国订购了毛主席著作。1966 年，尽管毛主席著作在国外发行的数量达到了 1952 年的 100 倍，仍然不能满足国外读者的要求。许多国家自己翻译出版毛主席著作。据统计，目前有 50 多个国家和地区，用 60 多种语言翻译出版毛主席著作，仅单行本就达到 670 多种。《毛主席语录》被翻译成各种语言在国外发行，立刻在全世界引起了轰动。西方的资产阶级报纸惊叹这是世界最畅销的书，是征服了世界的书。"[42] 另外，"据 1967 年 10 月 8 日的《北京周报》说，在从 1966–1967 年不到一年的时间里，中国向国外正式发行了 130 万册以上的《毛主席语录》，遍及 128 个国家。另外，同时期内有 16 个国家的出版社自行翻译出版。"[43]

日本在不到一个月的时间里翻译出版了四个版本的《毛主席语录》，其中之一的第 1 版 50,000 本顷刻间销售一空，这在日本出版史上是空前的。另据日本出版的《新中国年鉴》记载：在名古屋举办的中华人民共和国经济贸易展览会上，《毛主席语录》大受欢迎，在会期的 21 天内共销售了 41,000 本。[44]

另外，英语版和法语版都在市场上畅销。在法国，《语录》被称为"小红书"，巴黎一家书店 10 天就卖出 4,000 本。在比利时，仅 1967 年 1 月就售出 3,000 多本，而且又收到大量的订单和预约。伦敦的一家书店两天时间就把从北京运来的《毛主席语录》销售一空。据说在纽约也极为畅销。英语版和法语版在巴基斯坦、缅甸、坦桑尼亚、马里、刚果等国家也得到普及。1967 年 3 月，锡兰共产党在科伦坡发行了僧伽罗语版。希腊语版由雅典的历史出版社出版，西班牙语版和世界语版也出版了。

1967 年 5 月 26 日《人民日报》刊登印尼共产党党中央代表团的声明，欢呼印尼语版《毛主席语录》的出版，"是不可估量的国际主义援助"。同日刊登了巴基斯坦在拉合尔发行乌尔都文版的《毛主席语录》的消息，称之为"取之不尽的精神财富"。同年 6 月 12 日，《人民日报》头版以《让光焰无际的毛泽东思想红遍全中国，红遍全世界》为题报道说：《毛泽东选集》今年已出版 2,900 多万部，同时出版了毛主席著作单行本和《毛主席语录》数亿册。

1967 年 7 月 2 日，《人民日报》头版以《国际共产主义运动史上的大事件，无产阶级文化大革命的新胜利》的头条消息，"欢呼《毛主席语录》在全世界广泛传播"，"红色宝书给千百万人民带来了马克思主义"，"给整个人类世界带来了光明！"报道称：据不完全统计，从 1966 年 10 月到 1967 年 5 月，仅中国国际书店一家，就向全世界 117 个国家和地区发行了英、法、日、德、俄、西班牙、阿拉伯等 14 种语言的《毛主席语录》80 多万册。这些还不包括有的国家（如日本、法国、美国、英国等）自己翻译、编辑、出版的 16 种文字、多种版本的《毛主席语录》。不久，另外 7 种外文本也陆续出版，后来又有多种外文的《语录》出版。"以日本为例，自去年 11 月到今年 3 月为止，就翻译出版了 4 种日文版的《毛主席语录》30 万册。"

同日，新华社以《世界人民的大喜事》为题发表短评说，《毛主席语录》在 100 多个国家和地区广泛发行，受到了亿万革命人民的欢迎和颂扬。这是世界人民的大喜事，是史无前例的中国无产阶级文化大革命的又一曲响彻云霄的凯歌。《毛主席语录》在世界的广泛发行，将使毛泽东思想越来越深入人心，从而唤起世界广大劳动群众，组成一支浩浩荡荡的革命大军，向旧世界发动声势凌厉的总攻击，争取无产阶级世界革命的彻底胜利！

1967 年 2 月，国务院外事办公室发出通知说："对外赠送《毛主席语录》（中、外文版），就是向世界人民宣传毛泽东思想。各涉外单位，应将此作为头等重要的政治任务。"

同年 7 月 2 日，《人民日报》头版报道：从世界各地向中国订购《毛主席语录》的信件像雪片般地飞来。一位外国朋友在来信中满怀希望地写道："要是能把《毛主席语录》寄给我，我就是世界上最幸福的人了。"

唐亚明的一位日本友人都美纳，写下了当时法国巴黎的情况：

> 每星期六的中午过后，平民居住区里平时闲静客稀的小酒店就会突然热闹起来。十人左右的年轻人小组又来了。他们立刻开始打扫餐厅和走廊，擦玻璃、扫地。然后，集中在餐厅的一角开始学习毛泽东著作。那是在日本也广为人知的红色的《毛主席语录》，他们读的是法语版！桌上还放着学习笔记。哦，在这儿也有这种我熟悉的情景，我感到了世界的同时进行式。这些年轻人就像法国电影里出现的那些工人阶层的年轻男女，高中毕业后就开始工作。他们从小就接触到严酷的现实，所以意志坚强，而且好客谦虚、和蔼可亲，给人一种温暖的感觉。他们吃完饭后，弹起了吉他，跳起了舞，有人还唱起了中国歌曲《东方红》。……三年后，我在日本看到法国"五月革命"的消息后，脑海里立刻浮现出那些年轻人的身影。他们用那种方法培养出来的集体精神，一定在"五月革命"中发挥了作用。据说"五月革命"后，法国的气氛发生了很大的变化。当年欧洲也活跃着很多"毛泽东主义者"。从那时起到 70 年代，世界性的学生运动蓬勃地开展起来了。

在香港，1967 年 5 月爆发的反英暴动中，许多人手持《毛主席语录》，包围了总督府。尽管遭到英国和香港当局的武力镇压，人们仍然高举《语录》，像潮水般涌向街头，纷纷举行大罢工。

在老挝，革命战士发誓说："即使牺牲生命也不能丢掉这本书！"安哥拉的游击队员背诵着"越是困难的时候越要看到成绩，看到光明，提

高我们的勇气"“帝国主义和一切反动派都是纸老虎"的语录，奋战在
密林丛中。津巴布韦、秘鲁、尼加拉瓜、刚果、委内瑞拉等国家的革命
者，遵循毛主席“农村包围城市"“星星之火可以燎原"的教导，与统治
者进行着殊死的斗争。[45]

　　外文局编译出版处原处长郭选根据《外文图书总目 1949–1979》(外
文局编印) 统计，从 1964 年到 1972 年，外文局所属外文出版社共用了
37 种文字印了 1,008 万多册《毛主席语录》。其中英语版印数最多，为
2,197,188 册，菲律宾语版最少，为 4,255 册。法语版和德语版各为 110
万至 130 万册，意大利语、缅甸语、阿拉伯语各 70 万册以上，斯瓦希里语、
俄语、老挝语、阿尔巴尼亚语各 20 万册以上，10 万册以下的，有 20
多种语言。再版次数方面，英语版再版 7 次，日语版再版 6 次，法语、
西班牙语、德语、缅甸语版各 4 次，意大利和希腊语版各 3 次，其余文
版为 1 至 2 次。

　　据不完全统计，除了在中国翻译出版的《毛主席语录》以外，法国、
意大利、美国、日本、德国等国家和地区还自行翻译和出版了 24 个语
种的 40 多种《毛主席语录》。中国还在“内部发行"时，法国就出版了
“总政治部"前言的《毛主席语录》。瑞典在 1967 年至 1969 年的两年间，
重版了 6 次《语录》。在各国当中，日本出版的《语录》最多，达 11 种
版本。

　　据郭选回忆，《毛主席语录》对外发行的途径，主要是通过中国国
际书店(现名为中国国际图书贸易总公司) 委托国外同业(书店、出版社)
发行，还有一部分通过我国驻外使领馆和其他驻外机构赠送，再有就是
国内涉外单位赠送。

　　当时，世界上众多的人们对毛泽东领导的中国革命有着由衷的赞
颂。他们对红色中国的向往，是在漫长的历史长河里积压下来的对身心
解放的强烈愿望，反映了他们对毛泽东描绘的社会主义、共产主义蓝图
的憧憬，以及对创造新世界的自信与渴望。他们从《毛主席语录》中得
到启示和共鸣，把它升华为一种更高境界的学习和研究。这也是《毛主
席语录》在全球范围内掀起热潮的原因。可以说，这种现象在古今中外
从未有过。

世界上发行量最大的书

《毛主席语录》这本风靡世界、令亿万中国人"如醉如痴"的"红宝书"，被公认为"20世纪最流行的书""世界上读者最多的书"，究竟出版发行了多少册，已是一个很难确切统计的数字了。有的报纸说全世界的发行量是50亿册，有人说至少有30亿册左右。仅就国内而言，从1964年5月到1966年，解放军报社出版发行《毛主席语录》2,225万余册。从1967年到1969年4月，战士出版社（即现在的解放军出版社）共出版发行《毛主席语录》5,300万册。从1969年5月到1976年为部队补发《毛主席语录》100万至120万册。中央和各地出版发行、各地印制、红卫兵组织自行印制的，以解放军报社出版的《毛主席语录》为母本的和有关的单行本更是不计其数。1969年党的"九大"前后，《毛主席语录》越出越多，大到16开本，小到像一个火柴盒般大小的袖珍本，还有以《毛主席语录》为主的各种"三合一""四合一"，以至"六合一"的各种各样的版本。

在唐平铸的遗物中有一本128开的《毛主席语录》。首页是毛泽东的半身照片：毛泽东在天安门城楼上身着军装，面带微笑，一只手捏着香烟，另一只高举着向群众招手。第二页是林彪的题词。内容则与《解放军报》编发的《毛主席语录》大不一样，是毛泽东对文化大革命具体指示的专辑。

1971年9月13日，因与毛泽东彻底决裂，林彪乘飞机出逃，在蒙古境内坠机身亡，史称"九一三"事件，又称"林彪事件"。此后，各地开始陆续回收、销毁有林彪前言的《毛主席语录》。

据中国国家新闻出版署对外处前处长魏红提供的统计表（1997年7月9日），文革开始后，国内几乎所有的出版社、印刷厂和书籍流通部门都全力以赴印制出版毛主席著作。从1966年到1970年的五年间，发行了毛泽东著作、肖像、语录招贴画共104亿册（张），平均每年20亿册（张）。另外，许多民间团体、机关、公司等，大量印制发行各种《毛主席语录》《最高指示》《毛泽东诗词》等等，其数字无法统计，难以估量。仅正式出版部门出版的毛主席著作，包括8种少数民族文字和盲文，

以及 36 种外文，46 种文字共计 42.6 亿册。其中《毛主席语录》达到了
10.53 亿册。

另据《新华书店总店史（1951–1992）》统计，从 1964 年 5 月到
1979 年 2 月，仅国家出版社正式出版的《毛主席语录》总印数为 47 种
文字，10.91 亿册。[46]另一方面，据大英圣经协会统计，1966 至 1968
年的三年时间内，在全世界颁发的《圣经》（不包括新约、分册、选集）
为 14,802,426 册。这与几乎同期发行的 7.4 亿册《毛主席语录》无法比拟。

不言自明的是，大量出版包括《毛主席语录》在内的毛泽东著作，
是以牺牲其他出版物为代价的。看看中国的图书出版统计数字即可明
白：在文革开始的 1966 年，全国图书出版从 1965 年的 20,143 种锐减
为 11,055 种，而到了 1967 年，更减到 2,925 种。在那以后的数年间，
出版种类一直徘徊在 3,000 至 4,000 种之间。杂志的出版数量在 1966 年，
由 1965 年的 790 种锐减为 191 种。而到了 1969 年，只剩下《红旗》杂
志等 20 种。几乎所有的印刷厂都在赶印毛泽东著作。

1976 年，随着毛泽东去世，以及"四人帮"被粉碎，十年文革宣告
结束，《毛主席语录》这一特定历史时期的产物也就从此退出了历史舞
台，从亿万中国人的生活中逐渐淡出。同时值得一提的是，一直到文革
结束近三年后的 1979 年 2 月，外文版的《毛主席语录》才停止向国外发
行。

《毛主席语录》的启示和教训

笔者认为，在研究《毛主席语录》的启示、借鉴和教训的问题上，
应当把《语录》的这种形式与一些人利用它作为政治工具的目的区别开
来。

纵观历史，《毛主席语录》的形式并不是什么新发明。在汗牛充栋、
卷帙浩繁的中国历史文化遗产中，"语录体"的著作占有重要位置。自
先秦以至清末近代，结集传世的语录、箴言等文献至少有数百种之多。
其中《论语》《孟子》等经典，就是一种语录体文字，还有南朝刘宋时范

泰的《古今善言》，宋代张载的《横渠语录》和《语录抄》、程颢和程颐的《二程语录》、杨时的《龟山语录》、陆九渊的《象山先生要语》，明代陈宪章的《白沙先生语录》，清世宗的《庭训格言》，民国时期蔡锷辑录的《曾胡治兵语录》等等，可谓不胜枚举。这些《语录》大都言简意赅，凝结着丰富的人生奋斗经验、警策的哲理和深邃闪光的思想，是祖先留给我们的弥足珍贵的巨大精神财富。

文化大革命中，在一些人的煽动下，学习毛泽东著作在许多地方变成了形式主义、实用主义。一部分人为了派性的需要，把《毛主席语录》作为"打、砸、抢"和打派仗的工具；一部分人受了"带着问题学，活学活用"的导向，片面地理解、曲解、割裂《语录》的原意，随意引证，到处"造反有理"，到处怀疑一切。它不但造成了极大的思想混乱，而且造成了人们心灵、肉体和财产上无法弥补的巨大伤害和损失。

同时，在形式主义的诱导和政治压力下，人人天天读一样的书，唱一样的歌，说一样的话，无疑，在某种意义上，在丰富多彩、不断变化的实践活动中，在社会发展的进程中，它僵化和束缚了人们的思维活动，以及创新能力。这些，都是要永远汲取的教训。

诞生在中国土壤上的毛泽东思想，凝聚了几代中国共产党人的集体智慧和理想，这不仅仅是一个人的事业和思想。毛泽东和无数先辈使受尽屈辱的中华民族屹立于世界民族之林。他的人民战争、游击战、独立自主、为人民服务等警策语录在世界范围内引起巨大反响，这些体现毛泽东思想的语录有启迪性、针对性、时间性和历史背景。在许多地方和场合，人们至今还在使用和悬挂《语录》。而随着时代的进步，在改革开放的浪潮中，必然会有新的理念、新的理论、新的思想不断涌现，这是历史的必然。

注释

1　　唐平铸口述，1984 年 4 月 3 日于北京 301 医院，唐炎明记录。
2　　笔者采访刘志坚，1996 年 9 月 6 日。
3　　笔者采访姜思毅，1996 年 9 月 7 日。

4　根据 1985 年起至 1996 年间笔者对胡痴的数十次采访。

5　波匈事件指 1956 年 6 月和 10 月，在社会主义阵营国家波兰和匈牙利分别爆发了要求政治改革的大规模群众示威，造成流血冲突，两国政局均遭到剧烈震荡。

6　总参谋部《罗瑞卿传》编写组编：《罗瑞卿传》，北京：当代中国出版社，1996 年，第 437 页。

7　有林、郑新立、王瑞璞主编：《中华人民共和国国史通鉴·第三卷（1966–1976）》，北京：红旗出版社，1993 年，第 67 页；1966 年 12 月 19 日《解放军报》社论。

8　徐才厚主编：《当代中国军队的政治工作》（上），北京：当代中国出版社，1994 年，第 48 页。

9　总参谋部《罗瑞卿传》编写组编：《罗瑞卿传》，第 447 页。

10　笔者采访刘志坚，1996 年 9 月 6 日。

11　王金：《关于编印〈毛主席语录〉的一点回忆》，见《军报生活》，第 1413 号，1995 年 8 月 3 日。《军报生活》为《解放军报》政治部编内部刊物。

12　唐平铸工作笔记，1961 年 10 月 18 日至 11 月 4 日，未刊稿；总参谋部《罗瑞卿传》编写组编：《罗瑞卿传》，第 447 页。

13　总参谋部《罗瑞卿传》编写组编：《罗瑞卿传》，第 450 页；贺吉元：《"红宝书"大热探秘：曾总印数 50 余亿册，人均 1 册半》，2009 年 8 月 18 日，见中国共产党新闻网：http://dangshi.people.com.cn/BIG5/85040/9876662.html。

14　笔者采访原《解放军报》副总编辑张秋桥、代总编辑胡痴，1996 年 9 月 6 日。

15　笔者采访姜思毅，1996 年 9 月 7 日。

16　笔者采访刘志坚，1996 年 9 月 6 日。

17　笔者采访胡痴，1996 年 10 月 2 日。

18　王金：《关于编印毛主席语录的一点回忆》，《军报生活》，第 1413 号，1995 年 8 月 3 日。

19　总参谋部《罗瑞卿传》编写组编：《罗瑞卿传》，第 513 页。

20　唐平铸工作日志，1964 年 12 月 30 日，未刊稿。

21　唐平铸工作日志，1964 年 5 月 20 日，未刊稿。

22　唐平铸工作日志，1964 年 5 月 28 日，未刊稿。

23　唐平铸工作日志，1964 年 7 月 10 日，未刊稿。

24　《全国印刷出版毛主席著作会议纪要》（1966 年 8 月），见中国研究所编：《新中国年鉴，1967：文化大革命特集》，东京：东方书店，1967 年。

25　1976 年 10 月 6 日唐平铸给总政党委的信，未刊稿。

26　1976 年 11 月 10 日胡痴给总政党委的信，未刊稿。

27　笔者采访刘志坚，1996 年 9 月 6 日。

28　1973 年 2 月唐平铸在被关押期间写的交代材料，未刊稿。

29　刘火雄：《毛泽东著作的海外传播》，《文史天地》，2014 年第 3 期，第 4–8 页。

30　笔者采访胡痴，1996 年 9 月 10 日。

31　陈晓农编纂：《陈伯达最后口述回忆》，香港：星克尔出版公司，2005 年，第 259 页。

32　《人民日报》红旗战斗团：《唐平铸推行资反路线的材料》，1966 年 5 月 30 日至 1967 年 1 月 17 日。

33　祝庭勋：《李德生在动乱岁月：从军长到党中央副主席》，北京：中央文献出版社，2007 年，第 231 页。

34　中国人民解放军总政治部编印：《毛主席语录》，1965 年 8 月 1 日版，第 208 页；《新华文摘》，1996 年第 1 期，第 205 页。

35　中共中央文献编辑委员会编：《邓小平文选（一九七五～一九八二）》，北京：人民出版社，1983 年，第 39–40 页。

36　吴之非：《一段酸甜苦涩的历史》，《军报生活》，第 1394 号，1995 年 1 月 31 日。

37　柴田穗：《毛泽东的悲剧》（毛沢東の悲劇），第 3 卷，东京：产经新闻社，1979 年，第 205、210、218 页。

38　许善斌：《证照中国 1966–1976：共和国特殊年代的纸上历史》，北京：新华出版社，2009 年，第 56 页。

39　陈晓东：《神火之光》，北京：中共中央党校出版社，1995 年，第 187 页。

40　新岛淳良：《毛泽东的思想》（毛沢東の思想），东京：劲草书房，1968 年，第 302 页。

41　李志绥：《毛泽东私人医生回忆录》，台北：时报文化出版企业股份公司，1994 年，第 484 页。这段话刊登于 1967 年 7 月 16 日清华红卫兵的《井冈山》小报，当时流传很广。

42　人民出版社编：《毛泽东思想的光辉照耀着全世界》，北京：人民出版社，1967 年，第 19 页。

43　新岛淳良：《毛泽东的思想》，第 298 页。

44　中国研究所编：《新中国年鉴，1967：文化大革命特集》。

45　人民出版社编：《毛泽东思想的光辉照耀着全世界》，第 20 页。

46　新华书店总店史编辑委员会编：《新华书店总店史（1951–1992）》，北京：人民出版社，1996 年。

附

《毛主席语录》主要版本目录

（按出版时间排序）

1. 中国人民解放军总政治部编印：《毛主席语录》，内部发行，1964年5月第1版。

2. 中国人民解放军总政治部编印：《毛主席语录》，内部发行，1964年11月第2版。

3. 中共黑龙江省委《党的生活》编辑部编：《毛主席语录》，内部发行，黑龙江人民出版社，1965年3月。

4. 《毛主席语录》，吉林人民出版社，内部发行，1965年9月第1版。

5. 《毛主席语录》，吉林人民出版社，内部发行，1965年11月第2版。

6. 人民出版社编印：《毛主席语录》（样书），1966年1月。

7. 中国人民解放军总政治部编印：《毛主席语录》，内部发行，1966年1月（这一版在山西、内蒙古、辽宁、吉林、黑龙江、江苏、安徽、福建、江西、山东、河南、湖北、湖南、广东、四川、贵州、甘肃、宁夏等地人民出版社以及北京出版社、上海出版社印刷公司印刷）。

8. 中共广东省委宣传部编：《毛主席语录六十条》，四川人民出版社，1966年5月。

9. 《毛主席语录一百条》，内部发行，湖北人民出版社，1966年6月。

10. 中国人民解放军总政治部编印：《毛主席语录》，1966年8月（此版加毛泽东相片）。

11. 中共广西壮族自治区委员会办公厅编：《毛主席语录》，广西壮族自治区人民出版社，1966年8月。

12. 中国人民解放军总政治部编印：《毛主席语录》，内部发行，1966年10月（在天津、吉林、江苏、安徽、福建、江西、四川、陕西、宁夏、青海、新疆等地人民出版社以及北京出版社、内蒙古教育出版社印刷）。

13. 中国人民解放军总政治部编:《毛主席语录一百条》,内部发行,中国人民解放军战士出版社,1966 年。

14. 《毛主席语录一百条》,湖南人民出版社,1966 年。

15. 《毛主席语录》,云南人民出版社,1967 年 5 月。

16. 中国人民解放军总政治部编:《毛主席语录》,中国人民解放军战士出版社,1967 年 5 月。

17. 北京师范大学革命委员会政治部编辑印刷:《最高指示》,1967 年 7 月。

18. 中国人民解放军总政治部编:《毛主席语录》,内部发行,中国人民解放军战士出版社,1967 年 8 月(有塑料封皮和精装两个版本)。

19. 中国人民解放军总政治部编:《毛主席语录》,中国人民解放军战士出版社,1967 年 9 月。

20. 中国人民解放军总政治部编:《毛主席语录》,福建人民出版社,1967 年 9 月。

21. 《毛主席语录》(卡片式),福建人民教育出版社,1967 年。

22. 首都大专院校红代会中国人民大学新人大公社宣传部编辑印刷:《最高指示》,1967 年。

23. 《毛主席最高指示》,江西人民出版社,1968 年 1 月。

24. 《最高指示》,内部发行,天津人民出版社,1968 年 9 月。

25. 天津市革命委员会政治宣传组编:《毛主席最新指示》,天津人民出版社,1968 年 10 月。

26. 中国人民解放军总政治部编:《毛主席语录》,湖北人民出版社,1968 年 10 月。

27. 《毛主席最新指示》,青海人民出版社革命委员会,1968 年 11 月。

28. 《毛主席最新指示——关于无产阶级文化大革命》,浙江人民美术出版社,1968 年。

29. 湖南人民出版社革命联合委员会编:《最高指示》,内部发行,湖南人民出版社,1968 年。

30. 《最高指示:无产阶级文化大革命以后发表的毛主席语录》,内部
    发行,江苏人民出版社,1968 年。

31. 中国人民解放军总政治部编:《毛主席语录》,北京人民出版社,
    1969 年 2 月。

32. 四川人民出版社编集出版:《1968 年以来发表的毛主席最新指示》,
    1969 年 2 月。

33. 《毛主席最新指示(一九六八年)》,新疆人民出版社,1969 年 2 月。

34. 《毛主席最新指示》,云南人民出版社,1969 年 3 月。

35. 《最高指示》,中国人民解放军战士出版社,1969 年 3 月。

36. 《最高指示》,甘肃人民出版社,1969 年 3 月。

37. 《最新最高指示》,中国人民解放军战士出版社,1969 年 4 月。

38. 《最高指示》,内部发行,青海省毛主席著作出版发行管理处,
    1969 年 8 月。

39. 《一九六八年以来报刊上发表的毛主席最新指示》(学习资料),四
    川人民出版社,1969 年。

40. 甘肃省革命委员会政治部宣传组织:《最高指示》,内部发行,甘肃
    人民出版社,1969 年。

41. 万方编:《毛泽东名言精粹》,大连出版社,1990 年 9 月。

42. 《毛主席语录》(哈萨克语版),内部发行,民族出版社,1966 年 5 月、
    1966 年 9 月、1967 年 3 月、1968 年 9 月。

43. 《毛主席语录》(朝鲜语版),民族出版社,1966 年 5 月、1966 年 8 月、
    1966 年 11 月、1969 年 1 月。

44. 《毛主席语录》(朝鲜语版),民族出版社、延边教育出版社,1966
    年 10 月。

45. 《毛主席语录》(蒙语版),民族出版社,1966 年 4 月、1966 年 8 月、
    1966 年 9 月、1966 年 12 月、1967 年 2 月、1969 年 4 月。

46. 《毛主席语录》(蒙语版),新疆人民出版社,1966 年 11 月。

47. 《毛主席语录》(藏语版),民族出版社,1966 年 8 月、1967 年 5 月、
    1968 年 8 月。

48. 《毛主席最新指示》(藏语版)，青海人民出版社，1968 年 9 月、1968 年 11 月。

49. 《毛主席语录》(维吾尔语版)，民族出版社，1966 年 4 月、1966 年 8 月、1967 年 11 月、1969 年 1 月。

50. 《毛主席语录》(维吾尔语新文字版)，民族出版社，1966 年 8 月。

51. 《毛主席语录》(俄语版)，外文出版社，1966 年、1971 年。

52. 《毛主席语录》(阿拉伯语版)，叙利亚大马士革出版社，1967 年。

53. 《毛主席语录》(阿拉伯语版)，外文出版社，1967 年。

54. 《毛主席语录》(阿拉伯语版)，埃及：开罗书店，1967 年。

55. 《毛主席语录》(乌尔都语版)，外文出版社，1967 年、1972 年。

56. 《毛主席语录》(泰米尔语版)，外文出版社，1967 年、1972 年。

57. 《毛主席语录》(泰米尔语版)，锡兰人民出版社，1967 年。

58. 《毛主席语录》(梵语版)，锡兰人民出版社，1967 年。

59. 《毛主席语录》(阿萨语版)，外文出版社，1967 年。

60. 《毛主席语录》(意大利语版)，意大利米兰东方出版社，1967 年。

61. 《毛主席语录》(意大利语版)，外文出版社，1967 年、1969 年。

62. 《毛主席语录》(葡萄牙语版)，外文出版社，1967 年、1972 年。

63. 《毛主席语录》(阿尔巴尼亚语版)，外文出版社，1967 年。

64. 《毛主席语录》(挪威语版)，外文出版社，1967 年、1972 年。

65. 《毛主席语录》(比利时语版)，比利时国际图书出版公司，1967 年。

66. 《毛主席语录》(瑞典语版)，瑞典 EST 出版，1967 年。

67. 《毛主席语录》(丹麦语版)，哥本哈根未来出版社，1967 年。

68. 《毛主席语录》(蒙语版)，外文出版社，1967 年、1970 年。

69. 《毛主席语录》(老挝语版)，外文出版社，1968 年、1972 年。

70. 《毛主席语录》(孟加拉语版)，外文出版社，1968 年、1972 年。

71. 《毛主席语录七十条》(英语版)，湖北人民出版社，1966 年 8 月。

72. 《毛主席语录》(英语版)，外文出版社，1966 年、1968 年、1972 年。

73. 《毛主席语录》(中英对照)，北京东方红出版社，1967 年 8 月。

74. 《毛主席语录》(英语版)，美国联合出版社，1967 年。

75. 《毛主席语录》(英语版),美国旺达姆图书公司,1967 年。

76. 《毛主席语录》(英语版),印度新德里思想出版社,1967 年。

77. 《毛主席语录》(西班牙语版),外文出版社,1966 年。

78. 《毛主席语录》(法语版),外文出版社,1966 年、1972 年。

79. 《毛主席语录》(法语版),法国巴黎,1975 年。

80. 《毛主席语录》(朝鲜语版),外文出版社,1967 年、1972 年。

81. 《毛主席语录》(巴基斯坦语版),巴基斯坦拉合尔图书馆出版社,
    1967 年。

82. 《毛主席语录》(缅甸语版),外文出版社,1967 年、1969 年、1972 年。

83. 《毛主席语录》(泰语版),外文出版社,1967 年、1969 年、1972 年。

84. 《毛主席语录》(印度尼西亚语版),外文出版社,1967 年、1972 年。

85. 《毛主席语录》(印度语版),外文出版社,1967 年。

86. 《毛主席语录》(柬埔寨语版),柬埔寨华侨印刷誊写版,1967 年。

87. 《毛主席语录》(越南语版),外文出版社,1967 年。

88. 《毛主席语录》(尼泊尔语版),外文出版社,1967 年、1972 年。

89. 《毛主席语录》(波斯语版),外文出版社,1967 年、1972 年。

90. 《毛主席语录》(斯瓦希里语版),外文出版社,1967 年、1972 年。

91. 《毛主席语录》(波兰语版),外文出版社,1968 年、1972 年。

92. 《毛主席语录》(捷克语版),外文出版社,1968 年。

93. 《毛主席语录》(匈牙利语版),外文出版社,1968 年、1972 年。

94. 《毛主席语录》(塞尔维亚语版),外文出版社,1968 年。

95. 《毛主席语录》(罗马尼亚语版),外文出版社,1968 年。

96. 《毛主席语录》(德语版),外文出版社,1967 年、1968 年。

97. 《毛主席语录》(冰岛语版),冰岛雷克雅未克,1969 年。

98. 《毛主席语录》(土耳其语版),外文出版社,1969 年。

99. 《毛主席语录》(旁遮普语版),外文出版社,1969 年。

100.《毛主席语录》(保加利亚语版),外文出版社,1968 年。

101.《毛主席语录》(希腊语版),外文出版社,1969 年。

102.《毛主席语录》(菲律宾语版),外文出版社,1972 年、1977 年。

103.《毛主席语录》(世界语版),外文出版社,1967 年。

104.《毛主席语录》(盲文版),上海盲人中学印刷所,1966 年。

105.《毛主席语录》(盲文版),盲人月刊社,1967 年 7 月。

106.《毛主席语录》(盲文版),盲文出版社,1968 年 7 月。

107.《毛主席最新指示:关于无产阶级文化大革命》(盲文版),盲文出版社,1968 年。《最新最高指示》(盲文版),盲文出版社,1969 年 8 月。

108.《毛泽东语录》(日语版),外文出版社、新华书店,1966 年。

109. 社会主义研究所《毛泽东语录》研究会编译:《毛泽东语录》(日语版),宫川书店,1966 年。

110. 和田武司、市川宏译:《毛泽东语录》(日语版),河出书房,1966 年、1967 年、1971 年。

111.《毛主席语录》(日语版),外文出版社,1966 年。

112. 外文出版社编译:《毛泽东语录》(日语版),中日出版社,1966 年。

113.《毛泽东语录》(日语版),德间书店,1966 年。

114.《毛主席语录抄》(日语版),东方书店,1966 年。

115. 中岛岭雄监修,市村水城译:《全译毛泽东语录》(日语版),泉书房,1966–1967 年。

116. 中国人民解放军总政治部编:《毛泽东语录》(日语版),宫川书店,1967 年。

117. 外文出版社译:《毛泽东语录》(日语版),东京书店,1967 年再版。

118.《毛泽东语录:有关学生运动》(日语版),东方书店,1968 年。

119.《毛主席语录》(日语版),外文出版社,1968 年。

120. 毛泽东著作语录研究会编:《毛泽东语录》(日语版),大安书店,1968 年。

121.《毛主席语录》(日语版),外文出版社、东方书店,1968 年。

122.《毛泽东语录》(日语版),东方书店,1969 年修订版。

123. 近代思想研究会编:《毛泽东的语言》(日语版),芳贺书店,1969 年。

124. 新岛淳良编:《毛泽东最高指示：在无产阶级文化大革命中的发言》（日语版），三一书房，1970 年。

125. 竹内实译:《毛泽东语录：附〈论夺权斗争〉》（日语版），角川书店，1971 年。

126.《毛主席语录》（日语版），外文出版社，1972 年第 4 版。

127. 中岛岭雄译:《毛泽东语录》（日语版），讲谈社文库，1973 年。

128. 竹内实译:《毛泽东语录》（日语版），平凡社，1995 年。

第二章
"批罗事件"的前前后后

罗瑞卿问题的来龙去脉

1965年底至1966年初，中共中央在上海和北京连续召开了中央和中央军委会议（即上海会议和京西宾馆会议），对集中央书记处书记、国务院副总理、国防部副部长、中国人民解放军总参谋长、中央军委秘书长、国防工业办公室主任、人民防空委员会主任和国防委员会副主席等诸多重要职务于一身，在党务、国务、军务和国防工业上握有重权、实权的罗瑞卿，进行了集中批判和揭发。其规格之高、时间之长，极为罕见，史称"批罗事件"。

罗瑞卿是文化大革命伊始被揪出的第一人，作为"彭罗陆杨反党集团"的重要成员，很快被罢黜和监禁。后来被定为"林彪反革命集团"主犯的吴法宪在其回忆录里说："罗瑞卿是党内高级干部中在文革前后被打倒的第一人。单就这件事而言，罗瑞卿的下台，提出问题的是林彪，但下决心的却是毛泽东。批示罗瑞卿是折中主义的是毛泽东，决定召开上海会议并亲自坐镇的是毛泽东，要邓小平召集会议继续批判罗瑞卿的是毛泽东，决定撤销罗瑞卿的军职，并分别由叶剑英、杨成武继任的，也是毛泽东。"他接着又说："至于毛泽东为什么要这样做，我不知道。"[1]这里，吴法宪有意用"我不知道"四个字，把问题留给了人们。

笔者认为，毛泽东"这样做"的最终目的，是要通过批判、立案审查和罢黜罗瑞卿，把军队进一步控制在自己手中，为开展文化大革命开路。这是批罗问题的实质。正如中央文革小组组长陈伯达 1967 年 3 月在军以上干部会议上所说的那样："没有人民解放军，就没有无产阶级文化大革命。文化大革命之所以可能，是在无产阶级专政条件下，是在人民解放军保护下进行的。"[2]

1971 年 9 月 13 日，林彪在蒙古的温都尔汗机毁人亡。

1973 年 12 月 21 日，毛泽东在中南海接见参加中央军委会议的成员时说："我是听了林彪的一面之词，所以我犯了错误。小平讲，在上海的时候，对罗瑞卿搞突然袭击，他不满意。我赞成他。也是听了林彪的话，整了罗瑞卿呢。有几次听一面之词，就是不好呢，向同志们做点自我批评呢。"[3] 其实，以毛泽东的睿智，这不是什么"听一面之词"和"做点自我批评"的问题，是毛泽东经过权衡，明确发出了除掉罗瑞卿的指令；明确表明了他支持林彪"突出政治"的举措；明确指出了在他的领导下，中国革命要举旗的问题。"九一三"事件后毛泽东的这段话，只能理解成是"斗争的需要"，他把责任放在了魂丧异国、不能说话的林彪身上。

有的文章说林彪对罗瑞卿问题的态度是被动的，甚至还说林彪同情并要保罗瑞卿，这都不是事实。林彪到底是什么态度呢？"林彪反革命集团"的另一名主犯邱会作在他的回忆录里写道："毛对罗是什么打算，当时林并不知底。林只知道罗给他丢了人，他提名的总长有那么多人不感冒，因此，林也有尴尬之处。上海会议，林没有出面，回到北京开会，林既没参加，也没主持会议，整个会议没有听到林的任何指示，林连面都没有露，这和彭德怀的会完全是两个样子。"[4] 由于邱会作当时还没有进入军队高层核心，他的文章显然没有写到位，或是有意这样说的。

实际上，上海会议之前，林彪不仅为罗瑞卿的问题几次向毛泽东写信，而且由其妻叶群向在杭州的毛泽东当面作了长时间的汇报，来去匆匆，非常神秘。上海会议期间，在许多中央和军队领导人面前，又是这个职务仅为林办主任的叶群，几次发言，长篇揭批，使会议急速升温。

尽管林彪在大会上没有露面，但谁都明白叶群是代表他的。可以想见，没有毛泽东、林彪的支持和许诺，她不可能在这样高级别的会议上如此作为。回到北京后，林彪虽然没有直接参加批罗的大会，但对京西宾馆会议的内容、进程、安排，都是通过林办掌握和了解的，并在小范围内对如何揭批罗瑞卿讲了话。在"批罗"问题上，林彪起了重要的作用。

毛泽东的谈话中提到邓小平对批罗"不满意"。事实是：在上海会议时，作为主持会议的主要负责人，邓小平和周恩来一起，代表中央与刚下飞机就被软禁的罗瑞卿谈了话，交代了政策，断然拒绝了罗瑞卿提出的要面见毛泽东和林彪进行申诉的请求。回到北京后，邓小平又继续作为毛泽东钦定的批罗会议的最高负责人，对会议如何开法、如何批罗，做了具体、详细的布置。会议的具体工作，按照毛泽东的要求，邓小平说除了他领头外，还另外成立了工作小组，由叶剑英、谢富治、肖华、杨成武等七人负责。特别值得一提的是，在唐平铸保留的会议现场记录中可以看出，在罗瑞卿跳楼自杀未遂后，邓小平在会上严厉指出罗瑞卿问题的恶劣性质，斥责罗瑞卿已发展到了令人无法容忍的狂妄程度。经毛泽东同意，在邓小平的直接领导和主持下，以中央工作小组的名义向中央上报了罗瑞卿的问题及严肃处理意见。所以，身为上海会议和京西宾馆会议的组织者和领导者之一的邓小平，用一句"他不满意"来概括其在"批罗事件"中的表现，并不符合事实，甚至是矛盾的。

罗瑞卿问题的由来，最早可以追溯到1959年。当年7月到8月在庐山举行的中共中央政治局扩大会议上，国防部长彭德怀、总参谋长黄克诚因对大跃进提出不同意见，使毛泽东大为震怒，他们和张闻天、周小舟一起，被打成"反党集团"。一直称病休养的林彪被请出山，担任军委第一副主席、国防部长。罗瑞卿则从公安部长的职位上，调任国防部副部长、总参谋长、军委秘书长，成为林彪的主要助手。林彪、罗瑞卿均为原红一方面军出身，曾是上下级关系。罗瑞卿出任总参谋长，还是林彪亲自提的名。但在罗瑞卿辅佐林彪主持军委工作之后，他们之间的矛盾，尤其是罗瑞卿对林彪整军建军方针的抵触及对权力的欲望就逐渐显露了出来。

　　1963 年，毛泽东提出，由军委第二副主席贺龙在林彪生病期间主持军委日常工作。毛泽东在任用贺龙，以及后来"倒罗"问题上考虑的，绝不仅是一些文章所说，是要平衡"军队内部的山头之争"，而是有更高的起点。贺龙是红二方面军的代表人物，而林彪、罗瑞卿都是红一方面军的，显然用"山头说"解释不清。与林彪同一山头的罗瑞卿为什么不与有恩于他的林彪紧靠在一起，反而倒向了另一山头的贺龙？毛泽东要扶贺龙，要搞平衡，后来为什么又要批准倒罗呢？为什么在批罗的会议上，各个山头的将帅们竟然对罗的声讨几乎是一面倒呢？

　　笔者认为，20 世纪 60 年代中期，毛泽东在党内、军内已完全形成了前所未有的绝对权威，而罗瑞卿看到毛泽东起用了贺龙，而林彪身体又不好，所以就积极靠向贺龙，意图进一步巩固和扩大自己在军内的权力。那时，贺龙、罗瑞卿对林彪的身体同时"忧虑和关心"起来，反复强调"不要干扰林总"。在当时非民主政治的条件下，这完全是一场政治利益和控制权力的博弈。1964 年罗瑞卿组织的全军大比武就是一个爆发点，被认为是"公开同林彪唱对台戏""大比武冲击了突出政治"。

　　当时，罗瑞卿与贺龙的关系，以及贺龙与在中央一线工作的刘少奇、邓小平的历史与现实关系，已逐渐引起了毛泽东的警惕。这里，毛泽东考虑的是一个带有根本性的问题，他不但认为要把不讲政治的倾向扭过来，而且要逐步除掉那些他已认定的绊脚石，使中国革命进一步按他的思路走。毛泽东急迫考虑的是必须突出他的思想，必须用他的思想掌控军队，以防止他认定的修正主义在中国上演。罗瑞卿的命运不在于他与林彪关系的好坏，而在于他在毛泽东和刘少奇、邓小平两个司令部斗争中的立场和分量。

　　1965 年 10 月 10 日，毛泽东在同大区第一书记和各大军区司令员谈话时严厉地说："如果中央出了修正主义，你们就造反。"可以说，林彪摸准和利用了毛泽东的所思所想，在打倒罗瑞卿的问题上，毛泽东、林彪两人是相通、默契的，是相互需要的。那时，罗瑞卿并没有意识到自己已是危如累卵，更没有想到毛泽东已开始注意贺龙了。1965 年 5、6 月间，军委常委会在京西宾馆举行。叶剑英根据毛泽东和林彪的意见，在小范围内就罗瑞卿的问题向一些人打招呼。叶剑英说："不过胡子（贺龙）的问题不要对外人提起。"[5] 这是因为，罗瑞卿是首先要打倒的对象，贺龙则是下一个要解决的目标。

批罗会议后，林彪的权力更加巩固。1967 年 3 月，中央军委再次改组，贺龙的副主席职务被撤销。9 月，成立贺龙专案组，正式对贺龙进行审查。第二年，毛泽东明确表示，因为贺龙"搞阴谋，搞颠覆，我就不保他了"。同样是批罗后不久，毛泽东把关注点集中于在中央一线主持工作的刘少奇、邓小平身上。紧接着，刘少奇成了"中国的赫鲁晓夫"，被冠以"叛徒、内奸、工贼"之名，永远开除出党。邓小平则被冠以"另一个中国最大的走资本主义道路的当权派"之名，发配至江西监视劳动。

可以看出，罗瑞卿的倒台，是文革前夕一系列激烈、残酷的政治斗争的起点。"批罗事件"在文革历史上占据很重要的位置，它对于研究毛泽东的晚年思想、他的阶级斗争理论和党内民主，以及发动文化大革命，都十分重要。然而，由于事关军队和一些领导人，所以时至今日，对罗瑞卿的问题还没有完全解密。对事件进行披露、研究和剖析的文章还不多。

唐平铸参加了京西宾馆的"批罗"筹备会和大会。作为《解放军报》的负责人和军内的笔杆子，他被要求参加会议和听取讲话。在他保留的京西宾馆会议和领导人讲话记录里，他亲笔记载着林彪对会议的具体"指示"，详细记录了邓小平、周恩来、彭真、叶剑英和一大批将帅的多次发言，以及罗瑞卿的检查和申诉。这是文革期间，唐平铸的亲属在他被揪斗、抄家时秘密转移到外地的一本保密笔记。这个本子现场记录了只有少数人才能参加的筹备会和高层会议的情况，与目前所看到的一些有限的回忆、分析和口述文章的区别在于，在罗瑞卿档案未予正式公布解密之前，这个记录本真实、详细披露了会议情况，具有弥足珍贵的史料价值，有助于人们了解当时事件的发展脉络。另外，唐平铸还保留了一些与该事件有关的材料、文件，这些都是研究"批罗事件"，研究毛泽东支持林彪搞"突出政治"、依靠军队开展文化大革命的重要史料。

　　本章将以唐平铸笔记和有关史料为基础，对"批罗事件"的前前后后做一番探究。

"突出政治"与"大比武"

　　早在 1960 年 9 月 12 日，林彪就在军委扩大会议上首次提出了"政治工作领域中的四个关系问题"，即"四个第一"：人的因素第一、政治工作第一、思想工作第一、活的思想第一。

　　根据林彪的指示，要起草一个关于加强军队政治思想工作的决议，把军队政治工作的原则，形成一个文件。起草小组由沈阳军区政委赖传珠主持，总政副主任梁必业、空军政委吴法宪参加，《解放军报》副总编辑唐平铸等人起草。稿子写好后，由林彪提名的、刚刚担任军委秘书长的罗瑞卿主持会议讨论，在此基础上形成了《关于加强军队政治思想工作的决议》。此时的罗瑞卿与林彪及军委其他领导，以及各总部、军兵种的负责人还没有什么大的分歧和摩擦。

　　在军委会议的决议中，纳入了林彪提出的"三八作风"及"四个第一"的口号。该决议号召全军指战员"高举毛泽东思想红旗，把毛泽东思想真正学到手"；"对毛主席的话理解的要执行，不理解的也要执行，在执行中加深理解"；"要读毛主席的书，听毛主席的话，照毛主席的指示办事，做毛主席的好战士"。后来都成为在报刊上广为宣传和使用的语言。这个由唐平铸等人执笔起草的决议受到了毛泽东的肯定，并亲自批示转发全党、全军，成了全国各行各业共同的政治工作原则。此时，林彪虽然没有明确使用"突出政治"这个提法，但是用"四个第一"简要地把政治工作、学习毛泽东思想放在了各项工作的第一位。

　　1964 年底，林彪提出了"突出政治"，目的很明确，就是针对罗瑞卿的大比武中的政治思想工作，特别是政治工作中的地位以及他认为出现的一些问题提出的。对于林彪的这一提法，毛泽东立刻批示"完全同意"，刘少奇也批示"完全赞成"。

林彪主持军委工作以来，用他自己的一套抓政治思想工作，受到了毛泽东和中央的肯定。毛泽东曾多次对"四个第一"表示赞许。在1964年3月的军委扩大会议上，他说："四个第一好，我们以前也从未想到什么四个第一，这是一个创造。谁说我们中国人没有发明创造呀，四个第一就是创造，就是发明。"[6]

1964年1月，中央军委转发了叶剑英关于南京军区优秀教练员郭兴福的教学方法的报告，在全军范围内掀起了群众性的练兵高潮。此时罗瑞卿提出，要组织大比武，来检验练兵的效果。从1964年2月开始，为了迎接全军大比武，各军区，各军种、兵种部队，按照罗瑞卿的要求，陆续举行各自的比武大会。

在大比武中，出现了一些不良苗头。从后来揭发的材料看，有些单位为了比出名次，争第一，不惜拼凑尖子，搞"练为看"的花架子，耗费人力物力，锦标主义、形式主义冒头，不同程度上损坏了解放军内部的优良传统和作风。在文化大革命后出版的一些书籍和文章中，说毛泽东是支持大比武的，还刊登了一张罗瑞卿手拿步枪向毛泽东展示的照片，在照片下方特别注明"罗瑞卿向毛泽东汇报大比武的情况"，意指毛泽东是支持罗瑞卿搞大比武的。但这与历史不符。毛泽东观看的是在十三陵举行的北京军区、济南军区一些分队和民兵参加的军事汇报表演，不是比武。时为1964年6月15日，中共中央在北京召开工作会议期间，陪同毛泽东观看的还有刘少奇、周恩来、贺龙等人，林彪没有参加。虽然是表演，但毛泽东去看了，林彪对此一句话也没有说。

大比武的规模、排场之大，在解放军的历史上是空前的。为了把大比武搞得轰轰烈烈，1964年底，罗瑞卿在南京召开了全军陆军军长以上的干部会议，只有一个军长因病未到会，还受到了罗瑞卿的斥责。当时，罗瑞卿动不动就发脾气。

1964年10月间，为了检查1960年军委扩大会议《决议》落实情况，总政副主任刘志坚率唐平铸等人组成工作组，分别到南京、成都、武汉三个军区进行调查。由于调查报告的材料还不充实，罗瑞卿又让他们到广州再做进一步调查补充。

　　他们到广州后，在广州军区司令员黄永胜的建议下，到驻英德县的一个团蹲点（127 师 379 团）。该团是个红军团，历史上威名显赫。十大元帅中从这个团出去的就有四个，该团还出了百余名将军。该团一营一连是参加比武的连队，二连是南昌起义后林彪任过连长的老红军连队。工作组由十多人组成。刘志坚在一连，兼顾二连。总政组织部副部长胡友之在团直，唐平铸带着一个组在七连，总政宣传部副部长姜思毅带一个组在四连。当调查快要结束时，他们接到叶群要参加工作组蹲点的通知，这表明林彪对总政工作组调查结论的重视。11 月 23 日，叶群来到这个团，随行的还有林办的三个秘书。第二天，他们到了一连，叶群在支委会上说："这次大比武林副主席是不知道的，是背着林彪同志搞的。"她还说："现在部队是军事冒尖，政治不浓，脱离了毛主席的建军路线，是很危险的。"

　　叶群除了让工作组把了解的情况告诉她外，还让三个秘书分别到一、四、七连找一些战士谈心，挖材料。最后，叶群要求以总政工作组的名义针对调查的情况，着重抓住找出的问题，写出了《关于第一连单纯军事观点的调查报告》《关于第四连资产阶级思想泛滥的报告》《关于第七连锦标主义、弄虚作假的调查报告》和《团党委把四个第一变成四个第二》等四篇报告。11 月 24 日，蹲点完毕，叶群带着这几份材料直接向在广州的林彪汇报。林彪根据叶群说的有些连队在比武训练中拼凑尖子、弄虚作假以及军事训练多占了一些时间等问题，12 月 28 日晚在广州召见工作组的刘志坚和唐平铸。

　　一些研究历史的人，想了解林彪为什么没有召见工作组的另一个笔杆子姜思毅。在林彪主持下，唐平铸和姜思毅是 1960 年军委扩大会议《决议》的执笔人。军委扩大会议后不久，1960 年 10 月 25 日至 1961 年 1 月 25 日总政召开党委扩大会议，进行"整风"。会议对谭政等人提出的处分意见写道：谭政为了执行彭黄路线，"与总政组织部长刘其人、宣传部长姜思毅、秘书长白文华、解放军报社总编辑欧阳文一起，进行反党活动"，"结成反党宗派集团，把持总政领导"。经毛泽东和中央批准，谭政被撤销了总政治部主任职务，刘其人、姜思毅降职为副部长，白文华调离总政治部，欧阳文调离《解放军报》。这是姜思毅后来没有受到重视的原因。

1964年12月28日林彪在召见刘志坚、唐平铸时说：今年的比武把政治工作冲垮了。明年要反对单纯军事观点、反对单纯技术观点和反对单纯生产观点。比武挤掉了政治工作，第一步恢复比武以前政治工作的地位，第二步提高政治工作。

林彪批评有些部队存在着"四个第一不落实的问题"，他"嗅到了一点味道"，并由此断定是"带有一定普遍性的问题"。他说现在"出现了一些不好的苗头，军事训练有的搞得过于突出，时间也占得多了一些，冲击了政治"；"这样下去，必然会把政治工作冲垮，把其他一切东西冲垮，不加纠正，那就很不好"。

林彪强调："一定要突出政治。"并提出"军事训练、生产等如果和政治思想工作发生矛盾，要给政治思想工作让路"。他进一步提出："时间上谁让谁的问题，基本上要确定一个原则：让给政治。军事训练、生产等需要占用一定时间，但不能冲击政治；相反，政治可以冲击其他。""任何时候政治都要放在首位。"他还特别强调："今后两三年都不要搞全军性比武，军区、军、师规模的比武也都不搞。"

林彪指示刘志坚和唐平铸："《解放军报》的宣传，要把政治摆在主要地位。每年的元旦社论也主要讲政治。""你们回去以后，把这些问题向各位元帅和罗总长报告一下，并由罗总长召集总参、总政、总后的负责同志开个会，把这些问题研究一下。"[7]

当晚，刘志坚打电话给罗瑞卿，通报了林彪讲的内容。罗瑞卿听后十分敏感地说："那今年我们岂不是犯了路线错误？"12月29日晚9点50分，罗瑞卿在军委办公会议上传达了林彪的指示，并讲了自己的理解。他说："我理解林总的指示是指局部的情况，不是指全体。如果那样，那就是路线错误。"

12月29日11时，林彪在广州再次召见刘志坚和唐平铸，由林彪审定了由刘志坚和唐平铸等人记录、草拟的《林彪同志关于当前部队工作的指示》（以下简称《指示》）的文件稿。这就是在文革中全国、全军大张旗鼓广泛宣传的林彪关于突出政治指示的第一稿。

《指示》说："我们是毛主席创建和领导的军队，是以政治为特点，政治统率军事。毛主席一向教导我们，政治是统帅，是灵魂；政治工作是我军的生命线。只要我们的思想工作和政治工作稍微一放松，其他工作就会走到斜路上去。"在引用了毛泽东的论述后，《指示》指出："一定要突出政治，使政治思想工作真正成为我们全盘工作的基础。政治工作搞好了，其他工作才能搞好，军事训练也才能搞好。军事训练、生产等和政治工作发生了矛盾，要给政治工作让路。""军事训练搞得太突出，时间占得太多，军政工作比例有些失调，这样下去，必然会把政治工作冲垮……如果听其自流，不敲警钟，那就不得了。"[8]

1965 年 1 月 3 日至 5 日，由罗瑞卿主持，在北京连续召开了第 228、229、230 次军委办公会议。在 5 日至 8 日，又召开了第八次扩大的军委办公会议。在为期 6 天的会议上，各大军区、各军兵种的负责人对林彪的指示和工作组的汇报，对如何评价 1964 年的军训成绩和大比武进行了讨论。由于罗瑞卿心存抵触，在讨论突出政治的会议上，他不但印发了林彪过去有关军事训练的几个指示，而且把讨论引导到如何看待 1964 年的军训成绩和大比武上。《罗瑞卿传》一书中摘引了一些人的发言，还列出了他们的职务和军衔（书中没有写出这些人在京西宾馆会议上对罗瑞卿的揭发批判）。一些人虽然表示拥护林彪突出政治的《指示》，但也对 1964 年的军训成绩表示了支持。[9]

罗瑞卿的会议总结发言有两部分：第一部分的标题是"对林总的指示要有全面正确的理解"，第二部分是"对 1964 年的工作要有正确的估价"。他在总结中说："所谓全面地理解，就是辩证地理解，不要一下子偏到这边，一下子偏到那边。"他认为"有些是由于为了搞比武要求太急，搞高指标和瞎指挥压出来的"，"但是，把一切问题都推到比武头上，也是不对的"。这个总结明显表明了罗瑞卿对林彪《指示》的不满。

此时，林彪虽然心中不悦，却没有公开责难罗瑞卿。1965 年 1 月 9 日，林彪要罗瑞卿组织一个班子，广泛收集对《指示》的意见，做进一步的修改。1 月 12 日，林彪的《指示》发往全军，成了文化大革命初期指导全军、全国"突出政治"的重要文件。《中央军委关于印发〈林彪同志关于当前部队工作的指示〉的通知》中说："林彪同志关于当前部队工作的指示，是一个很适时、很重要、抓住关键问题的指示。正如林彪同志指示中所说的，一九六四年全军各项工作都获得了很大成绩，成绩是主要的，是一片大好形势。但是，有些部队也出现了一些不好的苗头。林彪同志及时地敲起警钟，不使那些偏向得以发展，这是很重要的，应该引起全军的严重注意。"[10]

《通知》刊登了毛泽东和刘少奇的批示。毛泽东 1965 年 1 月 15 日的批示是："林彪同志：此件早已看过，完全同意，照此执行。执行中逐步总结经验，大约一年总结一次，至多两次也就够了。这是就全军说的。中、下级单位，则要一年总结多次。"刘少奇 1 月 18 日的批示为："此件前次已经看过，完全赞成。退军委总参。"[11] 林彪可谓一举两得，既向罗瑞卿兜头泼了一盆冷水，又获得了毛泽东的"完全同意"和刘少奇的"完全赞成"。2 月 22 日，毛泽东接见海军干部会议和《解放军报》编辑、记者会议的代表，再次表示对林彪的支持。

林彪的《指示》传达后，许多单位建议将它印成大张，张贴到连队，林彪表示同意。但罗瑞卿打算把叶群等人的名字从《指示》中去掉，想出一个用总政工作组名义的点子，理由是叶群在军队没有重要职务。萧向荣将罗瑞卿的意见反映给林彪后，林彪很不高兴，答复是："不改也不印了。"

3 月 20 日，《解放军报》以本报讯为题报道了"罗总长视察部队时作重要指示"。罗瑞卿在指示中说："突出政治最重要的是突出毛泽东著作的学习。我们的战士一定要有两支枪：一支是思想上的枪，就是毛泽东思想，用这支枪武装我们的头脑；一支是手中的武器，用这支枪武装我们的双手。要用第一支枪统率第二支枪，第一支枪掌握好了，才能掌握第二支枪。"[12] 尽管罗瑞卿对林彪的《指示》不满，但是仍然承认了政治的统帅地位。

4 月 3 日，罗瑞卿为某部团以上干部作了《什么叫突出政治，如何突出政治》的讲话。他说："什么才叫突出政治，如何突出政治，这个问题在我们的同志中理解是不一样的。有林彪同志的理解，有我们的理解，还有另外一些同志的理解。这种现象是正常的。"可以感觉到，罗瑞卿话里话外表明了对《指示》的抵触。

11 月 18 日，林彪提出"突出政治"的五项原则，中心是活学活用毛主席著作，特别是要在"用"字上狠下功夫，要把毛的书当作全军各项工作的最高指示。毛泽东不仅批准，还要求将此作为全军各项工作的总方针和总任务。这实际上也是针对罗瑞卿的。

唐平铸说，这一时期的《解放军报》围绕着"突出政治"进行了大量宣传。目的很明确：要在全国、全军立即掀起一个大学毛泽东著作的高潮。当时，由于毛泽东肯定了"突出政治"，许多人把林彪的《指示》作为"改进部队政治思想工作，高举毛泽东伟大思想红旗"来理解执行。但是人们难以知道，批判罗瑞卿的问题从理论上已悄然开始了。

《解放军报》与林罗之争

罗瑞卿深知舆论工作是维护和树立权威的手段，也是贯彻他的意图的重要工具。他在担任总参谋长、军委秘书长期间，除了狠抓《解放军报》的办报方针外，对报纸的社论、重要文章都要亲自审定，对报纸的内容、版面甚至插图都要经常下达具体指示。长时期以来，人们认为贯彻他的指示，就是贯彻中央和中央军委的指示，就是贯彻毛泽东和林彪的指示。罗瑞卿审稿非常认真，每一句话之后，都要用铅笔标上标点，需要斟酌的地方则重重地画上一道。他有时半夜三更叫秘书打电话找《解放军报》的人，有时直接把唐平铸找去按他的意图当面定稿。

从林彪主持军委工作以来，《解放军报》每年都要发表元旦社论，总结上一年的工作，提出新一年的任务。1965 年元旦社论的标题是《把毛泽东思想的伟大红旗高举更高举，使创造四好连队运动落实再落实》。这篇社论反映了林彪、罗瑞卿之间的分歧。在谈到这篇社论的写作过程时，《解放军报》第九任总编辑吴之非在《解放军报》政治部内部刊物《军报生活》上刊登了一篇名为《一段酸甜苦涩的历史》的文章，文中写道：

　　1965 年元旦社论，原定是由当时主持军报日常工作的胡痴负责，罗瑞卿定稿。稿大体都已定了，送给正随刘志坚、叶群在广州部队蹲点的唐平铸征求意见，谁也不知道竟由此而引起一场轩然大波。大约在 1964 年 12 月 20 日，元旦社论在北京、广州间来回发送竟有三五次之多。北京的稿件发往广州，广州那边修改稿发回来，北京又修改又发往广州，广州再修改再发回来……究竟有什么不同，当时在北京参加写社论的人实在看不出来，事隔多少时日之后方知道是借批大比武向罗瑞卿发难。罗瑞卿其实可能也不清楚。临到元旦只有两天了，他派飞机把刘志坚、唐平铸接到北京，在三座门军委办公的地方，面对面地同北京写作组一起共同修改元旦社论稿。那天下午，大家都到齐以后，罗瑞卿进来的第一句话就是："两个稿子我都看了，有什么不同？我看没有什么路线分歧嘛。"我（吴之非）那时觉得话说得相当重。但是谁也不曾料到一场风暴已经开头了。

　　到了 31 日，因第二天社论就要见报，罗瑞卿做主拍了板，决定以"北稿"（北京稿）为主，肯定了 1964 年军训的成绩，同时参照"南稿"（广州稿），加上了"一定要突出政治"，删去了林彪的"军事、政治、生产等各方面如果发生矛盾，要让政治突出，其他的让路"等文字。[13]

吴之非在文中还谈到他 1965 年 12 月 28 日随唐平铸到苏州见林彪的情景：

　　这一天的晚上，林彪又让秘书告诉唐平铸，要尽量引用毛主席的话，不要引用他的话；对他的话非要引用不可的时候，也要掌握十与一之比。唐平铸要我同他一起从头到尾把元旦社论通读一遍，并做了计算，结果是：出现毛主席、毛泽东思想字样的地方有 39 处，出现林彪、林副主席等字样的有 4 处，恰好符合十与一之比的要求。这次见面留下的印象，说不上有什么特别好或者特别不好的地方，只是觉得，社论里的黑体字太多，作者自己的话太少。[14]

他在文中还写道：

    有人写了文章，说他当年在军报上夜班，看到从苏州发回来的元旦社论稿，他是不同意一句顶一万句这类话的。谁信就让谁相信吧！[15]

《罗瑞卿传》中的两段文字可以看出林彪、罗瑞卿对毛泽东和毛泽东思想评价的分歧，及罗瑞卿对林彪的态度：

    1965 年《解放军报》发表了一篇题为《突出政治就是在一切工作中用毛泽东思想挂帅》的社论。社论的第一个小标题是"毛泽东思想是当代最高最活的马克思列宁主义"。罗瑞卿在修改这篇社论时，指着"毛泽东思想是当代最高最活的马克思列宁主义"的提法问："提这个提法是不是林副主席的原话，还是你们的记录？以前公开见报没有？"刘志坚、唐平铸等人回答："这是林副主席在上海说的原话，报上也用过。"罗瑞卿认为这个问题涉及对毛泽东的评价，他不同意林彪的提法。在后来的检查中，罗瑞卿说他当时给康生打了一个电话。按说，罗瑞卿即便认为林彪的评价不妥，也应向自己的主管上级林彪汇报和沟通，取得一致看法，这毕竟是林彪对毛泽东的评价问题，但他却绕过了林彪，拍板把军报社论中的"最高最活"删去了。

    1965 年 6 月 29 日，罗瑞卿主持讨论唐平铸等人起草的，打算以总政名义发表的再版《毛主席语录》前言。在前言中也有林彪"最高最活"的提法。罗瑞卿说："不能这样讲，最高还有天高吗？难道还有次高的吗？最活，难道还有次活吗？最高最活不好理解，外国人也不好翻译呀！"罗瑞卿在后来的检查中说他给毛泽东的秘书田家英打了电话。这样，罗瑞卿又没有同林彪通气，"最高最活"的提法又被他从"前言"中删去。[16]

后来的批罗会议上在用这一条批罗瑞卿时，康生没有讲话。田家英于1966年5月23日自杀，是批罗之后半年多。罗瑞卿的这个问题，涉及了田家英，按理说会有田家英辩白，以作为罗瑞卿所说的旁证。但从目前的材料看，还未找到田家英自杀前后有关这方面的文字。罗瑞卿在京西宾馆会议检讨时所说的康生、田家英的原话和说话的背景，当时罗瑞卿并未向参加讨论的当事人说过，都是他个人后来在检讨时讲的。文革后一些文章中写的康生和田家英的那些话，都没有旁证。

罗瑞卿多次"冒犯"林彪，但在此时，他们之间的矛盾还没有表面化。5月11日，《解放军报》发表了罗瑞卿的长篇文章《纪念战胜德国法西斯，把反对美帝国主义的斗争进行到底》。同日，军报报道了总参召开突出政治、落实"四好"座谈会上罗瑞卿的讲话。8月1日，国防委员会副主席贺龙在《解放军报》上发表长文《中国人民解放军的民主传统》（该文由唐平铸等人负责起草、修改）。同日，军报刊登了总参谋长罗瑞卿在庆祝建军38周年招待会上的讲话。

9月3日，林彪在《人民日报》发表文章《人民战争胜利万岁——纪念中国人民抗战胜利30周年》，文中指出赫鲁晓夫是人民战争的叛徒。该文一部分为由康生牵头的钓鱼台写作班子起草，一部分为军委三座门写作班子起草，唐平铸是军委写作班子成员。同日，罗瑞卿在首都各界参加的人民大会堂招待会上，发表了题为《人民战胜了日本法西斯，人民也一定能够战胜美帝国主义》的讲话。罗瑞卿在短短的时间里，在公众场合、新闻媒体上反复亮相，连续发表多篇讲话和个人署名文章，引起人们的注目和猜想。

雷英夫的揭发信和姚文元的文章

1965 年 10 月 25 日，总参作战部副部长雷英夫在给林彪的一封信
中写道：

> 林副主席：
>
> 最近期间，我多次想向你报告一件事，但因事关重大，未找
> 到适当机会不便轻率。我觉得罗总长骄横懒散，心怀叵测，值得
> 警惕。我这个感觉，是经过六年的观察得出的。六年来可以分为
> 三个时期。
>
> 1962 年 5 月去上海修改"关于战略方针的建议"以前，我对
> 罗总长极为信任和尊敬，认为他是坚决执行主席和你的指示的人，
> 是主席和你信得过的，因而也是最好的接班人。
>
> 1962 年 5 月到今年 7 月，从一些重要的事情上，我对他产生
> 了怀疑，感到他的做法不对，甚至他对你的指示也不是心悦诚服
> 的，特别是你提出要突出政治，他是不赞成的，实际上是带头抵
> 制的，只是采用了两面手法，搞了一些伪装。但这个时期，我对
> 他的本质还看不透，虽有上述怀疑，总是从好的方面想他……
>
> 直到今年七八月，在参加《人民战争胜利万岁》和修改罗总长
> 9 月 3 日的讲演稿时才大吃一惊，才发现他是心怀叵测的人……[17]

在这份材料的附件中，军委三座门写作班子成员雷英夫叙述了林
彪的《人民战争胜利万岁》一文的起草过程。雷英夫说是康生把中央原
定由军委三座门编写组的任务拉给了他自己负责的钓鱼台班子。8 月 5
日军委写作班子写出了初稿，送钓鱼台讨论修改。8 月 11 日，康生在
召开会议讨论这一稿子时，"根本未把稿子拿出来，而用了一个很恶劣
的手法，把这任务拉了过去"。"8 月 15 日，他们在三座门稿子的基础
上凑了一个稿子，大家看后很不满意，唯独罗总长坚持说好。"最后，
该文用了军委稿子的一部分。按罗瑞卿的要求，编写组转为修改他将于

9 月 3 日在人民大会堂作的《人民战胜了日本法西斯，人民也一定能够战胜美帝国主义》的讲话稿。

雷英夫在信中说："8 月 27 日晚，罗瑞卿在电话中嘱咐我，修改时将三座门给林总写的稿子，未用到林总文章中去的东西，要尽量用到他的讲稿中去。"雷英夫十分吃惊，罗瑞卿为什么要把给林总写的变成是他的？雷英夫说："三座门的稿子一个字也不能用到总长的讲话稿中。我们宁愿犯组织错误，宁愿受到任何打击，但决不犯政治错误，决不能让罗的讲演稿超过林总的文章！"[18]

唐平铸在给林彪的《对罗瑞卿同志的几点意见》中证实说：

> 今年八月我起草《人民战争胜利万岁》一文时，雷英夫同志已讲过了，我补充一点。在钓鱼台讨论时，他那盛气凌人、蛮不讲理的态度，实在令人难以容忍，谁提意见碰谁，只有他讲，别人不能开口。有一次，我们对钓鱼台起草的稿件中的反修部分提了几点意见，他马上气冲冲地说："怎么？你们不赞成反修？"
>
> 雷英夫不同意罗瑞卿的做法，后来我就把稿子里的部分内容放在《解放军报》社论里了。罗瑞卿看了这篇社论很不满意，要秘书打电话给我，说这篇社论写得很糟。[19]

胡痴 1969 年 6 月 1 日在《我在总直机关选举三届人大代表中罪行的补充交代》中说："按照罗瑞卿的黑指示，我们在宣传稿件里把贺龙、罗瑞卿同林副主席并提，混称为'军队领导人'，修改稿件我参加了，我是有罪责的。"[20] 可以看出，林彪、罗瑞卿深知报纸舆论的重要。特别是罗瑞卿频频在报上和公共场合发表文章和讲话，表面风平浪静，实际上矛盾已逐步升级了。

1965 年 11 月 18 日，林彪向军队发出了《1966 年全军工作的五项原则》。他是这样解释什么叫"突出政治"的："毛主席的建军思想，从来都是把政治摆在第一位，政治领导军事，统率军事，军事只是政治的一个组成部分，政治包括更多的东西，有更大的范围。"他接着又说："什么是最好的新式武器？不是飞机，不是大炮，不是坦克，不是原子弹，最好的武器是毛泽东思想。"对于林彪的这一指示，罗瑞卿不仅完全接受了，而且还提出："今后关于继续突出政治的一切提法，均应以林副主席的指示为准。"[21]

罗瑞卿决定以守为攻了。11 月 26 日，罗瑞卿在陪同毛泽东接见柬埔寨副首相朗诺之后，提出准备第二天去看林彪。毛泽东点点头说："去看看也好。要他好好保养，要保养得像七千人大会的时候一样，能够作三个钟头的报告。"毛泽东对林彪的喜爱和期望，溢于言表。

在这一时期，还在进行着对新编历史剧《海瑞罢官》的批判，这一批判，是以文章《评新编历史剧〈海瑞罢官〉》（简称《评海罢》）为中心的。这篇文章由江青在上海秘密组织，时任上海市委书记处候补书记、宣传部长的张春桥参与策划，由上海市委写作组的姚文元执笔，历时八个月，九易其稿，毛泽东亲自看了三遍。它表面上是针对剧作者、北京市副市长吴晗，而实际上远远不限于文艺创作领域，其暗中的矛头直指北京市委书记彭真，甚至刘少奇、邓小平。对《海瑞罢官》的批判，和在军事领域对罗瑞卿"大比武""篡党篡军"的批判一样，都得到了毛泽东的首肯和支持。毛泽东正是从这一文一武开刀，亲手拉开了文化大革命的序幕。

而在 1965 年 11 月，《评海罢》刚刚发表时，罗瑞卿在上海从江青处听说毛泽东对北京各报不转载《评海罢》文章不满后，立即向江青表态，要《解放军报》加按语转载。他除了向总政刘志坚副主任下达指示外，还让秘书直接通知《解放军报》，强调按语的要害和重要性，要旗帜鲜明。他同时打电话给彭真，建议《北京日报》与《解放军报》同时转载，彭真未给明确答复。这样事关军队表态的大事，面对北京复杂的政治局面，按道理应报林彪，同时把情况向军委其他常委说明，不知为什么罗瑞卿考虑的结果是不报、不通气，仍然绕过林彪和军委其他负责人。此后不久，彭真迫于压力，不得不表示同意转载姚文元的文章，但是，彭真认为北京各报只能相继转载，"以免震动太大"，并强调这是执行"放"的方针。

1969 年 6 月 10 日，《解放军报》代总编辑胡痴被关押期间，在交代材料里写道：

> 65 年 11 月 25 日或 26 日，反革命修正主义分子罗瑞卿跑到上海，了解了这篇文章的由来，就大搞反革命的手法进行政治投机，接连几天打电话要《解放军报》转载。唐平铸把罗的黑指示传给华楠和我，并要我了解北京各报对转载文章的反映，由我报告给罗的秘书。
>
> 我报告的情况主要来自穆欣（穆欣当时是《光明日报》总编辑）。内容主要是：1. 北京各报是否转载还都没有定下来。2. 穆欣听范瑾说，彭真说吴晗给他写信"检讨"，北京市委准备找吴晗谈一次话，看看再谈。现在暂不登批判文章。3. 穆欣听林默涵说，《谢瑶环》《海瑞罢官》《李慧娘》几个戏，都不是好戏，《谢瑶环》最坏。公开批判田汉是中央批准的，要公开批判吴晗也得经中央批准。4. 还听（穆欣）说，文汇报刊登姚文元的文章，是上海市委决定的，中宣部和康老都不知道，听说张春桥来过北京一次，可能是某些同志授意的。罗瑞卿听到这些情况后，又给报社打电话说，不管别的报纸登不登，《解放军报》一定要登。
>
> 在这期间，范瑾打电话给我，问"按语"是谁指示写的？我说是罗瑞卿指示写的。我问她有什么反映？范瑾说就是结论过早，有点妨碍"鸣放"。我解释军报按语主要对军队内部教育用，同地方报纸不一样。[22]

1965 年 11 月 29 日，《北京日报》《解放军报》全文转载了姚文元的文章。次日，《人民日报》在第五版的"学术研究"专栏里也全文转载了。各报在刊登时均加了编者按语。《北京日报》的按语是彭真亲授的，《人民日报》的按语是经周恩来亲自修订的。周恩来在按语中大段引用了毛泽东《在中国共产党全国宣传工作会议上的讲话》。这些按语都强调了要根据"百花齐放""百家争鸣"的方针，进行平等的、以理服人的讨论。只有奉指示的《解放军报》按语说:"《海瑞罢官》是一株反党反社会主义的大毒草。"

林彪向毛泽东报告重要情况

1965 年 11 月 18 日,在林彪提出"突出政治"五项原则的同时,他给毛泽东送去一份兰州军区党委《关于五十五师紧急备战中突出政治的情况报告》,并附了一封短信,但未见到毛泽东的反应。11 月 30 日,林彪又写了一封信给毛泽东:

> 主席:
>
> 　　有重要情况向你报告,好几个重要的负责同志早就提议我向你报告。我因为怕有碍主席健康而未报告,现联系才知道杨尚昆的情况(叶剑英讲的),觉得必须向你报告。为了使主席有时间先看材料起见,先派叶群送呈材料,并向主席作初步的口头汇报。如主席找我面谈,我可随时到来。
>
> 　　此致
>
> 敬礼!
>
> 林彪
11 月 30 日[23]

这封信只字未提罗瑞卿,但随信附上的 11 份材料除了一份是已于 5 月去世的空军司令员刘亚楼给罗瑞卿的信之外,全都是有关罗瑞卿的材料。

11 月 29 日,在苏州的叶群打电话给当时在北京的吴法宪,要他派一架飞机送她去杭州向毛泽东汇报工作。她向吴法宪交代,"此事不要向任何人讲,要绝对保密。" 11 月 30 日,叶群携带林彪给毛泽东的信和 11 份材料赶到杭州,向毛泽东作了长达几个小时的汇报。毛泽东听完汇报，收下了她送来的材料，命她不要在杭州停留，立即返回，并指派汪东兴乘专列送她回去，以防"不测"。同时要林彪在苏州提高警惕，注意安全。这等于毛泽东事实上已经表态，并表明了事态的严重性。

据林豆豆回忆，叶群回来对林彪说："主席具体问了罗瑞卿在军委扩大会议上的总结发言和五级干部定级名单。主席说也不是军委主席嘛，也不是军委副主席嘛，党内也不是政治局委员，怎么由他作总结发言？听说有的老帅组织了一个班子，准备了一两个月的总结发言稿，怎么不让这几位老帅发言呢？大将也不只他一个嘛，现在许多老帅和大将怎么没工作干？怎么都养起病来了？党政军的工作难道就靠罗长子一个人干？主席还问，报到中央的军队五级干部定级名单上怎么连国防部长的签批都没有？"[24]

1966 年 4 月 30 日中央工作小组在《关于罗瑞卿同志错误问题的报告》中说：

> 林彪同志自一九六一年以后，曾对他多次教育，希望他通气。一九六五年四月，林彪同志正确指示，今后军队七级以上干部和总部各部长的任免，要请示报告军委各同志，然后再报上级党中央审批，罗瑞卿对这一指示却置若罔闻。一九六五年五月，全军中将以上干部的定级，他不请示报告林彪同志和军委常委，即擅自决定用军委名义报中央书记处。罗瑞卿还经常以林彪同志和军委常委身体不好为借口，不准别人去请示工作和汇报情况，谁去请示工作或汇报情况，他就训斥和打击谁。"该报告还说："罗瑞卿不但阴谋篡夺军队的大权，他还从中央到地方到处伸手。本来他是管军事工作的，但是他越权越位，常常以个人名义，以命令口气向中央书记处书记，国务院副总理，各中央局，大部分省、市、自治区党委书记，批过大量文件，许多事情他不加调查研究，乱加批评指示和瞎指挥，这种事例很多。[25]

关于"总结发言"的事情是这样的：1965 年 5 月，军委就军队战备问题举行了会议。叶剑英为了这个发言做了很长时间的准备。由于会议事关中共援越及重大战备问题，总结发言理应在报毛泽东和林彪之后再作。但是罗瑞卿却没有理会叶剑英，擅自决定自己以会议主持人的身份作总结发言，并在会议简报上作了预告。叶剑英对此非常恼火。毛泽东为此做了批评后，林彪也十分恼怒，随即口授了一个电话记录："作战会议只能以主席、中央常委和会议多数人的意见和会议文件为结论，不准任何人以总结的名义讲话。会议上不能散布个人作结论的空气。如果散布了，要当众宣布收回。在什么范围散布的，就在什么范围收回。63期简报关于罗总长作总结发言的提法不对。要具体进行的问题，以后可以逐步用军委常委或军委办公会议的名义发出指示。"与此同时，毛泽东秘密开始安排叶剑英收集罗瑞卿的材料。

《罗瑞卿传》写道：当天下午，作战会议召开中心小组会，罗瑞卿在发言中指出："过去有个习惯，谁主持会议，最后讲几句，有叫总结发言的，有叫发言的。没有统一规定。以后是否改一下，不叫总结发言。""以后有些重要的问题，军委办公会议通过了，还要通过一下军委常委，最近有些未通过，我负责。"[26] 罗瑞卿明明要以会议主持人的身份作总结发言，63期简报写得明明白白。在毛泽东做出批评和林彪在电话里严厉地责令收回发言后，他做了以上的辩白。

据《邱会作回忆录》中说：大约1965年5、6月间，中央军委常委在京西宾馆召开会议。会前，叶剑英、聂荣臻两位元帅在休息室聊天。我怕打扰他们，想退出，他们招手让我坐下。叶帅说：他真是利令智昏了，人长、脚长，手也长！聂帅说：坏就坏在手长上！虽然他们没有点名，但我听明白了。罗瑞卿一向被称为"罗长子"嘛。叶帅对我说：我们谈话，你是懂得的，将来你会知道更多的情况。我们还要给一些同志打招呼。[27]

1965年12月2日，毛泽东对林彪11月18日的信及所附兰州军区的材料做了批复：

林彪同志：

完全同意你的看法，五十五师的情况，可能和各师、各军种、各兵种大同小异。请你考虑，可否将此件转发到各军、各军种各兵种、各军区，到师党委为止，供他们参考。那些不相信突出政治，对突出政治表示阳奉阴违、而自己另外散布一套折中主义（即机会主义）的人，大家应当有所警惕。如何，请酌定。

毛泽东

1965 年 12 月 2 日

此件如转发时，请先给少奇、恩来、彭真同志一阅。[28]

很明显，毛泽东这里所指的，就是罗瑞卿。

第二天，林彪致信毛泽东。

主席：

十二月二日主席有关五十五师突出政治一文的批示已经收到，主席的批示对于即将召开的政工会议与明年和今后的政治工作将是一个强大的推动。军队如不加强政治工作，不但打仗经不起考验，而且投敌事件还会更多地发生。其他如破坏军民关系等坏事还会增加。我完全同意主席的批示，坚决遵照主席指示送北京少奇、恩来、彭真同志阅和军委常委阅，然后发师以上党委。

祝主席

健康并致

敬礼

林彪[29]

十二月三日

毛泽东对五十五师短短数十个字的批示，实际上已决定了罗瑞卿的命运。这表明林彪、叶群的报告与毛泽东的思路完全合拍。

后来有人说，促使毛泽东要拿掉罗瑞卿的意图，是起于林彪 11 月 30 日给毛泽东的信和叶群的告状之后。但其实，毛泽东要打倒罗瑞卿，早就开始准备了。否则，毛泽东不会在短短几天之后的12月初召开上海会议；精明的林彪也不会贸然出头。若不是看到毛泽东有搞掉罗瑞卿之意，叶群哪敢单独到毛泽东处汇报？

这一意图，从毛泽东1965年临近上海会议前，在军内采取的几项重要措施也可以看出端倪：1965年6月7日，毛泽东将杨成武由副总长提升为第一副总长，一周后的6月14日，毛泽东又再次任命杨成武为军委副秘书长。1965年11月15日，罗瑞卿信任的军委副秘书长兼办公厅主任萧向荣被停职审查，由杨成武兼军委办公厅代主任。从毛泽东和林彪对杨成武的信任及杨成武的地位上升，人们嗅出了一点味道。杨成武回忆：

> 1965年5月3日晚上，罗瑞卿约我在锦江饭店花园里散步，他对我说："昨晚我没有叫你，自己先去看了林总。林总见到我发了一通脾气，批评我，骂我，说我一是封锁他，总参封锁他，办公厅、总参作战部、政治部的文件不送给他；二是第一颗原子弹爆炸的电影片子的解说词中，只提了在周总理和罗总长的领导下，没有提党中央、中央军委和其他老帅，自然也没有提他林彪；三是在为庆祝原子弹爆炸成功举行的宴会上，将自己排在首席——第一桌上，把各位老帅安排在第二、第三桌上。"
>
> 林总对罗瑞卿说"今后要加强通气"。罗还说："林总在批评我向他封锁时，还用了党章和毛主席的话，一句句念给我听。这使我当时感到他这一次态度并非一般。"
>
> 1965年10月底或是11月初，毛泽东的秘书徐业夫来电话，说毛主席住在汪庄，要我去一下。毛主席点燃了一支烟，他一面吸烟、喝茶，一面同我像聊天似的说话。
>
> "罗瑞卿的情况怎样，你们熟吗？"
>
> "罗瑞卿和林彪的关系怎样？"毛主席进一步问。
>
> "我没有看出他们之间有什么事，二位都是我的老首长啊！"我向毛主席报告了罗瑞卿5月3日同我谈话的那些情况。

毛主席听后说:"我都知道,找你之前,已找许世友谈过。"谈完后我即回疗养院。当时,我根本没有意识到毛泽东正在为揭发和处理罗瑞卿的问题做准备。[30]

由杨成武的话可以看出,毛泽东已着手准备处理罗瑞卿的问题了。毛泽东与他谈话的时间是1965年10月底或是11月初。林彪派叶群送信的时间是1965年11月30日。毛泽东对林彪11月18日信的批复时间是12月2日。林彪信中"好几个重要的负责同志"是谁?当然是指叶剑英等人。从时间上看,毛泽东在听叶群报告罗瑞卿的问题之前,早已同叶剑英、杨成武、许世友等人谈过了。张耀祠说:"除杨成武与主席面谈外,叶剑英也与主席单独谈了话。"据林办秘书张云生回忆,叶群曾说过,是"伟大领袖在上海把她召了去,想就罗瑞卿与林彪的关系问个究竟"。

12月2日,毛泽东说"罗的思想同我们有距离","罗当总长以来,从未单独向我请示报告过工作,罗不尊重各位元帅,他又犯了彭德怀的错误。罗在高、饶的问题上实际是陷进去了。罗个人独断,罗是个野心家。"

上海会议

1965年12月8日至16日,中共中央政治局常委扩大会议在上海召开,毛泽东亲自主持会议。会议主要内容是对罗瑞卿进行背靠背揭发,规定个人不许记录。毛泽东钦点了三个组长:一个小组由周恩来牵头,其他两个小组组长分别由刘少奇和邓小平担任。继上海会议后的北京京西宾馆会议,毛泽东经过考虑,又让邓小平牵头。

12月11日,会议召开三天后,正在云南视察的罗瑞卿才接到通知,要他来开会。罗瑞卿夫妇刚一到达上海,就被软禁在建国西路618号院的一栋房子内。随即,周恩来、邓小平代表中央与罗瑞卿谈话,并传达了毛泽东和中央常委的意见。罗瑞卿提出要见毛泽东和林彪，被周恩来、邓小平拒绝。周恩来说："到什么地方去，要告诉我们一声。""这次开会为了避免历来开这种会的副作用，采取背靠背的办法，你可以不参会。"

唐平铸没有参加上海会议。在筹备京西宾馆会议期间，为了准备材料，他了解和接触了一些有关会议的情况和材料。上海会议发了 11 份材料，其中有刘亚楼去世前给罗瑞卿的一封信，以及海军李作鹏、王宏坤、张秀川合写的《关于近年来海军两种思想斗争的情况》报告，还有杨成武转的兰州军区的材料、总参作战部副部长雷英夫等人的揭发材料。唐平铸看到了叶群的发言：

叶群在 1965 年 12 月政治局常委扩大会议上的发言（摘录）

过去对罗毕恭毕敬，没有想到罗和林的关系搞得这样紧张。

以后发现一些问题，不敢轻易上报，一怕看不准，二怕材料不够过硬，三怕给中央军委出难题，四怕转移工作重点。

罗掌握了军队大权，又掌握了公安大权，一旦出事，损失太大。

罗个人主义已到野心家的程度，除非把国防部长让他，他当了国防部长又会要求更高的地位，这是无底洞。林今年问主席在哪里，罗明知却不告；罗见林是突如其来，连总理交代他报告的事都未报告。后来林觉得不向主席报告不行了，要我把材料和情况向主席报告一下，请主席考虑。主席很耐心地听了我七个多钟头的汇报，并要我马上离开，以保安全。

这个问题的开端，1959 年庐山会议后，罗向林报告如何开会。林告罗要请示各位老帅。

1961 年陈赓同志逝世，林参加了吊唁后，在家里等罗汇报工作，连等三天未来。林问罗能否来谈一下？罗要秘书答，罗不能来，因听邓的报告。又说明后天也不能来，要三天后才能来。林以为是否广州会议批评了林，别人不敢来见了。后来林强制罗来，只几分钟就走了。过几天罗打电话说，明天上午八时来见林，但直到十二时不来，林打电话去问，罗的秘书说罗不来了。林很气，事后了解，罗上午十一点半前一直在家。

林要告罗以后多通气，以利团结。经我（叶群）当面劝说，罗答应去见林，第二天罗来说，自己太随便、太轻率了。林为他开脱了。以后罗每次来都穿礼服，十一点后才来，实际上是外事活动中顺路来的。这一时期，罗就在外散布流言蜚语，如说老帅太多了，真难呀！

1963年，可能是武元甲来北京时，罗顺便又到林处说，林彪同志，我有什么错误，你指出，若不能当总长，就要陈士榘当总长好了。林解释后才算完事。[31]

1964年后逼林退位。林从包头回来时，刘亚楼来说，罗听主席说，"希望林多活二十年，因林有马列主义"。林约罗来，罗只待十几分钟就走了，并说明天即出发，去看地形。在林问到主席有何指示时，罗才说，主席是说了希望林多活二十年，因林有点马列主义。

国庆节后，罗见林，大声说"病号不能干扰，应让贤"。出门后又大声喊"不要挡路"，林气得昏迷过去。

林对叶群说，我是让贤的，但国防部长是主席、中央封的，我让贤也得让给真正的贤者，罗凭此就不能让给他。

人代会后，进入新的阶段，逼着要交权。罗和陶铸到上海见林，第二天罗又见林说，"问题不在于通气不通气，而在于做的对不对。"罗随后又见刘亚楼说，"想不到林彪又东山再起了"，"你和林彪能不能疏通疏通，我今后烧成骨头也拥护林彪，跟定了，今后棒打不飞、弹打不走了。"刘向叶群说，"罗体重减两公斤，既知改悔就算了。"

接着，叶群重点讲了罗瑞卿要林彪让权的"四点意见"，即"四条"：

刘亚楼对叶群说，（一九）六三年以来我几次想和你谈四点意见，是罗交代的。

四点意见是：

一、一个人早晚要出政治舞台的，不以人的意志为转移的，我看林彪同志要进政治舞台的。

二、你的任务很重，应保护林的身体。

三、再不要干涉军队工作了。

四、放手要罗总长工作，信任他，一切交罗负责。

叶说，每个人都上了政治舞台，林的荣誉很高了，无意再进，这是中央决定的问题，不是我们应该谈的问题。

刘说，你怎么这样迟钝？你如果办到了，林进入政治舞台，不管军队，让罗干，总长不会亏待你的。这是对我的最大侮辱。回来路上，小孩都说："刘讲的不对，你答得对，爸爸没有野心。"回家林说，"你答得对，今后不准谈这个事，这是违背原则的事。"

2月19日刘要见林，刘又谈四条说，要团结罗，尊重罗；林说，够放手了，罗没有人缘，政治不挂帅，封锁我，对罗要一分为二。林无意中说罗看人不准，（一九）六二年罗要陈士榘当总长。刘听后大惊说，"哎呀，原来总长不是我，我上当了，被玩弄了，我是贫农的儿子。"过了三天，罗来上海，从十二点一直和刘密谈到下午六点半。第二天罗来见林说："林彪同志，你是主席的学生，在进步，我看准了，跟定了。"林说，"跟是跟毛主席、中央，我若不跟主席、中央，你们可以走开，连妻子儿子都走开，但不要发妖风。今后多通气，放手工作好了。"罗谈话后到刘亚楼处说，"一切谈好了，林总又信任我了。"

叶帅要见罗，罗不见，说走，无时间。罗告叶："主席对军训工作批评得一塌糊涂。"叶帅一晚未睡，第二天一早叶向林问主席怎么说，林说，"没有什么嘛。"叶帅说能否给我看文件，林同意，要叶群、杨成武马上给萧向荣打电话马上发，萧在电话上马上顶回来说，"他不是政治局委员，不是副总理，不是军委副主席，他没有资格看文件。"叶帅很难过,流了眼泪。

罗第二天到广州一见陶铸就说,"林是有缺点的,我先说几点,一、突出政治,我是委屈的。陶铸顶了回去;二、林不能团结人,又把罗荣桓死的事说了一遍(陶说若这样,林就不对了);三、林和贺龙的关系是不好的(贺说,我多次见林都被罗挡住了。)(陶未表示态度)。"这完全是谣言,无中生有。

这时刘亚楼又对叶群说,"我被罗玩圆了,我一夜未睡,罗不好,请林警惕,还要多通知几个人:杨成武、黄永胜、吴法宪注意,不要上当。我收回四条,我坦白,四条中后两条是重点,是要林退出军队。"刘哭了,说对不起主席、中央、林彪同志,但又说不要告诉罗瑞卿同志,他有势力,军队、公安系统都在他手里。

刘还对人讲"林彪是主席的儿子,罗瑞卿是林彪的儿子,刘亚楼是罗瑞卿的儿子"。

这次林彪同志才说罗是野心家,"长子这样坏呀!"刘曾向罗说,"林对你不好,你可向总理、中央反映一下呀!"罗说,"你这是蠢主意,这些事还能向中央说?中央到底是信林彪还是信我罗瑞卿?"

罗对刘说"柯老为什么抬得这样高,一当副总理就排在我前面"。[32]

刘临死前,罗给刘写信,实际起了"催命符"的作用。

刘死后,罗和郝治平几次到林处探听刘对林说了些什么。

刘的追悼会开后,当晚罗和老婆到刘家,把刘全家集合起来说,"我和刘那样好,还对我误会。"弄得全家不安。

到夏天,刘的妻子被罗拉了过去,罗对刘妻讲"你的政治问题,是我1956年包了的,不然你就完了"。(陈锡联说,这完全是谢富治同志处理的。)[33]"今后你的政治问题,我包了。"今年四月份,军队定级,根本不报告军委常委,罗和萧向荣私报中央批准后,才给林彪同志看。

作战会议要中央常委接见也是很反常的,是逼中央的阴谋。

当众向中央要人要钱，大军区合并小军区，兵种合并，这是大阴谋。逼着林彪同志不能不起来反对。当晚林决心要揭盖子，斗罗把问题摊开。罗接到电话后，深夜到林处质问"为什么揭我的盖子？"罗大哭，很凶，并说："林彪，干部问题为什么要报告他？为什么要请示老帅们？这是技术问题。老帅们不了解情况。"被驳斥后，罗哭到三点多钟，要求不要揭盖子。林第二天原谅罗后，罗又改变了手法。

罗假借林总的名义，不准肖华到北京。

叶群在发言中又谈了罗瑞卿与毛泽东、中央的关系。叶群说：

罗对主席、中央的关系：

七千人大会林的讲话稿，罗主持草拟，我（叶群）提出稿中所写"毛泽东思想是集体智慧"应改为"是集体智慧和天才的结合"。罗大怒说"现在谁还敢讲个人天才？"我（叶群）向林总汇报后，林说"你的意见对，不能提天才是修正主义观点"。并要我（叶群）给罗打电话说"我不同意他的观点"。后罗又给林打电话质问林："我的稿子你用不用？"后罗把电话机都摔了。

最近罗告诉总政，"今后再不准提先进、中间、落后的观点。""军队中没有阶级斗争。"

罗对学毛著很冷淡，但提学马列主义三十本经典著作。

八大时罗看到林说，主席游泳改保卫规定是"要整我，难死了。"并造谣说"主席拍桌子骂他"，说"江青说没有他比有他好"。骂得很难听。林批评了他。

江姐戏，主席看后说这么好的人写成活的多好，江青说加一点河北梆子。罗听刘报告后说，"死人怎么能活？""戏已成，怎加河北梆子？瞎指挥。"

叶群的发言要点是罗瑞卿的"四条意见"。毛泽东在杭州时已听了

她的汇报。会议期间，吴法宪重点揭发了罗瑞卿让刘亚楼转告叶群的"四条意见"，核心问题就是劝林彪"今后不要再多管军队的事情了"，"交给罗去管"，"要相信罗，军队的事情放手让罗去管"。《罗瑞卿传》一书写道：邓小平感到叶群讲的最要害的问题是所谓刘亚楼的四条，而刘亚楼已死，是"死无对证"。[34]

《李作鹏回忆录》中说："当时我参加上海中央批罗会议和北京中央工作小组批罗会议时，所听到发言中和看到的揭发材料上，不止叶群一人证明了此事是有的，而且刘亚楼还亲自向林彪谈过此事，受到林的批评。"他又说："鸟之将亡其鸣也哀，人之将死其言也善。快要死的人为什么进此之言？临死之前刘亚楼有必要再说一次假话吗？据我所知，刘亚楼与罗瑞卿私人关系很好。"[35]

邱会作在回忆录中说："刘亚楼因患肝癌 1965 年 5 月初去世，去世前的 4 月 15 日，他给罗写了一封信，对罗表示不满，因为病重，生前没有交出去。在 1965 年上海会议时，刘的这封信作为证明材料发给了参加会议的人员。刘的这封信比叶群的发言有力量得多，现在传言邓小平对此事说是'死无对证'，怎么死无对证？刘生前的信还在嘛！"[36]

"逼林让贤"和"刘亚楼的四条"，在会上无疑是两枚重磅炸弹。毛泽东说："罗的思想同我们有距离"，"罗把林彪同志实际上当敌人看待"，"罗是野心家"，为罗瑞卿的问题定了性。罗瑞卿的"问题"概括起来有三条：一是反对林彪，封锁林彪，对林彪搞突然袭击；二是反对突出政治；三是向党伸手。后来，罗瑞卿在狱中写道："当时实在感到很异样。不让我见主席，不让我见林副主席，不让我参加会（议），不让我外出……我想，对彭（德怀）黄（克诚），当时在庐山，也没有这样呀！所以怎样也控制不住自己。"[37]

在这一年年底，罗瑞卿在给周恩来、邓小平并转报毛泽东和中央常委的信中写道：

> 你们第一次向我宣布的主席、中央对我的看法的第一个五条
> 以及你们第二次归纳群众意见对我批评的第二个五条（关系、作风、

工作、政治、组织），我完全拥护并深为感动。我的错误，责任完全由我负责，主席、常委、中央没有任何责任。我一定忠诚老实地对我的错误事实、性质、根源向党做彻底的、毫无保留的交代。一个人如果还要革命，还要跟党、跟毛主席革命到底，犯了错误，除了认识、检讨和坚决改正而外，还有什么办法？

还有另外三条（伸手、反对突出政治、封锁反对林副主席）或者四条（加挑拨）我确实没有。我有错误不承认是没有党性，我没有错误乱承认，也是没有党性。我不能反对有同志对我怀疑，甚至很多同志怀疑，但是没有的事我不能承认，请求中央严格审查。如果证明确有其事，那算我对党隐瞒，应该算是错上加错，或者罪上加罪。

关于伸手。就我所知道的，这次揭发的是两件材料。一件是说我向林副主席说老病的要让贤。我说过没有？如果说过，是在什么时候，什么情况下，指什么说的，我完全记不得了。不过，可以保证，我绝没有暗示林副主席让贤之意。我没有这样坏、这样狂妄、这样愚蠢呀！一件是说刘亚楼说了四条，这个我完全不知道。是这次事后才听说。[38]

1966 年 1 月 5 日，毛泽东同江西负责人杨尚奎、方志纯等人谈到罗瑞卿的问题时说："这个人就是盛气凌人，锋芒毕露。""我也同罗瑞卿说过，要他到哪个省去搞个省长，他不干。军队工作是不能做了。要调动一下，可以到地方上去做些工作，也不一定调到江西来。"[39] 上海会议刚结束，毛泽东又召集中央军委常委开会，林彪、叶剑英、贺龙、聂荣臻、徐向前等参加了会议。毛泽东决定：撤销罗瑞卿的军委秘书长兼总参谋长职务，由叶剑英副主席兼任军委秘书长，杨成武代理总参谋长。上海会议之后，成立了罗瑞卿专案组，组长由周恩来担任。

1969 年 6 月 9 日，胡痴在关押期间写了一份交代材料："1966 年初，中央在上海会议揭发罗瑞卿篡军反党罪行期间，唐平铸曾到过林副主席在苏州的住处。唐平铸回京后曾对我说过他去林副主席处的情况。

其中唐平铸说:'当晚我住在那里,我突然拿起电话,听到里面正在讲话,听得出是叶群同志和一个什么人在讲,我听到他们正在说梁必业的问题,我就赶快放下了。'我说,你真是瞎胡闹,怎么能随便听电话呢!唐说,他当时在屋里没有事,想打电话,无意拿起电话来的。对于这件事,我既没有向组织报告,也没有向任何人说过。"胡痴说唐平铸在苏州没有见到林彪,林到上海开会去了。他的交代材料证实了一个事实:他们认为,梁必业出了问题,肯定罗瑞卿也出了问题。林彪去上海,肯定与中央会议有关。这个情况当时是绝对不能议论的。

后来一些文章争议林彪有没有参加上海会议,以说明林彪与罗瑞卿案件无关。其实,林彪去了上海,只是没有参加大会而已。

"个人天才"的争论

毛泽东在上海会议上为罗瑞卿的问题定了性,各总部机关立即开始了对罗瑞卿的揭发批判。会上会下,气氛热烈,群情激昂,出现了各种形式的声讨和许多揭发材料。不少人把罗瑞卿的问题,上升到了"反党篡军""反对毛主席"的高度。

根据中央和军委的安排,在军队总部机关和军以上干部中开始了对罗瑞卿的集中揭发。除了"伸手""夺林彪的权"等问题以外,罗的主要"罪状"是反对毛主席、毛泽东思想,反对突出政治;反对林彪提出的"毛泽东思想是当代最高最活的马克思列宁主义""毛泽东思想是当代马克思列宁主义顶峰"的说法;反对说毛泽东思想中有毛主席个人的天才因素。其主要依据是林彪1964年12月《关于当前部队工作的指示》的"三稿对照"(即林彪的原稿与罗瑞卿的修改稿对比)和罗瑞卿的三次讲话摘录。

在"三稿对照"前面,有一个说明:"林彪同志指示的第一稿,其中楷体字加曲线处是被罗瑞卿同志删掉的。第二次稿是1965年1月4日以军委名义发到军以上党委,后来罗瑞卿同志又收回来的那个文件。第三次稿是1月12日发到连队的最后定稿。最后定稿和1月4日稿中的黑体字是罗瑞卿同志加上去的。"[40] 说明后面是"三稿对照"的正文。"三稿对照"和罗瑞卿的三次讲话摘录，在于说明罗瑞卿以"全面正确理解"为名，"篡改"和"歪曲"林彪的指示。

1965 年 12 月 19 日，唐平铸写了《对罗瑞卿同志的几点意见》，谈了目睹罗瑞卿与叶群就如何评价毛泽东和毛泽东思想进行争论的几件事：

林副主席：

我补充几个材料：

（一）一九六二年七千人大会时，指示我和另一同志给林总写发言稿，按照罗的意见来来回回改了十几次。他一时要这样改，一时要那样改，写的人无所适从。在军委办公会议形式上征求大家意见，别人提一点不合他意的就顶回去。有一次罗同肖华主任、叶群等八个同志在三座门修改，记得叶群同志提出在论毛泽东思想那一段，毛泽东思想是"在党和人民集体奋斗中形成的"这句话意思不完备，后面应加上个人天才几个字。罗坚决不同意。说："现在没有人敢再提个人天才了呀！"叶群同志说："那是在斯大林死后苏联才不提了，斯大林在时还是提的。"罗听了这句话，生气地站起来说："毛泽东思想是党和人民集体奋斗中形成的这几个字，是从中南海出来的，是田家英批示的。"叶群同志说："是田家英批的也不等于毛主席批的。即使退一万步说，是主席叫田家英批的，那也是因为主席自谦的意思，现在用这个话给主席思想下定义，是客观上贬低了主席思想。"后来，叶群同志还和他辩论了很久，他一直不同意，而且态度很蛮横。第五稿出来时，罗仍坚持不准加个人天才这几个字。所以，林副主席就自拟提纲，没有用那个发言稿。

（二）今年再版《毛主席语录》时，我们根据林副主席指示，写了"毛泽东思想是当代最高最活的马克思主义"。他说："不能这样讲，最高难道还有次高吗？最活难道还有次活吗？内部讲可以，对外讲不行。"他当时到另一房子去打电话，回来后还坚持说不同意这样提法，于是他就把这句话去掉了。还有一次，我们在一篇社论中写了毛泽东思想是当代马列主义的顶峰。这句话也是林副主席讲的。他说也不能讲，把这句话也勾掉了。（忘了是哪篇社论，以后再查明。）

（三）有时在大会他对主席讲了一些不尊重的话。如说他当公安部长时，主席不要他另派车护送，有一辆车就行了。主席讲："如果遇到特务，我可以爬到汽车底下藏起来。"当着大家讲主席的这些话，是何居心呢？

（四）最近他告总政以后不要再提"后进"，只提"党团员骨干等等"就行了。他这种提法完全违背主席关于"在任何地方都有先进、中间、落后"的指示，总政没有按他的意见办。

（五）林副主席去年十二月提出突出政治的指示，他阳奉阴违，拒不执行。林副主席指示以后，刘副主任在广州打电话向他汇报，他说："这把我吓了一大跳，这不是犯了路线错误！"回到北京以后，我们把林副主席的指示整理了一个文件，他三番五次地要修改。如林副主席说："军事不能冲击政治，但是政治可以冲击军事。"他一定要加一句"也不能乱冲一气"。文件主席做了批示，发到部队了，他还不作数，还要按他的意见再修改，给下面造成了很坏的影响。我下去蹲点回来以后，看到的修改稿，已经和林副主席原来的指示有很多出入了。

（六）军委第八次办公会议讨论林副主席突出政治的指示，实际上罗带头反对这个指示。当时他们还印发了林副主席过去讲的有关加强军事训练的几个指示。当时我感到很奇怪，这不是企图用林副主席过去的指示来反对现在的指示吗？在罗的这种影响下，有些同志就拼命起来唱反调。说什么"对群众运动采取什么态度，是检验真毛泽东战士还是假毛泽东战士的试金石"。说"军事训练和比武成绩是主要的，个别缺点是什么时候也会有的"。有的人还拿出很多统计表来证明军事没有冲击政治。以后我下部队去了，胡痴同志继续参加会议，因那时《解放军报》集中刊登了政治工作方面的材料，罗指着胡痴同志公开地批评说："你们只要政治，军事也不要了，你们是怎么理解林总的指示的？"

（七）我在63军时，看到军委办公会议对贯彻林副主席的指示，由他作了四点结论。大意是：（1）要正确地全面地辩证地理解林副主席的指示，（2）林副主席的指示是马克思列宁主义和毛泽东思想的预见，（3）在某些时候、某些单位、某些情况下，有冲击政治的苗头，（4）政治工作要加强，但是军事工作不能退下来。这四条传达，给下面造成了很大的混乱。如有些人认为去年的军事根本没有冲击政治，比武成绩是主要的。林总指示中提到的问题是个别情况，是听了刘副主任和总政工作组的一面之词，等等。办公会议以后，他就到处讲他那一套，特别是在42军的讲话，就更完整更露骨，说总政组织部干部反映，24军有的干部看了政工通讯上登了他的讲话稿后说："罗总长和林副主席唱对台戏，我们执行谁的好？"

（八）为了贯彻林副主席突出政治的指示，《解放军报》发了几篇社论。他看了以后，向我们做了三四次口头和文字的指示，要我们写篇论"军事和政治辩证关系"的社论。他说主席讲过要"反对空头政治家"，林副主席也讲过"军事就是彻头彻尾的政治"，"大庆不出石油、大寨不出粮食，政治再好也没有用。"当时我们觉得很为难，根据林副主席的指示和部队的实际情况是要大力强调突出政治这一方面，现在过分强调军事训练，总觉得不大对头。当时我们认识也不够，觉得这个问题要讲，现在也不能讲，所以一拖再拖，直到现在几个月也没有写。

（九）今年八月我起草《人民战争胜利万岁》一文。这个问题罗耍了很多花招，雷英夫同志已讲过了，我补充一点。他在钓鱼台讨论时那种盛气凌人、蛮不讲理的态度，实在令人难以容忍，谁提意见碰谁，只有他讲，别人不能开口。有一次我们对钓鱼台起草的稿件中的反修部分提了几点意见，他马上气冲冲地说："怎么？

你们不赞成反修？"这对我们是最大的侮辱。陈伯达同志发言没有讲几句，他就给打断了，而且用开玩笑的口吻说了些不尊重的话。罗要我们和钓鱼台写两个稿子平行作业，其实，他们早就定了用钓鱼台的。当时我说："我们不要写了，写了也是无效劳动。"但是他一定要我们写，而且写高水平的，并要把我们的"精华部分"放在用他的名义的那篇文章上去。雷英夫同志不同意这样做，后来我就把它放在《解放军报》的社论里去了。他看了这篇社论很不满意，要秘书打电话给我，说这篇社论写得很糟。其实群众反映社论写得很有力量。

（十）开军委办公会议是地地道道的"一言堂"，别人都是战战兢兢业业准备挨训（包括几位副总长在内）。他东拉西扯，什么文工团、电影、话剧，讲个没完，正式要讨论的问题草草通过。总政有些事他本来可以不插手，但都得通过他。他一开口就是：林副主席身体不好，我们是挡第一线的人，如何如何。

唐平铸

一九六五年十二月十九日

叶群要求唐平铸把《对罗瑞卿同志的几点意见》尽快交给她，直接写给林彪。尽管唐平铸是罗瑞卿的老下级，但在毛泽东和林彪已表态的大是大非问题面前，必须无条件地紧跟毛主席。1965 年 12 月 19 日，他把《对罗瑞卿同志的几点意见》交给了叶群。唐平铸没有想到，第二天林彪就在上面批示："即送主席、中央常委、军委常委及彭真同志阅"。把它转送给了毛泽东，并作为文件下发给会议，作为会议材料之一。[41]

唐平铸目睹了罗瑞卿和叶群关于"个人天才"的争论，后来有些人写文章引用了这些内容，但没有写清出处。其实，出处就是唐平铸的这个《几点意见》。

1962 年初，唐平铸为林彪起草在七千人大会上的发言稿，林彪对唐平铸等人说："你们要注意思想的高度。"稿子写好后，罗瑞卿主持讨论，由于他多次发表意见，谁不同意就顶谁，唐平铸来来回回改了多次，三座门的会议经常是议而不决。罗瑞卿当着肖华、刘志坚及唐平铸等人的面，最终爆发了他与叶群的激烈争吵。会后，叶群立即向林彪作了汇报，林彪听后十分不悦，没有说一句话，决定自拉条子在大会上发言。

在1962年1月11日至2月7日召开的中共中央扩大的工作会议（又称七千人大会）上，许多人对中央的工作提出了意见。刘少奇、周恩来等人在总结1959–1961年三年经济严重困难的经验教训时，作了自我批评。毛泽东在会上说："凡是中央犯的错误，直接的归我负责，间接的我也有份。因为我是中央主席。"他建议延长原来的会期，要求与会人员"有话就说，有屁就放"，"白天出气，晚上看戏，两干一稀，皆大欢喜"。

其实，毛泽东对这么多人向中央提意见内心是不快的，特别是刘少奇在大会报告中说："过去我们经常把缺点、错误和成绩，比之于一个指头和九个指头的关系。现在恐怕不能到处这样套。有一部分地区可以这样讲。""可是，全国总起来讲，缺点和成绩的关系，就不能说是一个指头和九个指头的关系，恐怕是三个指头和七个指头的关系。还有些地区，缺点和错误不止是三个指头。""我到湖南的一个地方，农民说是'三分天灾，七分人祸'。"刘少奇这样尖锐地提出问题，尤其是关于"三分天灾，七分人祸"的话，直接对准了毛泽东，引起了毛泽东的警惕，只是当时难以说出口罢了。毛泽东需要有人支持他，也有意要与会者先出出气，放一放。

林彪在七千人大会上的发言与众不同，他首先分析了国内外形势，在讲到这几年的困难时，他说："这些困难，在某些程度上，恰恰是由于我们没有照着毛主席的指示、毛主席的警告、毛主席的思想去做。""毛泽东思想在任何工作中，永远是第一位的，是起决定作用的，是灵魂，是命根子。有了它，就一通百通。"他接着说："正确的东西，是唯物主义，是毛泽东思想。毛主席的优点是多方面的。我个人几十年来的体会，他的突出优点是实际，总是与实际八九不离十，总在实际周围，围绕着实际，不脱离实际。"他进一步说："我们的工作搞得好一些的时候，是毛主席思想能够顺利贯彻的时候，是毛主席的思想不受干扰的时候。如果毛主席的意见受不到尊重，或者受到很大干扰的时候，事情就要出毛病。我们党几十年的历史，就是这么一个历史。"

林彪刚讲完，毛泽东便带头鼓掌。这个发言使他十分欣赏和受用。他说："林彪同志讲了一篇很好的讲话，关于党的路线，关于党的军事方针。我希望把它整理一下。给你一个星期、半个月搞出来。还有少奇同志的口头报告，口说无凭，也请他整理一下。他已经答应了。"显然，毛泽东记恨着刘少奇。会后，他还在林彪发言的整理稿上批示："此篇通看了一遍，这是一篇很好、很有分量的文章，看了令人大为高兴。"并要求将其"发给党内干部学习"。

同年 4 月 29 日和 30 日，毛泽东在武汉梅园同罗瑞卿谈了两次话。他问罗瑞卿："林彪同志在七千人大会上的讲话，你能不能讲出这样一篇来？"罗瑞卿说他讲不出来。毛泽东说："讲不出来，可以学嘛！这次你们给他准备的稿子没有用，还不是他自己写提纲去讲的。我也是这个方法，在会上边听边想边写提纲，最后就按提纲去讲一遍。"时隔三年多，毛泽东还记着林彪对他的颂扬。1965 年 11 月 26 日下午，他在上海对要去看林彪的罗瑞卿说："去看看好。要他好好保养，要保养得像七千人大会的时候一样，能够作三个钟头的报告。"

我们在回顾当年林彪、罗瑞卿对毛泽东的评价时，应看到问题的另一面：罗瑞卿明知林彪是他的上级，为什么多次在讨论《解放军报》社论和林彪发言稿时，反复抓住林彪对毛泽东的评价和"突出政治"不放呢？为什么要坚持大比武呢？其实道理很明白：在当时的中国，谁在理论上正确，谁在政治上站得高，谁对毛泽东的评价合乎毛泽东的需求和思路，谁就站得住脚，谁就是马克思列宁主义者；反之，就要靠边站，下台，甚至被清除出党。这是一场林彪、罗瑞卿两人都心知肚明的政治格斗。七千人大会暴露了毛泽东、刘少奇之间的分歧，毛泽东一直记着这笔账。随着他们的分歧和矛盾日益加深，最终酿成了文化大革命。1966 年毛泽东在八届十一中全会上向刘少奇轰了致命的一炮。他在《炮打司令部》的大字报中说："联系到一九六二年的右倾和一九六四年形'左'而实右的错误倾向，岂不是可以发人深省吗？"

1966 年 8 月，经毛泽东亲自修改、审定的党的八届十一中全会公报又正式提出了"天才"的说法。公报说："毛泽东同志天才地、创造性地全面继承、捍卫和发展了马克思列宁主义，把马克思列宁主义提高到一个崭新的阶段。"其实，当时有很多人搞不清该用什么美好的语言来评价毛泽东和毛泽东思想。林彪的点子多，语言也别具一格。后来连毛泽东自己也感到这是问题，1966 年 7 月 25 日，他在信中指示当时主管宣传的陶铸：今后不要用"最高最活""顶峰""最高指示"一类的语言。

7 月 28 日上午，陶铸指示主管《人民日报》的唐平铸和中宣部的熊复，召集首都新闻界主要负责人传达了毛泽东信中的指示并作了讨论。讨论中，"大家肯定林彪同志提出的这些话是正确的"，"使用最高最活等语言，是完全合乎实际的，是全国全世界革命人民心坎里的要求"，"这是伟大领袖的谦虚态度"，"考虑到群众的情绪和当前斗争的需要，不宜于突然全部停止使用这类语言"。7 月 29 日，陶铸把以上的讨论情况向中央作了书面汇报。很快，中共中央以中央文件的形式转发了陶铸给中央和毛泽东的信，同意了陶铸的意见。

1967 年 11 月 6 日，由中央文革小组组长陈伯达牵头写的《沿着十月革命的道路前进》的"两报一刊"编辑部长文，又用了两个"天才地"颂扬毛泽东，并把毛泽东"无产阶级专政下继续革命"的理论称为"第三个里程碑"。当时谁也没有想到，就是这个"个人天才"问题，后来在庐山会议上又成了毛泽东整掉陈伯达和斥责林彪等人的理由。

《解放军报》论"突出政治"的七篇社论

1965 年 12 月 16 日，"背靠背揭发"罗瑞卿的政治局常委扩大会议在上海结束，同年底至 1966 年 1 月 18 日，又在北京召开了为期 20 天的全军政治工作会议。会议中心议题是研究如何贯彻 1965 年 11 月林彪提出的"突出政治五项原则"。重申了五项原则的内容：第一，活学活用毛主席著作，特别要在"用"字上下功夫，要把毛主席的书当作我们全军各项工作的最高指示；第二，坚持"四个第一"，特别要大抓狠抓活思想；第三，领导干部深入基层，狠抓"四好连队"运动，切实搞好干部的领导作风；第四，大胆提拔真正优秀的指战员到关键性的负责岗位上；第五，苦练过硬的技术和近战夜战的战术。

会议集中揭发批判了罗瑞卿。周恩来、朱德、邓小平、彭真、叶剑英在会上讲了话。会议确认了林彪提出的"突出政治"的三个根本，并且宣布："林彪提出的突出政治五项原则，不仅是我军一九六六年各项工作的总方针和总任务，而且是我军建设的百年大计。""全军一定要更高地举起毛泽东思想的伟大红旗，掀起一个更广、更深入的学习毛主席著作的高潮。"

据此，《解放军报》从 1966 年 2 月 3 日至 4 月 5 日，由唐平铸等人主持和执笔连续发表了七篇"论突出政治"的社论。编辑部号召"全军指战员都来参加怎样突出政治""突出政治究竟落实到哪里"的讨论，很快在全国范围内掀起了"突出政治"、大学毛主席著作的浪潮。而这些文章和讨论当时虽然没有直接点罗瑞卿的名，但都是指向他的。这些社论把罗瑞卿的问题上升到了政治思想领域斗争、要不要突出政治、怎样才能突出政治、怎样反修防修，甚至关系到党和军队生死存亡的理论高度。

这七篇社论为：《永远突出政治》（2 月 3 日）、《提倡一个"公"字——再论突出政治》（2 月 9 日）、《最重要最根本的战备——三论突出政治》（2 月 14 日）、《政治统帅军事，政治统帅一切——四论突出政治》（2 月 18 日）、《把毛主席的书当作全军各项工作的最高指示——五论突出政治》（3 月 2 日）、《提倡唯物论，抓好活思想——六论突出政治》（3 月 23 日）、《关键在于党委的领导——七论突出政治》（4 月 5 日）。这些社论，从理论高度阐述了突出政治的意义，批驳了罗瑞卿反对突出政治的观点，在全军、全国范围内引起了很大反响和热烈讨论。现摘录第一篇 1966 年 2 月 3 日社论《永远突出政治》的前两段：

　　党和毛主席教导我们，在有阶级存在的社会里，政治从来就是阶级对阶级的斗争，阶级斗争从来就是推动社会前进的动力。毛主席说："我们承认总的历史发展中是物质的东西决定精神的东西，是社会的存在决定社会的意识；但是同时又承认而且必须承认精神的东西的反作用，社会意识对于社会存在的反作用，上层建筑对于经济基础的反作用。这不是违反唯物论，正是避免了机械唯物论，坚持了辩证唯物论。"

关于突出政治的指示，正是按照毛主席的教导，运用阶级和阶级斗争的观点，运用辩证唯物论的观点，根据社会主义社会的发展规律和社会主义社会的经济基础提出来的。我们突出政治，就是突出无产阶级政治，大抓无产阶级同资产阶级的阶级斗争；就是用毛泽东思想武装广大人民群众的头脑，兴无产阶级思想，灭资产阶级思想，充分调动群众的积极性和创造性，充分发挥无产阶级政治对于社会主义经济基础的能动作用；就是正确处理政治和军事、经济、技术以及其他业务的关系，在各项工作中把政治工作放在第一位；从而不断推进我们的革命和建设事业，推动我们的社会向前发展。因此，突出政治决不是一项任意的、局部的、权宜性的政策，而是一项具有伟大战略意义的根本措施。

一位名为丁临渊的老军人曾对笔者回忆说，林彪提出"突出政治"的那段时间，就住在苏州。唐平铸带几个笔杆子到苏州写《论突出政治》的社论，住在兵营一幢小楼里，离他住的宿舍不足 50 米。他们的写作方法很有效，执笔的人不发表意见，其余人分为正方与反方，敞开争论（在那个年代是否真敞开，就难说）。稿件写成后送交林彪审阅，反复修改。按今天的眼光看，这些社论问题多多，在当年，绝对是"发展了马克思主义"，影响极大。

按照林彪的指示，这些社论每一篇都有毛泽东的话。社论还引用了许多来自基层的语言：如一论中要求人们三个"一辈子"，即干一辈子革命、学习一辈子毛主席著作、突出一辈子政治；二论有四个"一心"，即一心向着集体、一心向着全局、一心向着社会主义、一心向着世界革命等等。

《解放军报》还组织了一场红与专、政治同军事关系的讨论。1966年3月25日，《解放军报》编辑部号召"全军都来参加怎样突出政治的讨论"。在新开辟的专栏上，针对"突出政治究竟要落实到哪里"等问题，从各军兵种领导机关到基层干部战士进行了长达两个月的讨论，直至文化大革命开始前才结束。

唐平铸也在《解放军报》上发表了一篇用自己的名字署名的文章，题目是《关于军队的基层建设工作》，论述了政治与军事训练的关系和统一问题。文中说："军事训练是部队在平时经常性的中心任务。它是提高部队战斗力极为重要的措施，同时也是最实际最有效的战备工作。我们强调政治挂帅，思想领先，但决不是否定军队的战术技术的重要。军队是要在战场上消灭敌人的，除了全体官兵一定要具有高度的政治觉悟和坚定的战斗意志外，还必须熟练地掌握在战场上消灭敌人的本领。如果不注意政治思想工作，只是片面强调军事技术，那就会迷失方向；反之，如果只是孤立地讲政治，忽视严格的军事训练，军队也就不可能完成自身的任务。因此，政治和军事要统一起来，红与专要统一起来。"[42]

《解放军报》七篇社论，加上以中央和军委文件名义颁发的林彪"突出政治五项原则"的全文，和林彪口述的军报元旦社论，再加上肖华主任在全军政治工作会议上以"高举毛泽东思想伟大红旗，坚决执行突出政治的五项原则"为题的报告，正好是十篇，由人民出版社公开发行，书名用社论的一论题目《永远突出政治》，仅第七论发表的当月就印了100万册。

另一方面，在《解放军报》之后，《人民日报》也连续发表了三篇"突出政治"的社论——《突出政治是一切工作的根本》（4月6日）、《政治统帅业务》（4月14日）和《突出政治必须坚持毛泽东思想》（4月22日）。当时，《人民日报》总编辑吴冷西已经意识到自己没有紧跟毛主席，他曾寄希望于连续刊登这三篇社论来缓和局面。每篇社论都几乎占满第一版的上半版，通栏标题，很有气势。

唐平铸说，《人民日报》的社论，一方面反映了林彪突出政治的论点："突不突出政治，是一个方向问题，是坚持社会主义道路还是不坚持社会主义道路的问题，是关系到我们的社会主义是向共产主义前进还是让资本主义复辟的问题。"但是，另一方面，与全军政治工作会议和《解放军报》的重大不同是，它强调了政治与业务及其他的统一性，强调"政治统帅业务，政治要落实到业务上，与业务紧密结合"，"政治要落实到业务上，通过一定的业务来实现"，"必须注意把政治和经济、政治和技术、政治和业务统一起来"。《人民日报》社论没有引用林彪提出的"突出政治五项原则"和"政治可以冲击一切"的论断，而是强调"政治要落实到业务上"。

显然，这几篇吸收了邓小平意见的《人民日报》社论不合毛泽东的意图。为时不久，《人民日报》的社论就受到批判，被指为"二元论""反对突出政治"。吴冷西没有想到，这三篇社论反而为他带来了更坏的结果。其实，《人民日报》三论"突出政治"的社论都曾送给"理论权威"、政治局委员康生审稿。康生看出了苗头，在审读三论"突出政治"的社论时终于发话："以后《人民日报》社论要送《解放军报》总编辑唐平铸审阅修改，以免出错。"这实际上取消了《人民日报》的"第一报"地位。由军报审定党报社论，是《人民日报》自1948年创刊以来的第一次。

1966年5月5日，《人民日报》转载《解放军报》社论《千万不要忘记阶级斗争》时，更犯下大错。5月3日午夜，军报送来社论清样，意思是要《人民日报》在4日发表，与《解放军报》同天见报。《人民日报》主持工作的副总编辑有抵触情绪，不愿听命于军报，决定推迟一天，等军报发表后第二天再登，并以新闻方式处理，将原标题改为新闻标题，还以第一版登不下为由，进行了删节。5月7日，康生主持会议，对此事做了追查，并严厉批评了《人民日报》。康生说："《人民日报》出此大错并非偶然，同报社领导人长期处于中间状态有关。"康生要《人民日报》写检讨，公开登报。检讨由当事人的副总编辑起草，经总编辑两次修改，还是通不过。1966年8月28日，唐平铸谈到："毛主席接见我时说：'过去十几年来，我从来不看《人民日报》。《人民日报》不听话，邓拓跟着彭真跑，吴冷西也不听话，谁知道你听不听？搞不搞独立王国？'"[43]

正如陈伯达所言，中央上层的这一尖锐的阶级斗争，首先是从军队开始的,从(林彪)反对罗瑞卿开始的。《解放军报》的七篇"论突出政治"的社论,是由罗瑞卿事件而引发的,实质是针对罗瑞卿,配合批罗会议的。但是,当时《解放军报》的负责人唐平铸根本不会想到,这些社论成了文化大革命的前奏曲。

唐平铸的京西宾馆会议记录

1966年4月30日,以邓小平为首的中央工作组向毛泽东呈送了《关于罗瑞卿同志错误问题的报告》。《报告》说:"1965年12月8日至15日,党中央在上海召开了会议,揭发和批判了罗瑞卿的错误,和他进行了背靠背的斗争。会后,党中央指定周恩来等同志对他进行了多次耐心教育和帮助,罗瑞卿不但没有老老实实检讨错误,反而表示受了委屈,各方面为自己辩护。在传达了党中央上海会议的精神以后,在军队政治工作会议上,在党和军队的高级干部中,又揭发了罗瑞卿的严重错误事实。在中央直接领导下,从3月4日到4月8日,召开了讨论罗瑞卿的问题的小组会议。会议本着摆事实、讲道理、惩前毖后、治病救人的方针,对罗瑞卿进行了面对面的斗争。""这次小组会是分阶段进行的。第一阶段历时13天,参加者包括军委总部、公安部、国防工办、国防科委、军事科学院和大部分军区、军种、兵种的负责同志,以及罗瑞卿本人,共42人;3月22日,会议进入第二阶段,根据党中央指示,增加了53人,包括党中央、国务院有关部门和各中央局的负责同志。第二阶段参加会议的共95人。由于罗瑞卿跳楼自杀(受伤),第二阶段的会议,只好又转为背靠背的斗争。"[44]

唐平铸的遗物中,有一本已经发黄的工作记录本,上有"使用人姓名:唐平铸　编号:791"。这是一本极为珍贵的原始记录,现摘抄如下:

　　林总(彪)2月8日指示:"这是个危险人物,他是不会承认错误的,承认了也是假的,不会真正地承认。他跟一般的好同志不同，他要报复、反扑的。这个炸弹不搞掉，将来第二次爆发更难说。在战争爆发时，在党和国家发生困难时，他要造反的。这个人比彭（德怀）、黄（克诚）危险得多。不要小看，不能放松对他的警惕性。他到处欺负人。他的思想与阶级本质是农奴主，野心很大，先夺军权，然后夺政权，元帅都不在话下。他要造反的，不能放松警惕。要长期管制，到下面去，在党和群众的监督下进行改造。放松了警惕将来会出乱子的。他跟其他同志犯错误不一样。如果第二次爆炸，他要炸掉我们的国防，炸掉我们党的团结。要打他的张牙舞爪，要消毒。把材料整理出来，军一级都要看。有些材料编出来，搞十条、二十条。批判以后不要留在北京，下放，不要放在大三线，十年也不能来北京。这是个危险人物，危险的炸弹。毛主席、刘主席健在，他搞野心阴谋，如果党发生了困难，他就会造反，出乱子的。"

……

肖华 2 月 19 日在小组会上布置了批罗的安排："要搞三个问题，突出政治，组织纪律，思想作风，主要是突出政治，抓根本性问题，不抓枝节问题"，"材料准备要充分，不准的删去，防他在材料中抓辫子。选突出政治的材料，先让他看，讲话的人不在多，会议要有录音。""突出政治方面的问题由刘（志坚）、唐（平铸）等四人准备，张宗逊谈比武……"

……

3 月 1 日林总指示："彻底揭露，彻底批判。其他问题甩开，集中力量开好这个会。肃清党内的危险分子，去掉军内、党内的大炸弹、大地雷。"

邓小平 3 月 4 日上午在怀仁堂主持的关于罗瑞卿问题的小组会议，下午就移至京西宾馆。以后此会简称"三月京西宾馆会议"。唐平铸详细记录了邓小平的讲话：

邓(小平)在工作小组成立的讲话中,对会议的开法和指导思想作了明确指示:

"小组成立会,开张,还不是正式进行工作。

小组 42 人。为什么成立小组,为罗(瑞卿)的问题。12 月中旬在上海谈了这个问题,根据主席指示,背靠背的方法,罗(瑞卿)没有跟大家见面。常委指定恩来和我与他谈,把会议的情况告他,要材料看,没有记录。这次会议就有记录,上海会议个人也不搞记录。开始讲了五点,常委、主席说的,一个是问题性质是严重的;二是区别于彭黄;三是一分为二;四是方针,惩前毖后,治病救人;五,主席说有内疚,要负责任,常委同志和书记处说也有责任。

这个问题我们没有察觉,感到有责任,告诉了罗(瑞卿),罗对这个问题表示不同意见,主要是对抗林总、政治挂帅、封锁、与老帅的关系。(他)有很多理由,说不是事实。既然那方面的问题不说,罗在五个方面有错误:一是关系问题;二是作风问题;三是思想意识问题;四是工作做得不好;五是组织纪律。这五点,每点罗都承认有缺点,但都有辩驳。在上海,常委、主席决定,不谈上面那些问题,就这五点。担任军队工作不适当,多方面的工作不适当,同志们的意见也很多。方法是调离军委系统的各项职务,罗本人写了封信,后来发了个通知,没有讲任何理由。

这个问题不能说已经完了。上海三个小组分别进行,但还没有完。常委、主席指示恩来、我、彭真继续处理这个问题,帮助罗(瑞卿)认识错误、改正错误。在上海说过,还有谢(富治)、陶(铸)、李(井泉)也说过。回北京后,彭真、富春、恩来、我都谈过几次,帮助他认识错误的严重性。军队的同志传达了这个问题。政工会议势必接触这个问题,而且很强烈。罗瑞卿觉得不如大家讲的那么严重,总觉得有出入,实际上有委屈的情绪。这个问题怎么办?根据党内历来的办法,摆事实、讲道理,讲清楚嘛。罗区别于彭(德怀)黄(克诚),彭黄的问题也采取这个态度,对王明也采取这个态度……可先让同志们把对罗的意见讲完,也允许罗把自己的意见讲出来。最后怎么样,总有一个统一的看法,中央做出自己的决定。

......

还背靠背就扯不清了，还是要议论。统一看法得不出来，不如花一点时间，把这个问题说清楚。在主要问题上搞清楚，枝节问题、无关紧要的问题，扯多了没有意义，特别是对方针、原则性的问题，大家要扯清楚。根据常委的讨论，向主席报告了，主席同意，考虑需要两步，一步上海式，一步是在一起谈一谈，包括各方面的负责同志，各军区都有人，说清楚对军队的工作也有积极的作用，对毛泽东建军方针、建军路线有益处。42个人说这个问题，主要问题不用很长时间，可以告一段落。实事求是，对罗也是一看二帮。任何人要革命，允许他们申辩，彭（德怀）还有个万言书……

42个人的小组，并不是哪个为一方，罗也是小组成员之一，有话就讲。

会议进程，中央决定由彭（真）、叶（剑英）、我三个人主持会议领导小组。我们事情多，到外面去跑，总理要出去，不能靠我们天天搞。另外成立工作小组，叶（剑英）、谢（富治）、肖（华）、杨（成武）等七人，叶领班。我们有空就听听汇报。

已经发了十个文件，看一看。开始有些同志讲一讲，领个头，然后罗讲一讲。两面的意见登出来，大家好议。"

唐平铸的笔记本上还记着：

周总理说："他（罗瑞卿）搞特殊、个人突出。第二天找他谈话时，他又说有个人主义，没有个人突出，说了就不承认。这次不要扯其他同志，不要扯小事情。刘（亚楼）的问题也不要扯宽了。这次就是打歼灭战，军队以外的事情也不要扯。"

彭真说："同主席交换了意见，肯定了海军的萧（劲光）、苏（振华），海军工作是有缺点的，这几年有改进。领导同志有不同意见，这是另一个范畴的问题。彭黄问题是站在中央方面的。苏与罗不是一个问题，工作问题是另外的问题，海军工作是另外一个问题，与林商量过。刘亚楼的问题，从一生来看，是坚决执行主席路线的。个人毛病相当大，后来有一段罗、刘之间不是没有问题的。一度是受了他的骗，上了当，最后向党报告。空军的工作总的是好的，也要一分为二。吴法宪是个好同志……"（笔者注：彭真的讲话谈到罗、刘的关系，说刘上了当，最后向党报告。可以视为罗提出"四条"的一个佐证。）

肖华说："事实提得差不多了，要从理论上议议。61年以前他就有错误，62年更厉害，过上十年八年再搞就不得了。64年以来有了很大变化，罗擅自决定大比武是方向性错误。否定四个第一和决议，这是唱对台戏，违背毛主席的建军思想和建军路线，造成严重恶果。不是林总抓得早，可能把老本都搞掉了。

要求注意几个方面：1）军事和政治的关系，政治工作的地位，党和军队的关系；2）林总提出突出政治后，折中主义就是机会主义；3）在政治上、思想上、文艺上对主席思想抵制，十无论；4）无组织无纪律，封锁林总、打击元帅，搞个人批示；5）个人突出，惟我独尊，不得人心，抢功，干部问题上有宗派情绪，对干部打击报复，发展到反对林总。想篡军，面目全部暴露出来，林对他忍了又忍。罗搞两面手法，又打又拉，他打的是红旗，很多人怕他。罗指向林总，指向毛主席，对着整个党。

错误的根源：1）极端个人主义思想，社会主义这一关过不去，地主思想没有改造好；2）历史上也是犯错误的。作战、连队工作经验不多，在王明路线时期，执行王明路线。保卫工作搞神秘主义，搞十人团，脱离群众。高（岗）、饶（漱石）时期也陷进去了；3）国际国内阶级斗争的反映；4）思想方法是实用主义。"

唐平铸记录了叶剑英和一些将领在小组会上的讲话：

叶剑英说："揭露这件事是空前的，这件事的危险也是空前的，事情的恶劣性质也是空前的。公开在林总面前要国防部长，病人要像病人的样子，不要挡路啊！我是当接班人的。林告我后，我对他的认识一百八十度转弯。这种人有了军权就要夺党权，已经是书记、副总理，还要什么，这是大地主思想的集中表现。要用这件事教育全党全军。

要把这个仗打好，要情况明、决心大、方法对。三个主题，其他问题就不搞了。材料要一件件落实，做到无懈可击。要明了罗的本质，明了罗的事实，还要明了中央的意图。毛主席说，搞这种事的人，总有一伙人。"

"不可能希望他会好转，这不是一般的批评与自我批评。这个人不能拿枪杆子，也不能做单独负责的工作，只能在党和群众的监督下做些具体工作。要看透他的本质，要到劳动中去改造。……要狠狠地斗，对这种人就是要残酷无情，他对我们、对林总残酷无情嘛！我们自己有了错误，就做自我批评，通过自我批评揭露他更有力，搞得才深。"

肖华说："这个人是没有改造好的大地主。有些枝节问题不要在会上讲，重要问题是突出政治，组织纪律，个人主义，向党伸手。要讲的问题，都要有充分准备。在大是大非面前，我们的态度要非常明确，不能有任何自由主义，不能有任何的幻想。这个人是个纸老虎，戳穿了就是这么回事。"

杨成武说："主席说，他又犯了彭德怀的错误，罗在高、饶问题上实际已陷进去了。罗是个野心家，罗把林彪同志实际上当作敌人看待。林彪同志带了几十年兵，难道还不懂什么是军事？什么是政治？军事训练几个月的兵就可以打仗，过去打的都是政治仗。主席说要恢复林彪同志突出政治的原稿。罗当总长以来，从未单独向林请示报告过工作，罗不尊重各位元帅。罗个人专断，凡是要搞阴谋的人，他总是拉几个人在一起。"

杨成武说，主席明确指出："军委应当恢复林彪同志突出政治的原稿，不允许再另外搞一套和林彪同志相对立的东西。"

　　杨成武接着说:"要注意防止罗的地下活动,注意搞'八司马'。[45]主席问许世友有多少兵,许答有五十万,靠不靠得住,军以上干部靠得住靠不住。北京发生政变怎么办? 人家把主席、刘主席暗杀了怎么办? 什么人来看林总,什么人哭了,他都知道。他对特务老婆讲,你叫我干什么,我就干什么,你要我到哪里去,我就到哪里去,解放以后又和她见面了(罗的前妻,在南京市当小学教员)。刘主席说他没有阶级性,没有党性,反对林,反对中央。总理说反对林,就是反党,反毛主席。"

唐平铸的笔记里记了老帅们批判罗瑞卿的发言。摘要如下:

　　叶(剑英)说:"我们在战略上藐视他是纸老虎。在战术上要当作真老虎打,这个家伙是很厉害的。我们做自我批评,做了自我批评,并不是和罗一样,是认识问题,要划一条线。"

　　贺(龙)说:"这个人很坏,什么坏事都可以干得出来。他在公安部搞了什么? 要防止暗杀。主席指示很重要,看得高,看得远,看得深。主席的话是灵的,对他要大大怀疑,防止出事。他的阶级本质是农奴主,在公安部就有问题。不应让他搬回去,怕他销毁证据。他要儿子学射击,家里那么多电话机子,十几条枪,总参总政要抓警卫工作,特别是林的安全。"

　　聂(荣臻)说:"这个人的弱点,长期以来看得很清楚,过去谅解,现在看不是作风问题,他自己不舒畅,我想找他说,说不进去。我们按党的组织纪律办事。对罗丝毫不能存在幻想,丝毫不能让步,让步军队就要变色,适当的时候要作出结论,将来下放不能到大三线。不要看他的表面,要看到他的本质,他是个危险人物,要防万一,这场斗争是不可避免的。"

　　刘(伯承)说:"对这个人不要低估了。"

　　陈(毅)说:"到一定时候,要面对面地斗争,要搞突出政治,两条路线的斗争,第二是伸手。"

徐（向前）说："这是个危险人物，林总都不在话下，我们更不在话下。专门出风头，到处演讲。"

贺（龙）说："这个人是没有改造的人。"

根据会议的安排，各总部、各大军区、各军兵种的负责人先后从不同角度在大会上作了发言和揭发。随着会议的深入，特别是吴法宪等人对罗瑞卿"伸手夺权""篡党篡军"进行声讨后，罗瑞卿再检讨自己搞比武、反对突出政治、不尊重老帅、骄傲自满、爱揽事，等等，都无济于事了。

由于邓小平、彭真不能经常到会，由新任军委副主席兼秘书长叶剑英为首的七人小组具体负责的批罗会议，对罗瑞卿进行了"面对面的斗争"。在叶剑英和代总长杨成武等人传达了毛泽东关于罗瑞卿问题的讲话后，会议变成了批斗会。罗瑞卿回忆当时的情况说："以后又听了两天的发言，发言稿都是当场发，牵涉的问题、所举的材料不少，但我手中又无材料，实在听不下去，但又无法申辩。要我做第二次检讨，我感到检讨实在写不出来。"[46]

罗瑞卿的检讨和针对唐平铸的申诉

唐平铸的工作记录本里，记录了罗瑞卿的检讨和申诉的内容。

罗瑞卿在 3 月 12 日的检讨中说：

我犯了路线错误，犯了严重的破坏组织纪律的错误，我的错误是反党性质的错误。

一、1964 年的大比武是我个人擅自决定的。我把叶帅撇在了一边，随意提出当年大比武，违背了群众路线的工作方法，不经过军委办公会议，不请示林彪同志，违反了集体领导，又破坏了组织纪律。我个人主义、好大喜功，搞出成绩向党、向林邀功报捷。

大比武带来严重的恶果，在军内外造成了恶劣影响，助长了单纯军事观点，冲击了政治，败坏了作风，"四好"（"四好连队"活动）大幅度下降，造成了浪费。恶果最主要的，是冲击了政治、冲击了我军建设的根本，使军队战斗力很大削弱，这是方向性的错误。

二、反对突出政治。林彪同志突出政治的指示是英明的、正确的。论理我应坚决拥护，认真检查自己的错误，但我一开始就抵触，形式上是对刘（志坚）工作组的抵触，实质是对林的抵触。上海会议时没有承认，主要是个人主义的原因。全党全国都在大抓特抓学毛著、突出政治、反对折中主义即机会主义，这对我震动很大，教育很深。我看了主席对五十五师的批示，肖（华）的报告，以及同志们的揭发，我反对突出政治的错误表现是：

1. 不应修改林的指示。如气可鼓、不可泄，不能乱冲一气，比武对军事训练起了推动作用，对1964年军事冲击政治的估计一改再改，把一稿比赛后拼死拼活，解放军报的宣传要压缩，都是我加进去的……想方设法为自己的错误辩护，这些错误思想都是我的。同志们说我做了篡改，可以这样说，应当这样说。我对有些人说的话我都说了，只有一点，授意萧向荣掐头去尾，我没有这样说。只是说把人名改成工作组。

2. 散布了折中主义、机会主义的谬论。不相信突出政治，阳奉阴违，三次讲话都是错误的，对军事训练成绩的估计是荒谬的。军事政治平列，只要大保证，不要小保证，实质上不承认军事冲击政治，与林的指示相违反。我把重点放在军事，公开和林总唱反调。我完全离开具体条件，引证主席、林总的话为自己辩解。印发的文件也是有倾向性的。反对宣传政治，就是反对突出政治……第二次讲话，曲解林的指示。第三次讲话，林在上海同我谈了军事训练有四好，但重点还是要突出政治，我没有领会这个讲话，继续为军事冲击政治辩护，反复强调政治工作保证完成任务，批评政治工作同志，完全是虚设靶子，攻击突出政治。还有几次讲话，都不会没有错误的，还没有来得及检查。要解放军报写篇社论宣传我的观点，与雷英夫谈话，都是作战会议后，林指示以后的事。144师讲话，几个军区都散布了谬论。照我姓罗的办，影射林的指示，战争来了行不通。

3. 曲解毛主席、刘主席关于阶级斗争的理论。警卫团的宣讲，我没有材料，如果那样讲我是错误的。对刘讲的军队有阶级斗争我理解错了。会议表态也是错的。我只说办公会议议一下，没有说查马恩列斯。过渡时期军队内部主要矛盾都是基本矛盾、阶级矛盾，我没有把握。

4. 文艺工作上散布了错误的言论……

5. 超越总政党委瞎指挥。没有建设性意见我承认，其他我搞不清楚……报纸宣传林说是突出我，不突出主席。海瑞罢官是彭真指示《解放军报》与《北京日报》同时发表的，按语是报社自己写的。

在三个连队宣讲双十条，讲的那些东西有消极作用，举的例子不妥当。

我对叶帅不尊重，我完全接受。

反对后进战士这个名称，这是错误的。

小平讲的五条，关系、作风、思想意识、工作、组织纪律，以后做检讨。

我理论水平低，工作能力差，不懂装懂，把自己推向资产阶级军事路线的道路上去了，自己成为了可耻的反党分子。我好出风头，是事实，基本上是事实，严重的个人主义。对我的批判斗争，是路线斗争，是一场阶级斗争，讲犯罪也可以。至于篡军篡党，同志们可以这样看，相信中央会做出决定。请党撤销我党内外一切职务。

在1966年5月的中发〔66〕268号文附件《罗瑞卿同志3月12日的检讨》中，罗瑞卿共检讨了以下九个问题：1. 关于一九六四年全军大比武问题；2. 关于突出政治的问题；3. 歪曲毛主席、刘主席关于阶级斗争的论述，散布右倾机会主义的谬论，引起部队严重思想混乱的问题；4. 关于在文艺工作上散布的错误言论；5. 超越总政党委对《解放军报》进行瞎指挥，妄图把报纸控制在自己手里，为个人捞取政治资本的问题；6. 关于在三个连队宣讲双十条，李曼村同志揭发的那些材料；7. 李曼村同志批判我对叶剑英同志不尊重，我完全接受；8. 关于建议考虑是否在军队中可以不用后进战士这个名称的问题；9. 小平同志所讲的五条：关系、工作、个人作风、思想意识、组织纪律。

3月12日，罗瑞卿在检讨后又作了以下申诉：

最后我还要作几点申诉，在有些申诉中也作检讨。

一、"公开攻击林彪同志提出的'把毛主席的书当作全军各项工作的最高指示'，胡说这'不符合我们国家的体制'，林彪同志当即驳斥了罗的这种谬论"的问题。

这是根本没有的。情况已在上次唐平铸同志发言时说明了一些，现在补充一点情况，即11月20日我回到北京，大家商量用军委决定发出林彪同志的"军委常委去（林处）请示征求意见"，记得"已经毛主席批示同意"的句子，是聂副主席提出加上去的。在北京时，大家还商定了张贴到连队去的大样，定了登报的稿子，这些都已由刘志坚同志报告林彪同志同意了的。26日晚在上海接到唐平铸同志的电话说新华社对于发消息的意见，我的态度也是军队报纸照我们原定的稿子发，新华社由他们请示自己的上级决定，此点上次也已说明。27日已登了报。我是28日去苏州看林彪同志的，谈到五项原则指示时，情况如唐平铸同志发言的时候所说明。怎么会有"公开攻击"和所谓"胡说"呢？这个问题我坚信会查明白的。

二、报社起草的社论"突出政治就是在一切工作中用毛泽东思想挂帅"，第一个小标题是"毛泽东思想是当代最高最活的马克思、列宁主义"。罗在审稿时把"最高最活"四字删掉了。1965年再版《毛主席语录》时，我们根据林彪同志的指示在前言中写了"毛泽东思想是当代最高最活的马克思、列宁主义"。在讨论时，罗反对写上这句话，说"……"的问题。

实际情况是：第一次打电话请示了康生同志，他说：这是新提法。如果这样提，恐怕应问问中央常委，甚至恐怕还要问问主席自己。我问他的意见，他说用原来的提法，也不减低实际的意义，对外也谨慎一些（大意）。这样才改为"毛泽东思想是当代伟大的马克思、列宁主义"。讨论语录时，是刘志坚同志提出可不可这样提？我又去打电话问田家英同志。"次高""次活"都是田家英同志的原话。他并说他们几个人（有伯达、任重、陶铸等同志）在长沙为主席九篇历史文章作一些修改斟酌时，曾经对"活马克思主义""死马克思主义""香马克思主义"臭马克思主义"这样对称的句子，建议考虑不用。因为只有真马克思主义才是活的（大意）……

唐平铸同志发言中的某些话，我是打了电话回来后才讲的，也不尽如括弧中的那些话。"毛泽东思想是当代马列主义的顶峰"那次并没有写，怎么我又反对呢？前一句话可以问康生、田家英同志。但不管怎样我有错误，东问西问，为什么不直接请示林彪同志？或者建议总政同志请示林彪同志呢？今天对毛泽东思想这两个提法已经公开正式提出来了，就更证明了我的错误。但是否要像唐平铸同志发言中结论得那样高？我请求党审查！

三、为林彪同志起草七千人大会上的发言稿的事是有的，但唐平铸同志所说我与叶群同志的争论，怎么我也回忆不起来了。主席在实践论中已讲了马、恩、列、斯的天才条件，当代最高最活的毛泽东思想，为什么不加上"个人天才"这个意思呢？如果唐平铸同志所说全部情况是那样，我承认那是一个大错误。

四、关于三十本书的问题，不是我向主席建议并经主席同意，而是主席指示要我从中选读十来本。在军队高级干部中提倡一下，也是主席指示的。先开一个书目，是主席指示我请教伯达同志开出来的。以后中宣部又另开了一个书目，与前略有不同。一九六四年春中央发了指示，主席也有批示。我从来也没有说不以学毛著为主，而只是去学这些经典著作，我也是拥护的！我是不是"实际上为了贬低毛泽东思想"，专门提倡学经典著作？请党审查！

五、关于《解放军报》刊登主席语录的问题，说去年2月我看了《解放军报》关于毛主席语录宣传的总结时批了的那些话，宣传总结是怎样的？我不记得了。我批的那几句话，当然是很错误的。

六、唐平铸同志在他的发言一段中说的第六个问题，我的错误是不应当乱传这件事。什么会上传的，是否在讨论要不要减去警卫副官时讲的？我也记不得了。但绝非"公开散布诬蔑毛主席的话"，绝没有恶毒诽谤伟大领袖之意。

七、唐平铸同志在他的发言一段中说的第七个问题，我的错误更大！说的全部都是听主席说的。但我为什么随便乱传呢？我随便乱传的错误教训太大，太严重了！但绝无"把毛主席和蒋介石相提并论"的险毒居心。

八、唐平铸同志在他的发言三段中说的第四个问题，他的意思是说我在攻击林彪同志。"这究竟指的是谁，难道还不明白吗？"

这就是断语。这样凭猜测作结论，我怎么能受得了呢？实际是前一段话的第一句不是"主席说了"而是主席"在一个文件上的批示"。"形而上学盛行，辩证法抛到九霄云外"，最后一句不是我们这些大老爷毫无例外，而是"包括某些大老爷在内"或者"包括某些大老爷也不例外"。是前一句或者后一句我记不清了。他在引号内引我的话也决非我的原话。我绝没有这样说"这些大老爷是谁呀？我们这样的人够得上大老爷吗？顶多是个中老爷吧！"我的原话大意是说，我们就算个中老爷吧，也要注意不搞形而上学。……而且传这件事是在林彪同志关于当前部队工作指示出来以前，两件事情怎么能连在一起呢？事情是可以核对清楚的。

以上是我的第一次检讨发言。请同志们继续批判我！揭发我！

从上海会议到京西宾馆会议三个多月的时间里，罗瑞卿一直按中央的要求准备发言。在罗瑞卿检讨的九个问题和八点申诉中，完全避开了"逼林彪让贤"即"四条"问题。他把申诉的重点有意对准了唐平铸，有意放到一些枝节上。其实，"四条"才是罗瑞卿问题的焦点和要害。罗瑞卿在检讨和申诉中只字不提"四条"，但他回避不了。在邓小平主持的中央工作小组《关于罗瑞卿同志错误问题的报告》中有"四条"，杨成武等在《坚决捍卫伟大的毛泽东思想，彻底粉碎罗瑞卿同志篡军反党的预谋》中同样指出了"四条"，肖华在《坚决保卫毛泽东思想，彻底粉碎罗瑞卿同志的资产阶级军事路线和篡军反党的阴谋》中不但指出有"四条"，而且挑明了罗瑞卿要逼林彪交权！

　　邱会作在回忆录中说："现在，有的材料上说，在开上海会议的时候，邓小平说上面所讲的事情（指'四条'）'死无对证'，我没有听到邓说过这样的话，我更不相信邓当时有胆量说这样的话。邓小平、彭真都是批罗的主要负责人，他们若表示了相反的态度，不是把自己放在毛主席的对立面上去了吗？如果邓小平说了'死无对证'的话，杨成武、肖华又怎么可能在批罗的大会上，把这'四条'和罗的其他问题，又认认真真揭发呢？……中央工作小组给中央的《关于罗瑞卿同志错误问题的报告》，也郑重地提到'四条'，这个报告都是要经邓的手把关的，如果说邓说了这个话，他怎么同意写上四条？！"[47]

　　罗瑞卿绕过了"四条"问题。他对各总部、各军兵种、各大军区许多将领对他的揭发，同样采取了避而不谈的态度。他长期以来担任国家和军队的安全、保卫领导职务，知道该说什么，不该说什么，哪些可以承认，哪些要扛住。他主要针对唐平铸的发言进行申诉，而唐平铸只是军报的负责人，个中缘由，参加会议的人都明白。

　　罗瑞卿的检讨和申诉是经过长时间考虑的。他不是说"我不记得了"，"完全记不得了"，"怎么也回忆不起来了"，就是先承认一些，或是自己先戴帽子，什么"大错误"，"教训太严重了！""路线错误、反党错误"等等。特别是在讨论语录时，他在申诉中引述康生和田家英电话中说的话，既没有向当时在场的刘志坚、唐平铸等人谈起过，也没有康生、田家英的任何证明或佐证，完全是他自己一个人事后在检讨时说的，与会者表示难以置信。《罗瑞卿传》一书证实说："对于田家英这一段为何'最高指示'的提法不妥的背景材料,当时罗瑞卿未向参加讨论的人传达。"[48]罗瑞卿紧接着话锋一转,自问自答地说:"不管怎样我有错误,东问西问,为什么不直接请示林彪同志呢?或者建议总政同志请示林彪同志呢?今天对毛泽东思想这两个提法已经公开正式提出来了,就更加证明了我的错误。"

随着会议的进行,气氛不断升温。在众多将领对罗瑞卿的检讨和申诉进行批判揭发后,他竟然要求大会停下来,让各地、各军区来的人先回去,等他想好了、准备好了,再行召集会议。会议组织者没有理会他的要求。

罗瑞卿自杀未遂后周、邓、彭的讲话

罗瑞卿在会上接连作了两次检查。会议参加者对他的检讨不满,罗瑞卿被要求再作一次"深刻的触及灵魂的检查"。据唐平铸记录,叶剑英说:"我们这次会议为了保卫毛泽东思想红旗,任务重大,斗争严肃。小平、彭真亲自领导,参加的都是负责人。会议也是有权力的,不是普通的学习。今天听了罗瑞卿的检讨,十分愤慨。毛泽东思想对世界革命的意义,稍微低估一点都是错误的,起码是党性不纯。"肖华说:"罗瑞卿的检讨是假检讨。想蒙混过关,好像受了委屈,早就估计到了这一点。上海会议以后已经三个月了,希望他向党交心,中央同志同他谈话,没有触动他。比武的问题在事实面前似乎检讨了,但没有触及错误实质,就是反对毛泽东思想,反对林总,向党伸手,篡军篡党……他没有一件新的事实,我们还有大量的材料,都抓住了,问题是他自己的态度。是过不了关的,不能投机。"

由于毛泽东已对罗瑞卿的问题定了性,罗瑞卿在京西宾馆受到各总部、各军兵种、各大军区负责人面对面的揭发、质问后,在无望的心境下,想以死求得解脱。3月18日,罗瑞卿从住房的楼上跳下。然而,他没有死。邱会作说:"他自杀的方法是,在三楼脚朝下溜下去,有如小孩在公园玩滑梯一样的，这样是不可能死的，除了一只脚受伤了之外，其余地方并未受伤。罗为什么这样做，真不得其解。"⁴⁹ 邓小平挖苦说是"跳冰棍"。毛泽东在杭州会议上听说了罗瑞卿跳楼的事，有些惊讶的样子，问："为什么跳楼？"然后讲了一句："真没出息！"周恩来得知后，第一句话就是"罗是自绝于党"。

3月19日，叶剑英在会上宣布了罗瑞卿跳楼自杀未遂，并念了他的"绝命书"。叶剑英改写了宋朝辛弃疾《贺新郎·别茂嘉十二弟》词的下阕，表达了对罗瑞卿跳楼的看法："将军一跳身名裂，向河梁，回头万里，故人长绝。易水萧萧西风冷，满座衣冠似雪……"辛弃疾词的下阕第一句原来是"将军百战身名裂"，是写汉朝李陵之事。叶剑英改为"将军一跳身名裂"，这"一跳"两个字，读起来惊心动魄。

跳楼事件加剧了罗瑞卿问题的严重性。当时与会的人们，大都认为这种举动是自绝于党和人民的背叛行为。批罗的会议没有因此停止，反而急剧升温了。从3月22日起，会议进入第二阶段，增加了53人，包括党中央、国务院有关部委和中共各中央局负责人，总共95人。会议4月8日结束。以下是唐平铸记录的周恩来、邓小平、彭真在批罗会议上的讲话：

　　邓小平讲话：
　　常委决定由周、邓、彭三人来处理罗的问题，以后又指定三人小组管这个会议。这个会议搞了一个多月，党对他很耐心、负责、帮助。大家摆事实、讲道理。对罗的问题，过去我不知道，到上海还不知道，只知道他作风不好，但思想还开放。现在揭发出来，特别是他这样一跳，就更没有话说了。
　　我同意工作小组的报告。我认为，解决罗的问题是党的一个重大胜利。我们没有察觉，林总首先察觉，很负责地向中央、主席提出，嗅觉比我们灵敏得多。主席亲自关怀、指导这个斗争。罗的问题性质是严重的，比上海会议估计的还严重得多。我们还是希望他改正错误。开始是背靠背、调离军队，他抵触情绪很大，只有面对面。来了个自杀，自己作了结论，无非是抵抗到死……

罗担负的职务很多、很大。书记处书记、副总理、总参谋长、秘书长等等，掌握了军事大权。军队是党的命脉，无产阶级的命脉，让这样没有党性、作风这样恶劣、资产阶级思想充满脑袋的人掌握军队是极危险的。退一步来说，即使没有个人野心，向党伸手，凭他那种思想作风也是危险的。他确实是个隐患，拔除这个隐患就是个大胜利，何况他又有伸手问题。一旦天下有事，那就不堪设想。

罗瑞卿的错误性质，同意报告中指出的，是在社会主义革命斗争中资产阶级思想在党内、军内的反映。他对毛主席思想是反对的，当公安部长时就搞阶级斗争熄灭论，"十无"运动。到军队后又同林总唱对台戏，一个稿子修改七八次，真不可理解，就是要宣传他的资产阶级思想。他还到处讲话、煽动，反对毛主席的建军思想，反对林总的正确领导。

罗瑞卿是资产阶级极端个人主义者，不是普通的，而是极端的。过去只知道他锋芒毕露。他私心很重，我字第一，个人打算很多，不能得罪他，得罪他一句，成百倍地回敬你。他记性又好，伸了一下舌头也记几年，极端个人主义已发展到狂妄的程度。他不守纪律是一贯的，走后门，不走前门；走邪道，不走正道，不搞党的正常生活，而且背后搞鬼。在我们党内，一切问题都可以经过党的原则来解决。我们也经常犯错误，主席著作学得不好，有时有主观主义、片面性，通过党的生活改正就行了。"十无"改正就行了。但是他是不会改的。我们不是因为他"十无"，犯了军事路线错误，而是他把错误与个人野心结合起来。他在党内不守纪律，发展到狂妄的地步，对林总那样恶劣、伸手。军队的大权已经到他手里了，放手让他工作，书记处也让他工作，希望他搞好，但他有个人打算，发展到伸手。高（岗）、彭（德怀）也是这样的。

当然，伸手不是天天伸。高岗不在陕北伸，也不在东北伸，而是当了国家副主席后伸，把总理、少奇作为挡路人搞掉。彭也是这样，在我们党困难的时候伸。罗也是到了气候才伸。他首先伸向军队，挡路的是林总，逼林总让位，那就不是一般的错误。大家揭发的事实可能个别有出入，但无伤对他这个人的评价和问题性质的确定。有点出入没有关系，十件八件也不要紧。自杀本身就作了结论。

对罗的问题，我们应当汲取教训，特别是高级干部，都是五六十岁的人了，我们国家的命脉还是掌握在这些老家伙手里。党内一般性错误总是常有的，但有了彭、高、饶（漱石）事件，又有了罗的事件，我们应当汲取教训。

第一是努力学习和掌握毛泽东思想，不断革命，不断自我改造，是我们一辈子的任务。每个人有了这个觉悟，犯了错误容易纠正，小错不改铸成大错。

第二是学会运用民主集中制。我们都是班长、副班长，不要搞一言堂。党内民主对个人是个监督。高级干部就要靠党的委员会，支部小组管不住。重大问题在党委会上集体讨论，集体决定，可以少犯错误。要搞党的生活会议，洗洗灰尘，搞批评、自我批评，坚持这个作风，对我们和后代都有好处。这对罗没有作用，对别人有作用，我们应当有这个觉悟，从这次事件得到教训。

毛主席所以是最伟大的马克思主义者，就是他始终抓阶级斗争。不抓阶级斗争就不会不断革命。斯大林就是不抓阶级斗争。阶级斗争是客观事物的真实反映，不仅现在，一百年、几百年以后还有。1949年全国胜利以后，就是不断地阶级斗争。我们有些事情犯错误就是犯在这个问题上。阶级斗争是无例外的，哪一个方面都是一样地进行。党政军民、文史经哲都在搞阶级斗争。资产阶级是不死心的，两个阶级和两条道路的斗争必然在党内反映，忽视了这个方面，就必然要犯错误。罗的问题提醒我们，千万不要忘记阶级斗争，彭、高、罗的问题都是阶级斗争的反映。作为教训，不能忽视这个问题。

书记处对罗的问题，失于察觉，只知道一般的问题，我们有责任。主席了解得更深，林总提出，主席马上就抓住。

对罗的政治上和组织上的结论，党委会根据工作小组的报告来决定。我赞成撤销书记处书记和国务院副总理的职务。现在停职，还要经过法律手续。自然我们还希望罗改正错误，深刻检讨自己的错误，毛主席的党是允许革命的。

工作小组的报告，不用通过。如何作结论，由主席、林总和党委来决定。报告可能有个别的改动，但不用通过的形式。如何传达，中央将有一个规定，以发下的正式文件为准。现在可以在高级党委先讲，传达的范围将是团以上。文件有很多党和国家的重要机密，不必传达，只传达工作小组的报告，有的文件可重印。

彭真讲话摘录：

这次会议取得了很大的胜利。其实他一跳就作了结论。目的是为了消毒。无产阶级专政的主要工具是军队，军队一定要掌握在忠实于党的人手里，绝不能掌握在罗那种人手里。用这件事作反面教材来提高我们的觉悟，把我们的头脑武装起来。这个会开得好，方法好，领导得好。有人说太文了，我们是抓大问题，不抓细节，表现了高度的原则性和严肃性。材料不可靠的就不要，和风细雨，摆事实、讲道理。罗善于造谣、抵赖，在铁的事实面前他无法抵赖。我们这样做，不是怕伤了他，而是保持和发扬党的优良传统，坚持处理党内问题的方针、政策和作风。我们的事实根据够不够，会不会有点出入？有一点出入是不可避免的，但是主要的问题、根本的问题是可靠的，用（错）不了的。将来是不是罗会说冤枉了他？我看不冤枉他。说他是资产阶级军事路线，反对毛主席军事路线，反对四个第一，说他是资产阶级个人野心家、品质恶劣、逼林总让位、篡军反党，是不是事实？这些问题也是逐步升级的。他能推翻哪一条，我们可以取消。但是根本的、主要的问题，恐怕是准确的……

胜利以后党内出了不少问题。六年一次，有点偶然性，但也是必然的。它是社会主义时期阶级斗争在党内的反映，一百年、几百年都会有。罗的错误性质是资产阶级性质，过渡时期主要是无产阶级同资产阶级的斗争，赫鲁晓夫、铁托……都是资产阶级的。吴晗这个人是反党的，我和老虎在一块睡觉，也未察觉。阶级斗争反映在各个方面，千万不要忘记阶级斗争。我们用毛泽东思想武装起来的党，是战无不胜的。

周恩来讲话摘录：

这个会开得好，同意工作小组的报告。林总揭发了罗的反党问题，主席亲自抓了这个问题。罗是反党反社会主义的资产阶级极端个人主义野心家。他有修正主义思想，他是反马列主义、反毛泽东思想的。他坚持资产阶级军事路线，必然反对无产阶级军事路线，反对四个第一，反对突出政治。个人主义到了一定气候就要向党伸手。

主席提出接班人的问题，在车上同罗说了这个问题，我们得到教育。主席想到全世界，想到后代，是个伟大的思想，还想出大小三线、地方武装、战略方针。罗听到了这几条，得到法宝，到林总处要他让贤，不能等待了，逐步升级，自然流露。大比武外出十三次，原子弹爆炸他都不回来，别有所好。另外搞一个东西，得意忘形，正中下怀。他把主席的伟大思想当作他肮脏的个人欲望，到了一定时候就向党伸手。

我支持这个会议，讲一点历史教训……

解放后六年一次，高饶、彭黄、罗。当时搞宪法，高岗想当部长会议主席，夺权。主席要到第二线，少奇到了第一线，他就向党伸手（53年）。彭黄是在党遇到困难时，总理不在话下，直接与主席较量。彭德怀59年周游列国回来，在庐山会议，时机到了就伸手。这次是在64年，主席讲了接班人，罗瑞卿得意忘形，他就伸手了。他对林总是敌对的，反对林彪同志就是反党。

解放后是三次。这次是革命力量大发展，帝、修、反在挣扎，结合在一起。这个斗争要看长不看短，要看大不看小。主席讲大小三线、全民皆兵、备战备荒为人民。罗这个野心家掩盖不住个人的欲望，他不是突然的，是由量变到质变的。他在"遗嘱"中要老婆孩子相信党，自己却不相信。自杀是反党行为，两封信就是反党。党是很信任他的，给他很高很大的职务。党委是有责任的。我们接触多，没有察觉出来。彭德怀有不同意见还可以保留。罗自杀不仅是向党示威，还说明他有不可告人的目的。双脚下地是不是自杀，还要继续查。

解放后全国胜利了，是不是天下太平了？罗否认阶级斗争，实际上阶级斗争在各方面都反映出来。党揭露了这个隐患，是一个大胜利。上海会议时，他在云南，担心他跑掉了。主席说跑了算了。任何人在党领导下做点事，都是靠党的威信、主席的威信、人民的威信。如果离开了党、离开了主席、离开了人民，就一无所成。

现在要消毒，搞一个文件。更重要的是从中得到教训。大家要来防止修正主义，引以为戒。我是犯过路线错误的。我们对罗没有察觉，要提高警惕性。当然也不可神经过敏，无中生有。

出身好，也会沾染坏的东西。出身不好的，更要肃清影响。要时刻想到自己的历史和阶级。罗并不是一贯正确，过去他是吹的。

要认真读毛主席的书，要严肃对待四句话。要学到老、改造到老、改造到死。人的晚节可贵，不管革命几十年，最重要的是几十年如一日。晚节可贵，这是最难最难的。一想到这，就不能骄傲。想到农民的生活，自己就很难过，我们还有多少事情没有做好。要时时提醒自己，鞭策自己。今后还可能发生问题，发生少一些、小一些。不要把问题搞得很大，这是我们的责任。

以上讲话，是唐平铸速记的，由于年代久远，摘录时可能有疏漏或不准确的地方。

叶剑英的总结发言和中央工作小组报告

叶剑英的发言《彻底粉碎罗瑞卿同志篡军反党的阴谋，高举毛泽东思想伟大红旗奋勇前进》实际是对京西宾馆会议的总结，该发言是中央工作小组向中央报告中六个附件的第一件。叶剑英在发言中首先明确了两点：

一、这次会议是毛泽东、党中央为了解决罗瑞卿的错误问题召开的。这次会议，实际上是上海会议的继续。

二、邓小平对会议的开法和指导思想作了明确的指示。会议整个过程，是在中央领导同志不断指示下进行的。

会议从三月四日开始，对罗瑞卿同志所犯的错误，作了深刻的实事求是的揭发和批判。之后，罗瑞卿同志在准备检讨发言过程中，提出这样的要求：等到会的同志发言完了以后告一段落，即行休会，让各军区来的同志先回去，等他准备好了，再行召集会议，听他的检讨发言。工作小组同志没有同意他的意见。

会议从三月四日到四月八日，共开了一个月又五天，参加会议的共九十五人。除事假病假外，发言的同志有单独发言的，有联合发言的，共有八十六篇发言稿。从全部发言中可以看到，同志们对罗瑞卿同志的错误，有揭发、有批判、有建议。差不多全部的发言，都肯定罗瑞卿同志的错误，最主要的是篡军反党。认为罗瑞卿同志在工作上犯了这么大的错误，又加上跳楼自杀的叛党行为，已经不能继续摆在党和国家领导人岗位上了，应下放改造。

叶剑英归纳了罗瑞卿的主要问题：

（一）罗瑞卿同志是反毛主席的，是反党的。

（1）他反对毛主席关于阶级斗争的理论。马克思说，发现社会上有阶级和阶级斗争不是他的功劳，他的发现是阶级斗争必然发展到无产阶级专政。马克思的意思是说用无产阶级专政的形式，继续进行阶级斗争直到最后消灭阶级。列宁也讲过，无产阶级夺得政权以后，阶级斗争仍旧继续着。斯大林在这个问题上就犯了错误，一九三六年就宣布苏联已经没有阶级和阶级斗争。这是能否把革命进行到底的根本问题。毛主席经常教导我们，社会主义整个历史时期存在着阶级和阶级斗争。这种斗争是长期的、曲折的，有时甚至是很激烈的。要我们千万不能忘记阶级斗争。可是，罗瑞卿同志不仅否认军队内部有阶级斗争，而且在公安部工作期间，就大搞无反革命、无反动标语、无盗窃、无火灾、无车祸等反马列主义的反动的十无运动，散布阶级斗争熄灭论，散布无产阶级专政消亡论。赫鲁晓夫搞了个三无世界，罗瑞卿同志却要搞十无世界，在这一点上他比赫鲁晓夫走得更远了。这里，他的言论、行动完全否定了毛泽东思想的精髓——阶级斗争。

（2）他反对毛主席关于人民军队的建军路线。毛主席在我军建军之初，就明确指出要首先和着重从政治上建军，政治工作是我军的生命线。罗瑞卿同志却竭力贬低、削弱我军的政治工作，一九六四年擅自决定搞全军大比武、全国民兵大比武，用军事第一、技术第一来代替四个第一，冲击了政治，削弱了军队政治工作，破坏了毛主席的建军路线。他对林彪同志提出的突出政治的指示，阳奉阴违，另外散布一套折中主义，宣扬军事就是政治，军事政治并重和反对所谓空头政治等谬论。这就是从根本上反对毛主席的建军思想和建军路线。

（3）他反对毛主席人民战争的思想。根据毛主席人民战争的思想，我国武装力量的组成，是正规军、地方武装和民兵相结合的体制。毛主席早在一九六〇年就明确指示，要抽出若干师作为建立地方武装的骨干。可是，罗瑞卿同志对毛主席这一具有重大战略意义的指示，既不传达，也不布置，一直拖了五年之久，直到毛主席狠狠批评了他之后，才被迫作了布置，但仍然讲价钱，打折扣，拖延时间，消极对抗。

毛主席历来都非常重视民兵的建设，对民兵工作作过很多的指示。这几年来，毛主席反复强调"民兵工作要做到组织落实、政治落实、军事落实"。这是唯物主义的实事求是的方针。毛主席的指示很明确，把农村具有当民兵条件的社员，组织成为班、排、连、营等组织形式的民兵部队。这是建设民兵的第一步工作。如果没有民兵组织的存在（存在是第一性），哪能谈政治工作呢？毛主席在一九六五年四月更进一步地明确指示："搞四清，要把民兵工作搞好，首先是组织落实，首先是有没有，然后是讲政治。"可是罗瑞卿公开和毛主席唱反调，他硬说，"民兵三落实，首先是政治落实，在政治落实的基础上，再做到组织落实和军事落实。"这就是不实事求是，不根据具体的时间、地点和条件乱套公式，用形而上学的诡辩来反对毛主席，这就会推迟组成全国民兵的进度。这就证明了罗瑞卿同志违反了普遍真理要和具体实践相结合的原则，否定了存在的第一性，滚进唯心主义的泥坑去了。

罗瑞卿同志反对建立地方武装，反对民兵工作三落实，完全否定毛主席人民战争的思想。

（4）他反对毛主席的战略思想。我们要搞世界革命，就要准备帝、修、反一起向我们进攻。在边防海防对敌斗争中，（略）罗瑞卿同志完全违背了毛主席和中央的指示和决定，完全违背积极防御的战略方针，是反对毛主席的战略思想的。

（5）他歪曲贬低毛泽东思想。全国人民和全世界人民，都把毛泽东思想当作"心中的红太阳"，当作"翻身求解放的法宝"，但罗瑞卿同志却别有用心地极力歪曲、贬低毛泽东思想。他拒不承认毛泽东思想是当代最高最活的马克思列宁主义，是当代马列主义的顶峰，拼命反对把毛主席的书当作最高指示，硬说这"不符合我们国家的体制"。他运用杨献珍的一套，以强调学马、恩、列经典著作的手法阻挠我军高级干部学习毛主席著作，限制报纸刊登毛主席语录，对一些戏剧、歌曲引用毛主席的话，歌颂毛主席的词，都表示反对。[50] 他这样明显地反对毛泽东思想，实际上帮了敌人的忙。

（二）罗瑞卿同志是反对林彪同志的，是要篡夺军权的。

（1）他对林彪同志欺骗封锁，当面拥护，背后搞鬼。他自己不向林彪同志汇报，也不准别人反映情况。发现有人向林彪同志汇报，他就严加训斥，企图把干部和林彪同志隔离开。罗瑞卿同志经常背着林彪同志，到处散布流言蜚语，挑拨离间，破坏高级干部间的关系，破坏林彪同志的威信。所有这些，同志们都充分揭发了。他还利用中央常委接见军委会议全体同志的机会，煽动一些军区、军种、兵种的负责同志，采取突然袭击的办法，向中央出难题，要求大量增加部队定额和合并军区，逼着中央常委马上表态，企图把林彪同志与军区、军兵种的同志对立起来。这是一种阴谋诡计，十分恶毒！

（2）反对林彪同志关于突出政治的指示。林彪同志根据毛主席的一贯教导，为了纠正罗瑞卿同志搞大比武这个方向性的错误，适时地提出了突出政治的指示。罗瑞卿同志不仅不承认错误，反而多次篡改林彪同志突出政治的指示，塞进他自己的私货。在第八次军委办公会议扩大会议上，曲解林彪同志指示的原意，散布折中主义，和林彪同志唱对台戏。林彪同志在今年元旦提出的突出政治的五项原则，是政治挂帅的典范。罗瑞卿同志对五项原则只强调第五项(技术战术)，这就证明罗瑞卿同志是用技术挂帅来反对政治挂帅。在这些问题上，证明罗瑞卿同志是一个坚持错误，修正真理的典型人物。

（3）他恶意地攻击林彪同志提出的四个第一。为了达到他不可告人的目的，竟无中生有地说毛主席讲四个第一没有阶级性。这完全是可耻的捏造，有汪东兴同志作证。毛主席曾经几次赞扬四个第一，说"解放军的思想政治工作和军事工作，经林彪同志提出四个第一、三八作风以后，比较过去有了一个很大的发展，更具体化了，更理论化了"。罗瑞卿同志这样做，无非是想挑拨毛主席和林彪同志的关系，破坏林彪同志的威信。

（4）他把林彪同志当作敌人，公然伸手抢班夺权。罗瑞卿同志的资产阶级个人主义恶性发展到一定程度的时候，不可免地去向党伸手。他私自封官许愿，拉拢一些人，为他效劳，派人当"说客"，以林彪同志迟早要登上政治舞台为名，劝林彪同志让权。此外还亲自出面，当着林彪同志的面大喊大嚷地说："病号嘛，要像个病号样子嘛！要让贤嘛！""不要挡路！"最后还想趁林彪同志有病，把林彪同志气死、逼死、折磨死。其实林彪同志的身体，根据医生多次检查的结果，内脏各部都是很好的，只是负伤以后神经功能有点毛病，现在一天比一天好起来了。这是全党全军的一个喜报。而罗瑞卿却说想不到这个人还能东山再起！使罗瑞卿大失所望，啼笑皆非。这个人还能算是我们的同志吗？！

他拼命反对林彪同志，决不是什么个人恩怨。罗瑞卿同志跟了毛主席近四十年，受过毛主席许多年的言教身教。在近四十年中，也在林彪同志直接领导和直接指挥下做过许久的工作，耳濡目染，宁有几人？罗瑞卿同志当总参谋长也是林彪同志和总理推荐的。林彪同志信任他，放手让他工作，对他工作中的错误，多次批评，诚心教育，耐心等待，足足六年。罗瑞卿同志对林彪同志的批评、指责、教育，如果自己认为有委屈之处，何以不报告毛主席？而竟同刘亚楼等同志密谈！跟毛主席几十年，还不把毛主席看作父兄师长。难道这样做法，不是有意背着毛主席，故意和林彪同志作对吗？林彪同志是毛主席的好学生、好战友，毛主席思想学得最好、用得最好、跟得最紧。他对党忠诚，对同志和善，几十年刻苦自励，好学不倦，带病不休，一生以毛主席的理论与实践为准则，他是我们全党最有威信的领导者之一。林彪同志受党中央和毛主席的委托，主持军委的工作。在罗瑞卿同志看来，不反掉林彪同志，就不可能实现他篡军的野心。我看这就是罗瑞卿同志拼死反对林彪同志的根本原因。

罗瑞卿同志的错误多得很，什么"一言堂"、蛮横霸道、抢功诿过、包庇坏人、生活糜烂等等，我们都不去讲了，就是上面的两条也足以证明，罗瑞卿同志是不读毛主席的书，不听毛主席的话，不照毛主席指示办事的人，他不是毛主席的学生。他是要篡军反党的。事实俱在，铁证如山，无论如何也是抵赖不了的。

1966年4月30日中央工作小组《关于罗瑞卿同志错误问题的报告》共分五部分。总结罗瑞卿的错误为：1.敌视和反对毛泽东思想，诽谤和攻击毛泽东同志；2.推行资产阶级军事路线，反对毛主席军事路线，擅自决定全军大比武，反对突出政治；3.目无组织纪律，个人专断，搞独立王国，破坏党的民主集中制；4.品质恶劣，投机取巧，坚持剥削阶级立场，资产阶级个人主义登峰造极；5.公开向党伸手，逼迫林彪同志"让贤"让权，进行篡军反党的阴谋活动。

报告说："这次小组会议，大家根据摆事实，讲道理，惩前毖后、治病救人的方针，对罗瑞卿进行了耐心的教育和严肃的批判，竭力想把他挽救过来。但是，他不但毫无悔罪之意，反而一再向党进行欺骗、抗拒和威胁。他在3月12日的检讨中，虽然也承认自己犯了一些错误，戴了几顶空帽子，但是在根本问题上还是千方百计进行狡辩和抵赖，并且投下了许多'钉子'进行反扑和以后翻案。他的检讨引起到会同志的极大愤慨，当场受到许多批驳。之后，他又以来不及作好检讨为借口，要求先散会，大家回去工作，待他准备好了以后再来开会。此计不成，3月18日他竟以'跳楼自杀'向党进行要挟，自绝于党，自绝于人民，走上叛党的道路。他在跳楼前写的遗书是向党进攻、向人民反扑的毒箭，在'遗书'中他连前几天承认了的一点错误也全部推翻了。"[51]

报告中关于"大比武"是这样写的："罗瑞卿是最会投机取巧的，例如：1964年叶剑英同志亲自抓了郭兴福教学法，召开了现场会，并向中央军委建议在全军推广，毛主席、林彪同志同意这一建议，并表示很赞扬。罗瑞卿一看这里大有油水，便把叶剑英撇在一边，兴师动众，亲自召开了一个规模很大的现场会议，把功劳据为己有，并乘机搞起了大比武，推广他的资产阶级军事路线。……1964年1月，罗瑞卿没有经过军委办公会议和军委训练委员会，也没有请示林彪、贺龙、聂荣臻同志和军委常委，擅自决定全军大比武。1月至10月，他还十三次到各地督战，各省市民兵比武也是他个人擅自决定的。……1964 年底，林彪同志根据毛主席一贯的建军思想、建军的历史经验和部队反映的大量材料，作了突出政治的指示，严肃地批评了大比武的错误。对于这个指示，罗瑞卿不仅不执行，反而千方百计篡改和歪曲。十天之内他对林彪同志的指示内容反复篡改八次之多，竭力阉割其革命精神，塞进许多的黑货。1965 年初，在军委办公会议第八次会议和全军学习军师机关革命化经验大会上，以及后来多次到部队、院校的讲话中，他都竭力反对林彪同志突出政治的指示，并且恶毒地进行了煽动。"52

中央在批转该报告的批语中指出："中央认为，罗瑞卿同志的错误，是用资产阶级军事路线反对无产阶级军事路线，是用修正主义反对马克思列宁主义、毛泽东思想的错误，是反对党中央、反对毛主席、反对林彪同志的错误，是资产阶级个人主义野心家篡军反党的错误。""中央认为，这个小组会开得很好。贯彻了惩前毖后、治病救人的方针，摆事实、讲道理，对罗瑞卿进行了耐心的教育和严肃的批判。罗瑞卿不但不认真检查自己的错误，反而于 3 月 18 日跳楼自杀（受伤），走上自绝于党自绝于人民的道路。""鉴于罗瑞卿错误极为严重，中央决定停止罗瑞卿的党中央书记处书记、国务院副总理职务，以后再提请中央全会决定。"53

该报告有六个附件：1. 叶剑英发言《彻底粉碎罗瑞卿同志篡军反党的阴谋，高举毛泽东思想伟大红旗奋勇前进》；2. 谢富治发言《高举毛泽东思想伟大红旗，肃清罗瑞卿同志在公安工作中散布的资产阶级毒素》；3. 肖华发言《坚决保卫毛泽东思想，彻底粉碎罗瑞卿同志资产阶级军事路线和篡军反党的阴谋》；4. 杨成武、王尚荣、雷英夫的联名发言《坚决捍卫伟大的毛泽东思想，彻底粉碎罗瑞卿篡军反党的阴谋》；5.《罗瑞卿同志 3 月 12 日的检讨》；6. 叶剑英、肖华、杨成武、刘志坚四人联名于 1966 年 4 月 24 日给毛主席、中共中央的信《彭真同志在批判罗瑞卿会议过程中的恶劣表现》。

1966 年 5 月 16 日，中共中央发出《中央批转中央工作小组关于罗瑞卿同志错误问题的报告》（即中发〔66〕268 号文）。1966 年 8 月 26 日上午，毛泽东、周恩来、李先念等在人民大会堂老河北厅召开会议。毛泽东在会上指示说："罗瑞卿的问题，你们可以传达到全体干部。"

斗争罗瑞卿引发的思考

批罗会议到现在已经过去五十多年了。罗瑞卿是中国革命的一员大将，为什么毛泽东和林彪都要打倒罗瑞卿？为什么一大批党、政、军领导干部都加入到了批罗的行列？许多文章归结为是林彪对罗瑞卿的不满和迫害，甚至认为是一场军内的派系斗争，说毛泽东偏听偏信等等。

毋庸讳言，罗瑞卿的工作作风和权力欲，是他招致祸端的原因之一。1959年10月20日，中央军委经中共中央批准发出通知，决定在军委常委之下，设立军委办公会议的机构，负责处理一些日常事务，军委办公会议由军委秘书长主持。1962年毛泽东又决定，林彪生病期间，由军委第二副主席贺龙负责军委工作，日常事务由罗瑞卿来干。这样的人事格局，客观上造成了他与叶剑英、聂荣臻等人及许多将领的工作矛盾，罗瑞卿对林彪的态度也有了明显的变化。就像毛泽东对在一线工作的刘少奇、邓小平心存芥蒂那样，罗瑞卿的表现逐渐引起了林彪的警惕。由于罗瑞卿与其他元帅、将领之间的紧张关系，叶剑英、聂荣臻、杨成武、肖华等人成了倒罗的先锋。除此之外，罗瑞卿的地位高了，兼职多了，权重了，于是就脾气大了，嗓门粗了。正如罗瑞卿在检讨中说："大比武是我个人擅自决定的。我把叶帅撇在一边，随意提出当年大比武，违背了群众路线的工作方法，未经过军委办公会议，不请示林彪同志，违反了集体领导，又破坏了组织纪律。我个人主义好大喜功……"毛泽东在上海会议上评价罗瑞卿是"锋芒毕露，盛气凌人"，是"野心家"。邓小平在京西宾馆讲话时说他"极端个人主义已发展到狂妄程度"。周恩来在总结中说他"个人主义到了一定程度就要向党伸手"。

但最主要的原因，是罗瑞卿靠向了贺龙、刘少奇和邓小平，失去了毛泽东对他的信任。从这个意义上讲，罗瑞卿的被罢免，是必然的。毛泽东倡导的是党指挥枪，是政治建军，是要无条件服从他的命令。当时许多人的看法是：从红军的创建，到抗击日寇，到打败蒋介石夺取全国政权，解放军从小到大，从弱到强，都是靠民心，靠政治，靠老百姓，靠的是打政治仗。当年的一群拿着梭镖长矛的泥腿子、穷帮子，如今成了指挥一方的党、政、军各部门负责人。如果没有对党和领袖的忠诚，没有对阶级敌人的仇恨，没有政治信念，没有把政治放在第一位，是打不出一个新中国的。林彪主持军委工作以来所搞的"突出政治"，以及"四个第一""三八作风""四好连队""五好战士"等一系列做法，与毛泽东的理论和思想相吻合，得到了毛泽东的欣赏和信任，也得到了大多数军队干部的支持。林彪的军队建设方针是以政治建军为主，而罗瑞卿搞的是军事训练为主。

1965年，在讨论唐平铸等人起草的《林彪同志关于突出政治的指示》时，叶群对唐平铸说："我们不抓学习毛泽东思想，不抓突出政治，谁抓？问题那么多，有训练问题，战备问题，新武器研制问题，调职调薪问题，防奸保密问题，民兵工作问题，事故问题等等，左抓一下右抓一下不行，光抓这个不抓那个也不行，要有一种思想统一它。只有抓住了共同性、统一性的问题，人的认识问题，也就是人们政治思想上的东西，才能抓到点子上，才能有高度，才能一通百通，把几百万的部队一下子'拢'起来，这就是毛泽东思想。林总每天考虑的就是这个事情。"[54]

在批罗瑞卿"大比武"的同时，全国范围内开展了"红与专""政治与业务""兴无灭资"的大讨论。林彪认为，这不仅是意识形态领域的斗争，而且是对罗瑞卿"想树权""想要权""想夺权"的反动本质的大批判。林彪和毛泽东想到了一起。要林彪还是要罗瑞卿？这对毛泽东来说，是一个深思后的抉择。毛泽东说"罗把林彪同志实际上当作敌人看待，罗是野心家"。"必须恢复林彪同志突出政治的原稿"。耐人寻味的是，在这样指责了罗瑞卿之后，毛泽东冲着林彪讲了一句人们后来常引用的话："罗瑞卿反对你，还没有反对我嘛！他反对我游泳，那也是好意。"毛泽东当面发出这样的感慨，无疑是暗示林彪他打倒罗瑞卿所付出的代价。有的文章以毛泽东的这句话来说明毛泽东本意是不想打倒罗瑞卿。其实，综观毛泽东亲自主持的上海会议，和经他亲自批准由邓小平主持的北京京西宾馆会议和全军政治工作会议上批罗的全过程，以及他对罗瑞卿问题的多次讲话，可以看出，是毛泽东要除掉罗瑞卿，是他毫不犹豫地首先给罗瑞卿定了性，是他下命令把罗瑞卿的问题传达到全党，是他亲自撤销了罗瑞卿党内、军内的一切职务。

在当年的中国政治舞台上，让什么人在台上、什么人下台，让什么人坐冷板凳、什么人做阶下囚，都在毛泽东的掌握之中。毛泽东需要有人支持他搞文化大革命，需要有人按他的思想统领军队。毛泽东认为重用林彪更加适合他对政治斗争的需要。毛泽东、林彪的默契，使罗瑞卿成为文革祭坛上的第一个供品。

在批罗的与会者们看来，罗瑞卿与林彪争权和在工作中独断专行是不争的事实。林彪是毛泽东和党中央任命和信任的国防部部长，身为总参谋长的罗瑞卿没有请示他就搞大比武，并对突出政治的指示多次删改，还删去了林彪在《毛主席语录》再版前言和社论中对毛泽东的评价，而且在公开场合表示对林彪的不满和抵触。在当时的情况下，对于这些早在战争年代就养成的下级服从上级，有不同意见必须请示汇报，必须按民主集中制、按首长负责制统领军队的将领们来说，大问题不与直接领导商量通气，或不按组织渠道越级反映就自作主张拍板，这种做法是很难通过的。

李作鹏在其回忆录中说："从领导与被领导的工作关系而言，领导者强调突出政治，被领导者强调军训大比武，不是有意形成对抗吗？总参谋长与主持军委工作的副主席相对立，这是组织纪律不能允许的；……应该说林彪与罗瑞卿矛盾的产生，不在于林彪强调突出政治，而在于罗瑞卿不仅不接受林彪的批评，反而采取修改、不执行和对抗的办法对待林彪的指示。"[55]

毛泽东多次向高级干部提出"保持革命晚节"的警示，他还引经据典，用《诗经》中的"靡不有初，鲜克有终"来强调一个人保持晚节的难度。正如叶剑英在批罗会议上有感而发地说："行百里者半九十，晚节末路之难也如此。罗瑞卿同志的晚节不能保全，对我们是个极大的教训。"

人们把在政治上保持革命晚节与忠于毛泽东本人和毛泽东倡导的阶级斗争联系在一起。毛泽东对军队有至高无上的权力，人们崇拜他，服从他。毛泽东亲自决定打倒罗瑞卿，人们就自然地把罗瑞卿当成了共同的敌人。今天看来，当年批罗的绝大部分人，并不是像有的书中所说，是"形势所迫""跟风""受蒙蔽""有私怨""捞好处"。

1966 年，在处理了罗瑞卿问题后，文化大革命全面展开。1971 年
9 月 13 日，林彪命丧蒙古温都尔汗。两年后，即 1973 年 11 月 20 日，
解除了对罗瑞卿的监护。1978 年 8 月 2 日，罗瑞卿在赴德国波恩治疗
自杀未遂摔坏的腿的途中，突发心肌梗塞病逝。1980 年 5 月 20 日，中
共中央发出了《关于为罗瑞卿同志平反的通知》，撤销了中发〔66〕268
号文件及附件（即《中共中央批转中央工作小组关于罗瑞卿同志错误问
题的报告》）。

1973 年 12 月 21 日，毛泽东在中南海接见参加中央军委会议的成
员时，把整罗瑞卿说成是听了林彪的一面之词。但难以解释的是：为何
1971 年"九一三"事件之后，罗瑞卿还继续被囚禁了两年多，直到 1973
年 11 月才被释放？一直拖到 1975 年 8 月，罗瑞卿才被安排了顾问的
工作。毛泽东去世后，1977 年 8 月，罗瑞卿再次被任命为军委秘书长，
但直至 1980 年 5 月才作出正式平反结论。罗瑞卿被释放后曾给毛泽东
写信，但未获回音，他到死也没有看到自己的平反结论。有的书中写道：
"罗瑞卿复出后，积极着手平反冤假错案，却从未提出给自己平反的任
何要求。"其实，自己提不提是一回事，上面给不给平反又是另一回事。

历史的局限

说起来，参加了批罗会议的唐平铸，从延安到太行山，直至解放
后，一直在罗瑞卿的领导下工作，他对这位老领导是敬佩的、有感情的。
1942 年 5 月，日本侵略军以 25,000 人，兵分七路，妄图对中央北方局
和八路军总部"铁壁合围"。由于情报有误，当时总部机关对这个严峻
的敌情一无所知。这次战斗，几乎成了遭遇战。唐平铸在《忆朝鲜战友》
一文中叙述了罗瑞卿指挥的一次战斗：

> 我们总部机关也被敌人困在了合围圈里。我们正沿着一条山
> 路行进，突然发现两面山头上密密麻麻都是敌人，他们一面向我

们开枪，一面像饿狼一样哇哇乱叫。涂着膏药旗的日本飞机也在我们头顶上反复俯冲，炸弹不时在我们前后爆炸。我们大部分是些机关干部，骡马多，行李、公文箱子多，除了少数警卫部队外，干部手上没有什么武器，行动也比较迟缓。敌人越来越近，眼看就要到跟前了。就在这十分紧要的关头，我们的罗瑞卿主任出现在一个小土坡上，他举起手臂高声喊道："同志们！大家要沉住气，听指挥。"[56]

唐平铸在文中说，罗瑞卿非常英勇，他指挥大家在太行山与日寇周旋，让大家毁掉文件，命令大家分为战斗小组，化整为零，分散突围。这一仗打得异常惨烈，敌人兵力超过八路军好多倍，但八路军毫无畏惧，终于从黑龙洞方向冲出了鬼子的包围圈。唐平铸从未忘记在罗瑞卿领导下，在太行山艰苦、悲壮的战斗岁月。

唐平铸的妻子陈友孟与罗瑞卿夫妇也很熟悉。1937年她历经磨难，独自从老家奔赴延安，一是为了抗日，二是为了寻夫。到达延安后她被分配到抗大学习。有一次，罗瑞卿在抗大的操场上见到她（罗瑞卿是抗大教育长），笑着说："小陈，你知道孟姜女千里寻夫，哭倒长城的故事吗？你很有勇气，是现代孟姜女啊！"罗瑞卿后来征得唐平铸的同意，当着他们夫妻的面，把她的名字（陈秀珍）改成陈友孟，用了战斗友谊的"友"、孟姜女的"孟"。

抗日战争时期，罗瑞卿的妻子郝治平怀了孕。罗瑞卿要指挥部队，根本无暇照顾妻子。眼看临产期一天天迫近，他十分焦急。担任过医疗队长、野战医院院长的陈友孟接受了组织交给她的特殊任务，在内线的帮助下，与郝治平化装成农家妇女，两人揣着手枪，她搀扶着郝治平走走停停，到了河北省一个偏僻的小村里。在一个与共产党有关系的国民党下级军官家里，陈友孟帮助郝治平把孩子安全接生下来。听到孩子的第一声哭叫，郝治平激动得流下了眼泪，两个年轻的母亲，兴奋地相依在一起。分娩不久，郝治平抱着刚刚出生十多天的女孩，随军转移了。

唐平铸与罗瑞卿及其家人之间，有着长期、深厚的革命情谊，然而作为老下级、老战友，在罗瑞卿遭受批斗之时，他却和从中央到军队各总部、各军兵种、各大区的众多负责人一起，毫不犹豫地加入了批罗的行列，并积极地提供了批判的材料。人们不禁会问，这是为什么？

对唐平铸以及参加批罗的其他人来说，这固然是当时的大势所趋，但也并非完全是随波逐流。在长期对敌斗争的艰苦环境中，毛泽东用阶级斗争解释一切和处理一切的方式在党内有广泛的基础，也为当时包括唐平铸在内的大多数人所接受。这么多人参加了批罗，首先是受了这种思想的影响。罗瑞卿的问题，不是个人的问题。今天，除了要汲取教训外，不应苛求当时的人们。当年党和军队的领导干部们对罗瑞卿问题的理解和认识，以及对接踵而来的文化大革命的理解和认识，是受历史条件所限制的。

注释

1   吴法宪：《吴法宪回忆录》（下），香港：北星出版社，2006 年，第 566 页。

2   《陈伯达在军以上干部会议上的讲话》，见王年一选编：《中共党史教学参考资料》，第 25 册，北京：中国人民解放军国防大学党史党建政工教研室，第 337 页。

3   中共中央文献研究室编：《毛泽东传（1949–1976）》，北京：中央文献出版社，2003 年，第 1677 页。

4   邱会作：《邱会作回忆录》（上），香港：新世纪出版社，2011 年，第 399 页。

5   同上，第 379 页。

6   吴法宪：《吴法宪回忆录》（下），第 543 页。

7   总参谋部《罗瑞卿传》编写组编：《罗瑞卿传》，北京：当代中国出版社，1996 年，第 481–485 页。

8   同上，第 485 页。

9   同上，第 488–492 页。

10 《中央军委关于印发〈林彪同志关于当前部队工作的指示〉的通知》（1965年），摘自《解放军报》资料室文件汇编。

11 同上。

12 《解放军报》，1964 年 3 月 20 日。

13 吴之非：《一段酸甜苦涩的历史》，《军报生活》，第 1394 号，1995 年 1 月31 日。

14　同上。

15　同上。

16　总参谋部《罗瑞卿传》编写组编:《罗瑞卿传》,第 512–513 页。

17　同上,第 523–524 页。

18　同上。

19　唐平铸:《对罗瑞卿同志的几点意见》,《1966 年 3 月林彪批转给京西宾馆会议的会议材料之一》,未刊稿。

20　胡痴:《我在总直机关选举三届人大代表中罪行的补充交代》,1969 年 6 月 1 日,未刊稿。

21　总参谋部《罗瑞卿传》编写组编:《罗瑞卿传》,第 529 页。

22　胡痴:《关于转载〈评海瑞罢官〉文章问题的补充交代》,1969 年 6 月 10 日,未刊稿。

23　总参谋部《罗瑞卿传》编写组编:《罗瑞卿传》,第 538 页。

24　笔者采访林豆豆,1992 年 1 月 24 日。

25　《中央批转中央工作小组关于罗瑞卿同志错误问题的报告》(中发〔66〕268 号文件及附件),1966 年 5 月 16 日,未刊稿。

26　总参谋部《罗瑞卿传》编写组编:《罗瑞卿传》,第 510 页。

27　邱会作:《邱会作回忆录》(上),第 377–378 页。

28　《毛泽东在兰州军区党委关于五十五师紧急备战中突出政治情况报告上的批语》(1965 年 12 月 2 日),见中共中央文献研究室编:《建国以来毛泽东文稿》第 11 册,北京:中央文献出版社,1996 年,第 486 页。

29　《中国人民解放军总政治部关于认真学习毛主席对〈兰州军区关于五十五师紧急备战中突出政治的情况报告〉批示的通知》,1965 年 12 月 15 日,未刊文件。

30　杨成武:《我所知道的中央专案组"二办"》,《纵横》,2004 年第 1 期。

31　武元甲,时任越南政府副总理兼国防部长等职。陈士榘,时任工程兵司令员。

32　柯老,指柯庆施,时任国务院副总理,华东局第一书记,上海市委书记、市长。

33　陈锡联,时任沈阳军区司令员。谢富治,时任公安部长。

34　总参谋部《罗瑞卿传》编写组编:《罗瑞卿传》,第 540–543 页。

35　李作鹏:《李作鹏回忆录》(下),香港:北星出版社,2011 年,第 91 页。

36　邱会作:《邱会作回忆录》(上),第 376 页。

37　总参谋部《罗瑞卿传》编写组编:《罗瑞卿传》,第 548 页。

38　同上,第 551 页。

39　中共中央文献研究室编:《毛泽东传(1949–1976)》,第 1400 页。

40 林彪 1964 年 12 月《关于当前部队工作的指示》，摘自《解放军报》资料室文件汇编，未刊稿。

41 唐平铸：《对罗瑞卿同志的几点意见》及林彪批示的抄件，1965 年 12 月 19 日，未刊稿。

42 来自唐平铸遗物中一篇他自己剪贴的署名文章《关于军队的基层建设工作》，发表于《解放军报》，无法确认日期。

43 中共中央文献研究室编：《毛泽东传（1949–1976）》，第 1438–1439 页；唐平铸工作日志，1966 年 8 月 28 日，未刊稿。

44 中共中央批转《关于罗瑞卿同志错误问题的报告》（中发〔66〕268 号），未刊文件。

45 八司马，指唐顺宗永贞革新失败后，柳宗元、刘禹锡等八位士大夫被贬为诸州司马，史称"八司马"。

46 总参谋部《罗瑞卿传》编写组编：《罗瑞卿传》，第 569 页。

47 邱会作：《邱会作回忆录》（上），第 402 页。

48 总参谋部《罗瑞卿传》编写组编：《罗瑞卿传》，第 513 页。

49 邱会作：《邱会作回忆录》（上），第 407 页。

50 杨献珍，曾任中央党校党委书记兼校长。20 世纪 60 年代初提出"合二为一"的哲学观点，被认为是反对毛泽东"一分为二"的思想，受到严厉批判。

51 中央工作小组：《关于罗瑞卿同志错误问题的报告》（1966 年 4 月 30 日），见余汝信主编：《罗瑞卿案》，香港：新世纪出版社，2014 年。

52 同上。

53 同上。

54 摘自唐平铸工作笔记。

55 李作鹏：《李作鹏回忆录》（下），第 94 页。

56 唐平铸：《忆朝鲜战友》，《红旗飘飘》，1958 年第 7 期。

第三章
李讷在《解放军报》夺权

江青向杨成武和胡痴交代任务

毛泽东和江青唯一的女儿李讷，1940 年 8 月出生在延安。文化大革命期间她在《解放军报》工作时叫肖力，《解放军报》的人都说她的身材和脸庞像年轻时的毛泽东。而她戴着眼镜的样子、眼睛和嘴巴、谈吐举止，发脾气甚至哼唱京剧的腔调像早年当演员的母亲江青。

毛泽东给女儿取的"李"姓，是他和江青都曾用过的姓。1947 年 3 月，蒋介石命胡宗南调集 20 万军队向延安进攻，中共中央决定撤离延安。毛泽东与国民党军队在陕北转战周旋时，为了保密，化名李德胜（谐音得胜）。江青的父亲姓李，她的本名叫李云鹤。毛泽东饱读史书，女儿名字中的"讷"字，采自《论语》中《里仁》篇的一句："君子欲讷于言，而敏于行。"讷有不善言辞、稳重之意。李讷的同父异母的姐姐娇娇，由贺子珍身边回到毛泽东那里后，毛泽东给她改名为李敏。

李讷 1959 年入北京大学，1965 年毕业，中间曾休学一年。毛泽东熟知女儿的性格和为人，1963 年 4 月他给正在上大学的李讷写了一封信：

李讷娃：

　　刚发一信，就接了你的信。喜慰无极。你痛苦、忧伤，是极好事，从此你就有希望了。痛苦、忧伤，表示你认真想事，争上游，鼓干劲，一定可以转到翘尾巴、自以为是、孤僻、看不起人的反面去，主动权就到了你的手里了。没人管你了，靠你自己管自己，这就好了，这是大学比中学的好处。……[1]

文化大革命前，许多人不知道在北大学习的李讷是毛泽东的女儿。1965 年夏，李讷从北大历史系毕业。1966 年，江青根据毛泽东的意见，安排她去《解放军报》，为了保密，给她改名肖力（谐音为小李）。

越剧《红楼梦》中有一段描写：贾宝玉第一次见到貌若天仙的林黛玉时，喜笑颜开，手舞足蹈，情不自禁地唱起"天上掉下个林妹妹"。对于文化大革命中的《解放军报》来说，毛泽东的女儿肖力的到来，是"天上掉下个毛姑娘"。当时许多人以为这是一件求之不得的大好事，可后来的事实证明，掉下来的是一颗"定时炸弹"。

肖力在江青的影响和左右下，思想是逐渐变化的。有一次，她在军报见到唐平铸时说："唐总编，我是你的小兵，可卒子也会过河的。"其中颇有言外之意。唐平铸和胡痴根据党历来的传统，感到培养这个年轻人责任重大，却没有跟上形势、没有开窍，没有从后来风行的"送权""让权"的角度来考虑问题。他们想到的只是如何提高她的写作、采访能力，如何注意她的安全，如何带好这个刚出校门还没有工作经验的大学生。但是他们没有料到，对肖力的安排和使用，违背了江青安插她到《解放军报》的本意。此事也埋下了唐平铸和胡痴被揪的伏笔。

1967 年 1 月，史无前例的无产阶级文化大革命跨入了第二个年头。这一年，是"向党内一小撮走资本主义道路当权派和社会上的牛鬼蛇神展开总攻击"的一年；这一年，是毛泽东支持的上海"一月红色风暴"和"全面夺权"席卷全国的一年。正是在这样的背景下，肖力在《解放军报》煽起了夺权风暴，发生了震惊全军、轰动全国的"一·一三"事件。

关于肖力被安插到《解放军报》的经过，以及"一·一三"事件，胡痴在 1976 年 11 月 4 日给总政治部党委的信中，详细记录了当时的情况：

1966 年 8 月间的一天，叶群打电话给我说："江青让帮李讷办个记者证。李讷是江青的女儿，办个记者证，到各地了解情况既方便又安全，你给她办一个吧！但是要绝对保密，任何人都不让知道。"然后她问我行不行，我答应给她办。我问清楚李讷的"讷"是哪个字，并说需要两张半身照片。我接到照片后，就交代宋琼同志（记者处副处长），由他亲自办了个记者证，送给了叶群。

1966 年 9 月下旬的一天中午，江青让人通知杨成武代总长和我，要我们下午 3 点到钓鱼台 15 号楼陈伯达处，去接受一个任务。我们两人分别准时到达那里，江青、陈伯达已在楼内等候。

江青对我们说："请你们来，是我想把李讷送到军队去，主席也同意。交给你们军队负责，让她到军队锻炼锻炼，这样也比较放心。"她还说："这孩子刚出大学校门不久，学的是历史，肯用脑子，也能写点东西。我看比林豆豆强些。[2] 你们放心，她在政治上是跟我们走的。她的缺点是看问题有些片面，有点固执，要多帮助她。"

江青又说："对她不要抓得太紧，管得太严，要发挥她的主动性。她现在是预备党员，我让戚本禹赶快办转正手续，办完后就把档案直接送给你（指胡痴），由你亲自保管。行政手续也由戚本禹办。[3] 为了保密，我们给她改名叫肖力。你们俩知道就行了，要不然她的活动和安全都会有问题。"江青说完后，陈伯达说了些捧场的话，让我们一定要把事情办好。杨成武代总长对李讷到军队来表示欢迎，我当然也同意。我提出军报归总政管理，此事应该通知总政肖华主任和主管军报的刘志坚副主任。江青说，"那就由杨代总长转告他们吧。"

回来的路上，杨成武特别叮嘱我："李讷是主席的女儿，要好好帮助、照顾。"这实际上也是我当时的心情，我知道这个责任的分量。

李讷原来安排在中央办公厅。她的组织手续由戚本禹办完后交给了我，存入军报保密室。戚本禹告诉我，李讷是候补党员，已给她转正。在杨成武代总长同意下，出于安全考虑，为了肖力行动和工作方便，从军博（军事博物馆）选调来一名叫宋玉芬的年轻女同志，主要任务是陪伴肖力。此事口头报告了肖华同志。戚本禹提出要给肖力提级，因不合程序，没办成。

就这样，军报多了一位特殊身份的女记者。

肖力是在1966年10月底来到解放军报社的。我分配她到《快报》组当记者，并指定宋琼直接管她的工作。当时的军报记者几乎全力为中央办《快报》。《快报》是根据毛主席指示办的一个"绝密"级内部刊物，专门刊登文革中的重要情况、动向及重大事件，仅供"无产阶级司令部"的少数高层领导批阅。这份《快报》仅印三十几份，为16开篇幅，一事一报。它的特点是"准、快"，随到随印随发，有时一个钟头出版多期。开始时，陶铸还能看到，后来就被排除在外了。《快报》组的成员主要由军报的记者组成。《快报》的工作开始时是我直接抓的，由宋琼具体主持。宋琼调"中央文革"办事组以后，由和谷岩、栾保俊等五人组成的领导小组负责。虽然绝大多数人还不知道肖力的身份，但她同《快报》组成员及记者处的人很快就搞得较熟了。这些人后来大都不幸被卷入了"一·一三"事件，被诬为"胡痴阴谋小集团"的成员。连那个从军博专门调来陪伴肖力的宋玉芬，也未能幸免，被造反派说成是我专门监视肖力的"特务"，被赶出了解放军报社，作复员处理。

肖力来到报社后，对我极表"谦恭"，对军报的情况似乎"无所用心"。她经常到我的办公室来，但从不谈什么实际问题。我让她多看些文化大革命的材料，她说："我妈妈和戚本禹那里的材料太多了，简直让人头疼！"她还两次对我说什么"我真痛恨生在这个家庭，实在不自由，处处受限制。我以后要到农村当个小学教师，自由自在。"我两次批评她："怎么能这么想，以后不要再乱说了。"

在头两个月里（以后我就不清楚了），肖力名义上在报社，表面上应付一下宋琼，实际上都是江青布置任务，亲自听她汇报。报社没有分配给她什么具体工作。她从没有向我说过或问过什么有关工作和文革的情况。她只是与《快报》组保持联系，而《快报》组也没有向我反映她的什么情况。这说明我的头脑太简单，只是注意了她的安全，却根本不了解她在想什么、要干什么。

肖力经常回到江青那里，有时几天不来报社。大约在十一、十二月间，宋琼曾对我说："江青对他说，肖力自尊心很强，要注意尊重她。"我还是没有理解江青的言外之意……[4]

在《陈伯达遗稿——狱中自述及其他》一书中，陈伯达写道："我请《解放军报》人员解决江青的女儿在军报工作的事，又请给解决她的党籍问题，这是违反党纪军纪的。"[5]据当时的空军司令吴法宪在回忆录中说，1966 年 8 月 1 日至 12 日中共八届十一中全会在北京召开，林彪没有参加前一段会议。根据周恩来的指示，要吴法宪派专机赴大连接林彪回京。飞机降落在西郊机场后，周恩来把林彪接走了，汪东兴和叶群走在后面。吴法宪听见汪东兴告诉叶群，说毛泽东和江青都同意把李讷放到解放军报社。[6]

肖力的夺权大字报

肖力想要权，江青几次向唐平铸和胡痴暗示不成，便转为公开夺权。

肖力 1967 年 1 月在京西煤矿搞调查时，就已开始酝酿在《解放军报》夺权了。那时，她听到上海《文汇报》和《解放日报》已经夺权，并发表了《告上海全市人民书》的消息，还看到了毛泽东指示的，以中共中央、中央军委、国务院、中央文化大革命小组的名义发给上海市各造反团体的贺电。她同家里通话后，很兴奋地对和她一起去调查的人说："我们回去也要造反。"

1 月 12 日下午，肖力从京西煤矿回到《解放军报》，在《快报》领导小组汇报会上说："我们下去，人家听说我们是《解放军报》的记者，就不感兴趣。特别是批判资产阶级反动路线以来，军报没有一篇路线斗争的文章，反而脱离阶级斗争，孤立地宣传学习'老三篇'，净搞些正面教育，军报已不适应革命形势的需要了。"接着她宣布："军报已到了严重关头，要改变军报的面貌，必须起来造反，自己起来闹革命。"7

当日晚，肖力和同她到京西煤矿搞调查的两个人，一起议论起草大字报。主要是由她口授，别人写。写完大字报，已是晚上8点了。肖力拿起大字报底稿，径直到中央文革小组所在地钓鱼台，向她母亲汇报。

肖力要造反，这是关系到《解放军报》的一件大事。《快报》领导小组当晚召开紧急会议，研究该怎么办。大家心情复杂，没有头绪，议论来议论去，认为还是应当支持"通天"的肖力造反，改组军报现任领导班子。应该对主持军报工作的胡痴烧一烧，但还是要保。会上有人提出，这么大的事应该按军队的组织程序，向胡痴报告。当时胡痴列席中央文革小组的会议，中央批准他与代理《人民日报》总编辑的唐平铸可以临时住在钓鱼台。于是，《快报》领导小组的几个人，当晚匆匆赶到了钓鱼台。

江青和肖力母女之间是怎样谈的，无从知晓。肖力从江青那里出来后，又来到宋琼的办公室（宋琼当时已由《解放军报》调出，任中央文革办事组负责人，住在钓鱼台），征求他对大字报的意见。肖力刚开始念，《快报》领导小组的人来了，看到了她手中拿的大字报稿。因为他们已经知道肖力要带头造反，宋琼即请他们"一起听听，提提意见"。肖力的大字报题目为《解放军报向何处去？》，罗列了军报党委的三大"罪状"，奇怪的是没有点胡痴的名。宋琼听完大字报后，想了一阵儿，建议增加一句："胡痴同志身为党委书记，在这方面是负有严重责任的。"

1999年2月12日《南方周末》上刊登了《"肖力"是怎样走上神坛的？》的文章，署名"园丁"，记述了目睹肖力大字报的情形：

> 上班的编辑记者们一进解放军报社办公楼，就觉气氛异常，只见一楼大厅人头攒动，一张巨型大字报用绳子悬挂在一楼的大厅正当中。《解放军报向何处去？》八个字的大标题，用了斗大般的字，横排在大字报正文的上方，十分醒目。不用看正文，只看这标题，就可以估量出这张大字报的分量。

只见大字报在开头一段说："文化大革命初期《解放军报》在以毛主席为首的党中央和军委的直接领导下，曾高举毛泽东思想的伟大红旗，起了先锋作用，受到了军内外群众的普遍赞扬。但是，从（1966年）6月下旬以后，特别是批判资产阶级反动路线以来，在刘志坚反动路线的直接影响下，报纸的宣传和社内的文化革命就背离了以毛主席为代表的革命路线，走上歧途。"

接着，大字报罗织了军报党委的三条"罪状"：

第一条是关于报纸宣传。大字报严厉斥责军报"忠实地执行了刘志坚的'愚民政策'，把部队和轰轰烈烈的文化大革命隔离开来，以部队特殊为借口，去搞什么正面教育，去宣传学习'老三篇'，单纯提倡做好人好事"。

第二条"罪状"是讲报社内部的运动。大字报说："几个月来，军报宣传方向偏了，报社内部的文化革命也相当一段时间冷冷清清，党委一开始就为运动划框框、定调子，继而又整理黑材料，抓扒手，压制革命群众的积极性，包庇走资本主义道路的当权派。"大字报进而指出："军报之所以出现这种状况，完全是党委执行资产阶级反动路线的恶果，胡痴同志身为党委书记，在这方面是负有严重责任的。"

第三条"罪状"是讲报社党委在"组织上包庇了一批犯有反党罪行的、有严重错误的人，把他们放在主要领导岗位上"。第一个被点名的是副总编冯征，说他是"彭德怀的吹鼓手"。因为他曾随彭德怀出访，写过若干篇彭德怀的出国访问记。第二个被点名的是总编室主任王焰，说他是"彭德怀的忠实走狗"。彭德怀任国防部长时，王焰曾任彭办主任，"忠实走狗"由此而来。第三个被点名的是副总编张秋桥，说他"反对记者学习毛著，具有严重的资产阶级新闻观点，采通处革命群众写了许多揭发的大字报，他并不作检查交代，这样的人却代表党委领导全社文化革命"。最后一个被点名的是主持日常工作的副总编吕梁，说他"一贯右倾，软弱无力，却主持日常工作"。

　　大字报还说：“另外还有不少犯有严重错误的主编和处长，在党委包庇下也没有得到充分的揭发批判。”大字报由此提出质问：“请问报社具体工作的领导究竟掌握在什么人的手里？在这样一些人把持下的《解放军报》，怎么能高举毛泽东思想伟大红旗？怎么能完成时代赋予我们的光荣的历史使命？如果这样下去，将被革命的群众唾弃，以至彻底垮台。”

　　大字报的署名是“革命造反突击队”。这是文革以来在军报首次亮相的一个战斗队。后面排列了以“肖力”为首的八个人的名字。时间是：1967年1月13日6时半。大字报上签名的八个人，多数是刚调军报不久的年轻人，有一大半不熟悉，对军报多数同志来说，为首的肖力，不仅没见过其面，连名字也都是陌生的。[8]

　　除以上提到的内容以外，大字报中还写道：“当全国对刘邓路线发动总攻击的时候，刘邓路线在我军的代表人物刘志坚已被揪了出来，军报发表的社论却只字不提军报内部存在两条路线的斗争”，“这是《解放军报》的耻辱！”“《解放军报》已经到了严重的时刻”，号召“革命的同志们”“学习《文汇报》《解放日报》闯将的革命精神，自己解放自己，自己起来闹革命”。

　　肖力的大字报可谓气势磅礴，火药味十足，大有“荡涤一切污泥浊水之势”。

肖力手握尚方宝剑

　　大字报稿上没有点胡痴的名，估计是江青和肖力母女经过考虑后，想再给胡痴一个醒悟的机会。另一方面，1967年1月初，也就是肖力写大字报的一周前，经中央政治局提名，毛泽东批准，任命胡痴为新华社代社长，同时兼管《解放军报》（唐平铸那时已调《人民日报》）。1月11日，经中央政治局和中央军委常委开会审定，毛泽东批准的“全军文革"小组名单中，有唐平铸和胡痴。马上把他们打倒，似乎还不合时宜。

胡痴回忆"一·一三"事件及其经过时，这样写道：

> 1967年1月初，在一次中央文革会议上（在钓鱼台6号楼会议室），江青说："胡痴的身体精力都好，主要应把新华社管起来。"我赶紧说："我能力不行，水平低，抓新华社和《解放军报》，两头顾不过来。"江青接着就问军报领导班子的情况。我说："弱一点。"江青马上就说："你加强一下军报的领导班子嘛，日常工作让他们搞就行啦！"我当时没有听出她的话外音。
>
> 1月6、7日，由毛主席主持的中央政治局在人民大会堂开会，正式任命我为新华社代社长。
>
> 1月12日晚11点左右，军报几位同志突然到中央文革钓鱼台我的住所，说有紧急情况要向我汇报。我请他们不要着急，慢慢说。他们告诉我肖力要起来造反，事情很紧急。她的大字报要点军报几个副总编辑和总编室主任的名（第二天宋琼等同志对我说，当晚肖力曾把大字报原稿给他们看过，里面没有点我的名，对我的几句话是后来加上去的）。并说他们经过反复讨论，同意肖力造反的意见，要改组军报的领导班子。他们还向我表示，肖力等人明天要出造反的大字报，他们也要出造反大字报。
>
> 恰在那时，江青让我立即到15楼会议室去，说是有重要的事情通知我。我是由办事组的宋琼陪着去的。江青一见面就说："小将们（指肖力等）要起来造反，你要坚决支持他们。你自己有缺点错误应主动检讨，这是大势所趋，顺我者昌，逆我者亡。"她接着说："《解放军报》同《文汇报》不一样，《文汇报》是上海旧市委领导的，而《解放军报》是林副主席领导的，是正确的。你们的运动要在内部搞，不要像《文汇报》那样公开在报上搞。"
>
> 江青问我有什么想法，我表态说："我一定支持他们造反，自己好好检讨。"江青当时的谈话无任何人记录。同年5月在批斗我时，却诬说江青的这一"指示"是我篡改编造的，他们根本不听我的申辩。[9]

从此时江青与胡痴的谈话来看，她显然还不是要马上打倒胡痴，只是想让他认清形势，彻底醒悟。但是，胡痴并没有"顿悟"，因为接下来，他就犯下了导致他下台的一个"错误"。胡痴说：

> 从钓鱼台15号楼出来后，我作为报社的负责人，感到责任重大。特别是担心大字报一出来，几个在一线工作的领导同志如果被打趴下了，会影响报纸的正常出版，我有不可推卸的责任。回到钓鱼台我的住处，看到《快报》组的一些人还没有走。我就同他们商量了一个以和谷岩同志带头的临时领导小组名单，这些人都有办报的经验，预备在万一出现紧急情况时负责维持报纸的正常出版工作。并嘱在场的人对此保密。我考虑肖力来军报不久，大部分时间也不在报社，没有实际办报经验，名单中没提肖力。肖力的大字报稿和他们这些人以"革命到底造反纵队"为名称的大字报稿，以及后来说的"金猴战斗队"的大字报，我当时都没有看。[10]

胡痴万万没有料到，正是这个没有提肖力的《解放军报》临时领导小组名单，遭到了江青、肖力母女的忌恨，成了"胡痴小集团"阴谋夺权的罪证，使他的命运随即发生了急速逆转。胡痴回忆：

> 1月13日上午10时，我正参加中央的一个外事会议。肖力从江青处打电话给我，说她经过考虑，必须回到军报，问我："你回不回去？对大字报你有什么想法？现在该怎么办？"我一时难以回答，想了想只好说："要群众按自己想的办吧，我一定抽时间回去看大字报。"我同时告诉她我正在开会，现在不能回报社。这时，军报的栾保俊又打来电话说："大字报一出来，报社就乱成了一锅粥，你赶快回来看看吧！"
>
> 下午3点，开完会我赶到报社，只见一张大型大字报用绳子悬挂在楼内大厅中。《解放军报向何处去？》的大标题，用了很大的字，格外醒目。大字报的署名是"革命造反突击队"。后面写了

八个人的名字，为首的是肖力。时间是 1967 年 1 月 13 日 6 时半。这八个人中，肖力的名字格外引人注目。

　　迎着楼梯的位置，是另一张大型的大字报，题目是《革命的同志们，勇敢地起来造反》，该篇大字报一开头就写道："革命造反突击队（注：即以肖力为首的军报造反派组织）的大字报，好得很！这是一张充满革命造反精神的大字报，这是一张无限忠于以毛主席为代表的革命路线的大字报！这是一张高举毛泽东思想伟大红旗的大字报！我们热烈地欢呼！坚决地支持！"大字报结尾的落款是"革命到底造反纵队"。

　　很有意思的是，"革命到底造反纵队"这个名称似乎比"革命造反突击队"的牌子要大。按部队的编制序列，突击队只不过是在纵队领导和指挥下的一支负有特殊使命的小分队而已。"革命到底造反纵队"大字报的落款写着和谷岩、宋琼及《快报》组的一些人的名字（1 月 12 日晚《快报》领导小组的人在钓鱼台听了肖力要造反的大字报内容）。时间也是 1967 年 1 月 13 日晨。这张大字报我只草草看了个头尾。

　　军报的办公大楼内站满了人。就在人们议论、猜测这一上一下的两张大字报，众说纷纭时，在那张"革命到底造反纵队"大字报的旁边，又贴出一张《特急呼吁》的大字报，署名为"金猴战斗队"。这张大字报的内容我还没来得及看。

　　我一下没有反应过来，正考虑着这几张同时贴出的大字报是怎么回事时，就有个军报的干部很激动地冲我说："你们到底要搞什么阴谋？"没说几句，就让我到五楼去。

　　对肖力的大字报人们议论纷纷。有人知道这张大字报是有来头的，悄悄对围观的人说："别忙着评论，先看看再说，看看再说。"许多人把疑惑和愤怒集中到了第二张大字报的身上，军报乱了。

　　上到五楼，那里也是群情激愤，好像开了锅，有人站在凳子上，有人跳着要讲话，有人神情激动地抢话筒，后来我听说那是造反派的串联会。我立即成了被他们质问的对象，当时肖力也在场。他们愤怒地质问我："大字报你看了没有？为什么同时贴出三张大字报？你支持哪张大字报？你搞的什么阴谋？"

这时肖力突然当场宣布："我们的大字报同他们的完全是两码事！"我虽然没有想到情况变化这么快，仍然作了回答："肖力和宋琼等同志要出大字报的事，我知道。我只听说他们要造反，具体内容没看。对这两张要造反的大字报，我都支持。第三张大字报我一点儿也不了解，无法表态。事情是可以说清楚的，我绝没有搞什么阴谋、政变。"[11]

胡痴所说贴出第三张大字报《特急呼吁》的"金猴战斗队"，是由《解放军报》文艺评论组的几位成员临时组成的，大字报的执笔人和抄写者是组长胡学方，他并未参加前一晚钓鱼台的活动，由于书法好，被拉去抄写大字报。三张大字报的字均是出自他的手笔，但只有《特急呼吁》是由他起草的，内容是呼吁立即成立新的领导班子，并宣称："从今天起，报纸由新的领导班子和左派来办。""金猴战斗队"成员、文艺评论组编辑王年一后来回忆说，他们当时是看风行事，投机取巧，自以为是跟在江青、胡痴、肖力等人的后面，不会有错，其实大谬不然。

"革命到底反造反纵队"和"金猴战斗队"贴出大字报，本来是想跟风造反，但却被当成了配合胡痴"夺权"的"阴谋"，其参与者后来和胡痴一起，遭到了残酷打击。胡痴回忆：

> 毛泽东的女儿带头造反，立刻对人们的思想产生了强烈的冲击。
>
> 由于我接到通知，下午5点要到人民大会堂列席中央政治局会议，激愤的人们经过辩论，最后同意我离开会场。临走前，他们提出两个条件，一是要向中央文革、全军文革全面如实反映情况，派人来报社听取群众意见；二是要求我定时回答他们的问题。我除答应他们的要求和条件外，还表示接受对我的揭发批判，该把我烧成什么就烧成什么。
>
> 在人民大会堂我把情况报告给杨成武和肖华，也报告给了江

青、陈伯达等人。肖华主任说："让唐平铸给群众做做工作，先稳定下来。"而江青却说："情况我已知道了，小将们的大字报我也看过了。很好嘛，放手让他们造反吧！"

实际上，肖力贴出大字报后，我已无法管理军报的工作了。

当天晚上，肖华办公室通知我去三座门，参加肖主任接见军报的几个代表。已在那里的有军报的吕梁、张秋桥和四位编辑，他们个个表情都很严肃。一位编辑说："今天发生的事与胡痴同志有关，他不宜参加这个会。"我只好表了个态，就告退了。我后来得知，肖华明确表示他不赞成"胡痴策划夺权"的说法。他几次说："胡痴就是报社的总编辑，那不成了'胡夺胡权'了嘛！"肖华最后讲了几点意见：一是要对胡痴"一烧二保"；二是报社要稳定；三是抓革命、促生产，报纸要办好；四是要经群众充分酝酿，提出报社新领导班子成员名单的建议，报总政、军委审批。

胡痴还写道：

1月14日上午，我在钓鱼台18号楼参加康生接见外宾的活动。后来，宋琼告诉我说，就在那天晚上，肖力报告江青说，胡痴他们搞阴谋，列了我三条罪状：要发"告全军书"；要发"政变社论"；要发"造反宣言"。当时陈伯达、宋琼在场。那天晚上，我请唐平铸向江青、陈伯达报告（他们当时去出席宴会），要求暂不管新华社，准备回到军报作检查。当晚9时许，唐平铸电话告我，江青同意我的要求，并让我和唐平铸立即搬出钓鱼台（中央文革所在地）。唐平铸建议我先到人民日报社休息一夜再回报社。15日拂晓，我被揪到军报后被隔离起来。

紧接着，1月14日下午，林彪就派叶群、关锋（当时已封为总政副主任）来军报进行调查。他们根据肖力提出的三大"罪状"，向报社出示并宣读了由林彪签名、经毛主席批示同意的公开信，给我们扣上了"胡痴阴谋小集团"的帽子，并下令对我和其他人

"彻底揭发、彻底批判"。17日凌晨，他们强行把我同和谷岩、宋琼、栾保俊、韩犁等同志送卫戍区，一到那里就被关押了。

在这个问题上，肖华为我做了努力。

1967年2月27日下午，肖华、陈伯达、王力、关锋、戚本禹等把我从关押地传唤来，找我、唐平铸、宋琼谈话。地点在钓鱼台13号楼。

肖华说："什么夺权呀，胡痴就是总编辑，这不成了'胡夺胡权'嘛！"他力主让我们回原单位工作。他的话立即遭到了王力、关锋等人的反对。王力、关锋反复强调："揪你们（指我和宋琼等人）肖力他们不同意，他们可没参加，只是派人去了解情况。"（胡痴注：这真是此地无银三百两！）关锋还说："胡痴回去不行，小将们通不过。""他们派去的人看到，揪胡痴时有人往他的大衣里塞了一小包药。"肖华说："赶紧派人把药弄来化验一下。"我回答道："我被送卫戍区后，确曾发现大衣口袋里有一包药，里边有三颗黑色药丸，有两包黄色粉末。药被看管人员收去了。"（这是个谜，至今我还不了解。）由于王力、关锋等人的阻挠，肖华出于无奈，最后达成了"等给小将们做好工作再说"的"意见"。

就在那段时间，肖力等人指控我"态度恶劣，拒不认罪，给机会不改，是罪上加罪"，还强迫我承认"抗拒、封锁、篡改"江青1月12日晚的"指示"。肖力等人还向林彪报告我的什么历史问题，给我加上了"汉奸"的罪名。

以上内容摘自胡痴亲笔注有绝密二字的红皮笔记本，以及他临终前断断续续写给总政党委的一份材料。[12]

毛泽东同意林彪的信

就在肖力贴出大字报的四天后，林彪给《解放军报》写了一封信，全文如下：

林彪给解放军报社革命同志的一封信

同志们：

解放军报社由肖力等八位同志组成的革命造反突击队，在报社内部点起了革命火焰。你们贯彻执行毛主席的无产阶级革命路线，坚决批判资产阶级反动路线。你们的行动好得很！我坚决支持你们！

《解放军报》，非常需要革命。只有搞好无产阶级文化大革命，报纸才能更高地举起毛泽东思想伟大红旗。

"乱"不要紧，"乱"然后才能治。

为了照顾人民解放军的威信，照顾国际影响，对于《解放军报》要采取"内批外帮"的方针。在报社内部，革命烈火烧得越旺越好。但在形式上，不能采取《文汇报》《解放日报》的做法，不能在报纸上公开发表解放军报社的革命造反宣言、告全军书之类的东西。以胡痴为首的小集团要那样做，完全是个阴谋。对于这个阴谋必须揭穿。对胡痴等人，必须彻底揭露、彻底批判。

报纸的社论、评论，责成总政肖华同志和关锋同志负责。重要的社论、评论，送中央文革小组、全军文革小组审阅。

《解放军报》是保护单位之一。你们要耐心劝说学生和其他机关的干部，不要到办公大楼上去。你们可以在办公大楼外边设接待站，接待来访的学生和干部，听取他们的意见和批评，欢迎他们送大字报。劝说他们不要到解放军报社揪人，要相信报社的同志自己可以把革命搞好。致以

无产阶级文化大革命的敬礼！

林彪

一月十七日

毛泽东同日在林彪这封信上批示："同意，这样答复好。"

林彪的信和毛泽东的批示，等于给《解放军报》"一·一三"夺权事件和胡痴定了性。

自"一·一三"事件之后，肖力的那张题为《解放军报向何处去？》的大字报，以及林彪的信和毛泽东的亲笔批示，很快被红卫兵传抄、到处散发。造反派们以肖力为榜样，四处点火，它给社会上愈演愈烈的夺权之风添了一把火。全国各地的红卫兵和造反派的小报、快讯，纷纷报道：毛泽东的女儿肖力，冲破重重阻力，带头造反，一举夺了《解放军报》的大权！

其实，林彪的信是出自关锋之手。

1967 年 1 月 14 日下午，叶群和关锋奉林彪的指示来到解放军报社，他们先和肖力及她的突击队员在房间密谈。林彪信里"不能在报纸上公开发表解放军报社的革命造反宣言、告全军书之类"的话，是关锋在会上提出来的。江青 1 月 12 日的原话是："《解放军报》同《文汇报》不一样，《文汇报》是上海旧市委领导的，而《解放军报》是林副主席领导的，是正确的。你们的运动要在内部搞，不要像《文汇报》那样公开在报上搞。"关锋在会上的原话是："不能在报纸上公开发表政变社论，也不能发表羞羞答答的政变社论。"后来他在起草林彪的信时，竟然把自己的话硬是栽到了胡痴等人头上，变成了"以胡痴为首的小集团要那样做，完全是个阴谋"。值得注意的是，关锋以林彪名义写的信并没有公布，而是得到毛泽东的批准后才给了《解放军报》的造反派。

1967 年 1 月 17 日拂晓，胡痴和几名受到牵连的人以"胡痴小集团阴谋夺权"的罪名，被扭送到北京卫戍区。他被陈伯达等人传去谈话后，又被揪回报社，关进食堂小院的一间阴湿的房子里，开始了轮番批斗。不久，胡痴的问题迅速升级，由中央二办审理，被正式囚禁。

唐平铸被揪斗关押

由于"一·一三"事件的影响，唐平铸被扣上了"胡痴的黑后台"的帽子。"包庇胡痴，让他到《人民日报》躲风""假借全军文革名义，在军报开黑会"等成了他的罪名。在林彪的信和毛泽东的批示公开后，唐平铸的罪名一锤定音，立刻被造反派"拿下"，在《人民日报》和《解放军报》被轮番揪斗，并被抄家关押。

下面是 1967 年 1 月 18 日清华大学井冈山 28 团"迎风"红卫兵转抄于新华社的一则短讯：

唐平铸被揪出来了！

1 月 17 日上午，人民日报社斗争唐平铸。

1 月 13 日，《解放军报》发生了一次反革命政变，企图利用报纸内部政变，发表社论《告全军书》，企图搞乱军队。这是唐平铸和胡痴策划的阴谋。

1 月 11 日在钓鱼台，由唐平铸主持召开了策划政变的黑会。据《解放军报》揭露，胡痴对这次反革命政变作了周密的计划，已安排好政变接管人员的名单。

1 月 14 日，唐平铸以"全军文革"的名义召开会议。这次黑会的具体内容，唐平铸至今负隅顽抗，拒不交代。

1 月 14 日，江青同志指示：不让胡痴去钓鱼台、新华社和《人民日报》。唐平铸竟然违抗江青同志的指示，公然保胡痴，让他到人民日报社避风。胡痴到了人民日报社后，在唐平铸的床上吃安眠药，睡大觉。[13]

肖力夺权后，《解放军报》立刻成了社会关注的焦点。由于连续受到军内外造反派的冲击，无法正常出报，中央文革不得不让分管新闻宣传的陈伯达下达通知，四处张贴：

紧急通知

《解放军报》只能由本单位革命派自己闹革命，外单位都不得冲，违反者，就会犯错误。

陈伯达

一九六七年一月二十日下午三时 [14]

紧急通知没有起到作用。数以百计的造反派把《解放军报》死死围了起来，一些人不顾警卫战士的劝阻不断往里冲。约半个小时后，陈伯达又急急写了第二个通知：

二次紧急通知

解放军报社内革命派前几天已经自己闹革命，外单位又去冲，又去闹，这在道理上是说不过去的。外单位革命派可以提意见，但要照顾大局，照顾解放军的伟大荣誉，请冲进去的外单位同志再三思考，深思熟虑。我的意见，以退出为好。这也是照顾你们，有问题再派代表商量。祝同志们好。

我建议，你们退出比较妥当，不然报社不好工作，这是好意的建议，请同志们好好学习毛主席著作中所告诉我们的革命方法，严格遵守无产阶级的革命纪律！避免犯错误。

伟大的战无不胜的毛泽东思想万岁！

陈伯达

一九六七年一月二十日下午三时半 [15]

1967 年 1 月 17 日下午，即胡痴被扭送到卫戍区的当日，身穿军装的陈伯达，在人民日报社批斗唐平铸的大会上宣布：

1. 关锋同志、王力同志和我，都对唐平铸的工作是不满意的，是有怀疑的。

2. 六月份的文章基本上都是革命的，那个时候，没有一篇文章是唐平铸有份的。

3. 我们撤换了一个吴冷西，他不称职，换了一个唐平铸，唐平铸不称职，还是把他撤换了。还有唐平铸的影响，也不要低估这种影响，要逐步扫清。实际上后来我没有管，比较长的一段唐平铸是跑到陶铸那里去了。

4. 唐平铸必须交给群众批判！ [16]

唐平铸被《人民日报》造反派关押期间，利用家里送洗漱用品的机会，把一小卷纸藏在要换洗的衣服里，塞给了孩子，是两张纸条和一封信。其中一张纸条是给妻子陈友孟的，上面写着：

友孟：

　　我写了个材料想送给叶群同志，向林总汇报一下我的情况。这封信如何送你考虑一下，可以到毛家湾看看，门牌号是多少号，从邮局寄去。上面写上本市毛家湾的号码，注明阳地同志收（我记得是前毛家湾七号）。或者由小炎他们亲自送去。如果不收，就用邮寄。阳地同志是林总的秘书，请他转交给叶群。

平铸

另一张写着：

阳地同志：

　　我有个材料，请转交叶群同志，谢谢你。

唐平铸

一月二十六日

唐平铸感到《解放军报》事件不那么简单。他认为胡痴不可能阴谋夺自己的权，也没有看过他们接管军报的《特急呼吁》。在中央和军委领导下，林彪十分重视舆论宣传，多次要求在《人民日报》和《解放军报》的军队人员定期向总政汇报情况，而"中央文革"一直想进一步控制这两家新闻机关。唐平铸给叶群的信如下：

叶群同志：

　　关于《解放军报》发生的事件同我有牵连。现在大家都把我当作主谋，《人民日报》也把我这半年的账翻出来了。这对我是个好事，使我能够更加清醒认识自己的错误。一些人把《解放军报》那件事和我在《人民日报》工作上的错误，往阴谋这个纲上提。

　　为了我的安全，不让我出去。有几个工人同志每天守着叫我写检讨。我写这个材料，不是要求林总为我讲什么，而是使他对这件事心中有数。现在我说什么，别人也很难听得进去，非得承认自己搞阴谋不可。

　　敬礼

唐平铸

一月二十五日

在附件《我的错误》中，唐平铸讲了自己的责任，也做了辩白。他写道：

　　《解放军报》是军委和林总直接领导的，是高举毛泽东思想伟大红旗的，在军内外享有崇高威望和广泛影响。对《解放军报》来说，根本不存在夺权问题。向《解放军报》夺权，从一定程度上说，就是向无产阶级司令部夺权。当然，这并不是说，无产阶级文化大革命以来《解放军报》在宣传报道及内部文化大革命方面没有错误。我作为解放军报社的顾问，半年多来没有过问或很少过问，是有责任的。《解放军报》的革命群众贴大字报，火烧报社领导，是完全必要的、完全正确的。

　　事件发生后，我没有觉悟，甚至在革命群众向我讲明情况后，我不但没有挺身而出支持革命群众反击，还千方百计地保胡痴等人过关。劝说革命群众对他们采取宽容态度，还希望他们吸纳反党分子和谷岩为领导班子成员。这是我极大的错误。客观上起了帮凶作用。

但是，我向党郑重声明：事前我是不知道的。有人说我同胡痴一起直接策划了这次反革命政变，是不符合事实的：

第一，我没有参加一月十三日胡痴等人接管《解放军报》领导权的活动。他们发表接管《解放军报》的"特急呼吁"，到现在为止，我也没有看到过。

第二，说胡痴等人发表社论"告全军书"，事前我不知道，现在我也没有看到过。

第三，说胡痴等人商量的领导班子名单，事前我不知道，只是事件发生后，在十五日，革命群众对我谈到这件事时，我问胡痴才知道了有个名单。

第四，说胡痴等人要修改社论，封闭原来文革一些人的办公室，事前我不知道，这是宋维等革命群众向我讲的。

第五，据说他们还要在全军以至全国进行反革命煽动。这些事情我一概不知。

根据以上事实，希望组织上能够查清真相，做出公正的结论。

我在这次事件中，确实有很严重的错误。主要是：

十三日下午，军报有两个同志向我反映和谷岩等人贴大字报的情况，当时我没看清问题的性质，没有明确表态，也没有及时向上级反映。晚上，我请军报的三个同志来谈了事情的经过，我感到这件事很严重，后果很糟。但我没有认识到这是政变。我还极力说服他们，说胡痴是革命左派，在钓鱼台伯达、江青同志很信任他。我还说和谷岩是个好同志，报社如果成立领导班子，可以考虑吸收他参加。

第二天，我遇到胡痴，他对我说，这件事是江青同志让搞的，是她叫到解放军报社贴大字报的。他还说，在这关键时刻，你一定要帮我说几句话，不然下不了台。又说，这两天他晕倒了几次，支持不住了。直到现在，我不知道江青同志对他讲过这个话没有。当时，我是信以为真的，以为他们这样做，是江青同志的指示。所以我更加保胡痴了。

根据胡痴的意见，第二天我又找军报的七个同志到钓鱼台谈了一下。我想把事情和解下来，不要闹大了。当时我犯了个极大的错误，顺口说成这次会是代表全军文革召开的。其实全军文革并没有委托我，我以为这样就可以封住那些革命同志的口，把胡痴保住。[17]那天晚上，我对江青、肖华同志讲了一下。江青同志当时批评我，不要带人到钓鱼台开会，这是违反纪律的。肖华同志的意见是：胡痴是个好同志，先烧一烧，再保。我在人民大会堂打电话给胡痴，把江青同志的指示告他，要他到《人民日报》休息一下，等着我修改社论。大概是三点来钟，军报来了三个同志把他揪走了。

这些情况，在第二天的军委扩大会上和在电话里，我分别向伯达、江青、向前、肖华、叶群讲了。当时他们的回答是：伯达同志说："胡痴应当回去烧。"江青同志说："胡痴应当回去，烧出来可能是块钢，也可能是块废铁。"向前同志在电话中说："你情况熟悉，要好好去处理。"

在这个问题上我没有认清事件的性质。特别是听信了胡痴说他是按照江青同志的指示做的，我信以为真，没有同胡痴、和谷岩一伙人做斗争反而包庇他们，压制群众进行正义反击，我的立场完全站错了。

将来我不管干什么，都要听毛主席的话，听林总的话，把革命进行到底，也要为自己的子女做个榜样。

一九六七年一月二十五日

于《人民日报》宿舍[18]

中央文革的电话通知

在唐平铸被关押一个多月后，事态突然有了转机。在中央文革2月27日给《人民日报》的电话通知里，把《解放军报》"一·一三"反革命阴谋夺权事件改称为"一月中旬发生的问题"。电话通知原文如下：

《人民日报》临时编委会、监督小组的同志们：

请你们向报社全体同志公布以下三条：

一、已查明，唐平铸同志对于《解放军报》一月中旬发生的问题没有责任。

二、唐平铸同志的缺点和错误，根据已揭发出的材料，是属于人民内部矛盾性质的问题，不能采取处理敌我矛盾的方法处理。

三、唐平铸同志现在可以在《人民日报》参加编辑工作。

陈伯达、王力、关锋

一九六七年二月二十七日[19]

不久，指派唐平铸为《人民日报》临时工作委员会负责人，主持报社的工作。但事情并没有完。中央文革并不信任他，继续监视和限制他的工作。在唐平铸的遗物里有这样一份揭发他的材料：

唐平铸今年三月恢复工作以来的问题（初步揭发）

一、抵制、歪曲毛主席和林副主席的指示。

（1）今年五月一日晚，毛主席在天安门城楼上接见外宾。据《解放军报》同志揭发，唐平铸竟然歪曲主席的话，继续保胡痴。

据揭发，唐平铸对《解放军报》的一个家属说：主席在天安门城楼上问"胡痴是什么问题"，唐答复说"《解放军报》说他是三反分子"，主席说"那不见得吧"。

对此事，唐否认他讲过这样的话，只是讲"主席问他（指胡痴）

怎么样了"。但是，根据唐平铸长期以来同胡痴的密切关系和他保胡痴的立场，有充分理由怀疑唐平铸歪曲伟大领袖毛主席的话，进行不可告人的勾当。

（2）毛主席今年六月指示《人民日报》每日要选登马恩列斯语录，文艺版要选登鲁迅语录。唐平铸竟敢迟迟不执行。毛主席发现后，通过中央文革进行了批评。在这之后，只登了几条马恩列斯语录，而且是断断续续，再次受到中央文革的批评。鲁迅语录只登过一二次。

（3）毛主席今年四月指示"最近报纸社论的质量不高，你们要加以注意"。唐平铸没有采取措施，消极对待最高指示。

（4）林副主席六月二十三日接见唐平铸，提出"两种革、两种保"这样一个极其重要的原则。唐平铸回来后，只跟少数人轻描淡写说了几句，没有组织力量写评论。

二、同肖华、胡痴的关系。

（1）唐平铸是肖华的黑秀才。三军革命派揪出肖华后，唐平铸却对人说什么"肖华主要是生活问题"，竭力掩盖肖华的犯罪实质。唐平铸至今只字不揭肖华。

（2）胡痴阴谋集团今年被揪出来之后，他一直包庇，一再流露胡痴没有什么大问题。四月底，唐说胡问题不大，定不了性。唐还说王力同志也说过，胡痴的问题不大。

三、《人民日报》内部文化大革命。

（1）起用党内走资派。

起用马沛文、李克林、何燕凌等三反分子为报道部领导班子成员。

（2）今年五月，唐平铸把站在保守立场原评论组的全班人马拉进新评论组，又让保守分子范荣康参加了领导班子。

（3）矛头指向造反派的"整风"。

唐平铸竭力在《人民日报》大搞"整风"，接连开大会，让大家出闷气。实际是让走资派出气，让保守派出气，向造反派进攻。他们非常嚣张，说："《人民日报》的空气开始活跃了，有希望了。"

四、对待《解放军报》的态度。

唐平铸几次说，军报反胡痴的一派，过去都是吊儿郎当，不干工作、不负责任的。同胡痴一起被打下去、受批判的，都是扎实工作、高举毛泽东思想红旗的。

赵易亚在军报搞整风，唐平铸说："现在军报的形势很好，解放了大批干部，积极性都调动起来了。"

唐平铸说："有一次军报的两个干部到我这里，说他们对被打成唐胡阴谋小集团的爪牙感到委屈。我告诉他们，如果有困难，我准备写报告，调你们到《人民日报》。"

以上系初步整理的材料，俟揭发新材料后再行汇报。

《人民日报》遵义红旗战斗团

1967 年 8 月 31 日

唐平铸后来写道：

1967 年 6 月间，陈伯达把我找去谈心，问了我工作的情况。他说："你现在还是《人民日报》的总编辑嘛，中央也没有宣布撤你的职，你应该大胆地工作，怕什么？有问题常到我这里来说说。"当时我恢复工作不久，很希望领导支持，我就把他的话对临工委的几个人讲了。没有想到，临工委有人把这几句话用长途电话告诉了在武汉的王力。当时，陈与王力、关锋的矛盾很大，江青对陈也有微词。王力打电话质问陈伯达，陈对我大发脾气。从那以后，他对我的态度就变了。

1968 年 9 月，唐平铸被中央二办专案组正式隔离审查，后转至中央一办专案组，直到 1975 年 5 月才得以释放，从 55 岁被监禁到了 62 岁。

1975 年 5 月 16 日，胡痴也被释放。胡痴回忆说：他被监禁时，只准他们这些犯人侧卧，脸必须对着牢房门上看守用来监视犯人的小窗口，不允许平躺，更不能背对着窗口躺着。由于长期一个方向侧卧，一条腿老是被压着，放风的时间又短，他原来身体就不好，久而久之，他双腿不能站立，颤颤巍巍，人也消瘦得变了形。回到家中后，靠孩子搀扶着才能挪动几步。笔者当时曾去探望他，由于政治形势仍然紧张，他不愿意多谈"一·一三"事件和被关押的遭遇。但一谈到被造反派揪斗的情况，他的话就多了。他说：

> 开头还好，后来就加码了，变成了无休止的到处批斗。有一次，在军报的批斗会上，一个工人模样的人（他是造反派的勤务员，原是军报的一个木匠，那时头头都叫勤务员）冲着我大喊："你的罪恶就是要夺权！"我忍无可忍，立即反问："我夺谁的权？"没想到一下子把他噎住了，他吭哧半天才冒出一句："你夺林副主席的权！"他的话立刻把参加会的人都逗乐了，引起一场哄堂大笑。
>
> 最残酷的一次是造反派把我拉到报社的印刷厂大会批斗。两个粗壮的年轻工人，给我来了个超级"喷气式"。我的两臂被压在下面，我的腰被他们硬是弯成个大"弓"字，他们不停地一直在加劲，毫不放松，足足有一个多钟头，直到把我压昏过去才算住手。
>
> 除了军报批斗外，造反派还拉我到总后、总政等单位参加陪斗。他们给我安的帽子一大堆，什么"汉奸""叛徒""假党员""混入党内的阴谋家""在《解放军报》搞夺权、企图发动政变"等等，有的罪名我都记不起来，我已不在乎了。
>
> 那段时间，我真是经了风雨，见了世面。[20]

肖力走上神坛

肖力由于军报的"一·一三"事件，走上了神坛。这个刚从学校出来的大学生，这个自称"我很年轻，很幼稚，也很蠢"，"我什么也不懂"，"是爸爸妈妈要我来向叔叔阿姨学习"的姑娘；这个常说"我不愿意大家老提我是毛主席和江青同志派来的"年轻人，却在到《解放军报》不满三个月的时间里，一跃成为了全军、全国瞩目的人物。

当时，军报的人们大会小会必呼"敬爱的肖力同志""毛主席的忠诚战士肖力同志"，"肖力同志是代表毛主席在军报工作的"，"紧跟肖力同志，就是方向，就是路线，就是胜利"，"毛主席派来的亲人肖力同志"，"谁反对肖力同志，就是反对江青同志，就是反对伟大领袖毛主席"，等等。甚至连她骑的蓝色自行车，喝水用过的大白瓷茶缸，也都一件不少地成了当时颂扬肖力不忘艰苦本色、向人们展示的"文物"。

有人用几个"一"来形容肖力领导的《解放军报》文革的特点：一手遮天、一队（造反突击队）专政、一人说了算、一边倒、一种声音、一把衡量革命与反革命的尺子、一棍子打死、一人得道鸡犬升天、一人遭难全家株连。

从1967年1月13日到8月23日，肖力的造反突击队连续推翻了《解放军报》的两届领导班子，揪出了"胡痴阴谋小集团"，又击退了"赵易亚、杜越凯复辟资本主义的反革命逆流"。肖力成了《解放军报》的主宰。

在"砸烂总政阎王殿"的喊声中，肖力的造反突击队和总政大院里名目繁多的战斗团、敢死队、红闯将、"全无敌"等造反组织互相串联。把总政治部主任、副主任按级别称为"大阎王""二阎王""三阎王"等。部一级的干部被叫做"判官"，下面的则被称为"牛头马面""无常""小鬼"等。有40多名副部长以上的干部被揪斗，总政机关和直属单位有767名干部被立案审查，其中有17人致死。那些参加过红军和八路军的老干部，那些多次在战争中负伤、在批斗时已患重病的将领们，其中一部分人被关进了黄寺大院的一栋灰楼里（原为北洋军阀的兵营）。楼里所有窗户被封死，有持枪的解放军战士站岗。唐平铸也被关在里面。

有的文章说肖力在文革中当过《解放军报》的总编辑，其实没有。她造反后，在江青的谋划下，被指定为总编小组组长，掌握了《解放军报》的实际权力。可能江青对女儿的仕途另有考虑，不久，肖力就进了钓鱼台，在江青身边当了中央文革的办事组组长。1968年肖力从《解放军报》离开，调到中央文革后，追随她的人又制造了"阴谋绑架肖力同志"等多起案件。

《解放军报》相继被隔离、审查、关押的干部，占全报社干部总人数的 70% 以上。这一系列 "无产阶级革命派的伟大胜利"，震惊了全军和新闻界。直到 1974 年初的 "批林整风" 运动中，江青还没有忘记被关押的肖华、胡痴等人。3 月 3 日，她在一封有关解放军报社的信上批给王洪文："要烧肖华、李德生、胡痴的坏人，帮助革命的，教育犯错误的好人。……" [21]

20 世纪 70 年代中期，毛泽东有心培养肖力。1974 年以后，肖力先后担任中共平谷县委书记和中共北京市委书记。凭着家庭背景，她原本能有更好的仕途，无奈此时的肖力，由于婚姻问题，精神受到了刺激。

肖力一举夺了《解放军报》的大权之后，一时为众人瞩目。江青十分关注她的婚事，想为女儿物色一个出身名门，或在事业上能够一路走红，相互般配的人。可是毛泽东不同意自己的子女找高干子弟。文革中叶群为儿子 "选妃" 的故事广为人知，可江青为女儿择婿的事却很少有人了解。经过几番物色，江青把目光投向了一个叫张永生的人。

文革初期，张永生是浙江美术学院红卫兵组织的头头，不久又成为浙江省最大的造反组织 "省联总" 负责人。毛泽东号召全国全面夺权后，他当上了浙江省革命委员会副主任（相当于副省长）。由于浙江省内派系斗争激烈，中央文革把其中主要两派的负责人召到北京开会，张永生代表 "省联总" 出席会议。在会上，江青注意到了这个年轻人。不久，中央文革表态支持 "省联总" 一派，张永生立刻成了浙江省的头面人物。

1968 年，张永生来京汇报省内 "斗争" 的情况。江青一听说张永生来到北京，立即要在钓鱼台住地单独召见他，这在当时可称得上是殊荣。经过刻意安排，张永生与肖力在客厅里见面了。江青则坐在紧邻的一间屋子里。肖力和张永生谈得比较投机，据张永生说："见了肖力同志，觉得很谈得来。我们谈到了彼此的出生年份，我说我是 1940 年出生的，肖力同志说她也是 1940 年出生的，原来是同年。" 肖力望着张永生说："我们是同龄人，对事物有着共同的语言和看法。" 两个年轻人会面后，江青出来单独接见了张永生。[22]

过了几个月，在上海的张春桥接到江青的电话，要他把张永生召到上海当面详谈一次，把张永生的近况了解清楚，直接向她汇报。江青

关照张春桥，要他以中央文革副组长的身份出面谈话，不要暴露关注张
永生的任何痕迹。张春桥和张永生谈话后，连夜整理出谈话记录，密报
江青。张春桥认为，张永生"唯我独革"，排斥他人，与各方面的关系
都很紧张，恐怕连浙江的造反领袖都当不下去。当新的中共浙江省委成
立时，张永生被排除在领导班子之外。江青再也不把择婿的目光投向他，
肖力那段还谈不上的"情缘"也就结束了。文革结束后，张永生被判处
无期徒刑。

1970 年，毛泽东让肖力到井冈山的中央五七干校劳动锻炼。在江
西的日子里，由于肖力的特殊身份，更由于她内向的性格，使她很少同
外界交往，过得很孤独。这时，干校有一个比她小几岁的男青年徐宁，
闯进了她的生活。徐宁是中央办公厅北戴河管理处内部招待所的服务
员，高中文化程度，眉清目秀，性格开朗。悬殊的社会地位，并没有挡
住他们对今后生活的渴望。很快地，两人像常人那样由相识到相爱了。
江青坚决反对女儿的选择，肖力索性给爸爸写了一份书面报告，要求批
准她和小徐结婚，毛泽东提笔在报告上批："同意，转江青阅。"尽管江
青不满意这门婚事，但是她无法反对毛泽东。毛泽东送给肖力一套马恩
全集，作为结婚纪念。

婚后不久，双方的志趣、思想、性格、对精神的追求等差距逐渐
显露出来，他们几乎找不到初恋时的共同语言。这样过了不到几个月，
两人就分居了。这时的肖力已怀有身孕，但感情上的裂缝已无法弥补了。
后来，徐宁被推荐到河北省某大学上学，他们正式办了离婚手续，孩子
归肖力抚养。

1984 年，曾长期担任毛泽东卫士的李银桥和他的妻子韩桂馨把王
景清（原云南省军区怒江军分区参谋长）介绍给了肖力。肖力希望听听
她母亲的意见，她利用到秦城监狱探监的机会，向江青说了自己的想法。
囹圄中的江青听后流了眼泪。舐犊之情，她还能说什么呢？她默认了这
门婚事。

江青说是毛主席让她干的

文化大革命前，江青没有专职秘书，在文革中才有了秘书。她的第一任秘书是阎长贵。阎长贵回忆说：

> 我从1967年1月给她当秘书，主要负责文件、来信的分发处理，干了一年的时间。那时为了工作方便我住在钓鱼台。肖力到《解放军报》后，那里有她的宿舍，但她经常与江青住钓鱼台11号楼，两人在屋子里常常一谈就是很长时间。她同她的母亲一样，脾气很坏，动不动就责骂工作人员。有一次她威胁说："谁不听话，就把谁送到秦城去！"江青骂陈伯达就像训孙子一样。我们都怕她们。江青身边的工作人员一个接一个被关押。1968年1月13日，办事组组长（先后多人被关入秦城）乔玉山被押进秦城后，江青把自己的女儿肖力由《解放军报》调来，当了组长。
>
> 1966年文革开始后，江青受毛泽东指派去看望宋庆龄，向她解释文化大革命。宋庆龄一时竟未能认出江青。宋庆龄当面向江青提出，对红卫兵的行为要有所控制，不要伤害无辜……江青一甩手就离开了。
>
> 江青对周恩来开列的"保护名单"，特别对保护宋庆龄憋了一肚子气。有一次，她看到秘书放在自己桌子上由周恩来题写书名的《宋庆龄选集》时，竟然大发作，伸手把书扔到地上，抬起脚踩，一边使劲，一边破口大骂："总理真是！……还给她题字！"[23]

阎长贵说：

> 我被江青送进了秦城监狱。王、关、戚被揪出后，姚文元说我是他们安插在江青身边的钉子。文化大革命中毛泽东很信任江青，江青也自称她最理解毛泽东思想。江青说，她干的事都是毛主席叫她干的。[24]

宋任穷的儿子宋克荒曾在家中对笔者说："文革初期，主席有意要我父亲去吉林省工作。江青和中央文革的一班人在钓鱼台18号楼接见他。我父亲当时正感冒，发烧39度多，江青向他伸出了手，我父亲双手抱拳，抱歉地说：'不握了，我感冒，别传染。'江青的手悬着，很尴尬，竟然一下子翻了脸，冲着我父亲吼道：'你对主席和我怀有刻骨的阶级仇恨！你滚到邓小平那里跪着去吧！'" [25] 虽已时隔多年，但宋克荒对从父亲那里听到的江青说话的时间、地点、内容仍然记得很清楚。

江青恐怕没有想到，被她关押、刑讯"走资派"的北京秦城监狱，竟成了自己最后的宿地。1976年10月18日，中共中央发出《关于王洪文、张春桥、江青、姚文元反党集团事件的通知》，12月10日，中共中央下发了《王洪文、张春桥、江青、姚文元反党罪行（材料之一）》，1977年3月下发了"材料之二"，10月下发了"材料之三"。1980年12月至1981年1月，这个身为原"中央文化大革命领导小组"副组长，中共中央第九、十届政治局委员，以及毛泽东夫人的江青，受到了特别法庭的审判。她被指控以推翻人民民主专政为目的，为首组织、领导反革命集团，是反革命集团的主犯。法庭宣布江青犯有组织、领导反革命集团罪，阴谋颠覆政府罪，反革命宣传煽动罪，诬告陷害罪。江青被宣判死刑，缓期两年执行，后又被改判无期徒刑。

据说在公审江青前，她在狱中写了几句诗，其中有两句是这样的：

> 伤口在流血，
> 眼睛却没有流泪，
> 泪水早被愤怒的火焰化成永恒的诗篇……

江青至死都认为她在忠实地捍卫"毛主席的革命路线"。正因为如此，她从来没有承认文化大革命是一场灾难。她认为打倒她和她被打倒，是仅限于领导权力中心的一场斗争，它并非代表什么人民、民族、国家的利益，而不过是某种派系、某种集团的权力之争罢了。[26]

公审她的审判员和法官，把"江青反革命集团"在文化大革命中犯的罪行，与毛泽东进行了分割。在保外就医期间的 1991 年 5 月 13 日，江青在手边的一份《人民日报》的头版上写了一句话："历史上值得纪念的一天。"许多人都不知道，25 年前的这一天，政治局会议任命江青为中央文革领导小组副组长。

江青决心告别这个世界了。在疾病的折磨和对前途无望的情况下，她想解脱，想最后震撼一下这个她曾经拼命抗争和企盼的世界。5 月 14日凌晨，她闭着双眼，紧紧地咬住牙关，用力一滚，被系在浴盆上方铁架子上、她自己编的绳子勒住了脖子……1991 年 6 月 1 日，美国《时代》周刊发表了江青上吊自杀的消息。6 月 4 日，《人民日报》第四版的角落上刊登了新华社的电讯稿：

> 本社记者获悉，"林彪、江青反革命集团案"主犯江青，在保外就医期间于 1991 年 5 月 14 日凌晨，在北京她的居住地自杀身亡。[27]

江青死后，李讷和王景清到医院同她的遗体见了最后一面，把她的骨灰拿回了家。江青的骨灰一直存放在李讷家里。听说江青的老家山东诸城有人愿意安置她的骨灰，并提供帮助，但李讷担心有人会把墓砸了，没有送。后来她在北京郊区买了一块墓地，悄无声息地埋了。

胡痴的儿子胡小水曾于 2006 年 8 月给李讷去电话，希望与她见见面，谈一谈，同时了解一下 1967 年他父亲被"专政"前后《解放军报》的情况。他的几次电话，是王景清接的，都推说李讷身体不好，心情不好，婉言拒绝了。

找到了江青的墓地

下面是笔者的一篇日记：

2008 年 4 月 4 日　星期五

今天是被正式定为国家法定假日的第一个清明节。

胡小水夫妇约我去扫墓。我们上午 9 点钟出发，车到公主坟后路就开始堵了。据说北京今天有近百万人扫墓，是祭扫的高峰。我们走走停停，足足花了三个钟头才到八宝山。

他们陪我到安放在八宝山第一室的父亲骨灰盒前换了花，我又和他们一起走到胡痴的遗像前，用带的毛巾擦去灰尘，向父亲的老战友鞠躬。

来到八宝山的人们，一个个疲惫不堪。

我们按儿子唐晴告诉的路向远郊的一座公墓驰去。听朋友说，那里可能埋葬着江青，用的是她早年的名字李云鹤。

路上车流不那么挤了。走了约 40 分钟，我们来到福田公墓。

我向一个卖花的工作人员打听："您知道李云鹤的墓在哪儿吗？"她十分警惕地说不知道。我诚恳地反复表示："我母亲早年与她很熟，我想到她的墓前看看。"她看着我想了一会儿，说："我们有规定，不让告诉。昨天来了十几个人，要找李云鹤的墓，好像与她有仇。经过我们再三劝阻，这些人才离开。"她接着小声说："你们沿着这条小路往前走，向右拐，就可以找到。"

按着她的指引，我们到了那一片墓地。我们三人分成三排在墓碑丛中查找。我们看到一个小姑娘在为一块墓碑刻字。走近一看，她正聚精会神地在石头上雕刻死者夫妇的头像。她的手艺很高，画面逼真。小水的妻子一阵夸奖，小姑娘笑了。小水顺势问她："李云鹤的墓在哪里？"她盯了我们一眼："领导不让说。"也许她的心情不错，接着指了指前面："你们再往前走，在那边找找看。"

在一个接一个的墓碑丛中，我们终于找到了那块不容易察觉的墓碑。墓地不大，大约一米见方。上面立着一个高约两米的灰色石碑，上书"先母李云鹤之墓"几个大黑字。右上方写着"一九一四——一九九一年"一行小字，左下角写着"女儿、女婿、外孙敬立"，上面没有立碑者的姓名。坟前摆放着几束鲜花，可能肖力或是什么人不久前来过。墓碑上有几块干了的痰渍，还有像是贴标语后留下的胶布印。

这就是江青的墓！这就是风云一时的江青的墓！这就是文化大革命中，自称旗手的墓！这就是想要主宰中国命运的那个人的墓！

一切已成了过眼云烟。看着这个隐藏在角落里的墓碑，真不知道还能说什么。

2009 年清明节期间，我们再次来到福田公墓，发现江青的墓碑已不见了，只有被挖过后的土块散落在墓坑周围。

记得看过一篇关于"红色公主"李讷的文章，大意是这样的：

1988 年，是中国的农历龙年。

12 月 26 日，是已故毛泽东主席的诞辰日。

这一天，朔风呼啸，空气中一片萧瑟。这一天，到毛泽东纪念堂的人特别多。人群迎着凛冽的寒风，安静、缓缓地向纪念堂走去，去向曾经是他们的救星、他们的恩人、他们心中的太阳毛泽东，献上虔诚的祭奠和祝愿。人们忘不了这位在中国历史上给他们留下深刻记忆的人。

在慢慢挪动的人流当中，有一位身材高大显得发福的中年妇女，在一位五六十岁的男子的搀扶下，登上了汉白玉的石阶。这时，严肃、机敏的纪念堂工作人员似乎发现了什么，突然快步走过来询问：

"如果没认错，您就是李讷同志吧？上级规定，您不用排队，请您从西门入内瞻仰。"

李讷就在排队人群中，有如一个爆炸性新闻，井然有序的队伍突然骚动了，人们纷纷围上来观看。有的私语："瞧她的身材，真像毛主席！""脸长得像江青。""她是不是夺《解放军报》权的那个肖力？"……不少人主动与她握手、问候，询问她的生活、身体近况。

突然拥有的关注和温暖，使饱尝了人间岁月沉浮、命运荣辱、人生悲欢、大起大落的李讷，再也抑制不住积郁了很久的情感，失声痛哭起来。周围一片骇然，喧闹的场面立刻凝固了。

人们看到她走进纪念堂，站立在毛泽东的灵柩前，端详着父亲魁梧的遗容，泪水不住地掉下来。透过苦涩的泪水，她看到了在战争中为革命献出生命的亲人，看到了自己在文革中扮演的角色，也看到了父亲慈祥、凝重的面容，和过去的一切……

在文化大革命这个历史舞台上，肖力曾得到人们不曾得到的殊荣，但历史却与她开了个不大不小的玩笑。有人感慨肖力的命运沉浮，形容她在文化大革命中的表现和现在的心态，像她的母亲一样，仿佛是坐了一趟游乐场中的过山车。她回到了原点，回到了一个普通人的生活现实中。有人说，这是她坎坷人生旅途上的另一种生活，新的人生的起点。

肖力因婚姻失败精神受过刺激，身体一直不好。然而她因祸得福，没有参与"四人帮"后期的一系列政治活动。所以在"四人帮"被粉碎后，她的处境与因卷入江青集团而被逮捕、判刑的毛泽东的侄子毛远新截然不同。

文革结束后，唐平铸与胡痴听说肖力有过一段苦涩的经历，身体不佳，以及承受着各种精神压力时，他们没有对她个人记恨和埋怨，甚至对她表示了同情。他们认为肖力聪明好学，当年是个刚从学校出来的年轻人，是个孩子。处于她那种特殊的地位，处在那个年代，她自认为是在捍卫毛主席的革命路线，是在捍卫造反派们来之不易的革命成果，而卷入了政治风浪之中。

谈起肖力在《解放军报》的那段往事时，唐平铸只说了一句："不堪回首。"

注释

1　中共中央文献研究室编:《老一代革命家家书选》,中央文献出版社,1990年,第23页。本书收录了19位老一代革命家178封家书。

2　林豆豆,即林彪的女儿林立衡,当时在空军报社工作。

3　戚本禹,时为中央文革小组成员。

4　1976年11月4日胡痴给总政党委的信。

5　陈晓农编注:《陈伯达遗稿——狱中自述及其他》,香港:天地图书有限公司,1998年,第103页。

6　吴法宪:《吴法宪回忆录》(下),香港:北星出版社,2006年,第595页。

7　1967年1月12日夜胡痴对《快报》领导小组汇报情况的记录,摘自胡痴日志。

8　园丁:《"肖力"是怎样走上神坛的?》,《南方周末》1999年2月12日。

9　1976年11月4日胡痴给总政党委的信。

10　同上。

11　同上。

12　同上。

13　1967年1月18日清华大学井冈山28团"迎风"红卫兵抄件,唐平铸藏复印件。

14　摘自《解放军报》资料室1967年1月资料。

15　摘自《解放军报》资料室1967年1月20日资料。

16　1967年1月17日陈伯达在人民日报社批斗唐平铸大会上的讲话,见《文化革命动态》第101期,人民日报社,1967年1月19日。

17　事实上,唐平铸请示了肖华,但是在当时的情况下只能自己担责任。

18　1967年2月25日唐平铸被释放回家后抄写的给叶群的信。

19　1967年2月28日《人民日报》文化革命动态组简报。

20　笔者采访胡痴,1975年5月20日。

21　祝庭勋:《李德生在动乱岁月:从军长到党中央副主席》,中央文献出版社,2007年,第383页。

22　徐景贤:《十年一梦:徐景贤文革回忆录》,香港:时代国际出版有限公司,2003年,第8章〈江青择婿记〉。

23　中央文献研究室编:《周恩来的最后岁月(1966–1976)》,中央文献出版社,1995年,第19页。

24　笔者采访阎长贵,1998年7月20日。

25　笔者采访任克荒,2001年8月25日。

26　图们、肖思科著:《特别审判》,中央文献出版社,2002年,第218页。

27　《人民日报》第四版,1991年6月4日。

第四章

扑朔迷离的"揪军内一小撮"

"揪军内一小撮"是文化大革命中震惊国内外的重大事件之一，数以万计的人受到揪斗、关押和株连。当年的《人民日报》负责人唐平铸和《解放军报》负责人胡痴也受到这一事件的影响，被长期监禁。

据唐平铸回忆，在文革初期的《人民日报》和《解放军报》社论和文章里没有"揪军内一小撮"这种提法，在中央文件及《红旗》杂志里也没有。完整的提法是："揪出军内一小撮走资本主义道路的当权派"。中共中央理论刊物《红旗》杂志在 1967 年第 12 期发表了《无产阶级必须牢牢掌握枪杆子》的"八一社论"，在全国范围内公开提出这一口号，并说它是斗争的大方向。这篇被称为党中央声音的社论，由中央人民广播电台广播，各报奉命转载。一时间，"揪出军内一小撮走资本主义道路的当权派"的运动在全国达到高潮。

然而，十余天后的 8 月 12 日，该社论受到了在外地的毛泽东的严厉批评，毛泽东作出"还我长城"的批示。此后，除了批判文章和引述过去的事件外，"揪出军内一小撮走资本主义道路的当权派"这个提法从报刊、文件和文章中骤然消失了。

"揪军内一小撮"这种简略提法是后来出现的。如果仅用"揪军内一小撮"，而删去"走资本主义道路的当权派"这个关键字句，则不但概念不清，整个提法的含义也不同了。特别是在林彪坠机死亡之后，在批判"揪出军内一小撮走资本主义道路的当权派"这一口号时，中央文革小组在各种场合有意引导舆论和群众采用经过删减而成的"揪军内一小撮"的提法。后来，由于简便和通俗，人们慢慢适应并开始使用这一说法。

"揪军内一小撮"的背景是：1967 年，文革发展到"全面夺权"和全面内战的白热化阶段，全国范围内"揪出党内军内一小撮走资本主义道路的当权派"的行动全面升级。可以说，曾经席卷中国大地的这一浪潮，不仅仅是一个口号而已，它是毛泽东领导的文化大革命的一个重要组成部分和重要事件。

在中共中央颁发的中发〔1977〕37 号"四人帮"罪证材料之三，相关的文件、文章，以及正式出版的《中国共产党历史大词典》《文化大革命"简史"》等许多材料中，对"揪军内一小撮"的提法和解说多有含混。文革结束后，在公开出版的有关这一问题的著述中，基本上沿用了文革中一变再变的说法，甚至在中央 37 号文件中为了表明毛泽东与此无关，说他早在 1967 年初"当时"就对此进行了严厉批评。当王力、关锋被揪出后，一些文件、文章说这一口号是王力、关锋提出的；林彪魂丧异国大漠后，又说是林彪炮制的；当"四人帮"倒台后，又改说是"四人帮"伙同林彪炮制的。

这些材料绕来绕去，一直迷惑着人们。"揪军内一小撮"是怎样提出的？源头在哪里？究竟是怎么一回事？

毛泽东决心"揪军内一小撮"

1965 年 1 月 14 日，中央政治局通过《农村社会主义教育运动中目前提出的一些问题》(简称"二十三条")，依据毛泽东的指示写道："这次运动的重点，是整党内那些走资本主义道路的当权派。"这个论断，成为发动文革的理论依据，并在《五一六通知》中进一步做了全面阐述。然而，毛泽东并没有提出要排除整军队走资派。

1966 年 4 月 22 日，毛泽东在杭州召开的中央政治局常委扩大会议上作了长篇讲话，对局势的估计十分严重。他说："我们面临严重的文化大革命任务。吴晗问题的严重性就在于朝中有人，中央有，军队也有，斗争涉及面是很广的。"他提出"修正主义不只文化界出，党政军也有"。他严厉地说："特别是党军出了修正主义就大了。"他认为必须当机立断，"全面地系统地抓"，发动一场大革命，来解决这个已经迫在眉睫的问题。[1]

1966 年 5 月 16 日，毛泽东亲自制定了文化大革命纲领性文件《五一六通知》。其中以黑体字强调："混进党里、政府里、军队里和各种文化界的资产阶级代表人物，是一批反革命分子……"，要"清洗这些人"。从这段话可以看出，"清洗"军队内的一批走资本主义道路的当权派，是文化大革命的重要任务之一。毫无疑问，它是"揪出军内一小撮走资本主义道路的当权派"这一口号的源头。

对于"军内走资派"来说，这两种提法一个是要"清洗"，一个是要"揪出"；一个说的是"一批"，一个是"一小撮"，两者没有本质的区别。对于《通知》中所说的党、政、军"一批"走资派来说，是一起"清洗"，还是在执行这一"纲领性文件"的过程中，分系统、分部门、分重点地"揪、批"，命运都是一样的。可以看出，毛泽东领导的全国全面夺权和揪斗，其目的就是要把他认为的混入党、政、军内各部门的走资派揪出来。既然文革的重点是要整"党内走资派"，那么军队高级干部都在"党内"，"揪军内一小撮"实际上是"揪党内一小撮"的必然结果。

随着运动的深入，为了缩小打击面，《通知》中所说的"一批"，在报纸和文件中逐步改为了"少数""党内、军内一小撮走资本主义道路的当权派""军内一小撮走资本主义道路的当权派""带枪的刘邓路线的代理人"，等等。尽管提法在变化，但实质都是把斗争的矛头对准了党内、军内的一小撮走资本主义道路的当权派，都是要夺权。

同年 10 月 5 日，毛泽东批示并转发了中央军委、总政《关于军队院校无产阶级文化大革命的紧急指示》（后文简称《紧急指示》），明确指出了军内有"一小撮"，"要揪出来"。

1967 年 1 月 1 日，《人民日报》、《红旗》杂志分别发表经毛泽东审

定的，题为《把无产阶级文化大革命进行到底》的社论，根据毛泽东全
面开展阶级斗争的要求，号召"向党内一小撮走资本主义道路的当权派
和社会上的牛鬼蛇神，展开总攻击"。这里指的"一小撮"，并未排除军
队。

1 月 23 日，经毛泽东签发的《中共中央、国务院、中央军委、中
央文革小组关于人民解放军坚决支持革命左派群众的决定》指出："在毛
主席的领导下，无产阶级文化大革命开始了一个新阶段。""这场夺权斗
争，是无产阶级对资产阶级及其在党内的代理人十七年来猖狂进攻的总
反击。这是全国全面的阶级斗争，是一个阶级推翻另一个阶级的大革
命。"夺权的范围是全国，也包括军队。除了军队的权要夺，该《决定》
还要军队"积极支持广大左派群众的夺权斗争。凡是真正的无产阶级左
派要求军队去援助他们，军队都应当派出部队积极支持他们"。

1 月 26 日，毛泽东对全军文革小组 1 月 25 日编印的《军队文化大
革命运动情况要报》第 5 号刊登的"关于夺权的若干情况和问题"作了
如下批示："林彪同志：此件反映群众提出，究竟哪些机关可以夺权，
哪些不能夺权；夺了权的人们对待不同意见的群众应取什么态度（应争
取多数，不能排斥）。请加以研究。"随后，中央军委于 1967 年 2 月 16
日作出了"关于军队夺权范围的规定"。[2] 中央军委这个文件的第一条
列举了军队夺权范围限于哪些单位后说："在这些单位中，哪些要夺权，
哪些不需要夺权，要看党委领导存在问题的性质。领导权确实掌握在党
内一小撮走资本主义道路当权派手里的，要坚决夺回。"中央军委的文
件必须经军委主席毛泽东阅后才能签发，这个文件要求"坚决夺回"军
队单位"党内一小撮走资本主义道路当权派"的权力，可以被视为是在
毛泽东指示下宣布"揪军内一小撮"的明文规定。

1 月 28 日，毛泽东亲自签发中央军委命令（简称"军委八条"），并
批示"所定八条，很好，照发"。该命令的第四条明确写道："把本单位
被一小撮走资本主义道路的当权派篡夺的权夺回来。"这里"本单位一小
撮"指的就是"军内一小撮"。毛泽东下令夺回军内一小撮的权，当然要
把他们"揪"出来。

1月29日，毛泽东将陈伯达送审的《红旗》社论稿《论无产阶级革命派的夺权斗争》批给林彪："此件我看了，认为很好，并作了一些修改，请你看一下，退还陈伯达同志。""如有修改，请告伯达。又及。"[3]

1月30日，毛泽东将国务院副总理谭震林关于国务院农口几个单位情况的报告批给林彪、周恩来："此件值得一阅。党、政、军、民、学、工厂、农村、商业内部，都混入了少数反革命分子、右派分子、变质分子。此次运动中这些人大部都自己跳了出来，是大好事。应由革命群众认真查明，彻底批倒，然后分别轻重，酌情处理。请你们注意这个问题。谭震林的意见是正确的。此件请周（恩来）印发较多的同志看，引起警惕。"毛泽东的这个批示毫不含糊地提到"军队内部"与其他各界一样无例外地"混入了少数反革命分子……"，这说明毛泽东确实认为存在着"军内一小撮"，应该把他们揪出来"彻底批倒"。[4]

2月7日，毛泽东对西藏军区党委关于请示中央尽快对西藏军区领导人张国华等表明看法的报告批示："林彪、恩来、叶、聂、徐各同志：请你们研究一下，张国华、周仁山、王其梅等究竟是好人、坏人，一二日内拟电告我，发出表态，是为至盼！"

"究竟是好人、坏人"，结论倘为后者，那自然就属于"军内一小撮"了。时任西藏军区副政委的王其梅后来就是被作为"军内一小撮"迫害致死的。

2月9日，中央军委秘书长叶剑英把《中央军委关于军以上领导机关文化大革命的几项规定》的报告文稿送林彪审阅。报告称："遵照主席在上次常委会上的指示，起草关于军以上领导机关文化大革命的几项规定。今天上午召集32人参加的会议，进行讨论和修改。特呈上请审查批示。"林彪10日将此文件转报毛泽东。毛泽东的批示是："照办。如昨夜会议上有修改，照修改稿办。"军委于2月11日将此文件下发。该文件的第二条规定："由军委决定已经展开四大（大鸣、大放、大辩论、大字报）的单位，除因必要暂停进行的以外，要继续充分发动群众，紧紧依靠真正的而不是假的无产阶级革命派，争取团结大多数，彻底批判资产阶级反动路线，把一小撮走资本主义道路的当权派揪出来。"[5]

2月16日，军委颁发了经毛泽东批准的《中央军委关于军队夺权范围的规定》。第一条明确规定军队"领导权确实掌握在党内一小撮走资本主义道路当权派手里的，要坚决夺回"。这里指的是军队内的"一小撮"。

3月24日，《中共中央、国务院、中央军委、中央文化大革命小组关于青海问题的决定》第五条写道："人民解放军是伟大的。'二二三'事件是一小撮走资本主义道路当权派制造的，广大当地驻军的干部和战士是没有责任的。"[6] 这里的"一小撮"是指青海省军区副司令员赵永夫等人，即"军内的一小撮"。

4月6日，毛泽东在颁布的《中央军委命令》（简称军委十条）中批示："林彪同志：此件很好。毛泽东四月六日。"毛泽东对第一、三、四、六、七条等内容亲自做了文字修改。[7] 该命令第七条是："必须结合两条路线的斗争，广泛收集揭露反动路线和一小撮党内走资本主义道路当权派的各种具体材料。"这里指的"一小撮"包括军队。该命令第八条还提到要防止赵永夫式的反革命分子。

从以上列举的文件及毛泽东的批示可见，"揪军内一小撮"实乃"党中央、毛主席"领导下的中央军委的"战略部署"，从一开始就受到毛泽东本人的肯定和支持。

总政《紧急指示》提出军队"确实有一小撮"

1966年10月4日，林彪主持中央政治局扩大会议讨论；10月5日，经毛泽东批准，中共中央批示下发了军委总政《关于军队院校无产阶级文化大革命的紧急指示》（后文简称《紧急指示》）。《紧急指示》中说：

> 根据林彪同志的建议，军队院校的无产阶级文化大革命必须把那些束缚群众运动的框框统统取消。
>
> 也要看到军队院校领导和教职员中，确实有一小撮反党反社

会主义的坏家伙，一定要把他们揪出来，彻底斗，彻底批。

　　　　关于只在军种兵种院校范围内不在军种兵种院校范围外和地方学校串联的规定等，已不适合当前的情况，应当宣布取消。

　　该指示虽然针对的是军队院校，但实际上斗争的锋芒已扩大到全军和军队的领导了。

　　《毛泽东传》是这样叙述的：中央在转发的批示中，又把这项规定适用的范围扩大了，其中写道："这个文件很重要，对于全国县以上大中学校都适用，同样应当立即向全体学生和教职员工原原本本地宣读，坚决贯彻执行。"既然要"把那些束缚群众运动的框框统统取消"，那就对群众运动没有任何约束和限制了。[8]

　　军委总政的《紧急指示》首次明确提出了"军内一小撮"的问题，而且提出对"一小撮反党反社会主义的坏家伙""一定要把他们揪出来，彻底斗"。同已有的军委、总政的文件和规定相比，这个《紧急指示》是军队单位开展文化大革命最重要的文件。

　　10月5日，根据中央军委的指示，在北京体育场召开了声势浩大的军队院校10万人大会，叶剑英在会上宣读了《紧急指示》。

　　10月6日，中央文革小组通过首都红卫兵组织"三司"在北京体育场召开了同样规模的地方院校10万人大会，周恩来、陶铸、陈伯达、康生、江青等出席了大会，张春桥在会上宣读了《紧急指示》。

　　《紧急指示》进一步引发了红卫兵向党政部门、军队和院校的冲击，掀起了"踢开党委闹革命"的浪潮。造反派们不但要揪党政机关中的"一小撮"，还要揪"军内的一小撮"。在毛泽东"炮打司令部"精神的指引下，青年学生又一次充当了前锋，其"揪"的声势空前浩大。之后，全国各地各单位和军队内部都纷纷成立战斗队，"揪"的声浪一浪高过一浪。在此之后，在中央和军队的文件上，多次出现了"揪军内一小撮"或相近的提法。这个由毛泽东亲自批准的《紧急指示》，实际上是在鼓动在全国范围内"踢开党委闹革命"，揪"党内一小撮""军内一小撮"。中央文革小组成员在各种场合的讲话中，都强调说明《紧急指示》适用于一切单位。此后，全国掀起了"踢开党委闹革命"的浪潮，除野战部队外，各级党委都陷于瘫痪。[9]

中共中央 1966 年 11 月 16 日下达的《关于处理无产阶级文化大革命中档案材料问题的补充规定》，确认《紧急指示》适用于"各单位"。文中强调说："十月五日中央批转的军委、总政关于军队院校无产阶级文化大革命的紧急指示，对于贯彻执行毛主席的正确路线，推动无产阶级文化大革命，起了重大作用。"

由于《紧急指示》的下发，各军兵种、各军队院校的领导几乎都被轮番当作"一小撮"揪斗，大部分军事机关都被冲击。造反派肆无忌惮地在军区和指挥所里贴大字报、炮轰、火烧、揪斗，甚至抢档案，还赖着不走。11 月 8 日，几百名军队院校的学员高喊"彻底批判资产阶级反动路线！""坚决揪出军内的一小撮坏头头！"冲击国防部，目标对准了李天佑副总参谋长等军委领导。身穿军装、戴着红卫兵袖标的学员们从国防部南门往里冲，与警卫部队的人墙发生了严重冲突。面对这种局面，总政主任肖华、副主任刘志坚在请示军委秘书长叶剑英以后，向林彪提出，必须进行严肃、果断处理。根据林彪的指示，遂派了总政的谢镗忠、李曼村等人去劝说，但是没有人听。后来还是中央文革小组为了显示自己的权威，由张春桥等人拿着陈伯达写的一张字条向学员们宣读后，人群才陆续散去。这一重大事件震惊了全国。

唐平铸参加了向中央文革小组汇报的工作会议，据他说：

> 当时任总政副主任、全军文革小组副组长的刘志坚在汇报时，谈到红卫兵屡屡冲击军事要地，到处"揪人"，尤其是冲击国防部，严重危害了国家安全。他坚持部队和地方不一样，应当稳定。戚本禹听后立刻指着刘志坚骂："你胡说八道！"胡痴当时非常看不惯戚本禹盛气凌人的蛮横态度，顶了一句："你不能用这种态度，让刘副主任把话讲完……"江青立即凶狠地说："戚本禹的态度有什么不对？你们军队就是按兵不动，不搞文化大革命，什么稳不稳！军内有多少走资本主义道路的人和坚持资产阶级反动路线的人，

为什么不揪出来？就是有人压住了，就是盖子没有揭开！你刘志坚就有问题，我们早就认识你了！"江青不仅把军队大骂了一通，还逼着在场的唐平铸、谢镗忠、胡痴等几个人表态，说："你们都是军队干部，为什么不吭气？"姚文元赶紧敲边鼓，说："江青同志的指示很重要。"[10]

　　文革初期，军队日常工作主要由叶剑英、杨成武、肖华等负责。10 月 5 日，总政召开全军院校文化大革命动员会，肖华在会上讲话说："……部队院校也有一小撮走资本主义道路的当权派和牛鬼蛇神，要统统把他们揪出来，把修正主义的根子给挖掉，把教学工作中的旧框框、旧条条，统统踢掉，让学生的精神面貌，通过无产阶级文化大革命焕然一新！不获全胜，绝不收兵！我们部队院校的无产阶级文化大革命应该搞得更好！"肖华在这里所提出的"一小撮"指的是院校，还没有涵盖整个军队。

　　11 月 29 日，叶剑英在军事院校革命师生大会上发表讲话："……这是一小撮老鼠败坏了军队名誉，有些人在上海要吃好的，住高级旅馆，坐小汽车。但是还有一小撮人，这一小撮人说好听一点，就是不明事理的人，冲国防部，猛打猛冲，不把他们当反面教材教育大家，我们不算共产党员，这是不容许的……"叶剑英这里所指的"一小撮"，既指一部分军队高层，又指当时军队院校的造反派。

　　12 月的一个上午，曾在一个月内横扫沈阳、南京、兰州三大军区的"星火燎原战斗队"冲击北京军区司令部大楼，被司令员杨勇下令抓了起来。这一消息竟直接惊动了毛泽东，毛泽东甚至亲自打电话，要求杨勇马上放人。

　　12 月 31 日，叶剑英在军事院校革命师生大会上讲话："……罗瑞卿这一小撮篡军反党分子虽然被揪出来了，但是他们的阴魂不散，他们的恶劣影响还没有肃清，在某些方面还起作用。所以，在文化大革命中，（军队）同样存在着两条路线的斗争。以刘少奇、邓小平为代表的资产阶级反动路线，在军队内部也是有市场的……我们必须坚决贯彻执行以毛主席为代表的无产阶级革命路线，彻底揭发批判资产阶级反动路线，肃清它的恶劣影响……"叶剑英在这里提出了军队两条路线斗争，具体指的是作战部部长王尚荣、副部长雷英夫等写大字报攻击代总参谋长杨成武。

1967 年 2 月至 3 月，中央在怀仁堂召开了七次"政治局生活会"。会议印发了 1966 年 11 月由陶铸、李富春、谭震林主持讨论的文件，提出要把司局长以上的干部都放到火里烧。当时周恩来批示：我看这个文件很好，请文革小组同志阅后送主席。但中央文革小组成员王力、关锋、张春桥、姚文元、戚本禹五人签署了不同意见。送毛泽东后，毛泽东没有批示，退了回来。会议还印发了"军委文革小组"徐向前等人提出的在连队搞"四大""揪军内一小撮"的一些文件。

文革后，对此次会议只讲"三老""四帅"反对打倒老干部和对干部子女的维护，对这些老干部要"放火烧到司局级"和"揪军内一小撮"却只字未提。

"六条建议"

1967 年 1 月 6 日，上海造反派组织"工总司"头头王洪文等人以32 个群众组织的名义，召开打倒中共上海市委大会，批斗市委书记陈丕显、市长曹荻秋，并宣布"夺权"。1 月 8 日，毛泽东赞扬说："这是一个阶级推翻另一个阶级，这是一场大革命。"经毛泽东亲自决定，向全国广播了《告上海市人民书》和毛泽东口授的《人民日报》编者按。11日，根据毛泽东的指示，以中共中央、国务院、中央军委、中央文革小组的名义给上海"工总司"等造反团体发去贺电。16 日，《人民日报》刊登《红旗》杂志评论员文章《无产阶级革命派联合起来》，欢呼"一月革命"是全国夺权行动的新起点。文章公布了毛泽东的最新指示："从党内一小撮走资本主义道路当权派手里夺权，是在无产阶级专政条件下，一个阶级推翻另一个阶级的革命，即无产阶级消灭资产阶级的革命。"

《毛泽东传》指出："对夺权这样的战略性决策，这样大的举动，并没有在党中央进行过充分酝酿讨论并做出决定，便迅速在全国推开，这是很不正常的，进一步反映出中央的领导已由个人独断取代了集体领导。"[11]

"一月革命"的"红色风暴"立即席卷了全国。

1月8日，林彪在军委常委会上提出要加强部队文化大革命运动，说部队也有路线斗争，文化大革命要搞好搞彻底，要支持"左派"，并任命关锋为总政副主任，领导《解放军报》的工作。[12]

1月10日，关锋以总政副主任的名义传达中央会议精神，提出要改进军报的宣传问题。胡痴记录了关锋口授的"关于改进《解放军报》宣传的六条建议"（后文简称"六条建议"）。

"六条建议"的第一条是："对军队高级领导机关、院校和文艺团体的无产阶级文化大革命，要进行指导。当前，要大力宣传毛主席的革命路线，彻底揭穿军内一小撮走资本主义道路的当权派、极少数坚持资产阶级反动路线的顽固分子的阴谋诡计，热情坚定地支持无产阶级革命左派，把军队的无产阶级文化大革命推向一个新阶段。"

事后，胡痴请唐平铸看一下记录，提提意见，因为他是军报的老领导。唐平铸认为这是军报的事情，以自己在《人民日报》忙得不可开交为由推托，匆匆看了一下，并没有签字。唐平铸后来说："像这样重大的政策性问题，关锋已口授成文，我没有也不可能发表任何意见。"

"六条建议"的记录作为上报材料，由军报负责人胡痴整理打印。按照关锋的意见，把关锋、王力、唐平铸、胡痴的名字排列在文件的结尾。该文件的抬头是"全军文革小组并林副主席"。唐平铸没有看过打印件。他当时绝不会想到，这份"建议"的第一条，日后竟会成为他"反军乱军"的主要罪状。

江青看到胡痴送阅的"六条建议"打印件后说："这是有关军队的事，赶快送林副主席审批。"胡痴在送阅件上注："林总，江青同志嘱速送你批示。"林彪批示"完全同意"。这表明林彪和江青对"彻底揭穿军内一小撮"的提法没有异议。同时也表明，"六条建议"与《紧急指示》的精神没有不同。

　　据胡痴说，在"六条建议"中，除了第一条外，还针对军报的宣传等问题写了五条。按照关锋的口述和传达，该建议说的是军报在宣传军队开展文化大革命时要注意的几个问题，主要是改进军报宣传的建议，不是指中央和地方部门，也没有下发全国、全军。具体来说，第一条是"对军队领导机关、军队院校和文艺团体的无产阶级文化大革命"。就军队系统而言，根据《五一六通知》精神，重点是宣传彻底揭穿军内的一小撮，把军队领导机关、院校、文艺团体里的走资派揭露出来。

　　有的文章说，"彻底揭穿军内一小撮走资本主义道路当权派"的提法是在"六条建议"中第一次出现的。如果照此说法，那么这种提法在指导文化大革命的纲领性文件《五一六通知》中是第几次出现？在毛泽东亲自批准的《紧急指示》中又是第几次出现呢？不容置疑，无论从时间还是提法，或是权威性和影响，以及造成的后果上，《五一六通知》以及最高统帅毛泽东前前后后签发的有"揪军内一小撮"相关内容的文件和批示应该排在第一，"六条建议"只是复述、传达而已。同时，"军内一小撮"的概念也并非是"六条建议"自行提出来的。在此之前，军队负责人几乎都在讲话中提出过"军内一小撮"的问题。而"六条建议"作为军报的文件，经林彪签署下发，只是在军队内部宣传上做了肯定。

　　文化大革命的宗旨就是要"夺权"，就是要揪出党内、政府内、军队内各个系统、部门的"一批""一小撮"。按照《五一六通知》的要求，"六条建议"中强调了彻底揭穿军内"一小撮"。特别要指出的是，"建议"上江青的"嘱"和林彪的批示才是说明他们同意"揪军内一小撮"的关键材料。

　　1967年1月12日，已被肖力（即李讷）等人闹得沸沸扬扬的《解放军报》发表的经关锋审改的社论《热烈响应毛主席的伟大号召，祝贺新的全军文革小组成立》中说："让我们高举以毛主席为代表的无产阶级革命路线的伟大红旗，热情坚定地支持革命左派，发展壮大左派队伍，团结广大革命群众，向军内一小撮走资本主义道路的当权派，和极少数坚持资产阶级反动路线的顽固分子，猛烈开火。"

　　当晚，肖力等人写出《解放军报向何处去？》的大字报。

1月13日晨，肖力贴出大字报，一举夺了《解放军报》的权，随之揪出了军报内以胡痴为首的"一小撮"，震惊了全军。

1月14日，《解放军报》发表社论《一定要把我军的无产阶级文化大革命搞彻底》。文中说："这种阻力，主要来自混进军内的一小撮走资本主义道路的当权派，来自极少数坚持资产阶级反动路线的顽固分子。""在我们军队里，确实有那么一小撮走资本主义道路的当权派，和极少数坚持资产阶级反动路线的顽固分子，他们当面是人，背后是鬼，两面三刀，欺上瞒下，玩弄资产阶级政客的卑劣手法，抗拒以毛主席为代表的无产阶级革命路线。"这篇社论与1月12日的社论都是主管军报的关锋口述、同意发表的，是根据"六条建议"的精神起草的，两篇社论的提法也完全相同。没有"六条建议"，没有林彪的批示，《解放军报》作为一个军队宣传单位，不可能也不允许自行发表这个提法。

1月17日，经毛泽东同意，以林彪的名义发出的《给解放军报社革命同志的一封信》，肯定了肖力的"革命行动"。这封信也是出自关锋之手。1月25日肖力授意写的《人民解放军坚决支持无产阶级革命派》的军报社论，也是由关锋直接审定的。这些肖力造反前后的社论，中央文革小组不可能不知道，毛泽东也不可能没有看到，而在当时，没有人提出任何异议。

在1967年"一月革命"的风暴中，文革已发展到"全面夺权"的白热化阶段。对于全国的"一小撮走资派"，不但要揪出来，而且要夺他们的权。在毛泽东"全面夺权"的指示下，不但中央和地方在揪"走资派"，军队也在揪。所以"六条建议"及根据该建议起草的数篇军报社论，是与毛泽东的方针相符的。

《通知》与"六条建议"是两回事

1967年1月12日，《解放军报》发表编辑部文章《热烈响应毛主席的伟大号召，祝贺新的全军文革小组成立》。文中说："让我们高举以毛主席为代表的无产阶级革命路线的伟大红旗，热情地坚定地支持革命左派，发展壮大左派队伍，团结广大革命群众，向军内一小撮走资本主义道路的当权派和极少数坚持资产阶级反动路线的顽固分子，猛烈开火。我们一定要彻底批判资产阶级反动路线，肃清这条反动路线在军队的恶劣影响，把我军的无产阶级文化大革命推向一个新阶段，把各方面的工作做得更好……"

1 月 14 日，即肖力贴出大字报夺权的第二天，《解放军报》发表含有"彻底揭穿军内一小撮走资本主义道路当权派"内容的社论。而就在同一天，中共中央发出了《关于不得把斗争锋芒指向军队的通知》（后文简称《通知》）。《通知》说："在无产阶级文化大革命中，地方党委把重要档案材料，电台机要人员和机要交通人员，暂时转移到军事机关，这对保证党和国家机密的安全，保证党内文件的传递，是有好处的，是必要的。但是，有一些地方党委，却以此为名，把文化大革命中整群众的材料，也塞进军事机关。更恶劣的是，有的地方党委，自己干了这种事，却嫁祸于人，挑动不明真相的群众，把斗争锋芒指向军事机关。这是极端错误的，是党纪国法绝不允许的。"该《通知》强调"今后，任何人、任何组织，都不得冲击人民解放军的机关"，"地方的电台、监狱、仓库、港口、桥梁，由军队守卫，也是完全必要的。同样，不准挑动群众对这些地方进行包围、冲击、占据和破坏"。这个《通知》，后来竟被"四人帮"控制的中央专案组，以及文革后的一些出版物说成是针对"六条建议"和含有"军内一小撮"内容的两篇军报社论的。

1975 年 6 月 30 日，中央一办《关于反党分子胡痴的审查结论》（第一次结论）中说：

> 1967 年 1 月，中央发布的《关于不得把斗争锋芒指向军队的通知》，胡痴是起草人之一，并三次列席中央讨论这个文件的会议，对通知精神是很清楚的。但事后，胡痴竟按林彪、陈伯达、王力、关锋等一伙的旨意行事，于一九六七年一月十二日、十四日炮制两篇"揪军内一小撮"的军报社论，第一次提出了"揪军内一小撮"的反动口号。[13]

事实并非如此。这个要求"城乡广泛张贴"的《通知》,与毛泽东签发的1966年10月5日《紧急指示》和毛泽东肯定的1967年"一月革命"夺权风暴,以及根据林彪批示的"六条建议"所写的《解放军报》1月12日、14日的两篇社论,所指的完全不是一回事。

实际上,在这个《通知》发出不久,1月23日经毛泽东批准,以中共中央、国务院、中央军委、中央文革小组的名义,发布了《关于人民解放军坚决支持革命左派群众的决定》,明确指出军队要"积极支持广大左派群众的夺权斗争。凡是真正的无产阶级左派要求军队去援助他们,军队都应当派出部队积极支持他们"。该《决定》中的所谓夺权斗争,是指把党里、政府里、军队里的"一小撮"揪出来,夺他们的权。

如前所述,在1月28日毛泽东亲自签发的"军委八条"中明确提出"把本单位被一小撮走资本主义道路当权派篡夺的权夺回来",这里"本单位的一小撮"就是"军内一小撮"。很明显,《通知》针对的目标主要是"嫁祸于人""把斗争锋芒指向军队"的"一些地方党委",与军队内部的"夺权"斗争全然无关。《通知》被后来一些人有意说成是毛泽东洞察一切,是对林彪批示的"六条建议"和军报社论中"彻底揭穿军内一小撮"的批评,甚至还写进了粉碎"四人帮"后的文件、文章里,是完全不符合事实的。

1月17日,肖力以胡痴搞阴谋夺权的罪名,完全掌控了《解放军报》。同日上午,《人民日报》的造反派开会斗争唐平铸。

1月19日,中央军委在京西宾馆召开各大军区负责人会议,研究部队文化大革命问题。会上,江青、陈伯达发难,斥责"部队文化大革命落后""部队抵制文化大革命""部队看不起中央文革,不尊重中央文革"。而谭震林、陈毅、叶剑英等一批元老则愤而还击,痛斥江青、张春桥等指使揪斗军队干部,被诬为"大闹京西宾馆"事件。

1月25日,肖力揪出唐平铸、胡痴之后,在《解放军报》上发出了旗帜鲜明、火药味十足的社论,题目是《人民解放军坚决支持无产阶级革命派》,要求部队官兵"狠狠打击一小撮走资本主义道路的当权派"。

1月26日,"首都三司"赴福州造反派及当地红卫兵冲击福州军区,揪斗军队干部、战士。1 月 29 日，内蒙古"呼三司"数千人包围了内蒙古军区大院南大门。

1 月 31 日，西安"红色造反者"召开批斗空军副司令成钧大会。

2 月 4 日，青海大学红卫兵贴出大字报"炮轰青海军区机关内一小撮走资本主义道路当权派"，还高喊："不把其中的小贺龙、小罗瑞卿揪出来示众，我们死不瞑目！"

2 月 8 日，广州中山大学的造反派凌晨到广州军区静坐示威并冲击军区。

2 月 11 日，四川大学"八二六战斗团"与"成都工人革命造反兵团"等围攻成都军区，高喊"砸烂成都军区黑司令部"。2 月 21 日，东海舰队司令员陶勇离奇地溺死于一口水井中，死亡真相始终未能查清。

······

"揪军内一小撮"之风，在"沸腾"的 1967 年上半年越刮越猛，几乎每隔几天就爆发一次恶性事件。解放军各总部、各军兵种、各大军区、省军区、军事院校等无一例外地受到军内外造反派的冲击、揪斗。

文革的"第三次战役"

1967 年 7 月 14 日凌晨 3 时，毛泽东乘专列离开北京。这是他自文革伊始的 1966 年 7 月 18 日回京后第一次离京。在路上，他同杨成武、汪东兴、郑维山谈话时说："反复好，我看湖南，江西九江、南昌、庐山、赣州经过大武斗，形势大好，阵线也分明了。"[14] 当晚 9 时，毛泽东乘专列抵达武汉。

7 月 20 日，武汉发生了围困中央文革小组成员王力和数十万军民游行示威的"七二〇"事件。它的影响之大，令许多人始料不及。这一事件是文化大革命以来武汉地区以及全国各地多种矛盾积蓄、冲突的结果，它集中反映了大量群众和解放军官兵对文化大革命的抵触，特别是对中央文革的强烈不满。事件震动了全国，震动了中央的决策层。

继毛泽东肯定的上海"一月夺权风暴"致使各级党组织和政府瘫痪之后，军队的作用已远远超出了最高统帅毛泽东让其参与稳定局面的意图，他多次表示对军队支持保守派有所不满。在中央文革的煽动下，解放军各总部、各大军区、省军区、野战军很快成了北京和全国各地造反派们冲击的重要目标。

"七二〇"事件的导火索是王力和谢富治点燃的。王力和谢富治以中央代表团的名义于 7 月 14 日到达武汉，在 7 月 18 日对武汉水电学院讲话时，他们透露了毛泽东在武汉召集会议的一些内容，把武汉军区支持的群众组织"百万雄师"认定为"保守组织"，认为另外两个组织"三钢""三新"是造反派，武汉军区在这个问题上犯了"方向、路线错误"。

早在 15 日和 16 日，毛泽东、周恩来连续两次在东湖宾馆召开会议，听取武汉军区师以上干部对"支左"问题的汇报，要求迅速将被抓的造反派头头放出来。武汉军区司令员陈再道等对此表示不满和不理解。

王力四处活动，他宣讲中央关于解决武汉问题的方针时，明确表示支持造反派。他的讲话一传开，对于原本已经剑拔弩张的武汉局势来说，无疑是火上浇油。一时间，声讨王力的大字报、大标语贴满了武汉三镇，把王力揪出来的抗议声浪铺天盖地。支持"百万雄师"的武汉军区部分官兵全副武装，乘着卡车和摩托车开进了市区，紧随其后的是几十辆"百万雄师"拉响警报器的消防车、上百辆大卡车，上面坐满了手持长矛的"百万雄师"队员。后来有人嘲讽说，如果不是毛泽东当时坐镇武汉，如果不是毛泽东认为武汉军区没有支持造反派，就是借给王力、谢富治两个胆，他们也不敢随便去表态。

7 月 20 日晨，数百名愤怒的"百万雄师"代表冲进东湖宾馆，高喊"抓住那个胖子！打死那个胖子！"汪东兴惊恐地以为群众喊的"胖子"是毛泽东，于是连连向北京告急。其实，"百万雄师"的代表根本不知道毛泽东就住在离王力很近的同一个宾馆梅岭 1 号楼，"胖子"指的是王力，他长得腰宽体胖，特征很明显。愤怒的人们揪住王力，把他连推带搡塞进汽车，拉到军区大院，进行了批斗和质问。

紧接着，"百万雄师"出动数百辆卡车，排成纵队，十余万人举行了声势浩大的示威游行。另一派也针锋相对，支持造反派组织"工总"、在武汉为毛泽东横渡长江担任警戒任务的海军军舰发表《严正声明》说："我东海舰队严阵以待，随时准备粉碎任何反革命暴乱！"两派的武斗迅速升级。

虽然毛泽东为了解决武汉的问题，亲自坐镇，两次召集了随行的周恩来、汪东兴、杨成武、余立金，及原本以"中央代表团"名义到四川解决两派争端，刚刚赶来武汉的谢富治、王力，讨论解决武汉军区"支左"的问题（周恩来7月18日回京），但他没有料到，局势的发展已到了几乎失去控制的地步。

7月18日晚，周恩来在京连夜主持召开中央文革小组碰头会议。会议决定，根据毛泽东的意见，以中共中央和中央文革的名义，发一个指出武汉军区在"支左"上犯了方向路线错误的文件。

7月20日上午，周恩来、林彪、江青等人在人民大会堂浙江厅紧急研究毛泽东的安全问题。江青非常着急，周恩来提议由林彪出面给毛泽东写信，劝他及时离开武汉。林彪、江青同时署名写信，并派邱会作、张春桥分别乘专机飞往武汉、上海，由邱会作将信面呈毛泽东。信中说毛泽东的安全受到威胁，要及早转移。当日下午4点20分，张春桥匆匆赶到上海，准备迎接紧急撤离武汉的毛泽东。

周恩来也为毛泽东的安全担心。3点54分，他乘专机离开北京，飞临武汉"抢险救灾"。专机降落在离武汉六十多公里的山坡机场后，周恩来改乘汽车秘密进入武汉，安排毛泽东赶紧秘密离开去上海。

7月21日凌晨1时许，在周恩来的亲自布置下，毛泽东被护送出梅岭1号楼。毛泽东乘坐的吉普车，沿着武汉空军副司令员刘丰找的一条僻静小路，由宾馆后门向王家墩机场转移。毛泽东对如此离开很恼火，这是多年来从未发生过的"犯上"事件。在杨成武等人的护送下，毛泽东1958年以来头一回破例坐飞机，当日飞抵上海。

"百万雄师"竟敢在伟大领袖的眼皮子底下揪斗王力，这还了得？！毛泽东一时也把情况估计得很严重，怀疑这是由陈再道和"百万雄师"策动的一场"暴乱"。[15]

7月22日凌晨3时，被武汉军区救出的王力，在余立金和刘丰等人的护送下，拖着被砸伤的一条腿，被秘密送往山坡机场，惊魂未定地飞往北京。5 点 20 分，飞机到达北京，中央文革小组组织数万人到机场，把谢富治和王力当成英雄一样欢迎。

这就是江青等人所说的，轰动全国的"冲击中央代表团住地""绑架中央代表"的武汉"七二〇"事件。

周恩来留在武汉给部队做思想工作，于 7 月 22 日下午飞回北京，立即参加了林彪主持的中央文革小组全体会议。会上，林彪把"七二〇"事件定为"反革命暴乱"。[16]

同一天，江青在接见河南造反派代表时，以吸取武汉"七二〇"事件的教训为由说："河南一个革命组织提出这样的口号，叫做'文攻武卫'，这个口号是对的！"江青说："不能天真烂漫，当他们不放下武器，拿着长矛，拿着大刀对着你们，你们就放下武器，这是不对的，这是要吃亏的，革命将要吃亏的。现在武汉就有这种情况。"

在文化大革命中助长武斗的"文攻武卫"，就是江青在此时提出的。这个口号从此成为全国范围内大搞武斗的最具权威性、政治性的依据。

按照中央文革的紧急部署，中央人民广播电台向全国播送了谢富治、王力回到北京的"特大喜讯"。各报以头版头条刊载了他们在机场受到 3 万多人盛大欢迎的场面，以及他们与江青、陈伯达等人拉手、拥抱，王力被"旗手"和"理论家"左右两边搀扶着步出机场的大幅照片。

1976 年 10 月 6 日，唐平铸在给总政党委的信中说：

> 1967 年 7 月间，武汉事件发生后，王力被打伤回到北京，江青等到机场迎接。当时江青流着眼泪拉着王力的手说："你的伤怎么样，你们这次为文化大革命立了一大功。"在为他们举行欢迎大会时，江青在天安门城楼上就坐在王力的身边说这说那。[17]

毛泽东在武汉视察，竟然有人冲到他的住处把中央文革小组的王力抓走，事件性质非常严重。在中央文革看来，"百万雄师"敢于抓文革大员王力，是因为有后台——他们得到了武汉军区"一小撮"的支持，必须把他们揪出来，而且要在全国掀起一个"揪出军内一小撮走资本主义道路当权派"的高潮。中央文革认为，斗争的中心已转向军队，这是两个司令部展开最后决战的"新阶段"。中央文革同时发动北京和全国各地造反派，在北京和全国各地连续举行声势浩大的游行，声讨党内一小撮走资本主义道路当权派的极端狂妄的进攻和叛逆行为，打倒陈再道，揪出陈再道的黑后台。北京街头立即出现了宣传中央文革战略部署的大字报，把揪出"军内一小撮走资本主义道路的当权派"称为"打倒彭、罗、陆、杨"和"打倒刘、邓、陶"之后的"第三次战役"。

7月22日，《人民日报》在头版头条加编者按，发表空军司令部红尖兵（即林彪之子林立果）的文章《从政治思想上彻底打倒党内一小撮走资本主义道路的当权派》，说："我们空军领导机关中的无产阶级革命派，遵循伟大领袖毛主席的教导，始终把斗争矛头指向以中国的赫鲁晓夫为总代表的党内、军内一小撮走资本主义道路的当权派。"[18]

7月24日，新华社根据关锋的"指示"，给国内各分社并各大军区分社发出特急电，要求立即组织各军区对谢富治、王力二人"光荣回京"的反应进行报道，其中要求迅速提供的材料之一，就是"各地驻军如何表示……坚决把党里、政府里、军队里一小撮走资本主义道路当权派统统揪出来、斗倒斗臭"。

当天晚上，陈伯达亲笔签发《全国无产阶级革命派和人民解放军欢呼谢富治、王力同志回到毛主席身边》《武汉地区无产阶级革命派、革命群众和解放军指战员热烈祝贺谢富治、王力同志光荣地回到北京》两个稿件。这是"七二〇"事件发生后，新华社发出的第一批有关这个提法的综合报道。陈伯达还特别指示，要新华社通知各报"消息做通栏标题"，标题以他改定的为准；25日要继续组织报道，口径照此。[19]

7月24日，毛泽东说，他同意北京采取的措施。也就是说，他同意他不在北京期间，林彪、江青和中央文革在"七二〇"事件上所采取的一切措施。[20]

7月25日，毛泽东就中央关于武汉"七二〇"事件给武汉军区党委的复电一事批示："林、周、文革小组及中央各同志：代拟复电如下，请讨论酌定。"毛泽东代拟的复电中说："7月24日20时10分来电并所附武汉部队公告全文已经收到。中央进行了讨论,认为你们所采取的立场和政策是正确的。公告可以发表。"[21] 同日的《人民日报》刊载了《决心把混进党政军里的一小撮走资本主义道路当权派斗倒斗臭》的"新华社武汉 24 日电"。同日,清华"井冈山"和北航"红旗"等造反派组织召开了声势浩大的揪"军内一小撮走资本主义道路当权派"的大会和游行。

7 月 25 日下午 5 时,经毛泽东同意,在北京天安门广场召开了热烈欢迎谢富治、王力光荣回京的百万人大会。毛泽东当时不在北京,林彪、江青、陈伯达、康生等登上天安门城楼。大会规格之高,声势之大,在国内外立刻引起了高度关注。王力、谢富治顿时成了万人瞩目的"英雄"。大会声讨陈再道及武汉地区"党内军内的一小撮走资本主义道路当权派",罪名是"顽固地对抗毛主席的革命路线,操纵'百万雄师'中一小撮坏人,制造震惊全国的'七二〇反革命暴乱事件'"。这次大会,预示着经毛泽东同意,在中央文革领导下,一场揪"军内一小撮走资本主义道路当权派"的战役在全国范围内正式打响了。

同日,《人民日报》以"首都百万军民集会支持武汉革命派"的通栏标题,详细报道了这次大会。按照关锋的要求,明确地写上了"坚决打倒中国的赫鲁晓夫,坚决打倒党内、军内一小撮走资本主义道路当权派"的内容。当天晚上,在新华社送审的大会新闻稿上,由关锋执笔,联合康生加上了"坚决打倒党内、军内一小撮走资本主义道路的当权派"的口号。[22]

7 月 26 日,关锋指定新华社就《武汉部队领导机关发表检查错误公告》播发消息。经其审定的这篇消息称:"公告的发表是对党内、军内一小撮走资本主义道路当权派极为沉重的打击。"同日,中央对武汉军区公告的复电说:"你们现在所采取的立场和政策是正确的。公告可以发表。"

毛泽东批准的武汉部队《公告》中,将"七二〇"事件定为"明目张胆地反对我们的伟大领袖毛主席、反对毛主席的无产阶级革命路线、反对党中央、反对中央军委、反对中央文革小组的叛变行为"。毛泽东还对中央《给武汉市革命群众和广大指战员的一封信》批示:"退林彪同志酌定。我加了一小段。"[23] 继北京之后，上海、天津、武汉、广州等各大城市，相继举行了声势浩大的示威游行，揪"党内、军内一小撮"的口号越喊越凶。

7月26日，扩大的中央政治局常委碰头会在京西宾馆召开。中央政治局委员，中央文革小组成员，解放军各总部、各军兵种负责人，各大军区和各省军区在京的负责人出席。谢富治在会上介绍了"七二〇反革命暴乱事件"的"真相"，他说："这是陈再道一伙操纵独立师、公检法、人武部和'百万雄师'搞的反革命叛乱，矛头是对准毛主席、林副主席和中央文革小组的。"吴法宪和刘丰等人当场撕掉了陈再道的帽徽、领章，并打了陈再道的耳光。

7月27日，林彪主持会议，决定改组武汉军区，撤销陈再道的司令员和钟汉华的第一政委职务。据杨成武回忆，"在这关键时刻，林彪说了一句关键性的话：'武汉不单是武汉的问题，而是全国性的问题'，提出'我们要抓住做大文章'，要批判'带枪的刘邓路线'，'揪军内一小撮'，即揪出所谓'军内一小撮走资本主义道路的当权派'"。[24]

同日，以中共中央、国务院、中央军委、中央文革小组名义发表了《给武汉市革命群众和广大指战员的一封信》，信中写道："你们为着保卫毛主席亲自领导、亲自发动的无产阶级文化大革命创造出的巨大成绩，你们的大无畏的精神和果断手段，已经使那一小撮人的叛逆行为一败涂地。你们英勇地打败了党内、军内一小撮走资本主义道路当权派极端狂妄的进攻。"该信是王力、关锋起草，经毛泽东审定的。信中用了"军内一小撮"的提法。自此，揪"党内、军内一小撮""军内一小撮"的口号和提法铺天盖地使用起来，它立刻成为了中央文革开展"第三次战役"的"战略性"口号。

7月27日，《解放军报》发表社论《乘胜前进——祝武汉地区无产阶级革命派夺取更大的新胜利》，文章号召："坚决打击党内、军内一小撮走资本主义道路的当权派，不获全胜，决不罢休！"

7月28日，《人民日报》发表社论《向武汉的广大革命群众致敬！》，文章称，武汉地区的无产阶级革命派"反击了武汉地区党内军内一小撮走资本主义道路当权派的猖狂进攻"。同日,《解放军报》发表社论《革命的新生力量所向无敌——再祝武汉地区无产阶级革命派夺取更大的新胜利》,文章说:武汉地区的无产阶级革命派"决心掀起一个向中国的赫鲁晓夫,向党内、军内一小撮走资本主义道路当权派进行大批判的新高潮"。《解放军报》的另一篇社论《受蒙蔽无罪,反戈一击有功》提出:"武汉地区党内、军内一小撮走资本主义道路的当权派,是破坏无产阶级文化大革命的罪魁祸首。"

7月29日,《人民日报》发表社论《沿着毛主席的无产阶级革命路线乘胜前进》,文章说:武汉部队领导机关"决心跟武汉地区党内军内一小撮走资本主义道路的人划清界限,坚决把他们打倒"。同日,《解放军报》发表社论《坚决同武汉地区无产阶级革命派战斗在一起》,文章说:"破坏武汉地区无产阶级文化大革命的罪魁祸首,是中国的赫鲁晓夫及其在那里的代理人武汉地区党内、军内一小撮走资本主义道路当权派。"

7月30日,《人民日报》社论《武汉无产阶级革命派大团结万岁!》说:"中国的赫鲁晓夫和武汉地区党内、军内一小撮走资本主义道路当权派是远没有冻僵的毒蛇。"《人民日报》的另一篇社论《老鼠过街,人人喊打!》说:"被武汉地区党内、军内一小撮走资本主义道路当权派控制操纵的'百万雄师',正在土崩瓦解。"

同日,《人民日报》发表编辑部文章《无产阶级专政最坚强的支柱——纪念中国人民解放军建军四十周年》,文章说:"伟大的中华人民共和国建立以后,中国的赫鲁晓夫继续同毛主席的无产阶级革命路线相对抗,猖狂反对无产阶级专政,力图搞资本主义复辟。他纠合混进党内、军内的一小撮资产阶级代表人物,疯狂进行篡党、篡政、篡军的阴谋活动。他在军内的代理人,就是在一九五九年庐山会议上揭露出来的和文化大革命前不久被揪出来的反党篡军的反革命修正主义分子彭德怀、罗瑞卿。他们是埋在党内军内的定时炸弹,是无产阶级专政的最危险的敌人。长期以来,他们在中国的赫鲁晓夫、党内最大的走资本主义道路当权派的支持下,顽固地推行资产阶级军事路线,妄图把伟大的人民解放军变成个人野心家的工具，变成复辟资本主义的工具。"

同日，新华社播发《武汉地区开展声势浩大的拥军爱民活动》一稿，明确提出"打倒军内一小撮走资本主义道路当权派是最大的拥军、最大的爱民"。关锋认为这一口号"有新思想、新内容，报社可以据此写社论"。

7月31日，关锋主持召开宣传会议，首先表示其所谈内容已请示陈伯达，表扬了《人民日报》《解放军报》和新华社、《红旗》杂志"连续向武汉地区党内、军内一小撮走资派发射政治炮弹"。

文革结束后的1980年8月22日，唐平铸在给中央的信中，谈了武汉"七二〇"事件的宣传问题：

> 1967年7月22日上午，谢富治、王力从武汉回北京。在候机室里，关锋把我和王唯真、赵易亚找去，布置宣传谢、王处理武汉问题及返回北京的问题。当时陈伯达、康生、江青在场。关锋说这是一个重大事件，要大搞宣传，他提出了宣传的要点和口径。接着，他讲了一段很重要的话：
>
> 党中央、人民解放军、全国无产阶级革命派最坚决支持武汉地区的无产阶级革命派。
>
> 坚决打倒党内、军内一小撮走资本主义道路的当权派。坚决打倒武汉地区党内、军内一小撮走资本主义道路的当权派。坚决打倒"百万雄师"中坚持资产阶级反动路线的一小撮坏头头。
>
> 他还讲了谁反对中央文革就打倒谁，坚决拥护中央文革的正确领导等话。
>
> 关锋要求《人民日报》《解放军报》按上述精神写社论，新华社发消息。
>
> 晚上，《人民日报》《解放军报》写成社论稿后送审，关锋突然告知不发了，社论小样全部烧掉，社论铅版也拆毁，并且说，不要把这个精神漏出去，等等。
>
> 7月25日天安门召开百万人大会，欢迎谢富治、王力"回到

毛主席身边"。关锋又把我和赵易亚、王唯真找去，说还是按机场讲的那个精神宣传，规模还要大些，时间持续长些。他又重复讲了那些宣传内容。《人民日报》的社论题目是"北京支持你们"，经陈伯达修改定稿发表。新华社的消息，据王唯真告我，最后经康生定稿发出。后来连续十几天，《人民日报》发表和转载了大量的社论。当时这些社论都由关锋审查定稿。他几乎每天催促《人民日报》要多些快些写社论，说"《解放军报》已经跑到你们前边去了"，"你们要转载他们的社论，不要搞大报沙文主义"。这期间《人民日报》每天发表和转载两三篇那种社论。[25]

在全国范围内作为"斗争大方向"明确提出"揪军内一小撮"口号的，是1967年《红旗》杂志纪念中国人民解放军建军四十周年的"八一"社论。这一天出版的《红旗》杂志第12期，几乎成了"揪军内一小撮"的专辑，其社论《无产阶级必须牢牢掌握枪杆子——纪念中国人民解放军建军四十周年》格外引人注目。文章指出："在无产阶级'文化大革命'中，我们要把党内一小撮走资本主义道路当权派揭露出来，从政治上和思想上把他们斗倒斗臭。同样，也要把军内一小撮走资本主义道路当权派揭露出来，从政治上和思想上把他们斗倒斗臭。""目前，全国正在掀起一个对党内、军内最大的一小撮走资本主义道路当权派的大批判运动，这是斗争的大方向。"这篇社论是由当时的《红旗》杂志编委林杰起草，第一副总编王力和常务副总编关锋审查，总编陈伯达签发的。据林杰说，上述关键的两段话，是关锋在审改时加上的。

该期的《红旗》杂志还有一篇《向人民的主要敌人猛烈开火》的文章，其中说："武汉地区党内、军内一小撮走资本主义道路当权派……公然反抗毛主席的无产阶级革命路线，把矛头指向毛主席的无产阶级司令部。""坏事变成了好事。武汉地区党内、军内一小撮走资本主义道路当权派所策划的阴谋被击败了。一小撮暗藏在党内、军内的走资本主义道路当权派，被揪出来了。"

作为党中央的最高理论刊物，作为斗争的大方向提出"揪军内一小撮"，表明文化大革命已经跨入了新的"历程"，斗争的中心已转向军队。
从此，"揪党内、军内一小撮"的口号响遍全国，反军、乱军的事件不
断发生。

8月1日，肖力（李讷）夺权后的《解放军报》，在《高举毛泽东思
想伟大红旗，彻底批判资产阶级军事路线》的"八一"社论中提出，要
"彻底批判党内最大的一小撮走资本主义道路当权派，彻底批判彭德怀、
罗瑞卿等军内最大的一小撮走资本主义道路的当权派，大破资产阶级反
动路线，大破资产阶级军事路线"。在中央文革的把持下，党报、军报、
党刊，即文革中最高舆论权威的"两报一刊"（即《人民日报》、《解放军
报》、《红旗》杂志），一齐大张旗鼓地宣传"揪党内、军内一小撮"，造
成了严重后果。

毛泽东突然大转弯

然而就在"揪军内一小撮"闹得甚嚣尘上之时，8月12日，即时隔
"七二〇"事件二十多天后，毛泽东从上海发来令所有人都意想不到的
一条批示，一下子把中央文革及各级宣传部门搞懵了。这条批示是毛泽
东在看了《红旗》杂志的"八一"社论后写下的，内容只有四个字："还
我长城！"

当时，各地的党委和政府基本瘫痪，整个形势到了几乎失控的程
度。各军区，包括大军区和省军区的告急文电雪片似的飞向中央，飞向
中央文革，飞到了毛泽东的耳朵里。毛泽东意识到，对武汉"七二〇"
事件的表态，使军队陷入了混乱。如果此时失去对军队的控制，就会使
这座长城坍塌，就会失去对全国的控制，就会丧失开展文革的保障，就
会威胁到以他为首的无产阶级司令部的最高权力。面对危局，毛泽东经
过深思熟虑，反复权衡，决定不能再这样"揪"下去了。而《红旗》杂志
的社论，恰恰是解决这一问题的契机。

由于"揪军内一小撮"的宣传，严重地冲击了军队及其秩序，造成

了全国性的"兵荒马乱"。毛泽东虽然口头上说"形势大好"，但却忧心忡忡。后来他在1970年同美国记者斯诺谈话时说："1967年7月和8月，两个月不行了，天下大乱了。""不能把军队搞乱"，这是毛泽东在文革中一个最重要和最基本的信条。毛泽东针对报刊上"揪党内、军内一小撮"的口号指出：不要并提党内、军内一小撮，还是提党内一小撮。并提，很不策略。这就是说，毛泽东把搞乱军队的原因，直接归结为党内、军内一小撮并提，归结为宣传"揪军内一小撮"。[26]

　　毛泽东的震怒使江青等人乱了阵脚，他们本以为"揪军内一小撮"是毛泽东的战略部署，本以为在毛泽东亲自审批的文件中也写有"军内一小撮"的提法，拿军队开刀是为毛泽东出一口恶气，结果，他们失算了，谁也没有料到毛泽东会来个一百八十度的大转弯。此前毛泽东同意以中央名义召开欢迎王力、谢富治的大会，《人民日报》《解放军报》发表的社论、文章，以及由他批示的《给武汉市革命群众和广大指战员的一封信》里，也有揪出"党内、军内一小撮走资本主义道路当权派""军内一小撮"的提法。但是，这都无关紧要了。毛泽东意识到此时此刻不宜搞"第三次战役"了。

　　在"最高指示"面前，一些人慌了。江青和康生一商量，把责任一股脑儿推到了陈伯达头上。陈伯达也赶紧推脱，说《红旗》杂志"八一"社论自己没有看过，是受蒙蔽的。当时，陈伯达不仅是中共中央政治局常委、中央文革小组组长，而且是《红旗》杂志的总编辑，《红旗》杂志为纪念八一建军节而发表这样重要的社论，他不审阅、不签字，是不可能发表的，这是他作为总编辑的职责所在。毛泽东批评了，陈伯达就说他没看过，显然是弥天大谎。

　　9月5日，江青在接见安徽来京代表的会议上讲话，此地无银三百两地说："早一些时候，有这么一个错误的口号，叫'揪军内一小撮'。他们到处抓'军内一小撮'，甚至把我们正规军的武器都抢了。同志们想想，如果没有人民解放军，我们能够坐在人民大会堂开会吗？（群众：不能！）如果把野战军给打乱了，万一有什么情况，那能允许吗？（群众：不能！）所以不要上这个当，那个口号是错误的。因为不管党、政、军，都是党领导的，只能提党内一小撮走资本主义道路的当权派，不能再另外提，那些都不科学。结果弄得到处抓，军区不管好坏，差不多都受冲击了……"她又说："当阶级敌人来向我们进攻的时候，我们手无寸铁怎么行呢？""不过我声明，谁要跟我武斗，我一定要自卫。"

王力在文革后回忆说，陈伯达看到"八一"社论后"鼓掌叫好，说好极了"。据关锋对王力说："毛主席批评这篇社论后，陈伯达说他没看过，并把有他签字的稿子要回去了，这完全是想推卸责任，是小人的做法，对他这一点，我是很有意见和看不起的。"王力说："8 月 12 日，主席的指示传到北京，说'党内军内一小撮'的提法不策略。这一问题，虽然不应由我负责，但我觉得自己没有反对，也执行了，便做了自我批评，表示也有我的一份错误。但是，江青、康生、陈伯达把责任全推到我的身上来了，实在可笑。"

唐平铸说：

> 《红旗》杂志的八一社论把"武汉地区党内军内一小撮走资派"的局部性口号扩展为"揪军内一小撮走资派"的普遍性口号。这个社论王力、关锋是不是给陈伯达看了，我不清楚，请组织审查。《人民日报》起草的社论《北京支持你们》，里面有"大灭武汉地区党内、军内一小撮走资派的威风"这句话。社论是陈伯达审查修改的。王力、关锋问题揭露后，陈伯达把他亲笔改过的社论原稿要了回去。……刘志坚、杨勇和廖汉生等人被揪出后，陈伯达几次说军队的文化大革命盖子没有揭开，军队内也有一小撮走资派要揪出来。关锋 67 年 1 月 10 日提出"揪军内一小撮"的反动口号，跟陈伯达唱一个调子。[27]

但是江青明白，此时陈伯达不能倒。陈伯达是中央文革小组组长，倘若组长被抓，势必会在全国引起一场更高的反对中央文革的大潮。于是江青、康生、陈伯达把"揪军内一小撮"问题的责任推卸给了王力、关锋。

毛泽东也没有追究陈伯达的责任，并同意把王力、关锋从中央文革中"剥"出去。据《杨成武将军访谈录》一书记载，毛泽东对杨成武说："王（力）、关（锋）、戚（本禹）是破坏文化大革命的，不是好人，你只向总理一人报告，把他们抓起来，要总理负责处理。"康生"看"了王力的档案，把曾与他"并肩反修"的王力定为"国民党特务"、"五一六"组织的黑后台。关锋也被定为"特务"。

王力、关锋这两个风光一时的文革大员，像剥笋一样被剥了下来。不久，戚本禹也被踢出中央文革。三人并称为"王、关、戚"，从此被逮捕关押，十几年后案件才被重新审理，王力、关锋免予起诉，戚本禹则被判处有期徒刑十八年。

1968 年 3 月 24 日，江青当众宣布："像王、关、戚，我们过去是不知道的。在中央文革起草小组的时候，他们就是刘、邓、陶安插进来的，他们就是刘邓陶、彭罗陆杨的黑秀才，打着红旗反红旗。他们许多事情不请示伯达同志和我，更不请示毛主席、林副主席。他们封锁，并且把我们架空，架空，使我们和同志们隔离，和小将们隔离。他们干了许多坏事……"江青忘掉了"起草小组的时候"，陶铸还在中南局工作呢。[28] "揪军内一小撮"的风波，因揪出王力、关锋等人得以暂时平息。

陈伯达仍然心有余悸，极力为自己开脱。据《新华社 1967 年大事记》记载："9 月 1 日由于王力、关锋已被抓起来，王唯真传达中央文革的指示说，新华社、广播电台、《人民日报》由陈伯达、姚文元负责，戚本禹也参加工作，姚文元多抓一点。10 月下旬，陈伯达以'查看'为名，下令调出由他们签署的、有'揪军内一小撮'这一反军口号的稿件二十二篇。调去之前，王唯真请国内部登记在案。"

1967 年 7 月"新华社 25 日讯"，即关于北京百万人集会的报道，其中"坚决打倒党内、军内一小撮走资本主义道路当权派"，是关锋加上康生审定的，康生说他请示了主席，现在他改口称，他没说主席同意了。

8 月 22 日，因抢夺军备和援越军用物资问题，周恩来在接见广州两派时，严厉地批评他们"简直没有敌情观念"。又指出："不要再提'军内一小撮'。'军内一小撮'是在 7 月 20 日事件后宣传机关提错了的。"²⁹而江青、康生一直想把这个口号往周恩来身上推。吴法宪在回忆录中写道：

> 一件事是发生在九大期间。一次周恩来在人民大会堂湖南厅召集新闻单位的负责人开会，布置九大的宣传工作。由于我是大会秘书处的负责人之一，就正好坐在康生和张春桥的身边。开会时，他俩悄悄地对我说："揪军内一小撮"的口号是周恩来批准的，《人民日报》上的社论也是周恩来审阅过的，所以这个口号的出笼，周恩来要负责任。

> 散会以后，我就把这个事情打电话报告了林彪。林彪听了马上要我去他家。我去了后，他对我说："胖子，你不要上当！他们的目的，是要怂恿你出来反对周总理。你千万要注意，这个话对谁也不能再说。'揪军内一小撮'是中央文革他们提出来的，总理即使看过了，也可能是一时疏忽，不能怪总理。我们党内不能没有总理。我身体不好，毛主席要掌握大政方针，毛主席正确方针的贯彻和组织实施，全靠周总理。周总理的角色我是干不了的。看来康生还是想当总理的，是有这个心思的，你们要注意。周总理出国的时候，两次由康生任代总理，但是据我看他是干不了这个总理的。"我说："我过去没有在中央工作的经验，一些问题的利害关系也不大懂得，谢谢林总对我的关心。我一定记住林总的提醒，一定要注意很好协助总理工作。"

> 后来，我又向叶群建议，把这件事告诉周恩来。不料叶群对我说："我已经告诉周总理了。"尽管这样，我还是在合适的时候，再一次把这件事情告诉了周恩来，想提醒他注意江青、康生等人的活动。听了我的话，周恩来只是笑了笑，什么话都没有说。³⁰

中共中央办公厅退休老干部，曾任江青秘书的杨银禄在《亲历1977年秦城监狱，数数江青犯下的六项大罪（2）》一文中回忆和江青对质的情景：

关于"揪军内一小撮"的反动口号问题。我说，1967 年 1 月
10 日，林彪和你（江青）伙同王力、关锋等人炮制出"彻底揭穿军
内一小撮走资本主义道路的当权派"，简称"揪军内一小撮"。你们
炮制的具体经过是这样的：1966 年，你在一次会议上叫喊："军队
那些走资派为什么不揪？"跟着，就指使王力、关锋起草文件，提
出"彻底揭穿军内一小撮走资本主义道路的当权派"的反动口号。
你看后让"赶紧送林副主席审批"。林彪看了又批："完全同意。"这
个反动口号一出笼，就立刻受到毛主席的严厉批评。你不但不作
自我批评，还一而再、再而三地推卸责任。王、关被揪出来以后，
你说是王、关搞的；戚本禹出了问题，你说是王、关、戚搞的；
陈伯达出了问题，你说是陈伯达伙同王、关、戚搞的；林彪的阴
谋败露后，你又说，是林彪、陈伯达伙同王、关、戚搞的。总而
言之，你诡辩来诡辩去无非想说明此事与你江青无关……1973 年
1 月，中央专案组将"揪军内一小撮"炮制经过的原始材料清查出
以后，你在大会堂福建厅看了那份材料，恼羞成怒，对专案组的
工作人员说："你们好大的胆子，搞专案搞到我的头上来了！"你对
我说："小杨，你给我作证。"我因为没有看到什么材料，不知道你
叫我作什么证，所以我没有吭声。你回到钓鱼台以后，仍然对我
说："专案组的路线不对头，他们竟然搞到我头上来了，'揪军内一
小撮'的口号与我根本没有任何关系，我不知道那份材料是怎么来
的，真是岂有此理。"你是叫我作伪证呀，我没有上你的当。江青
听了以后说："我至今仍然认为，在这个问题上有人陷害我。"[31]

从 1967 年 8 月 12 日起，报刊上"揪军内一小撮"的提法戛然而止，
这显然是对毛泽东"还我长城"批示的贯彻和回应。最显著的证明，要
算 8 月 16 日《人民日报》摘要公布 1959 年 8 月 16 日《中国共产党八中
全会关于以彭德怀为首的反党集团的决议》。按理说，恰好可以利用这
件事大讲特讲"军内一小撮"，并且军报社论已经明确断言彭德怀、罗
瑞卿等是"军内最大的一小撮走资本主义道路的当权派"。然而，《人民

日报》、《红旗》杂志、《解放军报》为公布这个决议而写的社论中都不再
提"军内一小撮",当然也不再说彭德怀是军内最大的"走资派",而只
是说彭德怀有这样或那样的罪行。另外,为"补救"受到毛泽东批评的
"八一"社论,在 8 月中旬,《红旗》杂志又发表了一篇关于军队的社论,
题目是《伟大的中国人民解放军是我国无产阶级专政和无产阶级文化大
革命的可靠支柱》,8 月 19 日由新华社播发,登载在 8 月 20 日的《人民
日报》上,而在《红旗》杂志上发表则是 9 月 17 日出版的第 14 期了。[32]

欲加之罪

如本书第三章所述,1967 年 1 月肖力在《解放军报》夺权,波及到
军报两任负责人唐平铸和胡痴。胡痴从此被长期关押,唐平铸则在被关
押一个多月后恢复了工作。1968 年 9 月 17 日,唐平铸被正式隔离审查。

自 1971 年 9 月 13 日林彪事件之后,唐平铸和胡痴问题的性质迅
速升级,江青要把他们置于死地。究竟是由于什么原因,出现了这样的
变化呢? 原来在清查林彪住所的文件时,发现了一份"六条建议"的送
审原件。该件的呈送人是胡痴,上书"林总:江青同志嘱速送你批示"。
林彪的批示是:"完全同意"。

对于已经操纵大权,妄想当"女皇","一贯坚持毛主席革命路线"
的江青来说,"反对林彪""反对林彪集团篡党篡军"是她手中的一张向
人们炫耀的"王牌",而这份"六条建议"原件无疑成了"旗手"心里的
一块病。难怪她要发火了,难怪她要说"有人要陷害我"了。江青立即
采取了三项措施:一是封锁该原件(当时在政治局扩大会议上送给中央
文革、全军文革及军队负责人征求意见的都是打印件,没有批注);二
是把罪名安在唐平铸和胡痴身上(王力、关锋此时已被关押);三是逼
经手的胡痴,写出假口供。

江青控制的中央专案组心领神会,很快给唐平铸和胡痴下了结论:
"反对中央负责同志(江青、康生)""反党乱军","炮制、煽动""揪军

内一小撮"，定性为"反党分子"。唐平铸被关押近七年，胡痴被关押八年半。

1975 年 5 月，由于邓小平得到毛泽东"人才难得"的评价而重新主持中央日常工作，在他厉行各个领域的整顿之际，唐平铸、胡痴等一批老干部被释放出狱了。

然而唐平铸、胡痴的监禁虽然被解除了，政治结论却依然未变。江青一伙把持的专案组给唐平铸和胡痴所下的先后四次结论（他们拒绝签字，四次结论抄件存于两人的遗物中），完全是欲加之罪、颠倒是非之词：

1. 结论称唐平铸和胡痴被关押的原因是"审查其反党乱军罪行"、"煽动揪军内一小撮反党乱军问题"。这与事实完全不符。胡痴是因为肖力在《解放军报》夺权的"一·一三"事件、林彪的信和毛泽东的批示被关押的，唐平铸是由于反对陈伯达、江青、康生，是"陶铸重用的坏人"而被关押审查的；2. 结论回避了由关锋口述、林彪和江青同意并签发的"六条建议"，而把《解放军报》按关锋审改的两篇社论作为他们的罪行；3. 唐平铸的首条"罪状"是攻击、污蔑中央负责同志，胡痴的第一条"罪状"也是诽谤、攻击中央负责同志。这里的"中央负责同志"是指康生和江青。

唐平铸因不是呈送文件的当事人，当时并不知道 1967 年 1 月"六条建议"原件有关"批示"的具体细节和呈送过程，以后才了解了事情的真相，在狱中才明白了江青控制的专案组不提此事的原因。他和胡痴从审查初期就进行了抗争。尽管专案组完全回避甚至拒绝涉及这个问题，但他们仍然实事求是地讲明了当时的原因和背景，以及对该问题的看法和应承担的责任。同时也谈到了毛泽东在武汉事件后不同意"揪军内一小撮"、不同意搞"第三次战役"的缘由。

解除关押前后，唐平铸、胡痴为"结论"问题与中央专案组展开了拉锯战。他们据实一一驳回了专案组在"结论"中的指控。因为结论必须有专案对象本人签字认罪，专案组不得不对"结论"一改再改，给他们看了一稿、二稿，三稿、四稿，又多次"请"他们签字，把他们由"反党分子"改为"反党性质"，又改为"人民内部矛盾"；由"撤销党内外职务""安置农场劳动教育"改为"恢复党的组织生活""原工资照发""分配工作"，但是条件只有一个，就是不允许对加给他们的所谓"揪军内一小撮"问题提出异议。这种做法，显而易见是经过授意的。

禁区仍未突破

1976 年 10 月 6 日，党中央一举粉碎了"四人帮"。然而，对于党内这个反革命集团以及他们的政策，对于他们打着毛泽东的旗号犯罪的特殊性和复杂性，以及由此造成的严重后果，在众多领域一时是难以区分和清除的。特别是由于"按既定方针办"的桎梏，使一些重要问题无法突破"禁区"，一些重大冤假错案得不到公正解决。

1977 年 10 月，中共中央下发了中发〔1977〕37 号文件，公布了王、张、江、姚反党集团罪证《材料之三》。该文件第 22 页登出了江青、林彪炮制"揪军内一小撮"材料的影印件，即"六条建议"的批件原件节录。该件蓄意删去了原件的题目，专案组把"建议"改为"方针""要点""报告"，一改再改。在该页的标题和说明中写着："江青、王力、关锋等人伙同林彪炮制'揪军内一小撮'的材料"和"江青伙同林彪反党集团'揪军内一小撮'的材料"，并特别注明"当时就受到毛主席的严厉批评"。

这个"注明"的本意是为了突出毛泽东早就"洞察一切"，突出江青和林彪的阴谋，但却没有出示任何毛泽东 1967 年初当时"严厉批评"的证据和有关文件、材料。

"六条建议"是 1967 年 1 月 10 日由关锋提出的。1967 年 5 月 1 日唐平铸还上了天安门城楼，受到毛泽东的接见。在文化大革命中，上天安门城楼和在报纸上露面是个标志，只要上了天安门并且在报纸上登了名字，就意味着这个干部"站出来了"。一旦在报纸上没有了名字，就表明他"靠边站了"。1967 年 10 月 1 日国庆节和 1968 年 5 月 1 日国际劳动节,天安门广场照例举行了盛大的庆祝大会,唐平铸的名字仍列在被邀请上天安门城楼的中央和国务院各部委、军队领导机关的人员名单中。直到 1968 年 9 月前,尽管唐平铸已被监控,但他仍在《人民日报》代总编辑的岗位上。如果有林彪批示和江青"嘱"的"六条建议"当时就受到毛泽东的严厉批评,在那个疯狂的年代,"公开反对毛泽东战略部署"的唐平铸就立刻会被抓起来,而不会让他继续工作。明眼人一看就知道,根本就不存在《材料之三》刻意加上去的"当时"。

如前所述,1967 年 1 月 12 日和 1 月 14 日,《解放军报》根据"六条建议",由关锋口述起草、同意发表了两篇含有"军内一小撮走资本主义道路当权派"提法的社论,而第二篇社论,是在毛泽东的女儿肖力1 月 13 日造反后发表的,在肖力夺权后,《解放军报》又陆续发表了含有或类似"揪军内一小撮"提法的多篇社论和文章。对这些,至今没有见到毛泽东给予表态的材料,怎么能说"六条建议""当时就受到毛主席的严厉批评"呢?

要"揪军内一小撮",夺军内"走资派"的权,决非偶然,它既是军队开展文化大革命注定引起的后果,也是文化大革命的关键步骤之一。在众多的文件和请示中,由于"六条建议"是就军队报纸本身改进宣传问题而言,是军报宣传中要注意的几个问题,在当时并没有引起人们的特别注意,在中央和军委有关的会议上也没有不同意见,经林彪批示同意后,交由军报执行。该件没有上报毛泽东,没有针对地方部门,也没有下发其他军队单位,更没有下发全国,根本不存在毛泽东的这个"当时"。批示的责任者是江青和主管军队的林彪。而粉碎"四人帮"后,这就成了林彪、江青"揪军内一小撮"的证据,同时加上了"当时就受到毛主席的严厉批评"。

1977 年 11 月 3 日胡痴写信给中共中央说:

> 1966 年 12 月底,江青在中央文革会议上,攻击我军对文化大革命"按兵不动","对军队走资派和坚持资反路线的人为什么不揪?"1967 年 1 月 1 日,林彪在军委常委会上声称"军队文化大革

命更重要，更要搞彻底"，"军队也有两条路线斗争"，"要坚决支持革命左派"等。当场宣布关锋为总政副主任，让他多管军队。1月10日中午，关锋秉承中央文革的意旨说："部队文化大革命落后了"，"军内也有一小撮走资本主义道路的当权派和少数坚持资产阶级反动路线的顽固分子，要通通揪出来"，"机关院校要同地方一样搞"，"军报要指导部队的文化大革命"。当场口述了所谓改进《解放军报》宣传的"六条建议"。当天下午，在中央政治局扩大会议上，关锋让我把打印件分送给中央文革负责人、全军文革和军队负责同志。会上没有人提出意见。江青看后说："这是有关军队的事，赶快送林副主席审批。"关锋遂让我注明江青的话送给林彪。11日中午，林办赵秘书电话通知我：林彪已批示"完全同意"，原件不退了。

事后，江青、林彪一直要赖掉罪责，把我当作替罪羊。1967年1月15日，江青、林彪给我捏造了"一·一三政变夺权"的罪名对我进行关押。1968年春，专案组开始审查"揪军内一小撮"问题，我如实做了交代，他们非但不让讲，不让写林彪和江青，反而诬我"不老实"，是对江青、林彪的"攻击污蔑"。林彪垮台后，1973年春，来了两个地方干部（历来是军队管我，这两个人的来历我不清楚，显然负有特殊使命），硬说江青那个"注"是给江青"栽赃""抹黑"，还说什么"要顾全大局"，"要保护江青同志"，百般对我威胁纠缠，硬要我照他们说的写了（记录了）一个假材料，才算罢手。

我一直不同意他们这种卑劣做法，但没有机会说。直到1975年9月，专案组三位同志找我谈话时，我才向他们说明那个材料不能作数。1976年春，我又写过一个声明，碍于当时形势，未能上送。揪出"四人帮"之后，1976年10月18日我写了揭发材料，声明1973年写的那个材料是逼供信的假东西。

1975年5月我被放出。9月间，专案组给我看了第二次结论稿，虽然肯定我的问题是人民内部矛盾，但仍说我是"追随林彪一伙"，

"反军乱军"，"属反党性质"，"按人民内部矛盾处理"，给予"撤销党内外职务"处分。我不同意，没签字，写了申诉，被长期挂了起来，不让过党的生活，不给我穿军衣。

我的态度和意见：

一、我的立场和态度是明确的。我知道"揪军内一小撮"的反动性后，就一直承认我执行了林彪、江青的"指示"，做了错误宣传，给我军造成了严重后果，我有很大责任和错误，这是我终身难忘的沉痛教训。同时，一有机会，我就坚持说明当时的情况。"四人帮"被粉碎后，我揭发了江青要赖掉罪责的那个假材料。一是一，二是二，我说清了整个情况，承担了个人应承担的责任。我从未隐瞒推脱，坚信说老实话对党有利，这就是我的一贯立场和态度。这个打印"材料"，证明了我历来交代揭发的都是事实，也提供了江青无耻狡赖和把我当作替罪羊的佐证。

二、1967 年 1 月初，文化大革命刚刚开始半年多，斗争十分复杂，对我是一个全新的课题。

江青及关锋、王力窃踞那样的地位，他们的反革命面目尚未暴露，我对他们还是尊重的，对他们的面目确实看不清。又因我政治水平低，没看出他们那个口号的反动性，而当作正确的东西执行了。由于这种原因，加之我阶级斗争和路线斗争觉悟不高，在那种情况下，受蒙蔽是难以避免的。

从组织上讲，林彪主管军队，江青是中央文革第一副组长，并已定为全军文革顾问，关锋是总政副主任，管军报，王力是中央宣传小组组长。"揪军内一小撮"那个材料，正是林彪、江青提出的，关锋加以具体化。又是江青让送、林彪批准的。我之所以参加签字，经手材料的记录、分发和加注江青的话，因为我是《解放军报》的负责人，是关于《解放军报》的事，而且又是在关锋主持和"指示"下进行的。我完全是在公开场合，按组织手续办事的，既无个人创造，又没有背后搞鬼。我同他们的关系纯属工作关系。

三、我是受害者。他们给我捏造了一系列莫须有的罪名，关押八年半之久。在"揪军内一小撮"这个问题上，他们也一直玩弄阴谋，对我进行陷害。林彪"批示"而不退件，就是贼人藏奸。事情暴露后，他们依仗权势，又是推，又是赖，要把罪责推到我身上。因为我是江青要送的加注人和见证人，江青采取特务手段，硬逼我写假材料，何其阴险狠毒！专案组以前说我是反对林彪、江青的，林彪完蛋了，反过来又说我是"追随林彪一伙"的，说是人民内部问题，又"属反党性质"，这哪里有什么真理和实事求是！ [33]

信发出之后，胡痴把原文记入他亲笔注着"绝密"二字的笔记本内。

据胡痴被监禁时和释放后分别写的材料证实：关锋说是传达"中央会议"精神，并口述了这一提法。王力也写道："关锋提到这件事的过程，说这个要点是根据军委扩大会议的决定写的。" [34]

胡痴写的材料中提到，在中央政治局扩大会议上，对"六条建议"，"没有人提出意见"。作为实际上的中央文革负责人和全军文革的顾问江青更是提出，要赶快送林彪审批，并由关锋交代胡痴，在文件上注明。"会上没有人提出意见"，表明与会者或是赞同或是已知这一精神的。被关押的唐平铸、胡痴没有必要为关锋开脱。而关锋说"六条建议"是根据中央军委常委扩大会议的决定写的，他的说法印证了两点：一、在胡痴被关押和审查期间写的交代材料里，都提到是关锋传达中央会议精神；二、胡痴没有参加中央的会议，自然是关锋口述建议了，根本不存在《材料之三》所说的他们"伙同炮制"。

被称为"六条建议"当事人的王力，后来完全否认了他参与其事。阎长贵在《问史求信集》中引述王力的说法：

> 人们又说，1967 年 1 月王力伙同关锋按照林彪、江青的旨意拟定《解放军报》的宣传要点（笔者注：即"六条建议"），提出彻底揭穿党内军内一小撮。这个宣传要点还拍成照片，铅印的名字有王力、关锋、唐平铸、胡痴，签名的只有胡痴一个人。这件事王

力不知道。为什么要加上王力的名字？我也不知道。这时王力刚
被任命为中央宣传组组长，唐平铸、胡痴是成员，关锋是总政副
主任、军委"文革"小组副组长，林彪委托关锋管《解放军报》。王
力知道，过去不管谁领导中央宣传部工作，从来不管《解放军报》。
这个宣传要点王力连看都没有看过。关锋提到过这件事的过程，
说这个要点是根据军委常委扩大会议的决定写的，但没有说要加
王力的名字。我认为这个问题即使是胡痴签了名，也不应追究责
任。……怎么能把责任推到四个人身上呢？

阎长贵进而评论说：

　　王力的这个说法值得重视。这一说法首次提到，"彻底揭穿军
内一小撮走资本主义道路的当权派"的口号，是根据当时《解放军
报》的"宣传要点"提出来的，与时任军委文革小组副组长的关锋
确实有关，但关锋也不是自行其是，他说这个"宣传要点"是根据
一次军委常委扩大会议的决定写的。当时军委常委包括几位老帅
在内，军委常委会议一般由军委秘书长叶剑英主持，而林彪平常
一般是不出席这样的会议的。如果叶剑英主持的军委常委扩大会
议确实作出了"彻底揭穿军内一小撮走资本主义道路的当权派"的
决定，那显然就不能说成是"关锋、王力等四人"或"江青等人"
的责任。况且，在那个"宣传要点"上签名的胡痴和没有签名的唐
平铸，很快就被揪出、打倒了，也属于被揪的"军内一小撮"，他
们既非"王、关、戚"同党，又非江青集团中人，能把他们笼统说
成是"江青等人"吗？显然不能。其实，只要把上述"宣传要点"
和存档的那次军委常委扩大会议记录对比一下，就真相大白了。
这个简单的对比查证工作至今未被批准，其中自有原因。[35]

中央党校出版的《中国历史大辞典》中的"揪军内一小撮"辞条仍

然说:"1967年1月,林彪亲笔批示'完全同意'关锋、王力等四人提出的'彻底揭穿军内一小撮走资本主义道路当权派'的口号。"这里所说的四人是关锋、王力、胡痴和唐平铸。

毛泽东下决心要整肃军队内的资产阶级代表人物。"揪出军内一小撮走资本主义道路的当权派",如前所述,类似提法和内容从文化大革命一开始就得到毛泽东的肯定,并在他亲自签发的一系列文件、批示中提出过。军队和全国各地的造反派正是遵照这一"伟大战略部署","落实到行动上",引发了全国性的"揪军内一小撮"的夺权浪潮。既然文化大革命的重点是要整"党内走资派",那么军队里面的"党内走资派"也就必然面临同样的命运。"揪军内一小撮"实际上就是这一政治目标的组成部分和必然结果。如果军队不能乱、不能揪,而直接领导军队的党却可以乱,可以按照"伟大战略部署"把"一小撮"揪出来,这是说不通的。有人说,"党内的一小撮"包括了军内的资产阶级代表人物,另提"军内一小撮"是错误的。那么,毛泽东多次签发的军委命令和文件中多次出现"军内一小撮"又怎么解释呢?而胡痴经手的"六条建议",与上述文件有什么区别呢?

王力在回忆到"六条建议"时还说:《五一六通知》上就有:"批判混进党里、政府里、军队里和文化领域各界的资产阶级代表人物","混进党里、政府里、军队里和各种文化界的代表人物,是一批反革命的修正主义分子",等等。《五一六通知》的这一段话,是毛主席加的。这不是说得更厉害吗?怎么能责怪后来的这个宣传要点呢?[36] 王力还回忆:

> 在讨论对武汉事件的宣传口径时,康生提出来,不点王任重、陈再道的名,用"武汉地区党内、军内一小撮走资派"的口号,康生给在上海的汪东兴打电话,要汪东兴报告毛主席,请毛主席批,毛主席批了。[37]

原《解放军报》文艺评论组的王年一,后来成为文革史研究专家,他在给阎长贵的一封信中说:

　　我亲眼看过中央档案馆的档案，康生在"七二〇"事件中在北京请示过在外地的毛，可不可以用"揪军内一小撮"一语，毛说可以，康将这一情况告诉了周、叶群、江青等人。（因特殊机缘，中央党史研究室的同志让我看了这个档案。当时《红旗》《人民日报》用此语，有所据。）[38]

　　王力、王年一两人在不同场合对同一件事的回忆，均证明了，即使在"七二〇"事件之后，毛泽东仍然一度对"揪军内一小撮"的说法表示过首肯。他们两人说的话是否属实？我们相信，中央档案馆尘封的档案多年后解密之时，一切将真相大白。

拒绝在"结论"上签字

　　1978 年，打倒"四人帮"已过去两年。社会上开始传闻康生在文化大革命中的种种罪行。但令人奇怪的是，1978 年 5 月 24 日、6 月 25 日，所谓的中央专案组又先后出现在唐平铸和胡痴面前。他们拿着第三次结论，威逼着"请"二人签字。该结论仍把"污蔑攻击康生同志"作为他们的主要罪状。

　　在该结论中，仍把"追随林彪一伙，鼓吹揪军内一小撮""伙同王力、关锋在关于《解放军报》的宣传方针的报告中，提出了'彻底揭穿军内一小撮走资本主义道路当权派'的反动口号"，并得到林彪、江青的"完全同意"，"严重干扰了毛主席的战略部署"作为他们的罪状。（注：《解放军报》没有制定、"炮制"中央和军委方针、政策和提出口号的权力。结论蓄意把"六条建议"改称为"宣传方针""报告""要点"。）中央专案组为之百般捍卫的"首长"，今天这个葬身沙丘，明天那个彻底垮台，后天又一个销声匿迹，而专案组却"我自巍然不动"。他们似乎认定"我不整你我整谁，我不整你我倒霉"的原则，这条罪名不行了，那就换一条，这顶帽子不对了，就再给你戴另一顶。1978 年 12 月 11 日和 15 日，

因唐平铸和胡痴拒绝在结论第三稿上签字，中央专案组又分别拿出了经
"修改"的第四次结论。在这一结论中，语气平和多了，帽子似乎也小了，
但内容换汤不换药，仍把上述两条作为他们的罪状。

对于唐平铸和胡痴来说，一个被关押了近七年，一个被关押了八
年半。从 1975 年被释放以后，又过了三年。这些所谓的专案组不知在
全国范围内迫害了多少帅才、将才、人才，不知有多少无辜的人死于非
命！摆在他们面前的结论，实际上是逼迫他们签字的认罪书。唐平铸看
着眼前的第四次结论，在江青、陈伯达、康生垮台后，专案组继续玩弄
权术，压抑了十余年的愤懑已无法按捺，他向中央申诉，写下了《我对
第四次结论稿的意见》。在《意见》中，唐平铸没有理睬中央专案组的威
胁，尖锐地指出"揪军内一小撮"的提法源自毛泽东的《五一六通知》和
他批示下发的一系列文件。唐平铸同时指出，"六条建议"是林彪批准、
江青认可的，作为这一政策性的提法，他本人和胡痴不可能"制定"和
"伙同炮制"。在 1978 年，他是有据可查的第一个提出这个观点的人，
这需要极大的勇气。唐平铸的《意见》说：

> 1978 年 12 月 15 日，一办交给我第四次结论稿。我不同意这
> 个结论。我受江青一伙多年的政治迫害，我请求党实事求是地为
> 我平反。

> 1968 年 9 月我被监禁。文革初期，我在《人民日报》工作两
> 年，处于当时的历史条件，我虽然看不清这帮人的反革命面目，
> 但对他们那种专横跋扈、欺上压下、顺我者昌、逆我者亡的资产
> 阶级政客作风极为不满，和陈伯达等人的关系搞得很僵。他们早
> 就想把我整掉，换上他们的心腹。1967 年 1 月，他们诬指我是《解
> 放军报》"胡痴阴谋小集团的幕后策划人"，将我监禁，进行批斗。
> 陈伯达在人民日报大会上公开说："我对唐平铸是有怀疑的，唐平
> 铸必须交群众批判。"1968 年春，陈伯达、江青诬陷我历史上有问
> 题，要《人民日报》开群众大会逼我交代，对我进行轮番批斗。江
> 青造谣说我是"文化汉奸"，是"坏人"。1968 年 5 月，他们完全停

止了我在《人民日报》的工作，指定他们的亲信接替。同年 9 月 17 日，他们突然将我逮捕，监禁达七年之久。

在我被关押期间，专案人员说："你的问题严重，你的案子是陈伯达、康生、江青三位首长亲自抓的。"对我采取了先定调子后找材料的手法，逼我交代参军三十多年来的"全部罪行"。陈伯达在台上，就让我交代"对抗"他的"领导"，说我恶毒攻击他。他一垮台，我就变成"陈伯达利用的坏人"。林彪垮台前，说我反对他的"四个第一""突出政治""大学空军"，他一自我爆炸，我就变成"追随林彪"了。在给我的结论稿上，把"散布流言蜚语、攻击污蔑"康生，反对江青的《部队文艺座谈会纪要》列为我的头条"罪状"。并据此诬陷我为"反党分子"。直到今年 5 月第三次结论稿中，仍把"攻击污蔑"康生作为我的第一条主要"罪状"。

这哪里有什么真理！有什么是非！有什么党的原则！明明是这一伙人对我的政治迫害。

第四次结论稿中说我在 1967 年按林彪、江青的意旨，和王力、关锋、胡痴等人一起，起草了宣扬"揪军内一小撮"的宣传要点，并得到江青、林彪的"完全同意"。同年 7 月又主持发表了含有这个口号的社论二十余篇，"是有错误的"。我不同意结论的这种说法。

一、"党内军内一小撮走资派""军内一小撮"的这个提法，在中央文件中曾多次提出过，或者有相近的提法。如：1966 年 5 月 16 日中共中央《通知》中两次提到"混进党里、政府里、军队里、各种文化界的资产阶级代表人物是一批反革命修正主义分子，……"1967 年 1 月 28 日中央军委命令中指出"把本单位被一小撮走资本主义道路当权派篡夺的权夺回来"。1967 年 3 月 16 日中共中央的批示中提出："党政军民学、工厂、农村、商业部门都混入了反革命分子，……"1967 年 4 月 6 日中央军委命令提到"混进党内军内的反革命分子……"到 1967 年武汉事件时，这个问题提得更加明确了。在 1967 年 7 月 24 日经毛泽东批准，中共中央批示的武汉军区的公告中，7 月 27 日中共中央、国务院、中央军委《给武汉市革命群众和广大指战员的一封信》中都有党内军内一小撮走资派等提法。至于林彪、江青、陈伯达等打着中央旗号，搞反党乱军，那是他们的阴谋。

二、中央公布"四人帮"罪行材料之三以后，在第三次结论稿中加给我的罪名是：追随林彪及其一伙，伙同王力、关锋、胡痴炮制了《解放军报》宣传方针的报告，提出了"彻底揭穿军内一小撮走资本主义道路当权派"的反动口号，并得到林彪、江青的"完全同意"。最近给我看的第四次结论稿，只是词句作了些修改，内容未变。

在这个问题上，结论和事实是不符的。1967 年初，江青在会上责备部队对文化大革命"按兵不动"，叫嚷"军队的盖子就是有人捂着"。1 月 10 日，关锋（中央文革成员，总政副主任）以传达"中央精神"为名，口授了一个改进《解放军报》宣传的六条建议，提出了"彻底揭穿军内一小撮走资派"。胡痴同志做记录，并印发中央文革和军委常委的成员。我提出不参加，因我已离开《解放军报》，《人民日报》工作忙不过来，像这样重大的政策性问题，关锋已口授成文，我没有也不可能发表任何意见。所以说我按林彪、江青的"意旨"，和王力、关锋"一起起草"是不符合事实的。附带说一句，"材料之三"说这个改进《解放军报》宣传的六条建议送出后，当时就受到毛主席的批评，[39] 这也不是事实。

三、至于说到武汉事件时，《人民日报》发表和转载了有"揪军内一小撮"口号的社论、文章二十余篇。第一，这些社论符合中共中央、国务院、中央军委、中央文革《给武汉市革命群众和广大指战员的一封信》的精神。第二，武汉事件后，陈伯达、江青、关锋在接王力回京的机场上，提出"党中央支持武汉地区造反派，揪出党内军内一小撮走资本主义道路的当权派"，并令《人民日报》按此写社论。当时他们是怎样盗用中央名义搞阴谋的，我是无法了解的。第三，《人民日报》发表的有关武汉事件的社论，每一篇都经过陈伯达、王力、关锋审批，宣传口径是他们定的，甚至社论的题目和内容也由他们规定，他们每天打电话催逼，说《解放军报》已写了多少篇，你们要快上。要是少转载一篇《解放军报》社论，关锋就斥为"大报沙文主义"。第四，《人民日报》在提到"党内军内一小撮走资派"时，前面大都冠以"武汉地区"四字(这个口径最初也是陈伯达定的)。后来，陈伯达、王力、关锋为《红旗》第十二期起草的"八一"社论，直接提出了"揪党内、军内一小撮走资派"，把矛头指向了全党全军。毛主席批评的，正是《红旗》杂志的这篇社论。

事情很明显，正是江青这伙反革命分子打着中央的旗号搞反党乱军的阴谋。如果在结论中仍然留下我在这个问题上"是有错误的"尾巴，岂不是让他们陷害我的目的得逞了吗？

我长期受"四人帮"迫害，我恳切要求给我平反，并把加在我头上的一切不实之词予以推倒，使我能重新走上工作岗位，为党的事业继续奋斗。[40]

1980年2月3日，经中央军委批准，总政治部分别给予唐平铸、胡痴"彻底平反、恢复政治名誉、撤销原中央专案审查小组第一办公室一九七八年十一月的审查结论、分配工作"的结论。传记作家叶永烈在谈到"揪军内一小撮"问题时写道：

《五一六通知》在报上公开发表，毛泽东加上的话用黑体字标出来了——那就是毛泽东当时在杭州一次次添加的话，其中特别令人惊心动魄的是这样一段话：

"混进党里、政府里、军队里和各种文化界的资产阶级代表人物，是一批反革命的修正主义分子……"

其实，追根溯源，《五一六通知》中毛泽东亲笔所加、用黑体字标明的，不是"揪军内一小撮"，而是"揪军内一批"！

不过，此一时也，彼一时也。这个时候，谁也不提这一段"最高指示"了。[41]

毛泽东不但要"揪军内一批",还同意陈伯达的"横扫一切"！毛泽东把解放军比喻为钢铁长城。没有他发话,别说"揪"了,谁敢动呢?"揪军内一小撮",不知使多少人受到迫害、蒙冤,甚至致残、致死,家破人亡。

只有真实的,而不是经过裁减和刻意加工的历史,才能称为历史。

注释

1   毛泽东在中央政治局常委扩大会议上的讲话记录,见中共中央文献研究室编:《毛泽东传(1949–1976)》,中央文献出版社,2003年,第1407–1408页。

2   中共中央文献研究室编:《建国以来毛泽东文稿》第12册,中央文献出版社,1998年,第201页。

3   同上,第210页。

4   同上,第201页。

5   同上,第227–228页。

6   "二二三"事件,1967年2月,青海西宁造反派组织夺权,占领了青海日报社。青海省军区副司令赵永夫决定对报社实行军事管制,23日,军队围攻报社,与造反派激烈冲突,造成数百人死亡的流血事件,史称"二二三"事件。

7   中共中央文献研究室编:《建国以来毛泽东文稿》第12册,第306页。

8   中共中央文献研究室编:《毛泽东传(1949–1976)》,第1447页。

9   廖盖隆:《中国共产党发展事典》,辽宁教育出版社,1991年,第231页。

10 唐平铸1976年10月6日给总政党委的信,未刊稿。

11 中共中央文献研究室编:《毛泽东传(1949–1976)》,第1471页。

12 阎长贵、王广宇:《问史求信集》,红旗出版社,2009年,第71页。

13 《关于反党分子胡痴的审查结论》,1975年6月30日,未刊稿。

14 中共中央文献研究室编:《毛泽东传(1949–1976)》,第1491页。

15 同上,第1496页。

16 中共中央文献研究室编:《周恩来年谱(1949–1976)》下卷,中央文献出版社,2012年,第172页。

17 唐平铸1976年10月6日给总政党委的信,未刊稿。

18 阎长贵、王广宇:《问史求信集》,第72页。

19 社史编写组:《新华社社史》,新华出版社,2011年,第317页。

20 《杨成武将军自述》,辽宁人民出版社,1997年,第291页。

21　中共中央文献研究室编:《建国以来毛泽东文稿》第 12 册，第 380 页。

22　穆欣:《办〈光明日报〉十年自述》，中共党史出版社，1994 年，第 360 页。

23　中共中央文献研究室编:《建国以来毛泽东文稿》第 12 册，第 383 页。

24　中共中央文献研究室编:《毛泽东传（1949–1976）》，第 1498 页。

25　唐平铸 1980 年 8 月 22 日给中共中央的信，未刊稿。

26　阎长贵、王广宇:《问史求信集》，第 69 页。

27　唐平铸 1976 年 7 月 16 日给总政党委的信，未刊稿。

28　穆欣:《办〈光明日报〉十年自述》，第 307 页。

29　阎长贵、王广宇:《问史求信集》，第 70 页。

30　吴法宪:《吴法宪回忆录》，香港：北星出版社，2006 年，第 752 页。

31　杨银禄:《亲历 1977 年秦城监狱，数数江青犯下的六项大罪（2）》，《同舟共进》杂志，广东政协主办，2010 年 1 月第 1 期，第 23 页。

32　阎长贵、王广宇:《问史求信集》，第 74 页。

33　胡痴 1977 年 11 月 3 日给中共中央的信，未刊稿。

34　王力:《王力反思录》，香港：北星出版社，2001 年，第 292 页。

35　阎长贵、王广宇:《问史求信集》，第 75 页。

36　王力:《王力反思录》，第 292 页。

37　同上，第 291 页。

38　王年一 2005 年 10 月 15 日致阎长贵的信，未刊稿。

39　粉碎"四人帮"后，中央陆续下发了"四人帮"罪行材料之一、之二、之三。

40　唐平铸:《我对第四次结论稿的意见》，1978 年 12 月 19 日，未刊稿。

41　叶永烈:《叶永烈采访手记》，新疆人民出版社，2000 年，第 373 页。

第五章

《解放军报》和《人民日报》：
毛泽东至高无上的喉舌

文革中的舆论权威"两报一刊"

"两报一刊"是文化大革命中人们最为熟悉的词汇之一。何谓"两报一刊"？"两报"，是指中共中央机关报《人民日报》和中央军委机关报《解放军报》，"一刊"是指中共中央机关理论刊物《红旗》杂志。文革时，它们被简称为"两报一刊"，是代表毛泽东和党中央声音的最高舆论权威。唐平铸在文革伊始的1966年5月从《解放军报》调任《人民日报》，经历了负责"两报一刊"中"两报"的那一段异常复杂的时期。他在1975年5月16日回忆说：

> 当时的"两报一刊"被抬得很高，它已不是普通意义上的报纸和杂志，而是传达、宣传和布置"以毛泽东为首的无产阶级司令部"最高指示、命令、战略部署，指导文化大革命进程的权威性"文件"，是毛泽东抛开已趋瘫痪的各级政府和党组织，以枪杆子为后盾，直接指挥和动员人民群众进行"战斗"的主要工具。当年，学习和贯彻落实"两报一刊"的社论，就像传达、布置学习中共中央红头文件一样，是人们政治生活的大事。[1]

在那个年代，庆祝"两报一刊"发表毛泽东的"最新指示"是重大的政治活动。无论清晨或夜晚，只要"最新指示"一发表，学校停课，工厂停工，军队停止训练，农民放下手中的锄头，成千上万的人手举《毛主席语录》和当天的报纸，涌向街头，涌向毛泽东塑像竖立的地方，敲锣打鼓，扭忠字舞，集体朗读"最新指示"。如果谁不学习"两报一刊"社论，谁不欢呼"最新指示"，那他就可能被戴上"反革命"的帽子。唐平铸的小女儿丽明说起当时的情景："有一次，'两报一刊'发表毛主席的最新指示，我们这些红小兵立刻兴奋地跳起了忠字舞。你们都难以想象，大家扭呀，跳呀，从西直门咬牙坚持跳到了天安门广场。唱'敬爱的毛主席'时，要高举《语录》抬头望着毛泽东像，表示无限崇敬；唱'您是我们心中的红太阳'时，要把《语录》紧贴胸前，表示心中有一颗红太阳。第二天我们全都累得趴下了。那时，上街欢呼是对'两报一刊'的态度问题，是对毛主席忠不忠的大是大非问题。"[2]

　　唐平铸说："《人民日报》和《解放军报》按照毛泽东的战略部署和指示，根据文化大革命中每个时期的形势和具体任务，发表指导全国、全军的社论和文章。《人民日报》的社论主要由陈伯达和中央文革签发，重要社论经毛泽东亲自审改批准后发表，林彪和周恩来参加签发的不多。《解放军报》的社论由军委、总政负责审定后发表，重要社论和文章要直送毛泽东、林彪和中央文革。"[3]

　　由中共中央政治局常委、中央文革小组组长陈伯达任总编辑的《红旗》杂志，主要发表论述文化大革命的理论方针、阐述其伟大意义和战略部署的长篇文章。唐平铸说："在文化大革命初期，由中央军委和总政治部直管的《解放军报》社论是单独发表的。《红旗》杂志和《人民日报》联名写社论也不多。后来，经毛泽东审定的重要社论改为由上述三家联名发表。从1967年国庆起，重要社论和文章全部由'两报一刊'发表。……1967年庆祝中华人民共和国成立18周年时，《人民日报》、《解放军报》、《红旗》杂志第一次联名发表了题目为《无产阶级专政下的文化大革命胜利万岁》的编辑部文。1968年元旦，第一次以'两报一刊'名义联名发表《迎接无产阶级文化大革命的全面胜利》社论。在那以后，又连续发表了《革命委员会好》《划时代的文献》《无产阶级的坚强柱石》

《用毛泽东思想统帅一切》等近二十篇传达毛泽东战斗号令的社论。"⁴

翻阅文革初期的报纸社论，在重大节日和纪念日发表的文章都是以毛泽东为首的司令部签发的，每一篇都有毛泽东的最高指示。在毛泽东的亲自领导下，"两报一刊"发布了一个又一个"在无产阶级专政条件下继续革命"的"最新最高指示"和号令。毛泽东掀起的红色浪潮，席卷了中央和全国的新闻、报刊领域，席卷了中华大地。

1966 年 5 月 31 日，根据毛泽东的指示，刘少奇和邓小平派陈伯达率工作组进驻《人民日报》。6 月 20 日，陈伯达宣布，中央政治局会议决定由唐平铸接替吴冷西任代总编辑。

1967 年 1 月 3 日，中共中央发出《关于报纸问题的通知》，指出省市报纸可以停刊闹革命，但是不应当停止代印《人民日报》《解放军报》和《光明日报》。

1 月 4 日和 6 日，上海《文汇报》和《解放日报》的造反派相继夺权。

1 月 5 日《文汇报》发表了被称为"全国又一张马列主义的大字报"的《告上海全市人民书》。毛泽东高度赞扬了这张大字报，他在接见唐平铸和胡痴等人时说："这是一个大革命，好得很！"由此开始了一场全国范围各个领域的夺权风暴。1 月 13 日，在毛泽东肯定的上海"一月风暴"鼓舞下，毛泽东的女儿肖力（李讷）带头造反，一举夺了《解放军报》的领导权。1 月 17 日，唐平铸、胡痴分别被《人民日报》和《解放军报》的造反派批斗监禁。1 月 16 日，北京航空学院"红旗战斗队"、北京大学"红旗兵团"进驻《北京日报》夺权。1 月 19 日《人民日报》发表社论《让毛泽东思想占领报纸阵地》，赞扬 1 月 3 日上海《文汇报》和《解放日报》的夺权行动"好得很"，说这是"我国无产阶级新闻事业发展史上的一个创举"。1 月 11 日至 23 日，根据毛泽东的指示，连续发出了《中共中央关于电台问题的通知》和《补充通知》，宣布各地广播电台"一律由当地人民解放军实行军事管制，停止编辑和播送本地节目，只转播中央广播电台的节目"。1 月 30 日，针对广播事业局夺权问题，毛泽东说："中央广播电台的革命同志夺了权，很好……"2 月 5 日，毛泽东针对外单位造反派插手，夺权内战激烈的《工人日报》发表了意见。而后，

《中国青年报》《大公报》等在京的各报纸和新闻单位相继被改组或夺权。
"一贯反动"的《大公报》被"中央文革"更名为《前进报》，并由大报改
为小报。2 月下旬，控制《青海日报》的西宁"八一八红卫战斗队"，与
到报社实施军事管制的部队发生武装冲突，引发了震惊全国的"二二三"
事件，死 173 人，伤 204 人。《唐平铸在〈人民日报〉期间推行资产阶级
反动路线的材料》中有这样一段：

> 团中央的黑窝挖出以后，《中国青年报》垮台，但是报社有些
> 编辑想维持残局，起来继续出报。唐平铸经刘志坚批准，竟派鲁瑛、
> 叶寒青去支援《中国青年报》出报。第二天，江青同志对唐平铸提
> 出严厉批评，说："为什么要去管《中国青年报》，他们出不来活该！
> 你们不但不应该去支援，支援了还要作检讨。"[5]

唐平铸回忆说：从报界开始的这场夺权运动不是偶然的。在文化
大革命的酝酿、发动和发展过程中，在毛泽东的号召下，造反派们很快
认识了舆论的重大作用，都把夺取舆论工具视为夺权的首要目标和主要
标志。

唐平铸遗物的工作笔记中有这样的记录：1967 年元旦前后在一次
会上，毛泽东抬起右手伸出两个手指说："报纸不必要这么多，过去影
响大的是申、新两报。"（《申报》《新闻报》是解放前在上海发行的全国
性报纸。）陈伯达插话说："北京就留一个《人民日报》、一个《光明日报》，
除军报外其他报纸可以停刊。"《光明日报》的总编辑穆欣当时是中央文
革小组成员。文化大革命开始后，全国报刊数量骤减，到 1968 年底，
北京的全国性报刊仅有《人民日报》《解放军报》《光明日报》和《红旗》
杂志。

1967 年《人民日报》、《红旗》杂志的元旦社论提出的目标格外令人
瞩目：

> 1967 年，将是在全国全面展开阶级斗争的一年。

　　1967 年，将是无产阶级联合其他革命群众，向党内一小撮走资本主义道路当权派和社会上的牛鬼蛇神，展开总攻击的一年。

　　1967 年，将是一斗、二批、三改取得决定性胜利的一年。

　　在谈到这篇元旦社论时，唐平铸对为什么在社论里提出"在全国全面展开阶级斗争"和"展开总攻击"的背景不了解，显然他还不是"圈"里的人。陈伯达在社论发表前向报社传达说，这个带有全局性的提法是毛泽东的最新讲话和最高指示。唐平铸说，社论是中央文革小组在元旦前夕直送毛泽东审定的。

　　1977 年 1 月 5 日，恢复自由一年多的唐平铸在给中央的信中说："1966 年 12 月 25 日晚，在中央文革会议上有人提到毛主席寿辰，江青板起面孔说，主席说过了，谁要再给他祝寿，就要执行党的纪律。""可是在 26 日下午，江青却带着陈伯达、张春桥、王力、关锋、姚文元、戚本禹等人跑到毛主席那里去。他们回来的当晚，在中央文革的会议上，江青得意地对张春桥说：你们这回该满足了吧。"

　　至于毛泽东为什么出人意料地同意给自己祝寿，他在寿辰时说了什么，文革小组的几个秀才为什么连夜起草元旦社论，这篇社论主要论述的依据是什么，那些围绕在江青身边的文革大员没有透露一个字。陈伯达有意支开唐平铸，让他去审改一篇评论员文章。后来唐平铸才得知，毛泽东在寿宴上说出了一句惊人的答词——"祝展开全国全面内战！"

　　那年月，毛泽东的每一句话，都是最高指示。何况毛泽东致答词时说的这一句话，显然是经过深思熟虑的。文革小组的人回来后细细斟酌，在《把无产阶级文化大革命进行到底》为题的元旦社论中，贯彻了毛泽东的答词意思，强调指出，"1967 年将是在全国全面展开阶级斗争的一年；将是向党内一小撮走资本主义道路当权派和社会上的牛鬼蛇神，展开总攻击的一年！"

　　在毛泽东号召"全国全面内战"这个十分重大的问题上，毛泽东未让林彪和周恩来等人参与决策，而是当着几个文革小组的人拍了板。毛泽东的这次讲话和随后采取的一系列措施，导致文化大革命"进入全面内战"的新阶段。

1968 年 1 月 1 日第一次以 "两报一刊" 名义发表元旦社论时, 一度被解放出来的唐平铸在《人民日报》受到监控使用, 胡痴已被监禁。尽管他们在主观上一直想紧跟毛泽东和毛泽东的革命路线, 但他们不是中央文革看中的人, 不久就都成了阶下囚。在那以后, "两报一刊" 一直由中央文革和他们的亲信所把持。

《解放军报》冲到了前面

唐平铸认为, 在文化大革命的准备和发动阶段, 毛泽东已不信任当时的《人民日报》, 他要依靠军队来推动文化大革命, 依靠 "枪杆子" 实施他的战略部署, 这是毛泽东在文革初期对《解放军报》特别重视的主要原因, 也使当年《解放军报》的地位和作用超出了党的机关报《人民日报》。在毛泽东的支持下, 出现了《解放军报》公开批判《人民日报》,《人民日报》乃至全国报刊都按照《解放军报》的口径宣传行事这种不正常的现象。《解放军报》冲到了前面。

唐平铸说: 文革初期, 根据中央和军委的指示, 总政选派的军队干部不失时机地掌握了国家主要的舆论阵地。由军报派出的人员到《人民日报》、新华社及首都各大报社和新闻单位, 主持和参与了工作。各军兵种、各大军区、省军区、野战军也先后向中央部门和地方政府派出了一批干部, 充实或接管了各个主要权力机构和要害部门。后来, 在 "三支两军" 中派出的军队人员更多了。

在这场 "政治大革命" 和 "阶级大搏斗" 中, 在《解放军报》的宣传指导思想上, 以阶级斗争为特征的思想占据了主导地位, 贯彻和执行了当时党中央、中央军委的指示和命令, 积极配合宣扬和报道了文化大革命。正如《解放军报》十年总结中所提出的那样, 做到了 "坚信、紧跟、合拍"。文革初期的《解放军报》对这场运动起了推波助澜的特殊作用。文革结束后, 时任总书记的胡耀邦, 见到当年主管《解放军报》的原总政副主任刘志坚时说: "那时你们的《解放军报》太出风头了!"[6]

毛泽东抓《解放军报》，紧跟毛泽东的林彪当然也抓。林彪对《解放军报》亲自过问，亲自下"指示"。林彪说过："在这次文化大革命中，《解放军报》高举毛泽东思想伟大红旗，奋勇当先，积极战斗，抓得很紧，抓得很好。不仅对全军的革命化、全军的教育起了重大作用，而且对全国的革命化起了重大作用。要采取一切有效措施、一切创造性做法，来加强报纸的战斗性，保持《解放军报》在全军、全国革命化中的作用。"1966 年 8 月 20 日，林彪指示："告诉《解放军报》的同志们，一定要热烈拥护毛主席，热情地支持左派，狠狠地打击右派和一切牛鬼蛇神，永远保持鲜红的颜色。""要反复宣传"，"只有多次重复才能加深认识"。[7]

唐平铸回忆说："林彪的话，有些我是当面听的。他的话传达到《解放军报》后，大家都决心坚决按他的指示努力工作。""当时林彪的指示就是命令，特别是针对《解放军报》的那些话。我们不但受到了鼓舞，而且必须无条件地执行。我们从心底里认为他的话对全军和全国的革命化、战斗化有着重要意义。"[8]

1965 年底，林彪在苏州住地当面对唐平铸说了五个"要"："《解放军报》的文章要有新意，要紧跟，要短，要精，要用自己的话。"唐平铸认为林彪的指示对如何办报很重要，他力求记住林彪的每一句话、每个字，毫不含糊地贯彻执行他的命令。

林彪主持军委工作后，以他独有的目光分析政治形势，要求《解放军报》"非常党化、非常战斗化"。他要求刊登由他首创的"复（古田之）古""四个第一""三八作风""四好连队""五好战士""抓两头，带中间"等用语和口号，而且要求把他的提法加以整理和系统化。他还要求《解放军报》整理和刊登他提出的"紧跟毛泽东短而精的警句"，比如"少而精""一句顶一万句""立竿见影""老三篇""带着问题学""背警句""活学活用"等等。有时是叶群直接通知唐平铸，有时是秘书打电话。唐平铸说，林彪的这些提法，受到了毛泽东的多次赞扬。

林彪评价毛泽东"天才地、创造性地、全面继承、捍卫和发展了"等口诀化的提法，最先发表在《解放军报》上，后来又用在 1966 年 5 月

18 日的"政变讲话"里，而且出现在毛泽东亲自审阅批准的中共中央八届十一中全会公报中。文革中林彪在多次讲话里也不断使用。这些提法被各家报纸和各类文件、文章反复引用和宣传。

《解放军报》为整理和润色林彪的语言下了很大功夫。唐平铸回忆说："许多用语都是经过我们整理和润色的。"可以说，正是军报独树一帜、"有新意"的宣传，在很大程度上重新塑造和进一步树立了林彪紧跟毛泽东的形象，为他成为接班人制造了舆论。

1965 年 11 月 30 日，叶群面见在杭州的毛泽东，汇报罗瑞卿的情况。胡痴回忆说："就在四天前，即 11 月 26 日，对自己即将到来的厄运完全不知情的罗瑞卿，在上海听到了毛泽东对北京各报不转载姚文元批《海瑞罢官》文章不满的消息后，经过考虑，他没有报告林彪，没有向军委其他成员通消息，就连夜指令《解放军报》尽快收集、了解北京各大报纸的动向和反应，紧急指示军报快写按语转载，并给按语定了调。此前，军报领导不了解姚文元炮制这篇文章的内幕，不知道它的来头，也没有认识到它的作用。中央军委没有打招呼，中宣部没有打招呼，总政治部也没有打招呼，各家报纸都在等上面的消息和指示。"

唐平铸说，当时他们谁也没有料到，毛泽东的真实意图是要挑起一场政治批判，借此扭转 1962 年"七千人大会"后刘少奇等人的"修正主义路线"，并杜绝翻庐山会议的案，进一步巩固他的旗帜与地位。

北京的报纸开始转载姚文元的文章，是该文发表后的第 19 天。11 月 29 日，《解放军报》《北京日报》在头版全文登载了姚文元的文章。次日，《人民日报》也转载了。《人民日报》将姚文元的文章放在了第五版的"学术讨论版"上。《解放军报》发表的五百多字的按语旗帜鲜明地指出：《海瑞罢官》是一株反党反社会主义的大毒草。"还提出了"这究竟是为了什么，难道不是明明白白吗？"这个很有分量的导向性提问。军报的这个"政治表态"，使毛泽东很高兴。正处于孤掌难鸣状态的江青和上海的一些人为之一振，《文汇报》《解放日报》立即以突出版面转载了军报的编者按，并有意与《人民日报》等北京的几家报纸的按语对照发表。

在陈伯达领导的工作组未进驻《人民日报》之前，毛泽东已把《人民日报》抛到了一边。他要重用《解放军报》，而且认定由《解放军报》发表他的指示和讲话，就是向全国、全军下达命令。1966 年 5 月 4 日，中央政治局扩大会议在北京召开。《解放军报》发表了《千万不要忘记阶级斗争》的社论。这篇社论由毛泽东亲自审定。按理说，这种指导全国的社论本应由《人民日报》发表。《解放军报》的社论配合了政治局会议上的激烈斗争。

唐平铸根据总政的指示主持了《千万不要忘记阶级斗争》社论的写作。社论说："本报《高举毛泽东思想伟大红旗，积极参加社会主义文化大革命》的社论发表以后，在军内外引起了强烈反响。广大工农兵群众和革命干部以高度的革命热情，纷纷来信来稿，积极参加战斗，对文化领域里的反党反社会主义的黑线，表示极大愤慨。"社论还说：建国以来文化战线上的阶级斗争是"一场斗争接着一场斗争，一次斗争比一次斗争更深入。搞掉这条黑线之后，还会有将来的黑线，还得再斗争"。

社论进一步说道："这些人反党反社会主义的活动，不是孤立的、偶尔的现象，是与国际上的帝国主义、现代修正主义和各国反动派的反华大合唱相呼应的，是和国内被推翻了的反动阶级的复辟活动一个鼻孔出气的，是和党内的右倾机会主义分子的反党活动相配合的。"社论指出：这场大论战，"绝不仅仅是几篇文章、几个剧本、几部电影的问题，也不仅仅是什么学术之争，而是一场十分尖锐的阶级斗争，是一场捍卫毛泽东思想的大是大非的斗争，是意识形态领域中无产阶级和资产阶级谁战胜谁的激烈而又长期的斗争。"社论引用了毛泽东的话："在政治思想领域内，社会主义同资本主义之间谁胜谁负的斗争，需要一个很长的时间才能解决，几十年内是不行的，需要一百年到几百年的时间才能成功。"[9]

这篇传达毛泽东意图的社论，全文四千多字，发表当天即由新华社播发，全国报纸进行了转载。《千万不要忘记阶级斗争》发表后，《解放军报》受到了广泛关注，它在许多人心目中一下超过了《人民日报》。文革初期，发表毛泽东的指示，给运动定调子的文章，都是由《解放军报》先登，再由《人民日报》和其他报纸转载。人们不明白，《解放军报》的气势为什么那么大、那么硬？为什么党中央机关报《人民日报》不首先刊登伟大领袖的指示，而先由军队的报纸发表？

《人民日报》和当时许多报刊一样，没有认识到这是毛泽东的决定，更没有认识到毛泽东重用《解放军报》的战略意义。由于《人民日报》对这篇社论不了解底细和内情，更不知道是毛泽东亲自审定的，于是5月5日在转载时删去了五百余字，这一下子闯了大祸。第二天，由康生在钓鱼台主持会议，对《人民日报》进行了严厉指责，说要"追究此事"。

5月10日下午，中央文革责令新华社通知首都所有报纸、期刊的负责人，到民族文化宫礼堂开会。张春桥宣布："姚文元《评三家村——〈燕山夜话〉〈三家村札记〉的反动本质》一文，所有的报纸明天都要转载，不准少一个字、错一个标点。少了个字，错了个标点，都由那个单位的党委负责。《人民日报》转载《解放军报》社论，把内容作了重要删节，不准删。除了北京的报刊，新华社也通知全国的报刊，注意不要删节。《人民日报》明天要重新刊登《解放军报》社论，把删去的地方用黑体字排出来，做自我批评。《中国青年报》也删了，今天重新登了，没用黑体字，要再登一次，也应该进行自我批评。"

后来，毛泽东考虑到《人民日报》的国内外影响，才免去了公开登报检查。时任《人民日报》副总编辑的李庄是这样回忆的：

> 为了摆脱险恶的处境，《人民日报》抓紧利用一切机会"自赎"。4月16日，《北京日报》用三版篇幅刊登揭露《三家村札记》《燕山夜话》是"反党反社会主义"的材料，《人民日报》立即发排，准备转载"表态"。谁知接到通知不得转载。为什么？不清楚。于是继续在原有批判的轨道上做工夫：增加篇幅，提高调门，多搞标语口号，"大造革命声势"。但是听不到任何肯定之词。写了参加战斗的社论送审，一概没有下文。相反，透露由江青主持的部队文艺座谈会精神的《高举毛泽东思想伟大红旗，积极参加社会主义文化大革命》，作为一家大报的社论于十八日发表，《人民日报》赶忙

在十九日转载；另一篇《千万不要忘记阶级斗争》，收录了毛泽东准备发动文化大革命的一系列言论是经过毛泽东审定的，在当时是头等重要文章，也作为《解放军报》社论在 5 月 4 日发表，《人民日报》赶快在 5 月 5 日转载，由于作了删节，酿成大祸。以后高炬的《向反党反社会主义的黑线开火》、姚文元的《评三家村——〈燕山夜话〉〈三家村札记〉的反动本质》等在当时给"运动"定调子的文章，都是别的报纸先登，《人民日报》转载。政治动向不摸底，领导意图不清楚，全社工作人员都明白自己已被抛到一边，中央党报不在王府井大街了。[10]

1966 年 5 月 8 日，《解放军报》发表了署名为"高炬"的文章《向反党反社会主义的黑线开火》。文章是军报编辑部起草的。胡痴回忆："有人说'高炬'（意为高举毛泽东思想红旗）是江青的笔名，或说（这篇文章）是江青主持写的，江青也曾向红卫兵吹嘘'高炬的文章是我写的'，其实江青当时还在上海，1966 年 7 月 20 日才回北京。"

同日，《光明日报》也发表了署名"何明"的文章《擦亮眼睛，辨别真假》，把矛头指向了北京市委。"何明"是关锋的笔名。据当时在钓鱼台的中央文革小组成员穆欣证实，这两篇文章是由陈伯达审定发表的，它们在文革初期起了煽风点火的作用。

文革初期，《解放军报》奉命陆续发表了不少宣扬推动文化大革命的文章。毛泽东的女儿肖力（李讷）在揪出唐平铸和胡痴之后，《解放军报》以"全新的无产阶级革命造反派的战斗姿态"，发表了许多咄咄逼人、杀气腾腾的"战斗檄文"。同时，军报内部进行了严厉的整肃，把肖力等人认为反对毛泽东思想，公开对抗、消极抵制文化大革命的人定为"反党分子""阶级异己分子"，一个个揪了出来。在文革中，《解放军报》70% 以上的干部（包括唐平铸、胡痴等负责人）先后被揪斗、隔离审查、劳改、关押。

工作组进驻《人民日报》

在文化大革命伊始的 1966 年 5 月，刘少奇、邓小平派陈伯达率工作组进驻《人民日报》，掀起了一场政治风暴。

1966 年 5 月 4 日至 26 日，在北京召开了中央政治局扩大会议。身在杭州的毛泽东虽未出席，但对议题、文件等都做了具体指示和安排，整个会议的基调是由他 4 月在杭州主持的中央政治局常委扩大会议上决定的。5 月 30 日，陈伯达、康生从上海毛泽东处带着任务回到北京。当天，经政治局讨论，刘少奇、周恩来、邓小平联名给毛泽东写信请示，拟组织临时工作组，在陈伯达直接领导下，接管《人民日报》。因当时亟须有人主持党中央的喉舌《人民日报》，替换总编辑吴冷西。由总政推荐，经政治局讨论决定，唐平铸任《人民日报》代总编辑。

毛泽东当日批示："同意这样做"。《建国以来毛泽东文稿》第 12 册第 61 页的注释摘引了这封给毛泽东的信：

> 刘少奇、周恩来和中共中央总书记邓小平一九六六年给毛泽东写信说，两个月来，《人民日报》的威信大大下降，对党和国家造成不利影响。由于报社编委会不能改变现在的局面，许多人要求中央派工作组去。我们今日开会讨论，拟组织临时工作组，在陈伯达的直接领导下，掌握报纸每天的版面，同时指导新华社和广播电台的对外新闻。在京工作组人员拟于五月三十一日即进报社工作。报社内部进行整风，学习文件，也可以继续写大字报。一部分态度较好，愿意积极工作的编辑人员，要集中力量维持每日版面。在报纸版面改观后，再进一步解决内部问题。信末尾还附有临时工作组在京人员名单。毛泽东阅后写了这个批语。[11]

由于毛泽东当时不在北京，在京主持工作的刘少奇接见了唐平铸，向他宣布了到《人民日报》任职的决定。5 月 30 日晚，邓小平同刘志坚、唐平铸谈了话，提出《解放军报》要支持《人民日报》。邓小平在解放战争时期是第二野战军的政委，是唐平铸的老领导。可惜刘志坚、邓小平与唐平铸的谈话记录在文革中被造反派抄家抄走了，已无从查找。

唐平铸没有想到，这一调动使他卷入了文革政治斗争的漩涡中心，并为此坐了近七年的牢。

5月31日，邓小平召集首都各新闻单位在中南海怀仁堂开会，唐平铸、胡痴（被任命为《解放军报》代总编辑、新华社代社长）也参加了。主席台上坐着邓小平、陈伯达、康生等人。邓小平宣布：经毛主席批准，中央决定派陈伯达率临时工作组进入人民日报社。《人民日报》的工作由工作组领导。他要求各新闻单位都要支持中央工作组，把《人民日报》办好。工作组一定要把报纸的宣传抓好、管好。当场宣布了由陈伯达任组长，工作组成员包括《光明日报》总编辑穆欣、总政宣传部副部长钱抵千、《解放军报》副主编尚力科和朱悦鹏、《红旗》杂志的扬丁及尚未选定的上海二人（其后由张春桥从上海派来的是鲁瑛、邵以华）。邓小平解释了派工作组的理由，他说："最近相当长的一段时间，《人民日报》的宣传跟不上中央的步调，许多重大问题都是先由《解放军报》报道，外电说，现在是军队的报纸领导中央的报纸，这是极不正常的情况。"唐平铸、胡痴两人私语："让《解放军报》先报道，是中央决定的。"

邓小平讲完后对陈伯达说："老夫子，你讲讲。"陈伯达只讲了几句，他说："工作组要帮着把《人民日报》办成一个毛泽东思想的报纸。""吴冷西不仅要换脑筋，还要换脑袋，如果不换脑袋，人也要换掉。"康生讲了近一个钟头，他说这不仅仅是"大报思想问题"，而是方向问题。他继续严厉追问《人民日报》删减《解放军报》社论是何居心。会场的气氛紧张，鸦雀无声。

陈伯达带着工作组一到人民日报社就宣布：从现在起，由工作组领导《人民日报》，报社领导不得插手，各部门立即进行调整，推选的部门新负责人报工作组批准。会上，吴冷西要发言，刚说了几句，陈伯达就打断了他的话，不让他讲下去。陈伯达还规定，每天晚上，新华社、中央广播电台的负责人必须到人民日报社开碰头会，统一"宣传口径"。

5月31日当晚，唐平铸、胡痴按照总政副主任刘志坚的通知，以《解放军报》负责人的身份也到了《人民日报》。他们与原先同是第二野战军战友的中央文革小组成员穆欣是前后脚到的。

此前，一直在军队工作的唐平铸与陈伯达无工作上的关系，更无私交。后来有人猜测他到人民日报社工作是陈伯达点的将，总编辑是自己主动帮忙"帮"出来的，这是不符合事实的。陈伯达在讲话中也曾否认此事。到中央广播事业局任职的丁莱夫（军政委），是由总政推荐，中央批准的。先期参加《人民日报》工作组的成员钱抵千，《解放军报》的朱悦鹏、尚力科等人也都是总政选调，并经中央批准后到人民日报社工作的。

刘志坚说："调《解放军报》的人去《人民日报》，是1966年5月30日晚定的，是小平同志定的。他说去的人要'净身'，要全力抓好《人民日报》。陈伯达提出要调《解放军报》的一半人去，我不同意。我说，你要一半，军队的报纸就不能办了。经总政研究，开始派了钱抵千等几人，后来还是决定放唐平铸去了。5月30日晚，小平同志同唐平铸谈了话。"[12]

当时，总政系统已根据中央的指示，先后派出了刘志坚、谢镗忠等军队干部参加中央文革小组及其机构的工作，并选派了南京军区的肖望东到国务院文化部主持工作，还派了刘志坚、谢镗忠、李曼村、陈亚丁等人参加了江青搞的"文艺座谈会纪要"的起草工作。唐平铸长期从事军队报纸工作，是《解放军报》的负责人和军内的笔杆子，属选送之列。

6月2日，陈伯达与《人民日报》全社人员见面。他说："你们的报纸脱离党中央、毛主席相当远了，我们在你们报社内搞了一个小小的政变。这是无产阶级的政变，这是中央派我们临时工作组来帮助《人民日报》从脱离党中央、毛泽东思想的轨道转到党中央、毛泽东思想轨道上来，使你们的报纸成为文化革命中的先锋。夺权斗争是个很严重的斗争，是不容易的斗争。"

他接着说："现在你们的领导和广大工作人员处于对立地位，这也是阶级斗争。总之，你们里面是一分为二，大多数人是站在无产阶级一边，和党一条心，但有少数人是和党两条心，三心二意的。你们领导里有，工作人员里也有。"

6月8日，陈伯达对唐平铸说，他将于次日（9日）去杭州向毛泽东汇报工作，由唐平铸来代理《人民日报》工作。6月16日，陈伯达宣布吴冷西停职反省。6月19日，他又以中央工作组的名义宣布，唐平铸担任"《人民日报》文化革命小组组长"。6月20日，陈伯达在《人民日报》全体工作人员大会上，正式宣布了中央的决定：唐平铸代理《人民日报》总编辑。

从此，毛泽东的"最高指示"首先在《人民日报》发表，重要信息由《人民日报》发布，改变了文革初期许多重大问题先由《解放军报》报道的局面。毛泽东对《人民日报》的"小小政变"是满意的。此后《人民日报》发表的社论和评论，基本反映了毛泽东指导这场"触及灵魂的大革命"的思想，表明了他要彻底肃清党内一小撮走资派的决心。《人民日报》在文化大革命期间每天出报，从没有间断过。唐平铸说，毛泽东不赞成《人民日报》"另起炉灶"。他指示："《人民日报》编辑部的人，三分之一下乡劳动，三分之一搞调查研究，三分之一工作。"一天夜间，陈伯达在《人民日报》吃工作夜餐时，对在场的唐平铸、胡痴说："我看你们《解放军报》的干部可以一分为三，一部分留下办《解放军报》，一部分来《人民日报》，一部分去新华社。"

毛泽东回京后，决定撤销刘少奇"资产阶级司令部"派到各地、各部门的工作组。陈伯达在《人民日报》上多次说，他领导的《人民日报》中央工作组，是经毛主席批准的，是全国唯一的执行毛主席无产阶级革命路线的工作组，他是全国保留到最后的一个工作组组长。其实，对刘少奇、邓小平派工作组的做法陈伯达是支持的，他曾经专门到北大，支持张承先的工作组，还给张承先做了指示。派到新华社、中央广播事业局的工作组也是他同意的。

8月9日，唐平铸在《人民日报》传达毛泽东的话："不破修正主义，马列主义是立不起来的。工作组（指刘少奇派的工作组）不撤，文化革命委员会是成立不了的。多年来，我曾经对《人民日报》批评过多次，《人民日报》就是不听话，这次陈伯达的扫帚不到，吴冷西这伙人的灰尘，照例不会自己跑掉的。"[13]

这年稍迟一些的时候，毛泽东在同阿尔巴尼亚部长会议主席谢胡谈话时，曾又一次讲到《人民日报》夺权问题。大意是："我们整个教育系统都是在资产阶级的统治下，大多数报纸，包括《人民日报》，都是资产阶级掌握的。名为党员，实际上是资产阶级知识分子。我讲了多少年，说报纸不行，要他们改。他们不听，他们可不搞'个人迷信'了！去年六月一日，我才夺了《人民日报》的权。"[14]

毛泽东接见

1966 年 8 月 28 日，回到北京的毛泽东在中南海住地专门接见了唐平铸和胡痴，当时在场的有陶铸、陈伯达、张平化等。[15] 毛泽东像聊天似的一一问唐平铸和胡痴，籍贯是哪里，年龄多大了，原来是哪个部队的。毛泽东指着唐平铸说："湖北、湖南一湖之隔，你是我的半个老乡嘛。在延安时，就听说抗大的学员中有几个从日本留洋回来的学生。那时从国外来的留学生还不多。我们吸引了很多的知识分子，蒋介石叫我们土匪，我们的根据地小，生活又艰苦，可你们还是来了。"当听说他们原是"二野"（人民解放军第二野战军）的，毛泽东笑着说："你们是刘伯承、邓小平的部下嘛。"在听完他们的汇报后，毛泽东突然话锋一转："以前邓拓反对我，吴冷西反对我，不晓得你们反对不反对我？"毛泽东又接着说："部队的同志也许会好些。"[16]

唐平铸和胡痴这两个在战争及和平时期一直从事政治思想和宣传工作的军人，对毛泽东怀有疑问的询问，一时不知如何回答，甚至连"坚决按照毛主席的指示办事"这句人们最常用的话都没有来得及说。最高统帅的接见，使他们激动不已，他们决心为毛主席的革命路线奋斗到底。回家后，他们兴奋地用毛主席握过的手与孩子们握手，同家人一起分享心中的喜悦。当报社的人们听到他们传达受毛泽东接见的喜讯时，全都沸腾了。

毛泽东希望能掀起一场群众性的大风暴。

他接见唐平铸和胡痴时，把自己的心情说得很明白：

"现在学生对一斗二批三改不感兴趣，心里不在学校，要到社会上去横扫牛鬼蛇神。一斗、二批、三改，这是我讲的，现在群众不听了，他们已经超出了学校的范围，超出了本单位本市本地区。""现在的学生心不在一斗、二批、三改。我们领导上，在报纸宣传上，硬要把学生拉到这个方面去，这是违反学生的潮流。"

毛泽东说："让他们去嘛，留些人轮流看家就行了。他们要出个介绍信，就统统开，管他是左派右派。文化革命委员会的人要去，也可以让他们去。有些坏人也会出去。坏人出去无非是放毒，在家里放毒，到外面放毒，都是一样。"

他还说："我们开了个会，还有很多人没有转过来，他们就是不执行。有些人当群众围攻他们的时候他们躲起来，这是临阵退却。"

值得注意的是，毛泽东在这次谈话中把文化大革命原来设想的时间又延长了，他说："文化革命的时间，看来到年底还不行，先搞到春节再说。"[17]

卷入上层政治斗争的漩涡

初到《人民日报》的唐平铸，对党中央上层的斗争不了解底细和内情。在唐平铸的"反党罪行录"中有这样一条：

> 唐平铸在《人民日报》1966 年"七一"社论《毛泽东思想万岁》里玩了阴谋，在社论中把刘少奇美化成高举毛泽东思想伟大红旗的人。他并把这个社论清样送给刘邓审查。这篇社论原计划根本没有打算引用刘邓的话，唐平铸出主意，非要引用不可。但在邓小平发表的文章讲话中，找不到一句谈到毛泽东思想的话，唐平铸就查自己的笔记本，从中找了邓的一句话，经唐修饰后写入社论。[18]

虽然经过陈伯达审定，但在社论里写上刘少奇和邓小平论述毛泽东思想的话，显然与刘少奇、邓小平接见唐平铸有关。文革初期，刚到《人民日报》的唐平铸不了解中央上层的斗争，想不到存在所谓刘邓和毛泽东的"两个司令部"。多年之后，刘少奇的追悼大会在北京人民大会堂举行，刘少奇遗孀王光美邀请了唐平铸参加。

唐平铸到《人民日报》一个多月后，陈伯达来得少了，但是《人民日报》要刊登什么，基调是陈伯达定的，社论是由他亲自抓的。唐平铸还有一个顶头上司，就是新任中宣部部长的陶铸。陶铸也经常直接向唐平铸下达指示和传达意向。唐平铸很佩服陶铸的才华和水平，但是他并不了解上层复杂的关系和斗争，只是按照军人的天职，服从命令。

随着一篇篇社论和文章的发表，唐平铸被抛入了政治斗争的漩涡之中。毛泽东亲自召见他，林彪、周恩来、陶铸多次同他谈话，陈伯达、康生、江青、王力、关锋等人也以中央和中央文革的名义向他下达指令。唐平铸领导的《人民日报》成了各方力量争夺、较量的前沿阵地。

当时给唐平铸的任务主要有三个方面，一是在陈伯达的领导下，根据中央的指示宣传文化大革命的意义、部署和方针；二是搞好《人民日报》内部的斗批改；三是根据中央对各个时期的要求，抓好社论及重要文章的撰写、发表。对于长期从事军队政治工作的唐平铸来说，他既不熟悉《人民日报》的情况，也无从了解在中央一线工作的刘少奇等人与毛泽东的严重分歧，更谈不上对文化大革命有什么深刻理解。仅凭对毛泽东的崇拜和共产党员的责任感，要完成这些任务是相当吃力的。他回家后对妻子说："我真是高度紧张，勉为其难。"

他每天工作十几个小时，常常是通宵达旦。除了《人民日报》的工作，他还兼顾《解放军报》的工作，并领导全国记协，后来又加上了全军文革小组成员的职务。他疲于列席中央及军队的重要会议，从中了解、理解、记录（有时只能用心记）精神和要点，回到报社要立即组织、领会、消化，再根据这些精神、指示，转化为文字，写出文章。一篇社论或评论往往要来回改七八稿，甚至一个字、一句话要"抠"上半天，然后再送陈伯达、王力、关锋和分管宣传口的文革小组顾问、中宣部部长陶铸审阅。重要文章经他们批阅后直送毛泽东、周恩来、林彪签发。

　　周恩来等接见尚在支撑工作的中央各部委领导时，唐平铸和钱抵千等经常要陪同。据唐平铸回忆，有些部委的负责人汇报完工作，回去以后就被造反派拳打脚踢，抓去游街了。当时唐平铸利用会见的机会，尽可能地向周恩来和陶铸请示汇报工作，以了解上层的精神。有时，日理万机的周恩来把唐平铸叫到自己的汽车上，利用行车时间谈工作。这一切使唐平铸深受感动，他把是否积极投身文化大革命看成了党中央对他的考验。

　　时任《光明日报》总编辑的穆欣回忆说："总理主动询问我有关新闻界的情况，关怀我和《光明日报》的困难处境。他早知道江青每天把我发配到《人民日报》管版面的事，还问我《人民日报》的情况，同时让我转告唐平铸，努力把报办好。"[19]

陈伯达主持的《人民日报》社论

　　文革初期，《人民日报》的社论大致是这样写出的：一是毛泽东口授，由陈伯达、王力、关锋等拟就，再由毛泽东审定；二是由中央文革小组成员执笔写出；三是由陈伯达等人口述或提出要点，唐平铸和编辑部草拟后经他们修改送审；四是根据毛泽东的"最新指示"，并针对当前的形势，唐平铸和编辑部撰写，这样的社论和评论文章占不小的比例。

　　1966 年 6 月 1 日，即陈伯达进驻《人民日报》的第二天，发表了由他亲自修改审定的社论《横扫一切牛鬼蛇神》。唐平铸回忆说："5 月 31 日晚 10 点多，军队来的钱抵千、朱悦鹏、尚力科三人赶到了《人民日报》办公室。他们按照陈伯达的要求和口述，当天下午就赶写出了社论初稿，社论把《五一六通知》和林彪 5 月 18 日讲话的一些内容放了进去。钱抵千说康生和陈伯达参加过林彪讲话的修改，陈伯达不会不同意放在里面。社论第四自然段中关于政权问题的论述，几乎全是引用林彪的话。"

　　"陈伯达来到办公室后，文革小组的王力、关锋、穆欣围坐在他的周围，一间不大的会议室，原来是胡绩伟的办公室，一下子挤了十多个人，一些人只好坐在远离桌子的椅子上。[20] 我那时还不是工作组成员，我和胡痴是以《解放军报》负责人的身份到《人民日报》的，想看看陈伯达是怎么审改由军队人员起草的这篇社论的。由于初稿是按陈伯达的意见写的，他对稿子的内容谈得不多，同意把林彪的讲话放进去。他只修改和调整了个别字句，但对社论的题目《再接再厉，把无产阶级文化大革命进行到底》不满意，认为过于一般化，没有震撼力，他用铅笔在一张纸上画了半天，拟了好几个题目，最后做主圈定了《横扫一切牛鬼蛇神》。社论定稿后，陈伯达要求标题为通栏，字用楷体。"唐平铸说："他都把文章改定了，还问大家有什么意见，我们能说什么呢？经他这样一改，口气大了。"[21]

后来在审判陈伯达时，他承认这篇文章是他主持撰写和亲笔修改定稿的。据刘志坚回忆："这篇社论第二天见报，事前主席没有看。"[22] 在公审陈伯达时，审判员当庭出示了《人民日报》工作组成员钱抵千和朱悦鹏分别写的证言，及陈伯达修改的社论初稿和清样。陈伯达听后交代说："这篇文章的全部责任，全部，不是一部分的责任，我都要负担起来。""就凭这篇文章，也可以判我死刑了。"

陈伯达在《人民日报》审改的这一开篇之作，在文革结束后被称为是在向全世界宣布中国发动了文化大革命。党中央报纸在上面"放火"，下面当然就开始"点灯"，这篇社论在社会上掀起了大浪，成为号召开展文化大革命的动员令。

陈伯达的罪名之一是反革命宣传煽动罪。他出狱后向他的儿子陈晓农说："社论不是我写的，但经过我审改，标题是我定的，现在人家说是反革命煽动，我不能牵连别人，自己一人承当就是了。既然定为反革命煽动罪，那还不是想判死刑。罪名都定好了，还说什么呢？所以我说可以判死刑。"[23]

在中央党报上用通栏标题的社论向全国、全党提出"横扫一切牛鬼蛇神"，在那个疯狂的年代，其作用就不一般了。

唐平铸说：毛泽东支持"横扫"，不能把责任全推给陈伯达。认真研究一下毛泽东的一系列讲话，即可了解，"横扫一切牛鬼蛇神"反映了毛泽东晚年的思想。以下这些讲话和批示完全可以说明这一点：

1963 年 2 月 26 日毛泽东在中央工作会议上说："再有几年我们的干部是可以教育好的，可以把那些牛鬼蛇神打下去。既然是牛鬼蛇神，就要打。打的方法，也不能个个拿来枪毙，不能用那个生硬的方法。像刘少奇同志那一天讲的斯大林那个方法，动不动就杀人，那不解决问题。"²⁴

1966 年 6 月 1 日，毛泽东在杭州看到了北京大学聂元梓等七人的大字报。他说这张大字报是 20 世纪北京公社宣言，比巴黎公社意义更重大。随即批示："此文可以由新华社全文广播，在全国各报刊发表，十分必要。北京大学这个反动堡垒，从此可以开始打破。"当晚，中央人民广播电台播发了被毛泽东称为全国第一张"马列主义"的大字报。

6 月 2 日，《人民日报》根据毛泽东的指示，全文刊登了这张大字报。由王力、关锋、曹轶欧（康生的妻子）等人执笔的评论员文章的小样，陈伯达没有做大的改动，最后将标题定为《欢呼北大的一张大字报》。毛泽东肯定的这张大字报提出："坚决、彻底、干净、全面地消灭一切牛鬼蛇神，一切赫鲁晓夫式的反革命修正主义分子。"

7 月 8 日，毛泽东在给江青的信中说："现在的任务是要在全国基本上（不可能全部）打倒右派，而且在七八年以后还要有一次横扫牛鬼蛇神的运动，不仅这次搞，尔后要有多次扫除。"²⁵

8 月 4 日，毛泽东在中央常委扩大会议上严厉谴责派工作组，他说："这是镇压，是恐怖，这个恐怖来自中央。"而且甩出了让在场的人毛骨悚然的话："牛鬼蛇神，在座的就有。"²⁶

8 月 28 日，毛泽东在接见唐平铸、胡痴时说："现在学生心思不在学校，要到社会上去横扫牛鬼蛇神。我们在领导上，在报纸宣传上，不要违反学生的潮流。"²⁷

9 月 15 日，毛泽东第三次接见红卫兵，他在陶铸送审的、为林彪撰写的在接见大会上的讲话稿上加了一段话，强调不能允许"牛鬼蛇神"炮打无产阶级司令部，"要粉碎这些牛鬼蛇神的阴谋诡计，识破他们，不要让他们的阴谋得逞。"²⁸

以上引用可以窥见毛泽东对"横扫一切牛鬼蛇神"的态度。

　　唐平铸回忆说："当时，陈伯达基本上每晚坐镇《人民日报》，修改、审核社论、评论和查看版面。社论大都是白天在钓鱼台写好，当晚到《人民日报》审改小样，做最后润色，第二天早上报纸开印。陈伯达把中央的几个大的舆论单位都包揽了。他规定：每天晚上新华社、中央人民广播电台的负责人，必须到《人民日报》碰头，研究布置第二天的宣传，确定要发表的重要稿件。"

　　从 1966 年 6 月 1 日到 8 日的短短几天里，《人民日报》连续发表了六篇指导全国开展文化大革命的社论：《横扫一切牛鬼蛇神》《触及人们灵魂的大革命》《毛泽东思想的新胜利》《夺取资产阶级霸占的史学阵地》《撕掉资产阶级"自由、平等、博爱"的遮羞布》《做无产阶级革命派，还是做资产阶级保皇派》。这些社论大都经陈伯达授意草拟、口述、主持修改、定稿，实际上向全国公布了《五一六通知》的内容。在毛泽东的支持下，这一篇篇社论气势之大、分量之重、所涉及的问题之严峻，顿时绷紧了人们的神经。这些关乎中国命运前途的连篇檄文，就像一套重量级的组合拳，拳拳击向了"牛鬼蛇神"，点燃了文化大革命的熊熊烈火。仅凭陈伯达这个自称"小小老百姓"的"理论家"，是没有胆量和能力这么干的。

　　据唐平铸说，1966 年 6 月份《人民日报》共发表有关文化大革命的社论 11 篇，转载《红旗》杂志社论两篇，转载《解放军报》社论两篇。另外，《人民日报》有纪念六一国际儿童节的社论 1 篇，有关国际问题的社论 3 篇。六月份《人民日报》发表和转载社论及一篇评论员文章，共 20 多篇，除前述《横扫一切牛鬼蛇神》等 6 篇外，还包括：《用毛泽东思想哺育革命后代——纪念六一国际儿童节》《欢呼北大的一张大字报》《毛泽东思想是我们革命事业的望远镜和显微镜》（转《解放军报》社论）《我们是旧世界的批判者》《毛泽东思想领先，干部层层带头》（转《红旗》杂志）《无产阶级文化大革命万岁》（转《红旗》杂志）《放手发动群众，彻底打倒反革命黑帮》《彻底搞好文化革命，彻底改革教育制度》《革命的大字报是暴露一切牛鬼蛇神的照妖镜》《把我们的工厂办成毛泽东思想的大学校》（转《解放军报》社论）《党的阳光照亮文化大革命的道路》《中阿友谊的又一高峰》《团结起来，投入火热的战斗——祝贺亚非拉作家会议开幕》《中阿战斗友谊万岁》。

唐平铸刚到《人民日报》时，陈伯达分别送给他和胡痴自己亲手书写的条幅。给唐平铸的写的是："立定脚跟撑起脊，展开眼界放平心"，给胡痴的写的是："伯达不达，胡痴不痴"。但是工作一段时间以后，陈伯达对唐平铸越来越不满，认为他不理解他的思想，处处抵制他。唐平铸去世后，在他的遗物里找到了陈伯达的手迹。笔者把这张条幅珍藏了多年。如果仅从书法角度来评价，陈伯达的墨迹确有功底。

《抓革命，促生产》社论引起风暴

1966 年 9 月，搞了三个多月的文化大革命迅猛异常，破四旧、斗黑帮，串联造反，大字报和大标语铺天盖地，国民经济和生产形势急剧恶化，大多数工矿、交通甚至农村的生产受到严重破坏。全国形势既不是报道的那样"大好"，也不是什么"小好"，而是一团糟。

周恩来、陶铸十分焦急。根据他们的紧急指示和口述，《人民日报》起草了《抓革命，促生产》社论，意图扭转经济生产局面。社论明确提出："工人、贫下中农是革命的主力军，他们完全能够把本身的革命运动搞好，而且那里的情况不同，生产任务很重，外边的人不明了情况，去干预，容易影响生产的正常进行。"社论要求："所有工矿企业、人民公社、基本建设单位和科学研究单位的领导人员，都要紧紧抓住文化革命和发展生产这两个环节"，"要一手抓革命，一手抓生产，职工的文化革命放在业余时间去搞，外出串联的必须迅速返回，要适当分工，成立两套班子，一个班子抓革命，一个班子抓生产"。

陈伯达在审改时，不同意"在党委统一领导下成立两套班子"中"在党委统一领导下"一语。9 月 6 日，主持草拟社论的唐平铸向周恩来写了请示：

总理：

　　送上《抓革命，促生产》社论，请审阅。社论初稿已经伯达同志审改过，准备今晚用。

　　敬礼！

唐平铸

九月六日

　　注：已呈送主席、陶铸同志审阅。[29]

　　当日，周恩来批示："平铸同志：同意。"毛泽东、周恩来、陶铸分别审批了社论送审稿。陶铸在送审稿上写道：

主席：

　　看来现在强调抓革命、促生产问题十分必要。

　　毛泽东在"主席"二字上画了圈，并把社论中"发展生产"改为"发展社会主义国民经济"。唐平铸在送审件上特意写了"社论初稿已经伯达同志审改过"，含蓄表明有不同意见。翌日（9月7日）午夜1时，陶铸在给毛泽东的送审稿上也特意写了"与伯达同志商量的《人民日报》写了篇社论，时送陈审阅"。陶铸说，能批下来就不错了。

　　为了加强社论的力度，唐平铸在《人民日报》的报眼上选登了一条毛主席语录："无产阶级文化大革命是使我国社会生产力发展的一个强大的推动力。"《人民日报》社论发表后，"抓革命，促生产"成了文化大革命中最响亮的口号之一。随着运动的开展，这个口号逐渐扩展为"抓革命、促生产、促工作、促战备"，有些地方报纸和学校还加了"促学习"。这个口号贯穿了文化大革命的始终。

　　1971年"九一三"事件后，口号后面加了"批林整风"；1974年，口号后面为"批孔，反击右倾翻案风"；1976年初，口号后面变成了"批邓，反击右倾翻案风"；1976年11月，华国锋提出："抓革命，促生产，痛击四人帮。"

1966 年 9 月 14 日，在周恩来、陶铸等人的主持下，经请示毛泽东，召开了政治局扩大会议，以中共中央的名义发出了《关于抓革命促生产的通知》，再次重申和肯定了《人民日报》社论中的要求，强调工矿企业、农村等"绝不能停止生产"。

通知说：《人民日报》9 月 7 日《抓革命，促生产》的社论应当写成大字报，在各机关、企业、事业单位内外张贴，并组织全体职工认真学习讨论。""学校的红卫兵不要进入那些工矿企业、科学研究、设计事业单位去串联"，要保证生产、建设、科学研究等工作的"正常进行"，等等。该通知针对江青、陈伯达等人的反对声音，明确强调和重申了"应当在党委统一领导下成立两套班子：一套班子抓革命，一套班子抓生产"。

1966 年 9 月 15 日，林彪在接见全国各地来京革命师生大会上说："红卫兵战士们，革命同学们，你们斗争的大方向，始终是正确的，毛主席和党中央坚决支持你们！" 他还说："我们工农群众，一定要听毛主席的话，坚守生产岗位，坚守战斗岗位，要坚决站到革命师生一边，支持他们的革命行动，做他们的强大后盾。"

按说，这么多的领导人审定和支持的《人民日报》社论当时应当起到很大的作用，其实却不然。尽管社论发表后，特别是中共中央通知下达后，抑制了一些人的造反和串联行动，生产形势一度出现了转机，但握有实权的江青、康生一伙人明里一套、暗里一套。他们抓住毛泽东要大搞大闹，揪出以刘少奇为首的大大小小"走资派"的心理，故意散布"革命搞不好，生产就上不去"等言论，他们打着"反对唯生产力论"的旗号，四处鼓动、挑唆狂热的人们起来造反和串联，恶意诋毁《人民日报》社论。

就在《人民日报》社论发表的当天，在中央文革江青等人的蛊惑下，数百人围攻了人民日报社，声言要揪出炮制社论的黑手，强烈要求总编辑出来辩论。说什么"毛主席提的是抓革命、促生产，这个社论实际上变成了抓生产、促革命，是在阴险抵制革命！是在玩文字游戏！是一个阴谋！为什么不让学生去工厂、农村串联？我们响应毛主席的号召起来闹革命，你们怕什么？""为什么要成立两套班子，你们要浑水摸鱼吗？"
还有人恶狠狠地说："我们就是要革命，就是要造反，鱼和熊掌根本不
能兼得！"

　　1966 年 11 月 10 日，上海动乱日益加剧，全国工农业生产局面越
发不可收拾。当日发生了以王洪文为首的"工总司"聚众卧轨，数千人
企图强行登车北上，阻断宁沪线的"安亭事件"，致使宁沪铁路交通中
断达 30 多个小时，上海站数十趟列车不能发出，开入的近百趟客、货
车被迫停在沿线各站。事件很快波及全国，国民经济受到了严重的影响。

　　周恩来心急如焚，当日指示唐平铸赶紧再发表一篇已草拟的《再论
抓革命、促生产》社论，希望以党报的声音紧急扭转生产急速下滑的局
面。此时唐平铸已觉察出中央上层斗争的端倪。他对妻子说："大不了
把我撤职、关起来，再不抓生产，党和国家就要完了！"

　　该社论是 11 月 9 日晚周恩来、陶铸等人听取国务院各口关于生产
形势的汇报后，亲自主持讨论的，由唐平铸起草，第二天就发表了。那
天事情紧急，周恩来把唐平铸叫到他的汽车上，来不及吃饭，自己一边
啃着饼干，一边又重申了生产建设绝不能中断、停滞的重要性，并坚持
按此意见成稿。唐平铸回忆说："总理非常着急，也非常沉闷，听了他
的话我十分感动。"周恩来指出："红卫兵不要到工厂、农村去串联，不
要去影响工农业生产，工人、农民不能像学生那样放假闹革命，否则，
吃什么，用什么？"[30]

　　同一天，在上海事态越发严重的情况下，陶铸在人民大会堂东大
厅主持讨论社论时说："就是要把他们压下去，写这社论把他们压下去。"
参加会议的唐平铸心里很明白，陶铸说的"把他们压下去"，决不是泛
泛而指。

　　这篇社论的第一句话就是"抓革命、促生产，这是毛主席提出的方
针，一再强调的方针"，社论强调指出："抓革命、促生产的方针不论在
城市工矿企业、事业单位里面，在一切科学研究和设计部门里面，在农
村里面，都是完全适用的，没有例外的，必须坚决遵守、时刻遵守的。""在
工矿企业、事业单位和农村里搞文化革命，必须在生产以外的时间进行，

利用业余时间进行，而不能占用生产时间，不能离开生产岗位。"还严格规定，"任何人不能从外头去干预工农业生产的活动和部署。"

在《人民日报》"遵义红旗战斗团"1967 年汇编的《唐平铸推行资产阶级反动路线罪行材料》上这样写着：

> 《再论抓革命、促生产》社论是唐平铸起草的。他在初稿中指责"有的人认为只要把文化革命搞好了，生产暂时停下来以后可以赶。因此他们只是集中力量搞文化革命，放松了生产的领导，这当然也是不对的"。社论初稿又说："生产一时一刻不能中断，稍有间断，就会影响整个国民经济，影响到人民的生活。人不吃饭要挨饿，不穿衣要挨冻，战士手中没有枪，就不能担负保卫祖国的任务。"唐平铸这是把革命和生产对立起来，搞二元论。[31]

唐平铸说："这些话大部分都是周总理和陶铸的原话。"在唐平铸《罪行材料》上还写着：

> 陶铸出了问题，唐平铸又为他开脱。去年《再论抓革命、促生产》社论发表前，陶铸别有用心地在上面加了一句"在党的领导下成立两套班子"。读者对这点提出质问。唐平铸却出来说：社论是陈伯达同志起草的，总理定稿的，只字不提陶铸的责任。唐平铸多么忠于陶铸，这是他企图推卸责任。[32]

唐平铸说："这篇社论是以 1966 年 9 月 14 日周恩来、陶铸主持制定，毛泽东圈阅下发的《关于县以下农村文化大革命的规定》（又称《农村五条》）和《关于抓革命促生产的通知》（又称《工业六条》）为依据起草的，要求工农业生产决不能停顿，要业余闹革命。《农村五条》还严格规定：北京和外地的学生、红卫兵，除省、地委另有布置外，均不到县以下各级机关和社、队去串联，不参加县以下各级的辩论。县以下各级干部和公社社员，也不要外出串联。"

唐平铸又说："《人民日报》这个明显不合'革命'时宜的社论一发表，立刻招来一片反对。'用生产压革命''以生产来吓人''搞经济主义''妄图在生产领域扑灭文化革命的烈火'的大字报贴满了人民日报社的门口和宣传栏。在一些人的指使和操纵下，许多学生和工人闯到人民日报社，强烈要求与报社领导公开辩论，我一下子被缠住了。"[33]

为此，唐平铸受到了中央文革的严厉斥责。这笔账也直接算到了主管宣传工作的陶铸头上。形势紧急，在江青、康生的策划下，中央文革的一帮人气势汹汹地亲自披挂上阵了。1966年11月15日、17日，王力、姚文元等人接见全国来京工人代表时，肯定了造反派对这篇社论的指责，公然煽动说："我们反对错误地将文化大革命与生产对立起来，走资派以抓革命促生产压制革命，打击革命派，以抓生产为名压制文化大革命。"

11月16日，张春桥在接见上海"工总司"代表时说："如果只抓生产不抓革命，那么，我们的生产可能大发展。但是，我们的国家就会改变颜色。我们的工厂可以建设起来，在建设的时候是社会主义的工厂，但是建设成了，它就变成了修正主义的工厂。""反修运动搞好了，生产也就会搞好。"

12月6日，张春桥与"工总司"赴京代表团谈话时，干脆赤裸裸地把话讲得直白："有些人抓着生产来进攻"，"革命搞不好，生产怎么能搞好呢？中国不是要改变颜色了吗？"

12月4日至6日，林彪主持召开政治局扩大会议，听取工业和交通座谈会（工交座谈会）情况汇报。会上，王力、陈伯达竟然露骨地把矛头指向了周恩来和陶铸，声称：对文化大革命"我们中央有的同志就是主张要压"（指陶铸11月9日的讲话），"从9月上旬起就压，用'抓革命促生产'这么一个口号，后来又产生了《再论抓革命、促生产》，主要的就是讲生产，骂得很厉害；这次工交座谈会，又采取了这样一套办法，不同文革小组商量，搞突然袭击。"江青说：工交系统的领导人"毫无阶级感情"，"完全是反革命！搞了修正主义那一套玩意儿"。王力说：工厂文化大革命已经两起两落，前两次都被压下去了，这次是第三次起来，又发了社论《再论抓革命、促生产》。在起草这个社论的过程中，陶铸就是主张要压。这个社论，不是鼓励革命，相反，骂得很厉害，批评得很凶。这些词句都是陶铸坚持的。[34]

在 1966 年临近年末的一天傍晚，陶铸在《人民日报》对唐平铸说："我刚从主席那里回来，我向主席汇报了《人民日报》发表一论、再论抓革命、促生产社论的起草和讨论情况，还说了一些人围攻了《人民日报》。我对主席说，社论发表后，工农业生产形势很快出现了转机。"陶铸停了一下说："主席好像很在意，打断了我的话，问是什么人不同意这个社论。我说现在有一股光要革命，不搞生产的思潮，上下都有。接着我还谈了我对干部思想和社会风气的考虑和担心。"

唐平铸明白，除了周恩来和陶铸外，毛泽东听取汇报还有中央文革的一条线。任何稍懂政治的人都不难意识到，陶铸在主席那里不便说江青、康生、陈伯达这些人。唐平铸问道："主席有什么具体指示，让我们传达和执行？"陶铸半天没有说话，最后摇了摇头沉重地说："主席没有表态。"唐平铸立刻意识到，这是一个信号，是江青等人在毛主席那里对陶铸发难了。

这时，陶铸霍地一下站起来，对唐平铸大声甩下一句话："你要注意《人民日报》！"就大步走出了办公室。唐平铸说："看着他的背影，我的心一下子收紧了，我知道陶铸很窝火，也很无奈，无法用言语宣泄心中的怨气。"

1966 年 12 月 9 日，在中央文革的把持下，紧急下发了《中共中央关于抓革命、促生产的十条规定》，彻底否定了 9 月 14 日中共中央《关于抓革命促生产的通知》和《关于农村县以下文化大革命的规定》。该《十条规定》明确发出了截然不同的声音："各单位工人群众之间，工人群众组织之间，可以在业余时间，在本市串联。学生可以有计划地到厂矿进行串联。"

12 月 26 日，由陈伯达主持，《人民日报》发表了《迎接工矿企业文化大革命的高潮》的长篇社论，含沙射影地指向中共中央《关于抓革命促生产的通知》和周恩来、陶铸等人。社论说"在工矿企业里开展无产阶级文化大革命，不是可有可无，无足轻重，而是非搞不可，非大搞特搞不可"，"他们抓生产是假的，压革命是真的"，鼓励"革命学生到工厂来串联"，"工人到学校去串联"。该文横加指责、诋毁和否定了《人民日报》发表的两篇一论、二论"抓革命、促生产"社论和中共中央《关于抓革命促生产的通知》。

《人民日报》这两篇受到诋毁的社论，反映了周恩来、陶铸等人对文化大革命造成的国民经济困境的忧虑、不满和抵制，反映了他们与江青等人斗争的睿智和勇气。同时也表明了毛泽东经过权衡，支持中央文革，把文化大革命搞下去的决心。

牵扯到陶铸问题上

1966 年 5 月，中共中央政治局扩大会议根据毛泽东的提议决定，国务院副总理兼中南局第一书记陶铸任中央书记处常务书记兼中央宣传部部长。毛泽东认为，陶铸工作能力强，敢讲话，可以用他贯彻自己的"继续革命"思想，开展对刘少奇、邓小平的斗争。《人民日报》也让陶铸分管。

6 月下旬以后，北京一些大学陆续发生工作组与学生之间的冲突。陶铸指示《人民日报》写一篇揭露"假左派、真反革命"的社论。陈伯达、康生、江青等人认为陶铸这是和刘少奇、邓小平一起镇压学生。陶铸一到中央就站到了刘邓一边，是辜负了毛主席对他的信任和期望。

1967 年 1 月 4 日，陈伯达、康生、江青在人民大会堂接见前几天刚与陶铸争吵过的"武汉赴广州专揪王任重造反兵团"代表，江青搞突然袭击，叫陈伯达把陶铸问题端出来。于是，陈伯达就对这些造反派说："陶铸到中央来，并没有执行以毛主席为代表的无产阶级革命路线，实际上是刘邓路线的坚决执行者！刘邓路线的推广，同他是有关系的，他想洗刷这一点，但洗刷不掉。后来又变本加厉！……他是中央文革小组顾问，但对文化大革命问题，从来未跟我们小组商量过（江青插话：他独断专行！），是的，他独断专行。他不但背着中央文革小组，而且还背着中央。……你们揭露陶铸，揭得很好，这是给我们的支持。"江青有意对造反派说："有材料摆出来，你们就胜利了。"当晚，数千人聚集在中南海西门外。顷刻之间，"打倒陶铸""揪出陶铸"的大字报贴满街头。

1月8日，毛泽东在中央会议上说：陶铸的问题很严重。陶铸站在了资产阶级反动路线一边，镇压群众。陶铸的问题，是文化大革命中的资产阶级反动路线问题。毛泽东还说：陶铸是邓小平介绍到中央来的，这个人不老实。陶铸在十一中全会以前坚决执行刘邓路线，在接见红卫兵时，在报纸上和电视上都有刘邓的照片，这是陶铸安排的。陶铸领导下的几个部都垮了，那些部可以不要，搞革命不一定要这个部那个部，教育部管不了，文化部也管不了，你们管不了，我们也管不了，可是红卫兵一起来就管住了。陶铸的问题，我们没有解决，你们也没有解决，红卫兵起来就解决了。毛泽东讲话之后，陈伯达、江青等人称陶铸为"资产阶级反动路线的忠实执行者""中国最大的保皇派"。从此，"打倒刘、邓、陶"的口号响遍全国，这时距陶铸在八届十一中全会上擢升为中央第四把手才四个月。陶铸夫人曾志回忆她当初看到毛泽东在1月8日的讲话记录稿时的情景说："我不相信主席说陶铸'不老实'，是不是将'不老成'误为'不老实'？于是我写了封信给主席，主席阅后用铅笔在'不老实'这三个字的下面画了一条横杠，并打上了一个问号。这封信后来退还给了我。"³⁵毛泽东也许是反问曾志："你说呢？"

1967年1月13日，毛泽东的女儿肖力贴出了《解放军报向何处去？》的大字报，带头在《解放军报》造反。1月17日唐平铸被揪了出来。在王府井人民日报社五楼的批斗大会上，他被打翻在地，身上盖着一条"打倒唐平铸"的巨幅标语。陈伯达、王力、关锋等人穿着军装登场。在"打倒刘少奇！""打倒邓小平！""打倒陶铸！""揪出唐平铸！"的一阵接一阵的震天口号声中，陈伯达、王力等人轮番讲话、插话，为造反派打气助威。当时，"打倒刘少奇！"的标语都把"奇"字倒过来写成"打倒刘少狗！"贴在墙上的"打倒刘少狗！""打倒邓小平！""打倒陶铸！"的标语排在一起，最后三个字竖着连起来念就是"狗平铸"，所以造反派还大喊："打倒狗平铸！"

　　陈伯达在讲话中自我标榜一通，历数了吴冷西、唐平铸等人的种种"罪行"后说："看来六月份的和七月份的个别文章，六月份的基本上都是革命的（指经他审改、定稿的《横扫一切牛鬼蛇神》等多篇号令开展文化大革命的社论），那个时候，没有一篇文章是唐平铸有份的。听懂了吗？（群众：听懂了。）唐平铸插一句两句也可能有的，无关重要的。"接着陈伯达当众为自己开脱："实际上后来我没有管，比较长的一段唐平铸是跑到陶铸那里了。所以实际上是陶铸在管的。"关锋说："《人民日报》有两条路线，一条是陈伯达贯彻的毛主席路线，一条是唐平铸贯彻的陶铸的资产阶级反动路线。"[36]

　　从1967年1月4日被陈伯达、江青公开点名，到1969年11月30日去世，陶铸一直被隔离审查、关押，唐平铸失去了一位理解他、支持他在《人民日报》工作的领导人。唐平铸说，当时军队派了二十多名干部到《人民日报》、中央人民广播电台、新华社等单位工作，又增设了军人站岗，都是得到陶铸支持的。文革结束后，陶铸的女儿陶斯亮在家中对笔者说："江青早就想把我爸爸搞掉。他就是主持讨论了'抓革命促生产'的社论，更加遭到中央文革的记恨。你父亲也受到了牵连，就连那个什么吴传启的事也扯上你父亲了。"[37]

　　吴传启是学部的造反派。陶铸因分管学部等单位，掌握了很多事实和材料，证明吴传启不但蓄意造反，并且有历史问题。唐平铸在人民日报社传了陶铸的话，引起了江青、陈伯达的不满。江青表示："就是要支持第一个贴大字报的人。"他们勒令唐平铸"交代揭发""在什么地方放毒，就在什么地方消毒"。其实，唐平铸根本不认识也不了解这个吴传启，不过是在报社内部打一声招呼，避免采访时犯"政治错误"。

　　吴传启的问题出来后，江青等人竟然把罪名算到了唐平铸的头上。中央专案组在关押唐平铸期间，翻来覆去让他交代吴传启的问题，交代与陶铸的"黑"关系。1975年6月2日，中共中央专案审查小组办公室在《关于反党分子唐平铸的审查结论》的第三条中写道："唐平铸在王力、关锋的指使下，对抗毛主席的指示，包庇五一六反革命分子吴传启。1966年9月，唐平铸亲自看了毛主席关于吴的历史问题要调查的批示，但他竟在 1967 年 1 月 15 日按王力、关锋的意旨，吹捧美化吴传启为 '革命的左派'，公开对抗毛主席。"[38]

明明是江青一伙人美化吹捧有严重历史问题的吴传启，明明是他们最早支持学部"贴第一张大字报"的造反派，明明是他们责令唐平铸"在什么地方放毒，就在什么地方消毒"，却倒打一耙，利用手中的权力，把他们自己的问题栽到了唐平铸的身上。也许给唐平铸的结论太过牵强，在唐平铸据理反驳下，中央专案组不得不在给他所作的第二、第三、第四次结论中，不提这条"罪状"了。陶斯亮说："在吴传启的问题上，江青翻了脸，说陶铸欺负她、镇压她。后来又跑到主席那里闹。江青这么一闹，陈伯达、康生也在各种场合把矛头对准了陶铸。不久，毛泽东最后表了态，给陶铸定了性。"

在复杂的政治斗争中，唐平铸"紧跟"陶铸的四个月，成为他后来长期受迫害的重要原因之一。

毛泽东指示《人民日报》改版

文革初期，新上任的唐平铸被毛泽东召见时，毛泽东说，《人民日报》出六个版太多了。唐平铸回来后向陶铸汇报，立即把报纸改为四个版。1966 年 8 月 31 日，《人民日报》第六版刊登启事："根据党中央的指示，《人民日报》从 1966 年 9 月 1 日起，改为每天出四版。"该启事还通告了改版后每版版面的安排。这是《人民日报》第八次改版。

毛泽东看了两天，觉得没有什么内容，又说，还是六版好。根据毛泽东的意见，周恩来、陶铸指示，从 1966 年 9 月 4 日起，《人民日报》又恢复为每日六版，改版只持续了三天，没有再登任何相关的"改版启事"。这是《人民日报》改版史上两次改版间隔最短的一次。为此，陈伯达把唐平铸狠批了一顿："谁让你改的？"唐平铸辩称是毛主席的指示。陈伯达瞪着他不满地说："那你为什么不报告，让中央批准？你必须检讨。"在揭发唐平铸的"材料"中是这样写的：

《人民日报》六版改四版，是唐平铸和胡痴根据陶铸的黑指示搞的阴谋，九月一日起开始改版和在报上刊登改版启事，都是他们瞒着中央搞的。受到批评后，唐平铸却把责任直接推到毛主席身上。改版前，他在全报社职工大会上说："主席看了两天的报纸，觉得四个版不行，国际国内事情还很多。四个版光登照片，文字的东西太少，单薄，没看头。"唐平铸在这里故意污蔑主席，企图使人们相信《人民日报》两次改版，是主席说话出尔反尔做出来的，而不是唐平铸他们这伙人搞的鬼。唐平铸改版是陶铸支持的。但是九月四日他给主席的"检讨"信中，完全不提陶铸的责任，胡说只是因为他错误理解了主席的指示才改的，继续欺骗主席。[39]

唐平铸在后来"交代"时说："我去《人民日报》不久，伯达同志多次提出报纸六个版看不完，要改成四个版。我同大家研究后，告诉他改出四个版要做一系列准备，后来他又问改版的准备做好没有。为了使改版后面目一新，我写了一封信呈送毛主席，请他老人家为报头和几个副刊题字。毛主席亲自对我和胡痴做了重要指示。当时我没有把毛主席的指示领会清楚。因为主席有了指示，我没有立即请示伯达同志，回去就登了一个改出四版的启事。"当时，唐平铸只能说他没有领会清楚毛泽东的指示。

毛泽东说改版的事不是一次了。1961 年 11 月 1 日，《人民日报》第七次改版，由八版减为六版。据曾任《人民日报》副总编辑的王若水回忆：有一次，他随胡乔木、邓拓等人去毛泽东处请示工作。毛泽东大概是一个容易忘记的人。他在这次谈话中批评《人民日报》出八个版太多了。"纸张那么紧张，还办八个版，内容那么多，谁看？谁叫你们办八个版的？"

胡乔木吞吞吐吐地说："这件事是中央决定的。"

"中央是谁呀？"毛泽东紧追不舍。

胡乔木没有办法，只好说："主席，是你决定的。"

"我什么时候做过这个决定？"

胡乔木急了："这种事我不能乱说，绝对不能乱说。是有一次……"

胡乔木说出了具体的时间和场合，毛泽东无法否认了。可是，他又说："如果是我讲的，那是我昏了头。我讲了那么多话你们都不听，为什么单单这句昏话你们就听进去了？"[40]

王若水说："我担任了一个短时间的社论组组长。1966 年 7 月 16 日，毛泽东在长江游泳，唐平铸与我一同起草了一篇社论。社论的题目《跟着毛主席在大风大浪中前进》，是我拟的。后来这句话流行开来了，我还很得意。那时我对毛泽东崇拜得五体投地，决心投入到这场伟大的史无前例的革命中去。"[41]

7 月 23 日，《人民日报》刊登了毛泽东在长江的快艇上挥手的大幅照片，第二天刊出了《跟着毛主席在大风大浪中前进》。这篇社论发表了毛泽东赞扬红卫兵的话："一大批本来不出名的革命青少年成了勇敢的闯将。他们有魄力、有智慧。他们用大字报、大辩论的形式，大鸣大放，大揭露，大批判，坚决地向那些公开的、隐蔽的资产阶级代表人物举行了进攻。"

在唐平铸"支持保守势力，压制革命派批判资产阶级反动路线"的罪行中有这样一条："在唐平铸的纵容下，当时的文化革命小组组长何匡特别嚣张，把唐平铸的意旨忠实地向下贯彻。理论部蒋映光和评论组王若水、何燕凌等人，写出数千字、万余字的大字报，来保唐平铸的资产阶级反动路线，打击革命造反派。"[42]

"九一三"事件后，王若水于 1972 年 12 月 4 日上书毛泽东，把周恩来与江青等人之间的矛盾挑开了，毛泽东最后表了态。王若水回忆："我花了两天时间给毛主席写信。信中我表示赞同周恩来提的批左，同时告了张、姚一状，逐条批驳了他们的论点。这封信闯了大祸。在后来《人民日报》逼我交出信的底稿时，我悄悄烧掉了。"批极"左"就是批文化大革命，毛泽东怎么会同意呢？毛泽东的结论实际上是针对周恩来的。他借此警告周恩来，让他不要太"出轨"。此后，"批左"转为"批右"。

毛泽东通过中央文革掌管《人民日报》

1966 年 7 月 30 日，《人民日报》在《〈文艺报〉的两次假批判》的文章中，引用了毛泽东的话："要推翻一个政权，必须先抓上层建筑，先抓意识形态，做好舆论准备，革命的阶级是这样，反革命的阶级也是这样。"毛泽东在长达半个多世纪里，始终掌握着舆论宣传大权。他以舆论为导向，建立了高度集权的舆论宣传体系。毛泽东深知，谁掌握了宣传大权，谁就能制造舆论，谁就有权评判是非，谁就代表正确路线。毛泽东思想敏锐，才华横溢，他用手中的笔，掀起了一浪接一浪的风暴，他那犀利的文字，击溃了一个个政治对手。

对文化大革命，唐平铸记忆最深的有几件事：

第一，1966 年 8 月 1 日，《人民日报》为庆祝建军 39 周年，发表社论《全国都应该成为毛泽东思想的大学校》。社论公布了毛泽东在 1966 年 5 月 7 日写给林彪的信，为林彪成为副统帅造了舆论。

第二，在大多数人还不明白文化大革命如何进行的时候，《人民日报》公布了毛泽东 1966 年 8 月 1 日给清华附中红卫兵的一封信。毛泽东在信中说，你们的行动"说明对一切剥削压迫工人、农民、革命知识分子和革命党派的地主、资产阶级、帝国主义、修正主义和他们的走狗，表示愤怒和声讨。说明对反动派造反有理，我向你们表示热烈的支持"。从此之后，红卫兵运动在毛泽东的热烈支持下席卷全国。毛泽东成了红卫兵的红司令。

第三，在八届十一中全会期间的 1966 年 8 月 5 日，毛泽东亲自披挂上阵，写了《炮打司令部——我的一张大字报》的讨刘檄文。当时参加会议的唐平铸惊呆了。这张重炮猛轰的大字报，一下就把身为中华人民共和国主席、中共中央副主席、第二号人物的刘少奇击倒了。

第四，在 1970 年的庐山会议上，毛泽东写了那篇著名的《我的一点意见》，全文 700 字，而当年他炮打刘少奇的大字报不过 200 多字。这个《一点意见》从政治上宣判了陈伯达的死刑，也明确地支持了江青、张春桥等文革派，敲打了林彪等军人。陈伯达最为想不通的是毛泽东的这句话："我跟陈伯达这位天才理论家之间，共事三十多年，在一些重大问题上就从来没有配合过，更不去说很好的配合。"陈伯达十分委屈地说："我在主席身边工作了那么多年，按他的指示写了那么多重要文件和文章，怎么会'在一些重大问题上就从来没有配合过'呢？"

第五，1971 年 9 月 13 日林彪横死异国，许多人从理论和实践上对文化大革命提出了质疑。毛泽东十分懊恼，在而后的批林整风会上，他公布了多年前在八届十一中全会后给江青的一封私人信件。信中不但表示不同意林彪的"五一八"讲话，而且早就对林彪有所怀疑和不满。重病中的毛泽东希望用这封信打消人们的疑虑。其实，林彪在八届十一中全会上的讲话，是经过毛泽东同意的，江青主持过修改、整理，中共中央专门下发了通知。

为了掌控运动方向，毛泽东狠抓舆论导向，他的指示和讲话一直不断地出现在《人民日报》的社论中。

唐平铸的工作日志中记录了他参加的毛泽东的一次接见：1967 年 1 月 9 日，毛泽东对陈伯达、江青、王力、关锋等人说："《文汇报》现在左派夺了权，4 日造反。《解放日报》6 日也造了反，这个方向是好的。《文汇报》夺权后，三期报纸我都看了，选登了红卫兵的文章，有些好文章可以选登。《文汇报》5 日《告全市人民书》，《人民日报》可转载，电台可以广播。内部造反很好，过几天可以写一个综合报道。这是一个阶级推翻另一个阶级，这是一场大革命。许多报依我说，封了好。但报总是要出的，问题是由什么人出。《文汇报》《解放日报》改版以后好，这两张报一出来，一定会影响华东、全国各省市。"

毛泽东接着说："搞一场革命，先要搞舆论。六月一日《人民日报》夺了权，中央派了工作组，发了《横扫一切牛鬼蛇神》的社论。我不同意《人民日报》另起炉灶。唐平铸换了吴冷西，开始群众不相信，因《人民日报》过去骗人，又未发表声明。"他又说："两个报纸夺权，是全国性问题，要支持他们造反。我们报纸要转载红卫兵的文章，他们写得很好，我们的文章死得很。中宣部可以不要，让那些人在那里吃饭，许多事宣传部、文化部管不了，你（指陈伯达）管不了，红卫兵一来就管住了。"毛泽东强调："上海市革命力量起来，全国就有希望，它不能不影响整个华东，以及全国各省市。《告全市人民书》是少有的好文章，讲的是上海市问题，是全国性的。"

毛泽东说："现在搞革命，有些人要这要那。我们搞革命，从 1920 年起，先搞青年团，后搞共产党，哪有什么经费、印刷厂、自行车？我们也搞宣传，出报纸，自己编，自己校，跟工人很熟，一边聊天，一边改稿子。"

毛泽东说："我们要用各种人，左、中、右都要发生联系。一个单位统统搞得那么干干净净，我历来就不赞成。（有人反映，吴冷西他们现在很舒服，每顿吃半斤，胖了。）（主席听后笑了）我不主张把他们都罢官，让他们舒舒服服。留在工作岗位上，让群众监督。"[43]

当时，《人民日报》事事要请示中央文革的康生、江青、陈伯达等人，毛泽东的许多讲话都是他们向《人民日报》传达的。中央文革不容置疑的权威来源于毛泽东的特殊授权，毛泽东通过中央文革，直接控制了《人民日报》等宣传工具。

毛泽东很清楚，要发动这场史无前例的革命，除了他的威信和号召力外，必须狠抓舆论大权。他不可能依靠党内原有的、他认为已变质的干部和与之相关的系统，因为他们本身就是这次革命的对象。他也不能沿用自上而下搞运动的老套路。为了确保这一巨大变革的成功，毛泽东不但物色好了为他掌管军队的林彪（尽管毛泽东内心深处对这个政治盟友始终怀有戒心），同时也选中了他的妻子江青和以她为代表的、以"上海帮"为主的中央文革。狂热崇拜、无限热爱"心中最红、最红的红太阳"的红卫兵和造反派，则是进行这场革命的主力军。

中央文革这个由毛泽东夫人直接掌管的，独立的，凌驾于党、政府和军队之上并握有"尚方宝剑"的特殊"小组"，这个由毛泽东直接领导的权力、舆论中心，不断通过党报、党刊发号施令，成了毛泽东与原有体制和系统相分割，解除对他的所谓封锁，清除异己、实行专权的最高权力机构。毛泽东精通史书，他根据历朝历代的教训，注重抓舆论，抓集权。尽管毛泽东有时也批评、责骂这个小组几句，发发火，打几下屁股，但对它总是百般呵护，任何人都碰不得。

中央文革经常以毛泽东的名义向《人民日报》下命令，稍不满意就训斥。它是文革中毛泽东向亿万群众传达、诠释"最高指示"和发布命令的最高代表，也是毛泽东为了抑制和防范以林彪为代表的军方力量进一步增强而设置的屏障。特别是毛泽东要求"三支两军"之后，虽然军队接管了党和政府的许多机构，成为权力的中坚，但中央文革仍是凌驾于军队之上的。[44] 唐平铸说："那个时候，谁要招惹了中央文革，谁就没有好下场。我后来的命运就是这样的。"

在八届十一中全会期间，1966年8月5日，毛泽东将康生报送的八届十一中全会公报稿批示给康生，说明在审定时删去了一句（即"全会热烈拥护刘少奇同志代表我国发表声明"）。[45] 同日，毛泽东写了《炮打司令部——我的一张大字报》，矛头直指刘少奇，正式向"刘少奇为首的资产阶级司令部"公开宣战。毛泽东希望待在气势"磅礴"的"风雷"中，"一声鸡唱，万怪烟消云落"。[46]

毛泽东的大字报印发全会讨论，并附上北京大学造反派聂元梓等人的大字报。刘少奇尽管在会上做了检讨，并且还意在言外地说："老虎屁股摸不得，结果就要被革掉，要让人家革，让人家摸，摸个痛快。"[47] 但是他的命运是可想而知了。

全会于8月7日将毛泽东的大字报印发后，改变了原定议程，转为揭批刘少奇、邓小平。参加了会议的唐平铸说，毛泽东的大字报一发，舆论大哗，气氛立即紧张起来。中央文革的康生、江青、张春桥等都在小组会上把矛头对准了刘少奇、邓小平。那时，刚刚调到《人民日报》的唐平铸将毛泽东奉若神明。毛泽东气魄之大，谋略之深，竟然把身边的"赫鲁晓夫"一下子揪了出来，使他十分震惊。他那时认为《炮打司令部》这张大字报，短短200多字，气势磅礴。作为一个办报的人，这样锋芒犀利的文章很少看到。1967年8月5日，唐平铸奉命在《人民日报》上刊登了这张大字报。

从1966年8月18日到11月26日，毛泽东在北京先后接见了一千多万师生和红卫兵。当时已岌岌可危的刘少奇和邓小平参加了毛泽东的八次接见，观礼台上很少有人敢同他们打招呼。对这八次接见，唐平铸所在的《人民日报》和各地的报纸、广播、电视根据中央文革的要求，无一例外地做了突出宣传，大幅照片和反复的报道掀起了一波又一波的浪潮。

8月31日，毛泽东第二次接见红卫兵。林彪在审阅由唐平铸给他起草的讲话稿时，在上面加上了"坚决反对压制你们！你们的革命行动好得很！"毛泽东审定时批示给林彪："这样修改很好。"大会之后，唐平铸对家里人说："我写好后送给林总审阅，再按他的要求重新润色一下就通过了。"那个年代的人们都记得林彪念稿子时浓重的湖北口音："我代表毛主席，代表党中央，向你们问好！"由于底气不足，他在念完"向你"之后，拖了很长的"们"字，最后喘了一口气，颤颤巍巍喊出了"问好"两个字。

这次大会，毛泽东有意要江青主持。对初露头角的江青来说，在这样大规模的集会上唱主角是生平第一次，也是她在五十多万红卫兵面前以"旗手"身份首次公开亮相。她异常兴奋，不时与人打招呼。唐平铸说："这次大会的情况，根据中央文革的安排，除了次日要求公开见报外，还由中央新闻纪录电影制片厂和八一电影制片厂联合摄制成大型文献纪录片在全国上演。"这样，江青通过天安门广场这个舞台，一下子成了举国上下，甚至全世界关注的人物。

10月1日林彪在天安门庆祝中华人民共和国成立17周年大会上的讲话，改由陈伯达、张春桥等人起草。10月3日，《红旗》杂志第13期发表了由王力、关锋执笔的社论《在毛泽东思想的大路上前进》。这篇社论经中央文革讨论，江青、康生、张春桥审稿，陈伯达定稿，标题是陈伯达亲自拟定的。唐平铸回忆，毛泽东对这篇社论十分重视。社论初稿中用的是"彻底批判右倾机会主义路线"，根据毛泽东10月1日晚的意见，改为"彻底批判资产阶级反动路线"。为此，社论推迟到10月3日晚由中央人民广播电台广播，10月4日见报。

1967年1月初，中央文革在钓鱼台成立了王力任组长的"宣传组"，取代中宣部；戚本禹任组长的"文艺组"，取代文化部和全国文联。"宣传组"成员为唐平铸、胡痴。结果唐平铸和胡痴没工作几天便被抓了起来。

唐平铸认为，文革中毛泽东最为满意的是成立了直接听命于自己的中央文革。为了掌控和引导文革运动，毛泽东狠抓舆论，通过中央文革控制了《人民日报》，党报成为他至高无上的"喉舌"和重要的政治工具。

注释

1 1975 年 5 月 16 日唐平铸被解除监禁后对"两报一刊"情况的口述回忆，唐炎明记录。

2 唐丽明口述，1996 年 10 月 7 日。

3 1975 年 5 月 16 日唐平铸被解除监禁后对"两报一刊"情况的口述回忆，唐炎明记录。

4 同上。

5 《人民日报》遵义红旗战斗团整理：《唐平铸在〈人民日报〉期间推行资产阶级反动路线的材料》，1967 年 1 月，未刊稿。

6 笔者采访刘志坚，1997 年 9 月 6 日。

7 摘自唐平铸工作日志，1966 年 8 月 20 日。

8 唐平铸口述回忆，1982 年 5 月 12 日，唐炎明记录。

9 社论《千万不要忘记阶级斗争》，《解放军报》1966 年 5 月 4 日。

10 李庄：《人民日报风雨四十年》，人民日报出版社，1993 年，第 266–267 页。

11 中共中央文献研究室编：《建国以来毛泽东文稿》第 12 册，中央文献出版社，1998 年，第 61 页。

12 笔者采访刘志坚，1997 年 7 月 20 日。

13 唐平铸工作日志，1966 年 8 月 9 日。

14 穆欣：《劫后长忆——十年动乱纪事》，香港：新天出版社，1997 年，第 108 页。

15 张平化，时任湖南省委书记。

16 胡痴日记，1966 年 8 月 28 日，未刊稿。

17 毛泽东同唐平铸、胡痴谈话记录，中共中央文献研究室编：《毛泽东传（1949–1976）》，中央文献出版社，2003 年，第 1438–1439 页。

18 《文化革命动态》第 101 期，人民日报社，1967 年 1 月 19 日。

19 穆欣：《劫后长忆——十年动乱纪事》，第 343–344 页。

20 胡绩伟，时任《人民日报》副总编辑。

21 1976 年 5 月 30 日唐平铸口述回忆《人民日报》社论起草的情况。

22 笔者采访刘志坚，1997 年 7 月 20 日。

23 陈晓农编纂：《陈伯达最后口述回忆》，香港：星克尔出版有限公司，2006 年，第 271 页。

24 中共中央文献研究室编：《毛泽东传（1949–1976）》（下），第 1312 页。

25 中共中央文献研究室编：《建国以来毛泽东文稿》第 12 册，第 73 页。

26 中共中央党史研究室编：《中共党史大事年表》，人民出版社，1981 年，第 351 页。

27 中共中央文献研究室编：《周恩来年谱（1949–1976）》下卷，中央文献出版社，2012 年，第 52 页。

28 中共中央文献研究室编：《建国以来毛泽东文稿》第 12 册，第 135–136 页。

29 《纪念人民日报创刊六十周年：毛泽东、周恩来、刘少奇等为人民日报撰审稿手迹选》，人民日报出版社，2008 年。

30 汤应武主编：《中国共产党重大史实考证》，中国档案出版社，2001 年，第 199 页。

31 《人民日报》遵义红旗战斗团整理：《唐平铸在〈人民日报〉期间推行资产阶级反动路线的材料》，1967 年 1 月，未刊稿。

32 同上。

33 1976 年 5 月 16 日唐平铸口述回忆社论发表后遭到围攻的情况。

34 有林、郑新立、王瑞璞主编：《中华人民共和国国史通鉴：第三卷（1966–1976）》，红旗出版社，1993 年，第 83 页。

35 郑笑枫：《陶铸传》，中央党史出版社，2008 年。

36 1967 年 1 月 17 日陈伯达在《人民日报》批斗唐平铸大会上的讲话摘录，见《人民日报》遵义红旗战斗团：《文化革命动态》第 102 期，1967 年 1 月 24 日，唐平铸藏。

37 笔者采访陶斯亮，1984 年 5 月 17 日。

38 《人民日报》遵义红旗战斗团整理：《唐平铸在〈人民日报〉期间推行资产阶级反动路线的材料》，1967 年 1 月，未刊稿。

39 同上。

40 王若水：《新发现的毛泽东》，香港：明报出版社，2002 年，第 531 页。

41 同上，第 433 页。

42 《人民日报》遵义红旗战斗团整理：《唐平铸在〈人民日报〉期间推行资产阶级反动路线的材料》，1967 年 1 月，未刊稿。

43 摘自唐平铸工作笔记，1967 年 1 月 9 日。

44 "三支两军"，指文革期间，军队执行支左、支工、支农、军管、军训的任务。

45 中共中央文献研究室编：《建国以来毛泽东文稿》第 12 册，第 94–97 页。

46 《毛泽东诗词集》，中央文献出版社，1996 年，第 212 页。

47 《刘少奇在中共八届十一中全会中南组发言》（1966 年 8 月 4 日），见有林、郑新立、王瑞璞编：《中华人民共和国国史通鉴：第三卷（1966–1976）》，第 60、146 页。

第六章
政治斗争漩涡中的《人民日报》

号召"徒步新长征"的社论

　　文革中有一篇名字很响亮的《人民日报》社论——《红卫兵不怕远征难》。当年停课闹革命的大中学校的红卫兵们，在这篇社论的感召下，怀着理想和追求，扛着红旗，背起行装，呼喊着革命口号，走起新的长征路。他们在艰难的跋涉中走向北京，走向井冈山，走向韶山，走向延安。但是，在这些红卫兵当中，大概很少有人能了解这篇社论的背景。

　　1966年8月18日，毛泽东身穿绿军装，佩戴红卫兵袖标，挥舞军帽，神采奕奕地在天安门城楼首次接见来自北京和全国的百万红卫兵。毛泽东的检阅，使红卫兵运动一下子在中华大地轰轰烈烈开展起来。从这一天起，到11月26日，毛泽东先后八次接见了1,100万红卫兵。每次接见，少则五六十万，多则数百万人，其规模之大，声势之猛，使红卫兵运动和由此而生的红卫兵大串联铺天盖地地涌向全国。

　　9月5日，根据毛泽东的指示，为了进一步鼓励红卫兵造反，中共中央、国务院发出了《关于组织外地高等学校革命学生、中等学校革命学生代表和革命教职工代表来北京参观文化大革命运动的通知》，正式明令开展全国性的大串联。毛泽东在杭州召开的中央常委扩大会议上说："全国各地的学生要去北京，应该赞成，应该免费。"陈伯达根据毛泽东在杭州的讲话，在欢迎外地来京学生的大会上，作了题为《在大风大浪里成长》的演讲。

按照中央"包吃、包住、包行"的要求，在全国范围内，这些响应毛泽东号召大串联的红卫兵，可以坐车、坐船不花钱，住宿不花钱，吃饭不花钱，有的还闯到接待站要钱、要物、要吃，寻衅闹事。他们"北上、南下、东征、西进"，四处点火造反，给首都和全国各地的交通运输、工矿企业生产、农业生产、财贸等系统造成了极大困难，严重影响了人们的正常生活。人们怨声载道，敢怒不敢言。特别是铁路运输严重超载、超员，许多红卫兵肆无忌惮地拦火车、扒火车、挤火车，列车已到了人满为患、无立锥之地的程度。每节车厢、过道里都挤满了人，行李架上躺着人，椅子底下睡着人，甚至连厕所里也站着好几个人。为此，周恩来做了大量的具体工作，他多次召集中央和北京有关部门研究，参加会议的负责人实事求是地汇报了面临的问题和困难，希望中央能够出手帮助解决。不幸的是，其中有的领导人开完会不久，就被等候在外面的红卫兵和造反派抓去批斗、游街了。

9月14日，新华社的电讯说："来自全国各地的革命师生怀着强烈的革命激情，不辞辛苦，千里迢迢，一批接一批来到无产阶级文化大革命的中心，来到伟大祖国的首都进行革命大串联。他们同首都革命师生团结在毛泽东旗帜下，战斗在一起，互相学习，互相支持，互相交流革命经验。他们的行动好得很！"[1]

9月15日，林彪在天安门城楼上鼓励大串联。他说："红卫兵战士们、同学们，你们的斗争大方向，始终是正确的。毛主席和党中央坚决支持你们！广大工农兵群众也坚决支持你们！你们的革命行动，震动了整个社会，震动了旧世界遗留下来的残渣余孽。你们在大破'四旧'大立'四新'的战斗中，取得了光辉的战果。"[2]

9月17日，《红旗》杂志发表评论员文章《红卫兵赞》。该文对红卫兵运动大加赞赏："红卫兵是毛泽东思想哺育出来的。红卫兵说得好：毛主席是我们的红司令，我们是毛主席的红小兵！我们的红卫兵最爱读毛主席的书，最爱听毛主席的话，最热爱毛泽东思想。"该文还写道："红卫兵是无产阶级文化大革命的急先锋。他们的革命行动，激发了群众的革命热情，出现了更大规模的群众运动。使钻进党内的一小撮走资本主义道路的当权派，陷入革命群众的汪洋大海之中。没有这样规模巨大的群众运动，就不能摧毁一小撮资产阶级右派的社会基础，就不能把无产阶级文化大革命搞深、搞透、搞彻底。"[3]

在所谓捍卫毛主席和毛泽东思想的狂热情绪下，各地的红卫兵纷纷涌向北京，他们以破四旧、揪斗黑帮为名，涌向中央和北京市的党政机关，涌向大专院校，冲向社会，和北京的红卫兵一起，对他们认定的所谓"封、资、修"进行大破坏、大扫荡，许多人被当作"黑帮分子""资产阶级反动学术权威""反革命修正主义分子"，受到批斗、游街、抄家。数不清的文化遗址、文物古迹遭到严重破坏和践踏。在全国各地，凡是激进的红卫兵所到之处，所谓的反动权威和他们看不惯的东西无不受到冲击、洗劫和捣毁。

周恩来忧心忡忡。他针对红卫兵乱打、乱砸、乱斗的问题，于9月上旬起草了一份《有关红卫兵的几点意见》，强调红卫兵要学习掌握政策，遵守纪律，并在政治局碰头会上进行了讨论，准备印发全国执行。然而中央文革却自恃有后台，从中作梗，江青阴沉着脸，康生说"有包办代替的危险"，姚文元强调要用"阶级分析的方法"讲政策。这份文件最后胎死腹中。

对周恩来起草的另一份《中共中央、国务院关于保护党和国家机密和要害部门的通知》，江青也十分不满。她认为这是借机划框框，束缚群众和红卫兵的手脚。她在该件上批道："建议中央常委讨论一下，至少应请主席和林彪同志仔细阅读和批改。"毛泽东支持了江青的意见，批示："此件不发"，把文件退了回去。

据不完全统计，1966年8月到12月，先后滞留在北京的学生最少有250多万，大寨20余万，韶山40余万，井冈山茨坪一个小地方就聚集了20余万（这些数字是流动的）。红卫兵还借机探亲访友，游山玩水。国家数以亿计的资金投入到古今中外绝无仅有的免费全国大旅游、大串联中。有个闯进《人民日报》的红卫兵高兴地说："让全中国上千万的红卫兵白吃、白住、白坐车，这得有多大气魄！除了咱毛主席和党中央，谁能想得出这个！"

　　为了缓解交通运输的紧张状况，中共中央、国务院曾发出《关于北京大中学校革命师生暂缓外出串联的紧急通知》，但是仍然没有明显效果。

　　唐平铸的几个孩子也都参加了"大串联"，到各地散发油印的《毛主席诗词》和"毛主席最新指示"等，顺便畅游了祖国大好河山。他们回家后，向唐平铸详细描述了一路的所见所闻和交通运输状况。

　　1966 年 9 月下旬，唐平铸看到新华社的一则短讯：大连海运学院的 15 名学生，用了一个月的时间，学习红军长征精神，跋山涉水，走过 21 个县市，扛着红旗来到北京。唐平铸的新闻嗅觉使他立即意识到这是一条重要的信息。他马上组织记者调查核实，并利用开会的机会，向周恩来和主管宣传的陶铸进行了汇报。他们一致认为，不能再提倡所谓"免费"了。如果能够动员红卫兵，像大连海运学院的学生那样徒步串联，既符合毛泽东的号召，也是化解当前国民经济生产、交通运输危局，减少损失的一个好方法。

　　10 月 22 日，在唐平铸的主持下，《人民日报》发表了《红卫兵不怕远征难》的社论，同时刊登了新华社《"长征红卫队"步行两千里来京进行革命串联》的消息。唐平铸与编辑们商量这篇社论的题目时，决定借用毛泽东诗词中的一句"红军不怕远征难"，以"红卫兵不怕远征难"为题。《人民日报》这篇头版头条的社论题目十分醒目，使人联想到当年红军爬雪山、过草地等可歌可泣的英雄壮举。社论说："大连海运学院的革命师生，不坐火车汽车，徒步进行大串联，这是一个很有意义的创举。我们衷心祝贺这些革命学生长征演习的胜利，并且希望各地的革命学生，在志愿和可能的条件下，也这样做。"社论还写道："长征是宣言书，长征是宣传队，长征是播种机。从大连步行到北京的学生，边行军，边学习，边宣传，边做群众工作。""他们每到一地，就访问老工人和贫下中农，听革命前辈讲述斗争史、翻身史，他们不顾旅途的疲劳，为群众担水，扫地，干零活，参加秋收，真正和群众打成一片。"社论强调说："无产阶级革命事业的接班人，一定要经过艰难困苦的磨炼，他们决不能做温室里的花朵，经不起风吹雨打；而要做高山上的劲松，勇于迎接暴风雨的挑战。"

这篇社论一经发表，就引起了全国的轰动和反响。许多地方的红卫兵和组织纷纷举起旗帜，扛起背包，背着水壶和干粮，有的还带着油印机、蜡纸和宣传材料。他们以学习红军的传统，学习红军坚守纪律、爱护和保护群众财产的优良作风为号召，开始了艰苦的徒步串联。

然而这篇社论发表的当天，就遭到了中央文革的训斥，陈伯达还发了火。来京串联的造反派闻讯后，把王府井《人民日报》的办公楼围了个结结实实。门口的宣传栏上贴满了"炮轰唐平铸一伙人"的大字报，说《人民日报》有意引导红卫兵不去干革命，不去斗、批、改，把宝贵的时间和精力放在走路上，干扰和破坏了毛泽东的伟大战略部署，转移了斗争大方向，是个大、大、大阴谋！还说，《人民日报》的这篇社论根本就不能代表党中央和毛主席的声音，革命造反派们要立即行动起来，揪出黑手！揪出顽固抵抗毛主席革命路线的大坏蛋！

面对中央文革的批评，唐平铸说："我应该担责任。我认为社论符合中央的精神，所以没有送审就签发了。"《唐平铸执行资产阶级反动路线的材料》中也写着他的这一"罪行"：

> 唐平铸对伯达同志和中央文革的指示和意见，公开进行抵制。有好几篇社论，写好以后竟不送审，他就自行发表了。像《红卫兵不怕远征难》，伯达同志没有看，唐平铸就要发表，陈听涛等同志提出要送审，他说："不用，我看过就行了。"结果出了问题。伯达同志到报社接见来五楼的学生时，严厉批评了这件事，但是唐平铸仍然不改。以后的多篇社论都没有送审。唐平铸在这里是有意甩脱中央文革的领导。[4]

由于国民经济不堪重负，在周恩来、陶铸等人的坚持下，几经周折，毛泽东终于同意了步行串联的做法，因为他也担心，生产、经济日益下滑的形势会影响全局。同时，他老人家已确实受不了多次长时间在天安门城楼上或乘敞篷车接见数以百万计红卫兵的劳顿和折腾了。

1966 年 11 月 3 日，毛泽东第六次接见外地来京的 200 万红卫兵。林彪在大会讲话中说："毛主席是支持同志们步行串联的。"从此，全国掀起了红卫兵步行串联的高潮。11 月 10 日，上海的"安亭事件"发生后，很快波及全国，使国民经济生产和交通运输一下子陷入了瘫痪的边缘。这进一步促使和加大了动员红卫兵放弃免费乘车、乘船，开展步行串联的力度。

11 月 16 日，《人民日报》刊登了周恩来、陶铸、陈伯达、李富春等人接见来京的各路徒步长征队的消息。消息说："长征的小将们，抖落千里征尘，英姿勃勃，满怀胜利的喜悦，高举一面面长征的队旗，捧着镶了镜框的毛主席像。"在当天的《人民日报》上还刊登了周恩来的话："群众出智慧，你们步行串联的经验应该总结起来。我们希望你们的经验在全国得到推广。"同一天，中共中央、国务院发出了《关于革命师生进行革命串联问题的通知》。通知指出：决定今年 11 月 21 日起到明年春暖季节，全国各地大专院校、军事院校和中专学校的革命师生和红卫兵战士一律暂停火车、轮船、汽车来北京和到全国各地进行革命串联。目前正在水陆交通沿线等候车船外出串联的各地革命师生，可劝说他们返回原地。

12 月 1 日，中共中央、国务院又发出补充通知，重申暂停乘坐交通工具进行串联。12 月 20 日前必须返回原地，12 月 21 日起，不再实行免费。

1967 年 2 月 3 日，中共中央、国务院发出《关于革命师生和红卫兵进行步行串联问题的通知》，要求外出串联的红卫兵回到本地、本校去。3 月 19 日，发出了《关于停止全国大串联的通知》，取消原定当年春暖后进行大串联的计划。全国大串联宣告停止。

周恩来为《人民日报》解难

唐平铸说："周总理不仅抓报纸，还经常为报社解难。"关于周恩来为《人民日报》"解难"，有这样几件事：

第一件是关于 1966 年 8 月 31 日毛泽东在天安门城楼上第二次接

见红卫兵。唐平铸接到通知登上了天安门。接见结束后，毛泽东等党和国家领导人于下午5时左右走下天安门城楼，分别乘坐五辆敞篷检阅车驰入天安门广场。根据周恩来的安排，第一辆车上是毛泽东，他的左边是林彪，右边是贺龙；第二辆车上是周恩来、陶铸、聂荣臻、江青等人；其他人依次分乘其余三辆车。周恩来安排第一辆车是经过考虑的：为了突出毛泽东，由林彪和贺龙陪同。其实，周恩来还有一层深意，想让人们了解贺龙是"毛主席司令部"的人。

按照惯例，《人民日报》第二天要在头版刊登毛泽东接见红卫兵的消息和照片。因为第一辆车上毛泽东的旁边是林彪和贺龙，而林彪刚刚在八届十一中全会上成为中共中央唯一的副主席，其地位远远高于只任军委副主席、没有被毛泽东看好的贺龙，照片说明不好写。如果刊登远景照片，车多人多，突出不了毛泽东。这让唐平铸十分为难。在当时，这是一个非常严肃的政治问题。唐平铸就此问题请示了周恩来。周恩来考虑了一下，回答说："这样吧，照片还是照登，但是照片说明要写成车上是伟大领袖毛主席和他的亲密战友林彪副主席，以及军委副主席贺龙同志。"周恩来用"亲密战友"表明了毛泽东、林彪的关系与其他人不同，为《人民日报》解决了难题。

经过中央文革审查，9月1日《人民日报》的头版是这样布置的：报眼上写着口号：毛主席万岁！人民万岁！在头版的右边是毛泽东身穿戎装的大幅半身像，左边是毛泽东、林彪等党和国家领导人依次登上天安门城楼的远照。照片下的通栏套红大标题是《毛主席接见五十万红卫兵和革命师生》，副标题是"文化大革命形势好得很！革命师生的革命行动好得很！"在该版上，《人民日报》刊登了新华社8月31日讯："毛主席和他的亲密战友林彪同志，以及其他领导同志周恩来、陶铸、邓小平、康生……贺龙……乘敞篷汽车，同革命小将亲切会见。"文中把贺龙的位置与林彪拉得很远。后来，在报纸、文件和各种场合中，都统一使用了"亲密战友"的提法。

第二件事是关于1966年10月1日国庆17周年时《人民日报》发表的社论《用毛泽东思想武装七亿人民》。该社论发表前，唐平铸对初稿进行了一些修改，不料却引来了麻烦。在他的"反党罪行"中有这么一段：

> 一九六六年国庆社论《用毛泽东思想武装七亿人民》，本来应该像《红旗》杂志那样，着重谈批判资产阶级反动路线的问题。社论初稿中，对这个问题谈得还是比较多的，但是唐平铸却把一些极其重要的段落删去了。

> 例如，社论初稿中谈到文化大革命必然会遭到阶级敌人的反抗，会遇到阻力时，明确指出："当前，这种反抗和阻力，主要是极少数坚持资产阶级反动路线的人……"唐平铸把这一段删掉了。

> 社论初稿又说："如果不清算这条错误路线及其在群众中的恶劣影响，就不可能有效地进行一斗二批三改，就不可能使文化大革命胜利地向前推进。"唐平铸竟然把这一段也删掉了。

> 社论初稿还写道："要善于把鱼目和珍珠区别开来，不让修正主义的鱼目，冒充毛泽东思想的珍珠。""要帮助那些受蒙蔽的好人辨明是非、认清真相，积极地参加揭露和批判各种形式的机会主义路线的斗争。"他又把这一段删掉了。

> 唐平铸为什么删掉这几段呢？为什么不敢提批判资产阶级反动路线呢？因为他本身就是执行刘邓资产阶级反动路线的人物。[5]

这些事后总结出来的几条"罪行"，在当时就已经扣到了唐平铸头上。对于这些指责，唐平铸向主管宣传的陶铸申诉说："难道一个总编辑都不能删改文章了吗？"他认为是江青、陈伯达、康生等人把"运动"搞"偏"了，他迷茫、困惑，他希望能找到答案。但在那个年代，有谁能回答呢？唐平铸在《人民日报》的日子越来越不好过了。

10 月 1 日凌晨，唐平铸把陈伯达重新删改过的国庆社论清样稿送到了周恩来处。周恩来对其中的一些说法，也提出了和唐平铸相似的异议，无形中支持了他。唐平铸回忆说："这篇社论反映了周总理与中央文革的分歧。"周恩来不同意社论清样中写的"无产阶级的敌人，继续在用各种方式同以毛泽东为代表的无产阶级路线相对抗"的说法，也就是不同意把犯了"路线"错误的人等同于"无产阶级的敌人"。他在这段话旁批注："这是两类矛盾，既要区别，又要指明如果坚持不改，就有转化的危险，原文这两段没有写清楚。我和陶铸同志的看法相同，所以试改了一下，但文字较长。"为严格区分和处理两类矛盾，周恩来把这段话改为："无产阶级的敌人，继续在用各种方式对抗无产阶级文化大革命，他们甚至打着红旗反红旗。""另有一些人，他们对以毛泽东为代表的无产阶级革命路线至今还不理解，对群众运动仍然是'怕'字当头。"

随后，周恩来将修改稿报送毛泽东，并附言说："这篇社论写得很好，只是在第三页有两段将两类矛盾没写清楚，这对当前运动的领导会发生影响。我试改了一下，请主席看是否对。如对，文字的斟酌可交唐平铸同志办。"毛泽东圈阅了。

第三件事是关于 1966 年 12 月 2 日新闻稿是否点名批评彭真等人。《周恩来的晚年岁月》中写道：

> 1966 年 12 月 2 日，周恩来审阅新华社报道 11 月 28 日"文艺界无产阶级文化大革命大会"的新闻送审稿时，在其中点名称彭真、刘仁、万里、邓拓等和周扬、林默涵为"反革命修正主义分子"的三处文字旁画了双线。随即，他将阅后的送审稿送毛泽东审批，并附信说明："这一报道，已经文革小组通过，并经林彪同志审定。在第七、九、十三页中指名批判了一些人，是否合适，请主席批告。"第二天毛泽东在审阅时，把三处点名批判的人名勾去，并批示："退总理，已做修改，请再酌。"周恩来阅后批告陈伯达、康生、江青："速阅转唐平铸同志办，即照主席批改件发表。"[6]

正等着发稿的唐平铸松了一口气。在报纸上发稿，虽然有的可以抵制，有的他却无能为力。他内心深处不同意这么"点"人，也不认为有这么多的"反革命"。如果在党报上哪个人被点了名，就等于结束了他的政治生命。不但会立刻给本人、家庭、亲友及社会带来巨大影响和伤害，而且《人民日报》是有责任的。凡是遇到这种令唐平铸犯"难"的情况，他只有能拖就拖。此新闻在 12 月 4 日的《人民日报》发表了。

然而事情并没有结束。12 月 4 日，周恩来得知在江青、戚本禹的策动下，一些造反派于凌晨揪走了彭真、刘仁、万里、林默涵、田汉等人后，十分焦急，当即要卫戍区制订保护方案。江青却对北京卫戍区司令傅崇碧说："小将们干得漂亮！群众起来了，你们想保也保不住。"后来唐平铸听说这些人还是被批斗、挂牌游街了。看来连周恩来都无能为力，更不要说唐平铸了。

第四件事是报道 1967 年 10 月两个同时访华的外国代表团。他们一个是来自非洲毛里塔尼亚的达达赫总统一行，一个是来自日本的齿轮座剧团。毛泽东、林彪和周恩来亲自分别接见了他们，属于最高接待规格。新华社发了通稿，《人民日报》需要放在第一版的突出位置，还要刊登照片。因为都有毛泽东接见，所以对两个代表团很难分高低，在报纸版面设计上出现了难题：一上一下不行，一左一右也会有轻重之分。这本来是常规的报道问题，报社有权处理，但在文革期间却是一个大的政治问题。编辑对版面的处理必须十分谨慎，否则就是严重的"罪行"。几个编辑比画来比画去，还是拿不出方案，只得向总编室汇报，唐平铸考虑后请示了周恩来。周恩来叫秘书回话说："西方人是以左为上，日本人以右为尊，把日本代表团访华的新闻排在右边就行了。"

按照周恩来的意见，1967 年 10 月 24 日《人民日报》头版右侧竖排的醒目标题是"毛主席、林副主席接见日本齿轮座剧团"，左侧横排的标题为"毛主席、林副主席接见毛里塔尼亚达达赫总统"。

以"任立新"的名义发表未通过的社论

周恩来经常为《人民日报》解难，而中央文革小组却经常让《人民日报》为难。其中尤以分管《人民日报》的陈伯达为甚。

1966 年 6 月以后，陈伯达在中央文革所在地钓鱼台办公，他经常压着《人民日报》报批的社论稿，这令唐平铸和报社的几个负责人十分着急。报纸不发社论，中央精神无法贯彻，群众运动中的问题无法及时指导，他们也会受批评。后来唐平铸想了一个点子，你既然压着不批，那就把社论稿改成评论员文章，或以"任立新"的名义发表。这样，《人民日报》前前后后发表了大量的评论员和"任立新"的文章，陈伯达对此也没有提出过批评和意见。当时，"任立新"的文章在社会上影响很大，有些省市还集印成小册子。

1968年春天，天津市人民出版社印刷发行了几十万册，唐平铸送了一本样书给陈伯达。不料陈伯达一看就火了，质问为什么这么干。唐平铸说是天津自己搞的。陈伯达当场要他通知天津，立即把书全部收回销毁，并且不允许今后《人民日报》再用"任立新"的名义发表文章。

为了贯彻林彪在1966年国庆讲话中提出的两条路线斗争问题的精神，《人民日报》写了一篇开展两条路线斗争的社论。陈伯达一下压了十几天，唐平铸亲自去催，把小样放在他面前，他却摇头说："太长，太长，题目也不行，不能用，不能用。"于是唐平铸拿回去研究，压成千把字，冥思苦想了几个题目，十几天内一连去了陈伯达处七次。陈伯达总说不行。然而究竟怎样改写，他却一言不发。后来，《红旗》杂志连续发表了两篇关于两条路线斗争的社论，街上敲锣打鼓，写大字报庆祝。唐平铸为此事向陈伯达发牢骚，陈伯达却说："你们写不好，转载也是一样，都是宣传！"唐平铸后来才知道，他这个《红旗》杂志总编辑是在给《红旗》吃小灶。

1967年的《人民日报》元旦社论，初稿十天以前就送给陈伯达了。他却一直不看，也不说怎么改。唐平铸急得没办法，遂送了一份给林彪审阅，林彪看了表示同意。然而到了发稿前两天，陈伯达却又突然说不行，让王力和唐平铸另写一篇。唐平铸无可奈何，只好重写。

唐平铸说，陈伯达经常重复的就是这几句话："社论写得短短的，千把字，题目要新鲜。"送给他的小样，他翻一翻，觉得长了，题目不行，内容看也不看，摇摇头就给否定了。而且陈伯达自己起草和修改的文章，别人动不得。陈伯达与王力、关锋文人相轻，经常互相使暗劲。有一次他在医院口授了一篇社论，王力、关锋看了说不行，在小样上画了几个问号。他知道后大发雷霆，坚持原封不动发表那篇社论。

1967年3月的一天，陈伯达对唐平铸说："社论是报纸的旗帜，每天发表一篇，短短的，千把字，题目要短短的。"虽然是老话，但"每天发一篇"是新精神。尽管任务艰巨，难度很大，唐平铸还是认真地把这个话当作中央指示来执行，立即在报社组织了一个多人的写作班子，有的人下去调查，有的人在家写。但一篇篇的文章送给陈伯达，却是石沉大海，有去无回。当时《文汇报》在北京有个办事处，他们时不时从《人民日报》打听到一点上面的消息，头天晚上打电话回去，第二天上海就见了报。唐平铸把这事告诉陈伯达，陈伯达却说："他们写得好，你们就转载嘛。大报要向地方报纸学习！"

唐平铸在《人民日报》这个政治漩涡中挣扎，努力按照自己的理解去对抗和抵制他认为违背毛泽东思想的东西。他多次看到江青当面讥讽周恩来，说他是"灭火队长"，甚至责骂他："这个你也不让批，那个你也不让斗，你打击了群众和红卫兵的积极性。"[7] 唐平铸看不下去。一些"文革大员"时不时要在报上登一些"过激"的文章，唐平铸不得已，只得采用拖的办法。有一回他有意迟发了关锋的一篇文章，关锋很是恼怒，用中央领导人的口气在电话中把他训斥了一顿。当时，唐平铸看不清中央文革的真实意图，又不得不接受这些位高权重的人领导，他精神上的痛苦可想而知。通过批判唐平铸的材料上列举的"罪行"，也可看出他内心的矛盾：

> 唐平铸脑袋里装的是资产阶级世界观，在文化大革命中，执行刘、邓、陶的资产阶级反动路线，反对毛主席的革命路线，把《人民日报》办得越来越糟糕。去年7月以来，特别是《红旗》第十三期社论发表以后，《人民日报》写不出一篇真正支持革命左派的社论。10月份，伯达同志从革命的需要出发，对他提出了严厉的批评，说："你们既不懂毛泽东思想，又不到群众里面去，不了解文化大革命的实际情况，不了解群众思想，写出的东西没有群众的语言。"

对于伯达同志这样重要的批评，唐平铸非但没有虚心接受，反而记下了怨恨。

唐平铸还常用别人的名义或别人的话来攻击伯达同志。在讨论《触及人们灵魂的大革命》社论时，唐平铸一方面说："现在提那样多冲突好不好？会不会使人们都去检查自己去？"另一方面说："那天晚上王力他们也不同意伯达同志的意见。不过他们滑头，不出面。"

他经常散布流言蜚语，把写不出社论的责任推给伯达同志。去年12月4日，唐平铸在医院对苏绍智说："10月份以来，《人民日报》的社论见报的很少。不是我们没写，我们写了多少篇，都送到中央文革小组，陈伯达同志看也不看，压下了。"[8]他还对鲁瑛说过："我又不是不写社论，写了好多篇，中央文革不看嘛，都压在那里，逼着《人民日报》犯错误，垮台！我真恼火！我已给伯达同志写信了，我还要到中央提意见，大不了犯错误，撤职！"

《我国社会主义革命的新阶段》这篇社论是陈伯达同志起草十六条前身二十三条时的一段序言。后来不用了，伯达同志说，可将它改成社论发表，并已拟出了题目。唐平铸在讨论和修改这篇社论时，曾几次说："意思不大，光说这么个新阶段，没有真实的东西。"

这样的事例有不少。毛主席去年8月18日第一次接见百万革命群众，新华社发的消息提的是"伟大领袖，伟大统帅，伟大舵手毛主席"，伯达同志在三个"伟大"前面又加上"伟大导师"，唐平铸看后不满意，说："本来三个伟大就很好，正好一个通栏标题，陈夫子加个伟大导师，弄得通栏标题也放不下了。"[9]

唐平铸还耍花招，把送审通不过的社论，改个题目，用署名文章发表。如《到群众里面去》，送给伯达同志没有通过，他就把题目改成《最光辉的榜样》，用"任立新"的名字发表了。另有一篇社论《领导干部要经得起群众批评的考验》，伯达同志看后没有通过，他也把标题改成《勤勤恳恳地当人民的勤务员》，用"任立新"的名字发表了。

在《领导干部要经得起群众批评的考验》那篇社论拿去送审时，唐平铸还极其粗暴地发泄了他对中央文革的怨气，他对陈听涛和冒雨吉说："这个文章送去了，看来还是出不来，干脆用任立新的名字发表了拉倒。我就准备捅个大娄子！我好久没有捅娄子了，大不了把我撤职！"[10]

唐平铸根据中央精神，要带记者去新华印刷厂、二七车辆厂、北大、清华、北航、北师大等"典型"单位调查采访。由于上面的"婆婆"多，每篇文章要过几道关卡，只要有一个有不同意见，文章就发不出去。这些文章都是唐平铸参加中央和有关会议后，针对当时的形势组织起草的。通不过的主要原因是它们不合中央文革的胃口。唐平铸当时还不理解中央文革的目的是把党、政、军的一大批"走资派"揪出来，斗倒，斗臭。在批判唐平铸的材料中这样写着：

一九六六年六月份，正当刘、邓的资产阶级反动路线猖獗、左派奋起反击的时候，唐平铸、钱抵千搞了一个《同志们，擦亮眼睛，谨防扒手！》的社论。这篇社论颠倒黑白，混淆是非，把矛头指向革命群众，说什么：

"他们利令智昏，认为有机可乘，便跳了出来，并且肆意谩骂我们伟大的党，进行翻案活动，攻击我们革命干部，甚至进行反革命的反攻倒算。"

"有这么一小撮坏分子出来捣乱，并不奇怪。也没有什么了不起。他们自己跳出来，并不是什么坏事。我们正可以利用这些反面教材，提高广大群众的阶级警惕。"

同一时间，唐平铸还写了一篇《一切牛鬼蛇神都不能逃脱党的阳光》的社论，说：

"资产阶级代表人物和一切牛鬼蛇神，他们要实现资本主义复辟，就要千方百计地推翻党的领导。"

"他们采用的一种办法，就是利用我们工作中的某些缺点，散布怀疑一切，否定一切的情绪，企图把水搅浑，他们好浑水摸鱼。他们以极'左'的面貌出现，大喊煽动性口号，说什么搞得天翻地覆，'来个天下大乱'，要'打乱一切'，'砸乱一切'。"

"一切革命人民，必须提高警惕！"

"要防止扒手，不要让坏人钻空子。"

这些社论完全是贩卖资产阶级反动路线的货色，甚至比《北京日报》更露骨更厉害。如果发表出去，其后果不堪设想。幸亏伯达同志抓得紧，发现了问题，前一篇没让发表，后一篇做了根本的修改，扭转了错误的方向，才发表出来。[11]

唐平铸在上述社论中写出了对造反派和中央文革的抵触情绪。在他受到围攻时，他企图辩解几句，但谁也不听他的。在他的"罪行"材料中写道：

唐平铸竟然公开说："我就是看不惯他们那一套，大不了犯错误，垮台！""我要告状！""我不干了！"[12]

听毛泽东口授《人民日报》编者按

1967 年元旦，《人民日报》、《红旗》杂志发表了经毛泽东审定的社论《把无产阶级文化大革命进行到底》，号召"展开总攻击"，在全国范围内开始了全面夺权。1 月 3 日，《人民日报》发表姚文元的文章《评反革命两面派周扬》，唐平铸说，文章标题是毛泽东改拟的。1 月 8 日，王力被任命为中央宣传组组长。当晚毛泽东命他到人民大会堂北京厅，组员唐平铸、胡痴也一同前往，当时已在那里的有陈伯达、江青等人。

毛泽东对上海以王洪文等为首的造反派掀起"一月夺权风暴"后，1 月 5 日《文汇报》登载的《告全市人民书》非常赞赏，要求中央人民广播电台立即广播，第二天登《人民日报》。他还一字一句口授了《人民日报》编者按，编者按由王力记录、整理，唐平铸和胡痴也参加了讨论定稿，后交毛泽东审阅。毛泽东接着指示王力立刻把文稿送到中央人民广播电台，唐平铸、胡痴也奉命坐着另一辆车去。后来在揪斗唐平铸时，造反派逼问他和胡痴在车上背着中央文革议论了什么，搞了什么阴谋。其实，他们能说什么呢？

翌日，《人民日报》头版刊登了毛泽东口授的编者按。"一月夺权风暴"立刻受到肯定和各地的效仿，王洪文也成了全国的风云人物。

1月9日，毛泽东向陈伯达、江青等人赞扬并肯定了上海《文汇报》《解放日报》夺权对全国的影响，并指示要支持他们造反。唐平铸也参加了这次接见。当晚，唐平铸打电话给《文汇报》表示祝贺，并说："我刚从钓鱼台回来，遵照毛主席的指示，明天《人民日报》套红，发表毛主席最高指示，支持《文汇报》夺权。"《文汇报》把唐平铸的贺词用红纸抄出贴在报社里。后来有人揭发该电话在新华社播发电讯之前，唐平铸是抢先一步，是政治投机。其实电话是周恩来让他打的。

紧接着，根据毛泽东的指示，《人民日报》1月12日发表了中央给"上海工人造反总司令部"等32个造反派组织的贺电。这个贺电是陈伯达亲自写的，唐平铸、胡痴参加了起草，并经周恩来主持、在人民大会堂召开的中共中央政治局扩大会议上讨论通过。具有讽刺意味的是，按毛泽东指示参加起草贺电的唐平铸和胡痴，第二天就被毛泽东的女儿肖力在《解放军报》的"夺权"行动中揪了出来。

据陈伯达回忆，会议在人民大会堂西大厅举行，毛泽东没有到会。贺电原来是以中共中央、国务院、中央军委名义签发的。会议通过了贺电之后，毛泽东来了。他看后，指示署名加上"中央文革"。中央文革小组本来是常委会的参谋办事机构，怎么成了与中共中央并列的权力机构？一些人不理解。毛泽东笑着说："就是这样好。"

由于毛泽东亲自指示在贺电中加上了以陈伯达、江青为首的中央文革，使它一下升级了，成为了拥有实权的中央机构。从这时起直至中共中央"九大"召开，重要的文件都是用"中共中央、国务院、中央军委、中央文革小组"并列的名义签署下发的。这份贺电表明，中央文革已正式取代了中共中央书记处，成为了指导文化大革命的最高权威性机构。毛泽东说了这样的话："古之民，不歌尧之子丹朱（丹朱不肖）而歌舜；今之民，不歌中央书记处而歌中央文革。"

1月16日，《人民日报》奉命刊登了《红旗》杂志评论员文章《无产阶级革命派联合起来》。该文宣称上海夺权标志着文化大革命"开始了一个新阶段"，提出"党权、政权、财权"都要夺。文中还发布了毛泽东在中央常委会上所讲的"无产阶级革命派联合起来，向党内一小撮走资本主义道路的当权派夺权"的最新指示。文章是王力和关锋根据毛泽东的谈话整理、由陈伯达送审，当天广播的。引人注意的是，这篇掀起全国范围夺权运动的文章并没有给林彪和周恩来看。

1967年5月，唐平铸在《人民日报》的一次宣传报道会议上传达了毛泽东的讲话：

> 主席看了即将成立的北京市革命委员会的宣言，表示不满意，主席说："文章什么都说了，但没有棱角。牛为什么要长两只角？为了斗争。这个宣言你们要上台，他们要下台，这个宣言要写得有气概，因为这是震动世界的事情。北京是世界革命的中心，文章要有气概，比巴黎公社还要郑重。要参考《共产党宣言》写，理论上要有新的东西。这个宣言有历史意义，将来莫斯科革命也要学习它。新的革命委员会为什么要成立？宣言中没有讲出道理，好比钝刀子割肉。要点彭真的名，要把批判刘邓引向一个新高潮。时不再来，就这样一次，要做点好文章。"[13]

江青、陈伯达揪出了唐平铸

唐平铸看不惯江青打着毛泽东的旗号、飞扬跋扈的做派，也看不惯这位"旗手"和"理论家"陈伯达经常在会议上争吵。江青认为《人民日报》的工作组是刘少奇、邓小平派的，而且多是军人，她认定他们不是自己的人。她还经常敲打陈伯达。有一回，唐平铸对发生在眼前的事情非常吃惊：只见江青与陈伯达这两个"中央领导人"怒目对视，一个骂："我看不起你！"另一个回骂："我也看不起你！"江青竟当众去撕陈伯达军装上的领章。

还有一次，唐平铸在"碰头会"上实在听不下去，就在一旁看材料。江青突然冲着他喊："你在看什么，给我看看！"唐平铸顺手就把材料递了过去。江青一下子翻了脸，吼道："你怎么这么没有礼貌，反着一只手把东西递给我！"这是江青故意找茬儿，她一直认为唐平铸不听话。

1966 年 8 月 31 日，唐平铸的三儿子智明（当时为哈尔滨军事工程学院学员）在毛泽东第二次检阅百万师生和红卫兵的大会上，作为红卫兵代表在天安门城楼上发言。同时发言的还有同一院校的李犁力（原黑龙江省省长李范五的女儿）。当他们分别在天安门城楼上激动地念完发言稿后，毛泽东、林彪和他们一一握手。这时，江青走向唐平铸，对他说："你的儿子怎么看起来比你还老？"弄得唐平铸无言以对。智明回家后对父亲说了和毛泽东、林彪握手时的感觉："毛主席的手握起来很有劲，林彪的手有些发软。"

文革后的 1977 年 1 月 5 日，唐平铸在给中央的信中说：

> 1967 年国庆节，我在《人民日报》上登了一幅有总理在主席身边的照片，姚文元就对我大肆训斥。同年 4 月，我因一个国际问题的宣传去请示总理，事后陈伯达、江青讽刺说"你以后不用找我们，去找总理好了"。1967 年元旦社论稿，头两天我就送中央审查，总理审改后当即退回了，但直接领导《人民日报》的陈伯达，直到元旦当天清晨 5 时还没有看。我拿着总理的审稿去找他，他瞪了我一眼，胡乱地勾掉了总理修改过的地方，还说："元旦不一定发社论嘛！"陈伯达在《人民日报》批斗我的大会上说："我对唐平铸的工作是不满意的，是有怀疑的。"[14]

1967 年 1 月 13 日，肖力（李讷）一举夺权，造了解放军报社胡痴的反。1 月 17 日下午，《人民日报》的造反派闯到唐平铸家中，把他揪到报社的五楼礼堂。在口号声和拳头中，陈伯达、王力、关锋等人穿着军装亲临现场。以下为陈伯达在批斗会场上的讲话全文：

陈伯达同志接见《人民日报》全体人员时的讲话

同志们递上来几个条子，要介绍来的几位同志。我们来了几次了，有些同志还不认得。这是王力同志，这是关锋同志。他们两位同志都是五月三十一号同我一起到《人民日报》的。（热烈鼓掌）

今天这个会开得很好（热烈鼓掌），你们造唐平铸的反造得对。（高呼：打倒唐平铸！打倒反革命两面派唐平铸！）我们五月三十一号到人民日报社来，是带着毛主席的革命方针来的。（高呼：毛主席万岁！毛主席革命路线胜利万岁！）从六月一号开始发表的，在一些同志的协助下写了一些社论，这主要是六月这一个月时间，六月以后的一些社论我基本上不大管了。《先当群众的学生，后当群众的先生》，还有《从群众中来，到群众中去》，是吧？这篇社论是我亲自主持搞的，有些社论不是我主持搞的，有些我是不同意的。第一次《抓革命，促生产》的社论是我主持的，第二次是陶铸主持的。当然，在我所主持写的这些文章里边，也不能说一点缺点也没有，但基本上方向是对的。

在六月以后，我就想摆脱《人民日报》的工作了，我们这几个人也就没来了。所以，《人民日报》的情况不大了解，但是，我们在座的这几位同志，包括关锋同志、王力同志和我，都对唐平铸的工作是不满的，是有怀疑的。

《人民日报》究竟怎么搞？因为我曾经来过一个时候，所以，我好像还有责任似的。因为，我们到《人民日报》来的时候，带着毛主席的无产阶级革命路线，希望把《人民日报》变成为无产阶级革命路线的党中央的机关报，是能够真正宣传毛泽东思想的党中

央的机关报。看来六月份的和七月份的个别文章，六月份的文章
基本上都是革命的，那个时候，没有一篇文章是唐平铸有份的。
听懂了吗？（群众：听懂啦。）都是我们几个同志集体搞的。唐平
铸插一句两句也可能有的，无关重要的。

五月三十一号以后，进来以后实际上有这样一个矛盾，我们
带来毛主席的革命路线，想贯彻执行毛主席的革命路线，但是，
这个组织是一个改良的、不革命的。因此，就影响到后来的工作了，
后来就不能继续执行六月一号开始的那样的无产阶级的革命的方
针了。所以不能改良，要革命。（热烈鼓掌。高呼：无产阶级革命
路线万岁！毛主席的路线胜利万岁！）

在五月三十号以前，我们同唐平铸没有见过面，胡痴也没有
见过，是临时地从《解放军报》借些人来，事实上都是刘志坚推
荐的。所以，我们并不了解他们。七月以后，我可能跟你们两个
（注：指王力和关锋同志）谈过，谈过多次，感到很苦恼的问题就
是《人民日报》的问题，《人民日报》的问题并没有解决，这样下去，
江河日下了。七月以后，我觉得江河日下了。（王力：江河日下，
一天不如一天了。）

除了刚才说的那两篇社论（七月份的）之外，很少有像样的社
论。我曾经跟唐平铸、胡痴说：你们要集中一切精力把《人民日报》
的社论搞好，因为《人民日报》的社论能够集中代表党中央的东西。
可是我的话是没有用的，因为他们的世界观是资产阶级的世界观，
是没有改造好的、没有改造过来的资产阶级世界观。有一个时候
我曾经这样设想，我说：你们这样天天讲学毛泽东思想，可是你
们对毛泽东思想并不了解呀！我劝过他们两三次，我说你们从头
读起，从《中国社会各阶级的分析》，一直读，并且抄。我说抄呀，
对思想印象可能深一点。大概他们抄过几篇，还送给我看过，可
能也没有继续下去。但是抄是不是能够解决问题呢？不一定。所
以需要你们这种革命风暴。（热烈鼓掌。高呼：革命无罪！造反有
理！打倒唐平铸！打倒刘少奇！打倒邓小平！打倒资产阶级保皇

派！毛主席万岁！万岁！万万岁！）

那么，怎么能办好这个报呢？我相信你们这里边有很多优秀的力量，能够掌握毛泽东思想，能够把报纸办好。这就是说我们要走群众路线，让你们大家来共同办报。（热烈鼓掌）你们打算组织一个总编辑委员会，是吧？（王力：你们打算组织一个什么委员会呀？答：抓革命、促生产委员会。王力：这是工厂的。编辑部呢？总编辑室呢？答：革命造反委员会。）同时也要搞编辑，是不是呀？（王力：一切权力归革命造反委员会，现在还没有产生吗？答：产生了，产生了，群众在一块儿开会搞的。有的说：没有。）今天不能解决明天解决，明天不能解决后天解决，就是要群众选举一个总编辑委员会。（热烈鼓掌。高呼：坚决拥护中央文革正确领导！抓革命，促生产！粉碎资产阶级反动路线的新反扑！）不一定要有总编辑，你看你们几个总编辑都垮台了嘛！一个邓拓，一个吴冷西，再来一个唐平铸。（群众：还有范长江呢。）老了，老了，通通垮台了嘛！不要总编辑，只是一个委员会。委员会可设七个人，或者九个人，或者十一个人，你们自己决定好了。大家协商，你们各个团体协商。（热烈鼓掌）也还是巴黎公社的原则，如果不称职还是可以随时更换的。（热烈鼓掌。高呼：毛主席万岁！毛主席的革命路线胜利万岁！）

我们撤换了一个吴冷西，他不称职，换了一个唐平铸，唐平铸不称职，还是把他撤换了，所以，将来总编辑委员会，还是按照巴黎公社的原则，（王力：不一定叫总编辑委员会，就叫编辑委员会）你们自己取名字吧。我们连名字也不包办代替。（热烈鼓掌。高呼：反对包办代替！将无产阶级文化大革命进行到底！走群众路线！）这个编辑委员会，要负责报纸的版面，特别要负责报纸的社论。要真正搞得很好，要真正无愧于党中央的机关报。（热烈鼓掌。高呼：毛主席万岁！《人民日报》必须改天换地！砸烂旧的《人民日报》！）这个编辑委员会，可以不搞总编辑了，可以搞个主任啦，副主任呀，或者几个主任轮流值班。（名字也可大家创造，有什么勤务员呀。）那可以嘛。总之要有对党中央负责的。

那么，我建议以后《人民日报》跟文化革命小组王力同志、关锋同志发生联系。（热烈鼓掌，高呼：坚决拥护中央文革小组正确领导！毛主席万岁！万岁！万万岁！）因为关锋同志，实际上是《红旗》杂志的编辑，他在搞，他是常务副总编辑，实际上是总编辑，所以，跟《人民日报》联系多的是王力同志。（热烈鼓掌，高呼：坚决拥护中央文革正确领导！）

总之，我们就是这么几句话：按毛主席的教导，信任群众，依靠群众，尊重群众的首创精神，你们有革命的首创精神，一定能够把《人民日报》办好的。（热烈鼓掌）总不要把《人民日报》比上海《文汇报》办得更差一些吧？

你们在报纸版面上不要像《文汇报》那样登"我们的革命造反派已经推翻唐平铸了"，你们内部革命就是了，唐平铸必须交给群众批判。（热烈鼓掌，高呼：打倒唐平铸！把唐平铸斗臭、斗倒、斗垮！）

我们这里有两个标语：一个"打倒吴冷西！"一个"打倒唐平铸！"你们不要忘了打倒吴冷西。（高呼：打倒吴冷西！打倒吴冷西为首的反党集团！打倒唐平铸！）你们刚才说了很多吴冷西时代的资产阶级路线的影响。（王力：他是三反分子，是反党反社会主义反毛泽东思想的影响，反革命修正主义的影响。）还有唐平铸的影响，要逐步扫清。（王力：唐平铸有一段他是执行陶铸的。）实际上后来我没有管，比较长的一段是唐平铸跑到陶铸那里了。所以实际上后来是陶铸在管的，但他们名义上都说你不能不管呀，你不能不管呀。陶铸也是这样说，我实际上是没有管了。（高呼：打倒两面派唐平铸！打倒陶铸！打倒刘少奇！打倒邓小平！）

所以我也有对不起《人民日报》群众的地方，同时这也是对不起党哟。没有一直抓下来嘛。有许多原因可以解释，但是我不做这个解释。就是我管的时候的工作，你们也可以批判。（关锋：现在学生们讲，《人民日报》有两条路线嘛，一条是陈伯达贯彻的毛主席路线，一条是唐平铸贯彻的陶铸的资产阶级反动路线。那一回来时学生们就讲了。王力：那一回在《人民日报》的学生就讲了，学生都看出这个问题：《人民日报》好像有两条路线，一条是陈伯达同志在这里执行的无产阶级革命路线，一条是陶铸贯彻的资产阶级反动路线。）可是我没有一直坐下来。（高呼：打倒唐平铸！打倒陶铸！彻底批判资产阶级反动路线！）（王力：要保证报纸不停顿，监督可以，但是要保证报纸正常出版。）你们明天可以好好出版吗？（答：可以。）（王力：责任就交给群众。）（高呼：响应毛主席的伟大号召，抓革命，促生产，把《人民日报》办成中央党报！）

《人民日报》可是不能停呀！一天都不能停呀！不能像《工人日报》那样，（王力：像什么《大公报》呀！还有国际影响的问题。）（高呼：坚决响应陈伯达同志的号召！《人民日报》照常出版！）还要办得很好呀！

革命派万岁！

毛主席万岁！¹⁵

唐平铸被打成"执行陶铸资产阶级反动路线的黑干将"，关押在人民日报社，并在印刷厂监督劳动。每天搬运一米多高的白报纸卷。每个卷筒五六百斤。开始几天，他累得筋疲力尽。后来，他摸索出了窍门。造反派放他回家休息时，他向孩子们表演了工人教他的一扭、一拐再一蹬的动作。他不愿家人看出他心中的痛苦，也希望在劳动中得以解脱。

在被关押和劳动改造期间，他除了接受《人民日报》的批斗外，中央文革还勒令他去北京工人体育场万人大会接受批斗。虽然他瞒着家人，但是他的孩子唐炎明听到消息后，戴上红袖章混入会场。那次同台被批斗的有荣高棠（体委副主任）、肖望东（文化部长、原南京军区政委）、熊复（中宣部副部长）等十多人。他们每人后面都站着两个彪形大汉，一手扭胳臂，一手揪头发，要是站不好"喷气式"，就会招来一顿拳脚。唐炎明眼睁睁地远远望着父亲蒙受种种侮辱、折磨，而没有任何办法阻止和搭救。批斗大会开了一个多钟头，才在一片口号声中结束。当天晚上，唐平铸背着家人在厕所里洗了带血的手帕。后来他写道："那是一个沉闷的夜晚。"

谭震林为陶铸、唐平铸等人鸣不平

1967 年 2 月 11 日和 16 日，在中南海怀仁堂召开的政治局常委碰头会上，副总理谭震林、李先念、李富春和几位老帅与陈伯达、康生等人进行了尖锐的面对面斗争。谭震林气愤地说："什么群众，老是群众、群众，还有党的领导哩！不要党的领导，一天到晚，老是群众自己解放自己，自己教育自己，自己闹革命。这是什么东西？这是形而上学。你们的目的，就是要整掉老干部，你们把老干部一个一个打光！""这一次，是党的历史上斗争最残酷的一次。超过历史上任何一次！"他愤然站起来，要退出会场，周恩来叫他回来。陈毅说："不要走，跟他们斗。""这些家伙上台，就是搞修正主义。"

第二天，在"大闹怀仁堂"之后，谭震林余怒未消，回到家给毛泽东、林彪写了一封怒斥江青的信，对打倒陶铸、刘志坚、唐平铸等人表示不满。这封耿直进言的信件，很值得一读。原文如下：

> 昨天碰头会上我是第三次反击：第一次是在前天的电话中，第二次是昨天一早写了一封信。我之所以要如此，是到了忍无可忍的地步。
>
> 他们不仅不听主席的指示，当着主席的面说："我要造你的反。"他们把主席放在什么地位，真比武则天还凶。
>
> 他们根本不作阶级分析，手段毒辣是党内没有见过的。一句话，把一个人的政治生命送掉了，名之日"冲口而出"。陶铸、刘志坚、唐平铸等等，一系列人的政治生命都是如此断送的。对于这些错误批评过吗？只批评陶铸，其他人都未批评，而且，批评陶铸为时很短，根本不给人改过的机会。老干部，省以上的高级

干部，除了在军队的，住中南海的，几乎都挨了斗，戴了高帽，坐了喷气机，身体搞垮了，弄得妻离子散，倾家荡产的人不少。谭启龙、江华同志就是如此。我们被丑化得无以复加了。北京百丑图出笼后，上海、西安照办。真正的修正主义分子、反革命分子，倒得到保护。这些无人过问，他们有兴趣的是打倒老干部，只要你有一点过错，抓住不放，非打死你不可。

　　我想了很久，最后下了决心，准备牺牲。但我决不自杀，也不叛国，也决不允许他们再如此蛮干。总理已被他们整得够呛了，总理胸襟宽，想得开，忍下去，等候，等候，等到何时，难道等到所有老干部都倒下去了再说吗？不行，不行，一万个不行！这个反，我造定了，下定决心，准备牺牲，斗下去，拼下去。

　　此致

布礼！

　　　　　　　　　　　　　　　　　　　　谭震林[16]
　　　　　　　　　　　　　　　　　　　　二月十七日

　　谭震林把写好的信装入信封，在信封上面写了"呈毛主席、林副主席"，派人送出。该信先给了林彪。林彪沉默半晌，把"球"踢给了毛泽东。他在附信中说："谭震林最近的思想竟糊涂堕落到如此地步，完全出乎意料。"毛泽东批了"已阅"，将信退回毛家湾。可以想见其结果是，"大闹怀仁堂"、搞"二月逆流"的"四帅"（四个元帅）、"三副"（三个副总理），在毛泽东"发了无产阶级的震怒"（康生的话）之后，受到了江青、康生一伙的严厉批判。

　　2月19日凌晨，毛泽东主持中央碰头会，本来通知了林彪参加，但他以"身体不好"为由请假，让叶群代表他到会。毛泽东在会上发了大脾气，他怒气冲冲地说："你们就是要搞宫廷政变，你们就是要刘、邓上台。中央文革小组执行十一中全会的决议，百分之九十七八是正确的，谁反对中央文革，我就反对谁。十一中全会决议你们都举手通过了，为什么执行起来有抵触呢？要否定文化大革命，办不到！大闹怀仁堂，就是要搞资本主义复辟，要对文化大革命发难！"

唐平铸听到这些情况后非常吃惊，文化大革命到底要干什么呢？一夜之间，"打倒谭震林！"的标语有组织地贴满了北京的大街小巷。唐平铸的儿子唐华明与谭震林的儿子是北京工业学院的同班同学，最先听说他的家庭遭了殃。

"九一三"事件发生后，毛泽东说"二月逆流"是反林彪的，这与事实不符。

在中央文革监控下办报

1967 年 2 月 27 日晚，陈伯达突然通知《人民日报》说："已查明唐平铸的问题与《解放军报》一月中旬发生的问题没有关系。唐平铸同志的缺点和错误，根据已揭发的材料，是属于人民内部矛盾的问题，不能采取敌我矛盾的方式。"由于事出意外，连唐平铸的家人都吃了一惊。家人纷纷猜测：是不是唐平铸的妻子陈友孟给林彪写求救信起了作用？或是由于周恩来、谭震林、肖华等人力保？或是党实事求是，查明唐平铸与"胡痴阴谋小集团的政变"的确没有多大瓜葛？

但是，中央文革早晚要拿掉唐平铸这个不顺手的工具，是谁都看得明白的事情。也许因为暂时还没有物色到接替他的合适人选？也许《人民日报》每天必须出报的重要性压倒了一切？总之，经过一个多月的批斗和监督劳动之后，唐平铸又恢复了《人民日报》代总编辑的工作。

虽然恢复了工作，但唐平铸完全处在中央文革的监控下。陈伯达对他说："你没有掌握毛泽东思想，你要每天用毛笔抄一篇毛选，抄完送给我。"并说这是他多年学习毛泽东思想的经验。唐平铸工作的繁忙程度可想而知，但是无论多么忙，他仍然按陈伯达的要求，每天挤睡觉时间抄写毛选，一篇又一篇。唐平铸的家中至今还保留着他当年在宣纸上抄写的几本毛选。

一天，陈伯达向唐平铸摊牌了："唐平铸，你要听话。我这里有一大摞揭发你的材料。"面对江青、陈伯达、姚文元等中央文革一帮人的刁难，唐平铸要求辞去《人民日报》代总编辑的职务。他让唐炎明把辞呈送到景山附近的总政治部主任肖华家中，提出希望回部队工作。可是当时肖华也受到了江青等人的迫害，不久被抄了家，哪能管得了唐平铸。

据原《光明日报》总编辑穆欣说：

> 有一天，唐平铸在闲谈时对我说："有些同志在议论，最好我们两个对调一下，你来《人民日报》，我去《光明日报》，……显然，那时他似乎还没有想到在劫难逃，实际上，不论我和他，被推进深渊都只是时间问题啊！"[17]

唐平铸重新工作后曾一度以为，党和毛主席还是信任自己的。据记录，在《人民日报》会议上，唐平铸说："中央文革抓得很紧，每天都要我们把稿子送给王力、关锋同志审阅。最近国际新闻有特色，报社专门成立了'批判刘邓小组'。我们工作还很被动，对上面的指导思想吃得不透，没有认真研究讨论，社论出来往往不能抓住问题。王力同志要我们查查'打击一大片，保护一小撮'的文章，至今还未很好落实。"

在唐平铸当时的工作日志上留下了一些记录：

> 最近转载了《文汇报》的社论。这篇社论主席看后，马上批给中央文革，要《人民日报》《解放军报》和《光明日报》转载。转载后，学生们都来质问，一天最多的有五六百人。为什么主席说《文汇报》社论特别重要？因为提出了方向问题。当前重要的问题是搞大联合，如果拆台，就不能大联合。目前有些学校，特别是中学，保守组织和造反组织间的斗争特别激烈，北京学校内部搞得很激烈，如新北大和地质东方红，闹成了武斗和打群架，陈伯达和江青同志提出严厉批评。
>
> 陈伯达同志昨天下午三时召集会议，决定写出一系列大文章对刘少奇进行批判，要有力量，有分析，质量高，水平高。要用

《人民日报》编辑部、《红旗》杂志编辑部的名义像"九评"那样发表，这样更加"官方"。[18] 听说刘少奇看了戚本禹同志的文章后，很不以为然，认为只是代表个人意见，其中引用的一些话，有出入，等等。今后要写一系列官方文章。根据中央文革的要求，准备了二十四个题目，有些已定题了，有些只是内容，题目另定。这些文章，除了《人民日报》《解放军报》《光明日报》和《红旗》杂志分工外，主要是陈伯达的《中国向何处去？》，王力的《马克思主义还是社会民主主义？》，姚文元的《从"清宫秘史"到"海瑞罢官"》等文章。[19]

1967 年的一天，陈伯达对派到基层搞调查的《人民日报》工作人员传达了毛泽东的指示：

> 下去后要做好宣传工作，要做深入的、细致的、艰苦的思想政治工作。厂子里女工多，要派些女同志下去，便于工作。
> 下去后不要匆匆忙忙急于表态。经过调查研究，如果两派都是革命的群众组织，就要逐步地把他们联合起来。就是两派严重对立的群众组织，群众也是愿意联合的。不愿意联合的，只是少数的几个头头。
> 要向工人群众学习，组织个医疗队，给他们看病。

1967 年 11 月 20 日午夜 2 时，陈伯达给唐平铸打来电话：

> 你们发的那个新闻(指针织总厂)不要急。中央要把中央警卫团的那个报告发下去，那里面有主席的三条重要指示。你们要等中央发了这个文件以后再考虑怎样宣传，不要急急忙忙，不要抢新闻。
> 你们一个月要写十来篇社论。过去我说写十五篇，现在看来写十篇就行了。要高质量，解决问题。每篇一千字，不要长，十

篇一万字。一篇一个概念，不要写得东西太多、太杂。主席的指示发下去以后，可以写几篇社论。

你们现在要搞大联合。每个人都要经过长期考验，你也要经过长期考验，我自己也要经过长期考验，一直到死为止。不要把不同意见的人随便否定。"井冈山"反对你，你要向他们请教。不要有人反对你，就不高兴。有人拥护，包含着一种危险性，自己满不在乎，冲昏头脑。我说过，"井冈山"可以让他们存在，他们提出反对意见，可以引起你的警惕。对主席的指示，要认真贯彻执行，不要口头上讲讲，而是要实际去做，讲了以后要做。对新华社的问题，你们也要帮帮忙，你们有熟人帮助做些工作。现在他们搞得不像样子，我们晚上去，他们却在那里睡大觉，好久找不着人来。七百多人上班，晚上却找不着人，真感到遗憾。他们晚上发消息，白天上班，这怎么行？

（我告诉他我们在搞学习班。）他说：这样做好嘛。多做自我批评非常重要，理论要同实际一致。

"井冈山"是什么组织，是不是反革命组织？（我说不是。）不是反革命组织就应当承认他们是革命组织嘛。革命群众组织中有坏人那是另一回事。不能因为有坏人，就不承认别人不是革命组织。他们是保守组织吗？不要因为别人反对你，就不是革命组织，这样不对。让"井冈山"存在有好处，没有坏处。办事情一定要谨慎，工作要做好，态度要好。这样做，就是人家反对你，也不会失掉什么。

1968 年 3 月 2 日，陈伯达对《人民日报》讲话：

最近，《人民日报》的短论多了，版面也有进步，这很好。以后可以多写些短论，写些评论员文章。写短论，要短小精练。

编辑部要努力学习毛主席的"反对党八股"，要学习毛主席的一些短文章，学习普通人的短文章，把报纸上的短论写得更好。

　　报纸的社论不在多，在于提高质量。短论、评论员文章是一种好的形式，可以多写一点。让报社内部的同志先讨论修改，这样就可以做到社外依靠群众，社内依靠群众，办好报纸。

　　《人民日报》的宣传一定要根据中央和毛主席的指示为准，决不能乱出点子。凡是党中央和毛主席定了调子的问题，绝对不能变动。新华社送中央审定的文章和新闻等，也不能变动删改，这一点要特别注意。

　　《人民日报》要在毛主席思想基础上大联合，不要今天揪这个，明天揪那个。要办学习班，通过斗私批修，慢慢解决。领导者只有听取群众批评的义务，没有拒绝群众批评的权利。群众有派性，主要是你们造成的。[20]

唐平铸的工作日志上写着：

　　1968 年 4 月 15 日 10 时伯达同志来报社，我因回家来迟了二十分钟，伯达同志批评说："你这个总编辑，报纸还没有出，你为什么离开？"

　　他批评昨天的评论员文章，不应当放在下面。这是一篇重要的文章，你们还请示什么？应当独立思考。我（伯达）决定报纸上不用毛主席的像，你们就不得了，群众提了几天意见，顶住就过去了嘛！我们宣传毛泽东思想，不在于形式。上次你们写的社论，说党性、派性之争是路线斗争，我给卡住了，不然又要犯大错误。你们还提什么上海的消息要压几天，这是什么意思？中央没这个规定。

　　他说：不要笼统地讲反对派性。每个阶级里都有左、中、右。有阶级，有党，就有派，派是党的一翼。突出政治，要讲清突出无产阶级政治；讲派，就要讲无产阶级革命派。"支左不支派"，不要这样提了。《文汇报》提出"围剿派性"，不要讲了。[21]

4 月 16 日伯达同志指示：

1. 毛主席对《人民日报》运动非常关心。

主席最近指示，"你们宣传机关天天宣传大联合，就是自己不搞大联合。"

2. 清理阶级队伍问题。

你们每个人要写自传，自报公议。从唐平铸开始，把问题交给群众。这不是搞人人过关，是对党负责。这样搞一下，《人民日报》的阶级队伍就可能清楚一点。有问题也写，没有问题也写。我在《红旗》杂志就是这样做的。

3. 大批判。

你们要批判邓拓、吴冷西，要肃清他们的影响。通过大批判，就可以搞好大联合，搞好三结合，没有别的路可走。

四大家族是当时提出来的。以后可以叫吴冷西一小撮走资派。[22]

唐平铸对陈伯达的指示都认真记录和传达。虽然他力图理解"无产阶级司令部"的战略部署，却依旧是徒劳。

不要以为天下太平无事

1967 年《红旗》杂志第 3 期社论《论无产阶级革命派的夺权斗争》，是根据毛泽东的多次讲话，奉毛泽东之命写的。其中核心的是要"打碎国家机器，用新形式代替旧形式"。

4 月 6 日，《人民日报》刊登了戚本禹在《红旗》第 5 期发表的长文《爱国主义还是卖国主义——评反动影片〈清宫秘史〉》。唐平铸回忆说，这篇文章第一次公开批判刘少奇，虽然没有点名，但我们都明白它指的是谁。文章向刘少奇提出了咄咄逼人的八个"为什么"，并自问自答地说："答案只有一个：你根本不是什么'老革命'！你是假革命、反革命，你就是睡在我们身边的赫鲁晓夫！"毛泽东对该文改了三遍，称赞"写得很好"。文中引用了毛泽东的话："《清宫秘史》，有人说是爱国主义的，我看是卖国主义的，彻底的卖国主义。"

就在戚本禹的文章发表的前夕，毛泽东亲笔为另一篇王力所写的文章加了标题：《"打击一大片，保护一小撮"是资产阶级反动路线的一个组成部分》，并要他在文中加上王力批刘少奇的《论共产党员的修养》一书的话。接着，在陈伯达的主持下，《红旗》《人民日报》以编辑部的名义，于5月8日发表了《"修养"的要害是背叛无产阶级专政》一文。该文由中央政治局常委扩大会议讨论通过，并经毛泽东多次审阅、修改、添加后批准发表。这一篇篇的文章，表明了毛泽东有步骤、有计划地要把刘少奇从理论和舆论上彻底搞臭。唐平铸在笔记中写道：

> 66年"七一"社论《毛泽东思想万岁》的原稿，引用了刘少奇的一段话，陶铸又提出加进邓小平的一段话。这篇社论陈伯达按刘少奇的批示，作了两次重大修改。后来有人批判这篇社论，他把修改的地方说成是刘、邓修改的，把他两次修改的原稿从《人民日报》要了回去。有人写文章批判刘少奇的《爱国主义和国际主义》一书，他说这本书不要批判，是他在延安帮刘写的，没有错误。[23]

唐平铸说：

> 1967年5月16日晚，毛泽东突然想起要纪念《五一六通知》制定一周年，急忙命陈伯达赶写文章。由于时间紧，新华社当晚把《五一六通知》作为新闻稿发往各地，第二天各报刊登了《通知》的全文。尽管毛泽东说"文章来不及，可以晚一天发表"，但陈伯达毕竟是搞政治文笔的老手，他把我支去改一篇短评，他和王力、关锋、戚本禹在一间屋子里，不允许任何人打扰，熬了一夜，终于把文章赶写出来。陈伯达把题目定为《伟大的历史文件》，以《红

旗》《人民日报》编辑部名义于 5 月 18 日发表。该文把毛泽东的晚年理论高度评价为"第三个阶段"和"第三个里程碑"。[24]

这篇编辑部文章，毛泽东审定时亲笔加上了一段话："革命谁胜谁负，要在一个很长的历史时期内才能解决。如果弄不好，资本主义复辟将是随时可能的。全体党员、全国人民，不要以为有一二次、三四次文化大革命，就可以太平无事了。千万注意，决不可丧失警惕。"

文化大革命斗争的范围，从意识形态领域扩大到政治领域和党、政、军的权力机关；斗争的焦点，从对《海瑞罢官》的批判转移到对建国以来各项工作和成绩的批判，特别是对谁领导谁的判断；斗争的对象，从资产阶级学术权威及对运动不理解、有对抗情绪的一些人转移到"支持""包庇"他们的"党内资产阶级代表人物"和"睡在我们身边的赫鲁晓夫"等走资派身上，更加明确地、直截了当地与"中央出了修正主义"联系起来。

在这场变革面前，唐平铸主观上想紧跟"无产阶级司令部的战略部署"。他与许多人一样，多年来在思想深处上留下了阶级斗争的烙印，唯恐贯彻毛泽东和党中央的指示不力。但是，随着文化大革命的逐步深入，眼前发生的一切使他困惑了，紧跟的步伐放慢了，他越来越不理解这场运动的意义。

5 月 29 日，肖力在《解放军报》头版发表了《林彪同志委托江青同志召开的部队文艺工作座谈会纪要》全文和林彪写给中央军委常委的信。与唐平铸根据总政指示，5 月初参与撰写的《解放军报》社论相比，这篇文章"调子更高了"，"战斗力更强了"，它对《纪要》的"伟大意义"和江青的"伟大历史功勋"做了突出的宣扬。

8 月 28 日，毛泽东在上海审阅姚文元等人写的《评陶铸的两本书》一文时，在批示中要求姚文元："还宜在二三天内写几篇批刘的文章，是否有时间担负起来。明后日拟和你一谈。"[25]

根据中央文革的指示，9 月 8 日《人民日报》用了三个整版发表了姚文元的《评陶铸的两本书》一文，第一次公开提出了批判"反革命组织"五一六"的问题。该文经毛泽东审阅，并亲自在文中加了一段话："这个反动组织，不敢公开见人，几个月来在北京藏在地下，他们的成员和领袖，大部分现在还不太清楚，他们只在夜深人静时派人出来贴传单、写标语。对这类人物，广大群众正在调查，不久就可以弄明白。"

此后，全国开展了大张旗鼓的清查"五一六"运动，这成为文化大革命中的一大冤案。京城一些街道的大标语上醒目地写着："宁可瘦掉一身肉，决不放过一个五一六！""挖地三尺，一个不漏！"在唐平铸、胡痴先后被中央专案组隔离审查后，令他们莫名其妙的是，在中央文件中他们竟然也被点名成了这个反革命组织的"黑干将"。

1970年1月24日，周恩来、康生、江青接见中央直属系统文化部、教育部等单位的军宣队代表时，江青说："在文艺战线上，他们的黑干将是金敬迈、李英儒、于秀、陆公达、刘巨成、林杰、郑公盾、李广文、赵易亚、唐平铸、胡痴。"

唐平铸说，王力、关锋被揪出来后，1967年9月8日新华社播发了《沿着十月社会主义革命开辟的道路前进——纪念伟大的十月社会主义革命50周年》的"两报一刊"编辑部文章。这是根据毛泽东的嘱咐，由中央文革仅剩的两根笔杆子陈伯达、姚文元共同写的。该文送审后，陈伯达忐忑不安。王力就是因为"八一社论"让毛泽东勃然大怒，被踢出了"无产阶级司令部"，陈伯达颇有兔死狐悲的伤感。毛泽东在送审的信封上写了一句话："内件已阅，修改很好，可用。"毛泽东的批示，让陈伯达松了一口气。

在这篇文章中，正式使用了"无产阶级专政下继续革命的理论"这一概念，称这一理论是"马克思主义发展史上第三个里程碑"。

唐平铸指出，如果仔细研读1966年到1967年这些文革初期报纸上的社论、评论员文章及有关文件，可以发现一些提法在逐渐发生变化：比如，在《五一六通知》中说："混进党里、政府里、军队里和各种文化界的资产阶级代表人物，是一批反革命修正主义分子"，在以后的社论里逐渐变成了"党内一小撮走资本主义道路的当权派""党内、军内一小撮走资本主义道路当权派""军内一小撮走资本主义道路当权派""带枪的刘邓路线"资产阶级的代理人"等提法。原来提的"学阀""党阀"不再提了。又比如，"向党内一小撮走资本主义道路当权派和执行资产阶级反动路线的顽固分子夺权"，经毛泽东指示，后半句不提了，只提"向走资本主义道路的当权派夺权"。还有，林彪在 1966 年国庆讲话（陈伯达、张春桥起草）时使用的是"资产阶级反革命路线"，当时主管宣传的陶铸认为，这一提法太重，建议改为"资产阶级反对革命路线"，被毛泽东采纳。张春桥在国庆节当晚向毛泽东进言，该提法语法不通，建议再改回来。毛泽东经过考虑，表示不要再改过来了，可用"资产阶级反动路线"的提法。唐平铸认为毛泽东的提法有新意，有高度。批判"资产阶级反动路线"的高潮是毛泽东亲手掀起的。

唐平铸说，在起草《十六条》时，经毛泽东同意，陶铸等与周恩来商量，删去了最初关于"黑帮""黑店""黑线"等提法。周恩来说："黑帮，到底这个'帮'有多大？越搞'帮'越大；黑线，这个'线'有多长？越摸'线'就越长，这不是毛主席的思想。"[26]

关于"无产阶级专政下继续革命的理论"这一概念，唐平铸说是逐渐演化而成的。1966 年《红旗》杂志第 13 期社论《在毛泽东思想的大路上前进》中的提法是"无产阶级文化大革命的理论"。1967 年 2 月，毛泽东提出了"无产阶级专政下的革命"，他还指示写一篇"论无产阶级专政下革命"的文章。而陈伯达等四个文革小组成员连夜写成的《伟大的历史文件》，提的是"在无产阶级专政条件下进行革命、防止资本主义复辟的理论"。以后还陆续出现了一些大同小异的提法。一直到 1967 年《红旗》杂志第 15 期社论《大立毛泽东思想的伟大革命》，才第一次提出了"无产阶级专政下继续革命的理论"。

11 月 6 日《人民日报》发表的"两报一刊"编辑部文章《沿着十月社会主义革命开辟的道路前进——纪念伟大的十月社会主义革命 50 周年》，又进一步把"无产阶级专政下继续革命的理论"归纳为六个要点，并用了两个"天才地"颂扬毛泽东，称这个理论是"第三个里程碑"。从此，"无产阶级专政下继续革命"这一提法成了人们朗朗上口的标准用语，而且正式写入了中国共产党第九次、第十次全国代表大会的政治报告和党章中，还写进了第四届全国人大通过的宪法中。

唐平铸说，从这些社论、文章中，可以基本把握文化大革命的脉络。因为每一篇社论，都是"无产阶级司令部"的战略部署和号令。同时也可以看出毛泽东极为重视新闻宣传在文革中的作用。他把《人民日报》《解放军报》和《红旗》杂志作为宣传贯彻"无产阶级司令部"战略部署最重要的工具，一直统领着文化大革命中的新闻宣传导向。在这些社论和评论中，不仅有他的口述，有他发出的"最高指示"，还有他亲笔写的评论，亲自删改、添加的段落。重要的社论大都是他亲自签发或批准的。可以说，文化大革命的发生和发展，是毛泽东晚年思想最完整的体现。

1968 年 7 月，唐平铸患胰腺炎住进 301 医院，鲁瑛去医院向他请示工作。鲁瑛是从上海《解放日报》调到《人民日报》的，与张春桥、姚文元关系密切。请示完毕出来后，他说："与唐平铸谈问题很费劲，摸不透他在想什么。"1968 年 9 月 17 日，唐平铸被中央专案组"隔离审查"后，江青、张春桥等人扶持鲁瑛接管了《人民日报》，任总编辑。

注释

1　《人民日报》1966 年 9 月 15 日。
2　《人民日报》1966 年 9 月 16 日。
3　《人民日报》1966 年 9 月 17 日。
4　《人民日报》遵义红旗战斗团整理：《唐平铸推行资产阶级反动路线的材料》，1967 年 1 月，未刊稿。
5　《人民日报》遵义红旗战斗团整理：《唐平铸在〈人民日报〉期间推行资产阶级反动路线的材料》，1967 年 1 月，未刊稿。
6　中共中央文献研究室编：《建国以来毛泽东文稿》第 12 册，中央文献出版社，1998 年，第 172 页；刘武生：《周恩来的晚年岁月》，人民出版社，2004 年。
7　刘武生：《周恩来的晚年岁月》，第 20 页。
8　苏绍智，当时就职于《人民日报》理论部。
9　《人民日报》遵义红旗战斗团整理：《唐平铸在〈人民日报〉期间推行资产阶级反动路线的材料》，1967 年 1 月，未刊稿。

10　同上。

11　《人民日报》遵义红旗战斗团整理：《唐平铸在〈人民日报〉期间推行资产阶级反动路线的材料》，1967 年 1 月，未刊稿。

12　同上。

13　唐平铸工作日志，1967 年 5 月，未刊稿。

14　1977 年 1 月 5 日唐平铸给中共中央的信，未刊稿。

15　《文化革命动态》第 102 期，《人民日报》文化革命动态组，1967 年 1 月 24 日，未刊稿。

16　戚本禹：《戚本禹回忆录》（下），香港：中国文革历史出版社，2016 年，第 577–578 页。

17　穆欣：《办〈光明日报〉十年自述》，中共党史出版社，1994 年，第 94 页。

18　"九评"，1963 年 9 月至 1964 年 7 月，中共中央以《人民日报》和《红旗》杂志编辑部的名义，相继发表了九篇评论文章与苏共展开论战，被称作"九评"。

19　唐平铸工作日志，1967 年 11 月 5 日，未刊稿。

20　1968 年 3 月 2 日陈伯达检查《人民日报》工作时在总编室对唐平铸等人的讲话，唐平铸工作日志，未刊稿。

21　唐平铸工作日志，1968 年 4 月 15 日，未刊稿。

22　1968 年 4 月 16 日陈伯达电话指示，唐平铸工作日志，未刊稿。

23　唐平铸工作日志，1968 年 6 月 17 日，未刊稿。

24　唐平铸工作日志，1968 年 8 月 16 日，未刊稿。

25　中共中央文献研究室编：《建国以来毛泽东文稿》第 12 册，第 402 页。

26　《周恩来接见哈尔滨工业大学红卫兵的讲话》，唐平铸工作日志，1966 年 9 月 10 日，未刊稿。

第七章

唐平铸的"罪行"

议论江青、康生成反党分子

在中央文革小组尚未成立、江青还没有正式以"旗手"的身份公开亮相之前，从延安到北京，江青二十多年没有在党内外正式露面。没有毛泽东的许诺，她不可能突然走到前台。

1966 年 1 月 21 日，江青打着毛泽东的旗号到苏州面见林彪，要在部队召开一个文艺座谈会。开始时林彪对江青态度冷淡，双方的谈话不欢而散。

1 月 22 日，在叶群的劝说下，林彪指示总政治部："江青同志昨天和我谈了话。她对文艺工作方面在政治上很强，在艺术上也是内行。她有很多宝贵的意见，你们要很好好重视，并且要在思想上组织上认真落实。今后部队关于文艺方面的文件，要送给她看，有什么消息，随时可以同她联系，使她了解部队文艺工作的情况，征求她的意见，使部队文艺工作有所改进。"

1966 年 2 月 2 日至 20 日，在毛泽东的支持下，林彪派人参加了江青在上海召开的部队文艺座谈会。经陈伯达等人修改的座谈会纪要，由江青送给了毛泽东。毛泽东十分重视江青的首度登场。他亲自三次修改这个《纪要》，第一次改了 11 处，第二次改了 10 处，第三次改了 4 处，审阅得很仔细，连标点符号都不放过。他加上了诸如"黑线"这样令人吃惊的话，并指出"要坚决进行一场文化战线上的社会主义大革命，彻底搞掉这条黑线"。而且特别给《纪要》的标题加上了"林彪同志委托"的字样。他将修改后的《纪要》批转给江青："此件看了两遍，觉得可以了。我又改了一点，请你们斟酌。此件建议用军委名义，分送中央一些负责同志征求意见，请他们指出错误，以便修改。当然首先要征求军委各同志的意见。"[1]

这个《纪要》，使江青一直想在政治舞台上亮相的愿望从军队方面打开了缺口，毛泽东有意加上"林彪同志委托"六个字，这不仅在政治上提高了她的地位，而且顺势把两人拉在了一起。1966 年 3 月 19 日，江青要陈亚丁代她写致林彪的信，信中将她开的座谈会按毛泽东的修改说成是"根据你的委托"，称会议纪要已"送主席审阅"。

3 月 17 日至 20 日，毛泽东在杭州主持召开中央政治局常委扩大会议，提出"这是一场广泛的阶级斗争"。3 月 28 日至 30 日，他又进一步说："我历来主张，中央不对时，地方攻中央……如果中央出修正主义，地方要造反。"

4 月 10 日，在毛泽东的支持下，《林彪同志委托江青同志召开的部队文艺工作座谈会纪要》第一次以中共中央文件的形式发给全党。这个实际上只是江青"一人谈"的座谈会纪要，当时只在党内传达，没有公开发表。4 月 18 日，《解放军报》奉命根据《纪要》的主要内容，改写成长篇社论《高举毛泽东思想伟大红旗，积极参加社会主义文化大革命》，各报都做了转载。军报社论传达了毛泽东对阶级斗争形势的估计和发动文化大革命的决心。《解放军报》率先刊登毛泽东的指示，除了表明毛泽东对军报的重视外，更重要的是向人们公开表示文化大革命要依靠和动用枪杆子。

在社论中，引述《纪要》中提出的论断："建国后的十几年来，文艺界存在着一条与毛泽东思想对立的反党反社会主义的黑线。"这句话使许多人震惊。可以看出，这个"黑线论"是毛泽东长期以来在意识形态领域搞阶级斗争扩大化的结论，江青的《纪要》也成了开展文化大革命的基础性文件。

　　然而就是这篇社论，竟让唐平铸得罪了江青，乃至遭难。在起草这篇社论之前，唐平铸先同总政副主任刘志坚商量过。刘志坚告诉他，社论要着重阐述毛泽东关于黑线的指示，基调是林彪办公室定的。唐平铸依言而行，此后在军报讨论、修改社论稿时，他提出了自己的看法和一些具体的修改意见，其他人也提出了意见。社论中要写出毛泽东对《纪要》修改的内容和指示，这是毫无疑义的；而对于江青应该怎么写，唐平铸则实在拿不准。她在中央和军队里都没有担任重要职务，进城以后也没有管过军队的事情。尽管是"委托"，但是在中央军委指导全军指战员工作的《解放军报》社论中，作为毛泽东夫人，作为没有职务、身份特殊的江青，她的意见和观点如何写，她的名字如何摆，这是一件颇费思量的事情。

　　唐平铸在反复琢磨和权衡之后，认为对江青还是不提不写为好。结果，这后来成了他攻击江青的证据。在他的"罪行材料"中有这样的"揭发"：

　　　　对于社论的基调，唐平铸明明与刘志坚交换过意见，他却有意让大家好好议议。

　　　　他还说："江青只是地方的一个处级干部，虽然是夫人，她的话能不能作为指示在军报上发表呢？军报还没有先例吧？党内德高望重的老大姐那么多，我看把她的某些意见揉在社论里就行了。"[2]

　　文革初期，唐平铸同当时的许多干部一样，认为《解放军报》是军委管的，对领导人的报道有严格规定。尽管崇敬毛泽东，但对于江青和她即将到手的权力还没有完全认同。在唐平铸的潜意识里，江青只是一个夫人，一个演员，他做梦都没有想到，江青的话就是毛泽东的话，她的意见就是毛泽东的意见，她要干的事就是毛泽东要干的事。这篇按惯例没有提江青名字的《解放军报》社论，没有大摆她的"丰功伟绩"，只是写了："从事京剧改革的文艺工作者，在党中央毛主席的领导下，以马列主义、毛泽东思想为武器，向封建阶级和现代修正主义，展开了英勇顽强的进攻，锋芒所向，使京剧这个最顽固的堡垒，从思想内容到艺术表现形式，都来了一个极大的革命。"

江青的真实意图是要冲上政治舞台，要用军队来制服和威慑不听话的文化界，同时提高她的地位。她说："搞文化大革命要依靠解放军，要请尊神。"显然，此话过于直白，搞文化方面的事情竟然要动用枪杆子来压阵，有些名不正言不顺。在二稿中，毛泽东将"依靠"改为了"文化大革命解放军要带头"。

对于当时还没有真正拿到尚方宝剑的江青来说，她刚刚插手军队，貌似谦虚地称解放军为"尊神"，而且一再表示要"请尊神"，让军队认同她。当时她对唐平铸等人送审的社论没有多说什么。但是，唐平铸在修改社论稿时对她的议论，影响她树碑立传，犯了大忌。此后，随着周恩来、林彪、陈伯达等人相继在公开场合对江青"表态"，《解放军报》也赶紧宣扬旗手的"丰功伟绩"，但对唐平铸等人来说，已于事无补了。

1968 年唐平铸被羁押后，他在讨论、修改《纪要》社论时与人议论的那些话，被捅到了"上面"，传到了江青的耳朵里。江青还得知了唐平铸和胡痴等人对康生不满，多次私下议论康生的一些言论，她越发恼怒了。

在审查唐平铸的"罪行"时，中央专案组抓住这些使江青不中听的"反党"言论。在把唐平铸关押近七年之后，1975 年 6 月 2 日在《关于反党分子唐平铸的审查结论》中的首条就是"攻击污蔑中央负责同志"。具体内容为：

> 唐平铸与雷英夫、钱抵千、胡痴等，从一九六五年七月至一九六六年八月，在写文章和修改部队文艺座谈《纪要》社论时，散布流言蜚语，对中央负责同志进行攻击污蔑。[3]

在"四人帮"没有被揪出来之前，受他们直接把持的中央专案组在给唐平铸所作的多次结论中，都把这一条定为他的首要罪状。其实，当时的江青打着"委托"的旗号，刚刚初露头角，还根本不是什么中央负责人。中共中央专案审查小组办公室在该结论的末尾写道：

> 唐平铸是个反党分子。按照毛主席"调查从严、处理从宽"的政策，作为人民内部矛盾处理，恢复党的组织生活，给予党内严重警告处分，原工资照发，由总政安置农场劳动教育。[4]

1975 年 7 月 30 日，中央专案组《关于反党分子胡痴的审查结论》（胡痴被关押八年半后的第一次结论）的第一条是：

> （胡痴）从一九六六年初至一九六七年一月间，同雷英夫、钱抵千、唐平铸等人在一起，对中央负责同志进行诽谤、攻击。一九六六年八月，胡痴把雷英夫、唐平铸攻击中央负责同志的黑话，当面告诉了叶群，并按叶群的旨意将黑话整理成书面材料，送给叶群和林彪。胡痴极力反对在军报上登中央负责同志陪同毛主席接见部队观礼代表的照片，在三日晚上，胡痴不顾摄影组同志的反对，竟利用职权，采用卑劣手法，强令编辑人员把中央负责同志的照片剪掉，换上总参、总政负责人。[5]

在这个结论里，"中央负责同志"指的同样是康生、江青。中共中央专案小组办公室在该结论的末尾，对胡痴作了几乎与唐平铸一样的处理。结论写道：

> 根据上述事实，胡痴是一个反党分子。遵照毛主席"调查从严、处理从宽"和"给出路"的政策，作为人民内部矛盾处理，撤销党内外职务，恢复党的组织生活，原工资照发，由总政安置农场劳动教育。[6]

"唐平铸推行资产阶级反动路线"材料摘录

1967年1月13日，肖力在《解放军报》夺权。1月17日，《人民日报》造反派揪走了唐平铸，并召开全社大会批斗。会上，陈伯达以中央文革小组组长的身份表示了支持。在一片喊打声中，唐平铸被掀翻在地。《人民日报》遵义红旗战斗团立即整理出了"唐平铸推行资产阶级反动路线"的材料。封面上唐平铸的名字打着黑叉，封底注明"根据已揭发的材料整理，阅后收回"字样。该材料起止日期为1966年5月30日至1967年1月17日。2013年《人民日报》在收集文化大革命史料时，从唐平铸家中征集了这份材料。这份材料对研究文化大革命初期的《人民日报》及当时的舆论宣传十分珍贵，也从另一个角度表现了唐平铸在担任《人民日报》代总编辑初期艰难的工作情况和思想状态。现将主要内容摘录如下：

（一）矛头指向毛主席和毛泽东思想

（1）一九六六年八、九月间，陶铸、胡乔木、唐平铸为了捞取政治资本，未经中央同意，草率地搞了个《毛主席语录一百条》（其中三十几条是没有公开发表过的），要在《人民日报》上发表。陈伯达同志及时制止了这一行动，他们的罪恶目的才未得逞。

（2）在编选《毛主席语录一百条》时，胡乔木胆大包天，篡改主席语录。唐平铸不但不揭发，反而与胡乔木同谋合作，并攻击某些主席语录"语法不通"。

（3）唐平铸同陶铸一个鼻孔出气，反对文章中引用毛主席语录，同时又借机攻击林彪同志。去年八月九日，陶铸在中宣部说："毛主席语录引用多，不一定是宣传毛泽东思想。"唐平铸在编辑部公开说："陶铸同志说过，有人引用毛主席语录很多，但观点却是错误的。"他又说："林总就很少引用主席语录，我们应向林总学习。"他甚至煽动说："有些人对主席语录不敢改，怕打成黑帮。"

（4）唐平铸压制报纸大力宣传老三篇。他说"老三篇已经宣传得够了"。他还反对"老三篇"的提法，在林总号召把老三篇当作座右铭来学的消息见报前几天，他通过总编室向下发了一个通知，要报纸不用老三篇的提法，文章中有老三篇的提法要统统改掉。

（5）毛主席去年八月十八日第一次接见百万革命群众，新华社发消息提的是"伟大领袖，伟大统帅，伟大舵手毛主席"，伯达同志在三个"伟大"前面又加上"伟大导师"，唐平铸看后不满意，说："本来三个伟大就很好，正好一个通栏标题，陈夫子非要加个'伟大导师'，弄得通栏标题也放不下了。"

（6）全国文艺誓师大会开过不久，唐平铸对某些同志说："开会期间，台下高呼我们要见毛主席，我们要见毛主席。我当时走到台后，见他(指主席)的警卫员和护士在那里，我往屋里一探头，见他老兄正坐在那里。"唐平铸居然称主席为"老兄"，狂妄至极！他散布这种流言，居心何在？⁷

（7）毛主席每次接见红卫兵后，全国人民都热切地希望报纸多登一些主席和林彪同志接见红卫兵的照片，唐平铸很反感。他对李庄说："以后再接见，不要出那么多照片专页了。每次接见都连出好几期，《人民日报》成了画报了。"去年国庆节，副刊准备选用《跟着毛主席在大风大浪中前进》的木刻。这幅木刻质量很好，同时对主席接见革命群众也能起到配合作用，但唐平铸借口毛主席的手刻得不好，后来又借口"选用这张画，还得套红，外地印刷厂有困难"，否定了这套木刻。

（8）毛主席一月八日接见他和胡痴所作的指示，他认为有资本可捞取，很快就传达了。传达时，又将自己的话加到主席身上。后来这个"传达"在外面流传极广，外电也已报道，产生很坏的作用，给党造成极大损失。

（9）1967年1月12日，是毛主席关于《支持巴拿马人民反美正义斗争的谈话》发表三周年，国际部特别写了一篇专文，并准备好了配合宣传的版面。唐平铸竟然"枪毙"了这篇文章，胡说什么"不是逢五逢十，不必刊登"，"目前群众的注意力不在这方面"。

（10）首都文艺界举行大会，周总理和江青同志在会上讲话。该新闻稿经总理审阅，最后由毛主席亲自修改审定。但是，唐平铸胆大包天，竟擅自在毛主席审定的稿件上修改江青同志的讲话。他以前修改毛主席的语录，这次又修改毛主席审定的稿子，他狂妄到极点，心中根本没有毛主席了。

（二）埋怨、攻击陈伯达同志、江青同志、康生同志和中央文革小组

（1）十月份，伯达同志从革命的需要出发，对唐平铸提出了严厉的批评，说："你们既不懂毛泽东思想，又不到群众里面去，不了解文化大革命的实际情况，不了解群众思想，写出的东西没有群众语言。"对于伯达同志这样重要的批评，唐平铸非但没有虚心接受，反而因此对伯达同志记下了怨恨。他经常散布流言蜚语，把写不出社论的责任推给陈伯达同志。他还对鲁瑛说过："我又不是不写社论，写了好多篇，中央文革不看嘛，都压在那里，逼着《人民日报》犯错误，垮台！我真恼火！我已给伯达同志写信了，我还要去中央提意见，大不了犯错误，撤职！"像这样一类怨愤话，他在其他人面前也散布过好多次。有一次，他还火气很大地说："我不干了！"唐平铸对陈伯达同志不只是埋怨，而且还设法打击。他不止一次地向人说过：要把伯达同志怎样对待他的一些情况去向林彪同志谈谈。其实就是要到林副主席和中央那里去告伯达同志的状。

唐平铸胡说："陈伯达是文人，没有实际工作经验，组织能力差，领导不了《人民日报》的工作。"唐平铸散布这些谎言，目的是要贬低陈伯达同志在群众中的威信。

《我国社会主义革命的新阶段》这篇社论，是陈伯达同志起草十六条前身二十三条时的一段序言。后来不用了，伯达同志说，可以将它改成社论发表，并已拟出了题目。唐平铸和胡痴在讨论和修改这篇社论时，曾几次说："意思不大，不结合当前实际，光

说这么个新阶段，没有实际东西。"对伯达同志的意见，唐平铸非常轻视。

唐平铸常常用别人的名义或别人的话来攻击伯达同志。在讨论《触及人们灵魂的大革命》社论时，唐平铸一方面说："现在提那样多冲突好不好？会不会使人们都去检查自己去？"另一方面又说："那天晚上穆欣、王力也不同意伯达同志的意见。不过他们滑头，不出面。"

对伯达同志和中央文革的指示和意见，唐平铸公开进行抵制。有好几篇社论，写好以后不送审，他就自行发表了。像《红卫兵不怕远征难》，伯达同志没有看，唐平铸就要发表，当时，陈听涛等同志提出要送审，他说："不用，我看过就行了。"结果出了问题。伯达同志来报社接见学生时，批评了这件事，但唐平铸依然不改。以后的许多社论，如《学会抓活思想》《培育共产主义新人》《文化大革命的忠实保卫者》等都没有送审。在这里，唐平铸有意甩脱中央文革的领导。

唐平铸要花招儿，把送审没有通过的社论，改个题目，用署名文章发表。如《到群众里面去》，送给伯达同志没有通过，他就把题目改成《最光辉的榜样》，用"任立新"的名字发表了。另有一篇社论《领导干部要经得起群众批评的考验》，伯达同志看后没有通过，他也把标题改成《勤勤恳恳地当人民的勤务员》，用"任立新"的名字发表了。对中央文革和陈伯达的意见，唐平铸采取了阳奉阴违的恶劣做法。

在《领导干部要经得起群众批评的考验》那篇社论拿去送审时，唐平铸极其粗暴地发泄了他对中央文革的怨气，他对陈听涛和冒雨吉说："这个文章送去了，看来还是出不来，干脆用任立新的名字发表了拉倒。我就要捅个大娄子！我好久没有捅娄子了，大不了把我撤职！"

陈伯达同志是非常关心《人民日报》和唐平铸的工作的，问题完全在唐平铸身上。他要离开毛主席的革命路线，执行刘邓资产阶级反动路线，就必然地要反对陈伯达同志，投靠陶铸。

（2）准备炮打康生同志，对康生、江青同志的指示阳奉阴违

1966 年 6 月至 8 月初，正当刘少奇、邓小平一伙排斥、打击康生同志的时候，唐平铸和胡痴、钱抵千，议论攻击康生同志竟达十二次之多。他们互相交换和收集材料，企图炮打康生同志。在一次议论之后，唐平铸说："这是个重要材料，将来要报林副主席。"新华社陈佩明写信给康生同志，说新华社有人要通过万光，去揭开钓鱼台的黑线，康生同志批了字。唐平铸立即将康生同志的批示抄到日记本上，记下一笔账。

十一中全会后，胡痴害怕了，对唐、钱说："以后可不敢乱议论了啊！"但唐平铸仍然说："有些问题要向林副主席反映。"并因为一份康生同志批示的报纸找不到了，十分生气。

1966 年 8 月间，中央指示《人民日报》写反修的文章。国际部立即组织力量，共写了七篇。在 9 月间陆续送给唐平铸，其中只有两篇他送给了中央负责同志。康生同志看了，认为其中的一篇改一改就可用。国际部立即改了，送给他，但是一直没有下文。其他五篇，一直到 11 月份，他根本没有看过，也没有送中央，都被他压下来了。12 月，康生同志又指示《人民日报》写驳斥苏修《真理报》的反华大毒草的文章，并说也可以写其他的反修小文章。国际部几次约他谈一下怎么搞法，他一直推托不谈。国际部写了两篇批驳《真理报》文章的提纲，并准备了其他材料，向他汇报，并把文章提纲打成清样送给他，但是他一直到现在都没有看过。唐平铸就是这样违抗中央和康生同志的指示，扼杀了《人民日报》的反修宣传，这是一个极为严重的罪行。

江青同志在准备文艺讲话时，指定《人民日报》写一篇关于多数和少数问题的文章，后来虽然写了一篇，送审后再没有听到下文。唐平铸没有抓紧改写，以保证江青同志的指示落实。

（3）攻击姚文元，吹捧和保护常芝青

《人民日报》需要配备副总编辑，报社同志向唐平铸提出："是

否向中央请求调姚文元同志来《人民日报》当副总编辑，就不要他回上海了？"唐平铸说："这个人太骄傲了。"不久，唐平铸与胡痴一道，专程到《大公报》拜访反革命修正主义分子常芝青，三人密谋后，报告陶铸，把常调到《人民日报》当副总编辑。

（4）攻击中央文革的其他同志

王力同志接见《文汇报》《解放日报》造反派代表时，谈到《人民日报》的《再论抓革命、促生产》社论，没有顶住陶铸的错误东西。报社同志把情况反映给唐平铸，他竟反咬一口，说："王力那天也在场参加了修改嘛！"唐平铸还攻击王力等中央文革的同志，说"王力这些人有时间给《红旗》写文章，《人民日报》的社论就是不看"；"戚本禹不过三十几岁，有什么了不起"；"《人民日报》社论出不来，我怀疑关锋在捣鬼"，等等。唐平铸总是不愿意转载《红旗》杂志的东西，不得已的时候，让安排版面的同志尽量往后面压。前一时期，转载王力、姚文元同志的文章就是这种情况。《人民日报》和《红旗》杂志联合发表的元旦社论，是《红旗》杂志写的。唐平铸却说："不是中央决定的话，我才不想用别人的哩！"这对中央决定是什么态度，对《红旗》杂志是什么感情？

（三）投靠陶铸，吹捧刘、邓

（1）投靠陶铸，为其捞取政治资本

《毛主席语录一百条》，中央没有让搞，是陶铸为了捞取政治资本，急于要搞的。这一点唐平铸是知道的，但是他不但不抵制，反而积极地争取发表。社论稿，陶铸提的意见，唐平铸照改无误。社论和"语录"经陶铸审定就立即拼出了版，压了纸型发到各省报，造成不良影响。这之后才把原稿送到伯达同志那里。伯达同志当面顶回，并给予严厉批评。这是他们有意向中央施加压力。

唐平铸控制《人民日报》半年时间内，共刊登宣扬中南地区成绩的稿件五十多篇，比其他地区都多。唐平铸还多次在报社内部吹捧陶铸。去年 6 月 23 日，唐平铸在一次会议上说："陶铸、平化同志一到中宣部，下车伊始就高举毛泽东思想伟大红旗。"⁸ 一下子把陶铸捧上天。陶铸在中宣部召开了一个座谈会，布置召开全国学习毛主席著作积极分子会议的准备工作，唐平铸立即传达，并说这次会议是陶铸亲自抓的。

唐平铸吹捧陶铸出色，陶铸也很欣赏他，处处保护他。《红卫兵不怕远征难》社论发表时，学生到报社批评这篇社论。唐说，徒步串联是陶铸发现，向毛主席推荐的。为陶铸吹了一通。陶铸在接见革命师生时，也吹了唐平铸一通。说唐平铸"原来在《解放军报》是高举毛泽东思想红旗的，现在调到《人民日报》，大方向是正确的，是贯彻中央指示的"。

毛主席第三次接见红卫兵的时候，本来已经发了一个高举毛泽东思想红旗的大会口号。但是唐平铸和熊复又搞了一个，把最重要的几条删去了。⁹ 当时，革命群众对唐平铸很气愤，要批判他，把他拉到中宣部去。陶铸立刻起来保驾，说什么"唐平铸很忙"，"中宣部应该把责任揽起来"等等，只字不提他的错误。

（2）在陶铸面前告伯达和江青同志的状

唐平铸与陶铸、胡乔木合谋搞《毛主席语录一百条》，向陶铸请示多次，请示信都是自己写的。但是，给江青同志写一封短信，却要别人代写，连名字也由别人代签。江青同志看了很生气，严厉批评他说："唐平铸同志：你为什么写一个短信都不亲笔写？名字也让别人代签？我认为这是不严肃，不负责任的态度表现。我的批评如不正确，请反批评。"在这封信上，陈伯达同志对语录一百条作了批示。唐平铸看了这个批件后，非常不满，竟将这个批件送到陶铸那里，告伯达、江青同志的状。

（3）吹捧刘少奇、邓小平

唐平铸在去年《人民日报》"七一"社论《毛泽东思想万岁》里，把刘少奇美化成最早高举毛泽东思想伟大红旗的人。在这篇社论里，宣扬刘少奇早在"七大"就高度评价了毛泽东思想。说："早在二十一年前，刘少奇同志就向全党提出学习毛泽东思想，宣传毛泽东思想。"在这篇社论里，唐平铸还一定要引用邓小平的话。在公开发表的文章、讲话中找不到一句邓小平谈毛泽东思想的话，他就查他自己的笔记本，从里面找到了他记下来的邓小平的一段话。这段话原来讲得不像样子，他又为之修饰一番。整篇社论，只有一处提到林彪同志，而且还在刘少奇、邓小平的后面。这就是唐平铸故意要抬高反对毛主席、反对毛泽东思想的刘少奇、邓小平，贬低一贯拥护毛主席、高举毛泽东思想伟大红旗的林彪同志的罪证。

文化大革命开展以后，刘、邓、陶为了捞取政治资本，策划召开全国学习毛主席著作积极分子大会，刘、邓都准备作"报告"。此时唐平铸也在报社卖力地捧刘少奇。他说："少奇同志还准备以半年时间，给他几个秀才，写一篇系统论述毛泽东思想的文章，亲自抓。"他还布置："少奇、总理、小平在内部和外部有关毛主席著作、毛泽东思想的提法要收集一下，在报上多提一下。"准备大肆宣扬反革命修正主义头子刘少奇、邓小平。

1966年国庆节时，唐平铸其实早就了解黑司令刘少奇的问题。但是他在组织国庆报道中，却把刘少奇排在毛主席和林副主席后面，居第三位。这是他想利用他负责组织国庆报道的职权，来举一举刘少奇这一面反革命的黑旗。

唐平铸在去年7月的一次工作领导小组会议上，竟把6月1日以后《人民日报》改变面貌的功绩，归之于邓小平，说："一个月来《人民日报》基本上扭转了局面……社论质量很高，是小平和伯达同志直接主持的。"7月17日，他在又一次讲话中说："一个多月来，工作取得了很大成绩，小平同志在5月31日提出的首先改变面貌，高举毛泽东思想伟大红旗的要求，可以说基本实现了。"《人民日报》6月1日起改变局面，完全是毛主席的关怀和陈伯达同志直接抓的结果，完全没有邓小平的功劳。唐平铸闭口不谈6月1日前，邓小平同吴冷西等把《人民日报》引向反党反毛主席道路的罪行，却颠倒黑白，把毛主席和陈伯达的功劳推到邓小平身上，为反革命修正主义分子邓小平涂脂抹粉。

去年年底，唐平铸用《人民日报》全体造反者的名义印发了《王光美的丑态》的一个版的照片。付印前，报社好多职工都提出要在刘少奇和王光美的身上打叉子，唐平铸坚持不让打。他还指示工厂用高级"吉林纸"印刷。他到这个时候对刘少奇和王光美还恨不起来，不愿意"损害"他们的形象。

（4）吹捧贺龙

唐平铸在一次报告中津津有味地吹嘘三反分子贺龙所介绍的镇压群众运动的经验。他说：贺龙在小组会上说体院一个党支部书记，当面把"围攻"他的人的"老底"一个个揭穿。这个共产党员做得好！

（四）在人民日报社内推行资产阶级反动路线

（1）唐平铸在《人民日报》，以陶铸和刘志坚为靠山，背着中央文革和陈伯达同志，到处伸手抓权，企图像吴冷西那样，一人独霸中央的新闻宣传工作。他特别起劲地控制《人民日报》、新华社和广播电台这三个最重要的中央新闻单位。

（2）积极传达刘、邓、陶的黑指示

唐平铸竭力抵制毛主席的革命路线，积极推行刘邓陶资产阶级反动路线。仅6月至8月两个月的时间，他在报社传达陶铸的黑指示就有七次以上。传达中，如有刘、邓的插话，他都特别指明。刘、邓"中央"的黑八条他详细传达了。此外还传达了刘、邓的许多破坏文化大革命的黑话。刘、邓、陶的这些黑指示，唐平铸不但在报纸上进行宣传，而且也贯彻到报社运动中。

（3）充当吴家王朝的保皇党

《人民日报》在陈伯达同志的直接领导下，掀起了轰轰烈烈的群众运动，一举揪出了以吴冷西为首的"四大家族"。但是，陈伯达同志走后，唐平铸却站在群众运动的对立面，极力包庇"四大家族"和其他党内走资本主义的当权派。

运动初期，报社接连召开了斗争吴冷西的群众大会，这些大会开得好，开得很成功，吴冷西节节败退。但是，正在这时，唐平铸却同钱抵千等人一起阴谋策划，把大会改成中型会，压制群众对吴冷西的斗争，使运动立刻就冷下来了。他还公然在去年9月20日的工作领导小组会上保吴冷西，说："要允许犯错误的人革命，包括吴冷西。"他还要到会的人把这个讲话向群众传达。他又把张平化的一套所谓中宣部"经验"搬了来。按照这套"经验"的要求，陈浚、王泽民、胡绩伟，都只开了三到四次大会，根本没有揭深、斗倒。他对很多人说过："罢官要慎重，在《人民日报》这么久，谁没有说过错话，谁没有做过错事？今天你揪一批，明天他揪一批，对争取中间力量不利。一有问题就放到工厂去，不好，我要是工人就反对。"他还威胁工人群众说："揪人要和我打招呼。听说要到总编室来揪人，你们揪走了，还搞不搞工作？"他还在各部领导小组会上说："随便谁，要批判的话，都可以批上两天。我也可以被批上两天。"以此来压制革命群众，长敌人志气。

唐平铸对王揖、安岗、李庄等人，不但包庇，而且十分重用，还强调说："用他们是经过陶铸同意的。"后来群众坚决地罢了这些人的官。在罢掉王揖等官员的时候，唐平铸还说："看看他们，如果表现好，还可能当副总编辑，甚至当总编辑。"他还力保潘非、何匡、谭立、萧航等人。他说："我看不出报社运动中有什么反动路线，运动搞得很正确。他们要辩论就辩论！我们不反对也不支持。"他不止一次定调说"报社没有资产阶级反动路线的问题"，"报社有资产阶级反动路线？我还没有听说哩"。

他来报社不久，就找李庄谈话，给他重新担任夜班副总编辑。6月间一次斗争会上，唐平铸还公开出来为李庄定调，说："李庄删改《解放军报》社论有错误，但是陈浚叫删的。李庄和我谈起这事，说他一辈子都忘不了。"后来，革命群众喝令李庄到搬运组去劳动，唐平铸还恋恋不舍地说："像李庄这样的人，劳动一段时间后，还是可以到总编室工作的。"并且反过来压制群众说："以后一律不监督劳动，只在本部门立功赎罪。"

理论部蒋映光和评论组王若水、何燕凌等人写出数千字、万余字的大字报来保唐平铸的资反路线。唐平铸看了李千峰夫妇的材料后，轻飘飘地说了一句："我看李千峰夫妇的问题没有什么了不起。"在他的纵容和支持下，这股黑风从去年10月一直刮到今年1月上旬。他还极力煽动"井冈山战斗团""红卫军"这两个"保"字号组织，反对"遵义红旗战斗团"。"毛泽东思想捍卫团"（"遵义红旗战斗团"的前身）成立前，要找"党委"书记唐平铸，他迟迟不见，宣言草稿交给他十来天，他都不看。11月12日，好不容易看见他，想不到他竟然对大家说了这样一番话："还不是要成立组织吗？你们成立了，如果反对你们的人也成立组织，打起来，报社就乱了。成立组织，又是司令，又是司令部，一套官僚机构都出来了。"

（五）在报纸宣传上推行资产阶级反动路线

（1）配合刘、邓，打击革命群众

1966年6月份，正当刘邓的资反路线猖獗一时，暂占上风时，唐平铸、钱抵千搞了一篇《同志们，擦亮眼睛，谨防扒手》的社论。同一时间，唐平铸写了一篇《一切牛鬼蛇神都不能逃脱党的阳光》的社论。这些社论完全是贩卖资产阶级反动路线的货色，甚至比《北京日报》说得更露骨更厉害。如果发表出去，后果不堪设想。幸亏伯达同志当时抓得紧，发现了问题。

（2）抵制批判资产阶级反动路线

1966年国庆社论《用毛泽东思想武装七亿人民》，唐平铸却把一些重要的段落删去了，大大削弱了这篇社论的战斗性。

例如，社论初稿明确指出："当前，这种反抗和阻力，主要是极少数坚持资产阶级反动路线的人……"唐平铸把这一段删掉了。

社论初稿又说："如果不清算这条错误路线及其在群众中的恶

劣影响，就不可能有效地进行一批二斗三改，就不可能使文化大革命胜利地向前进。"他也把这一段删掉了。

社论初稿还说："要善于把鱼目和珍珠区别开来，不让修正主义的鱼目，冒充毛泽东思想的珍珠……"他又把这一段删掉了。

《红卫兵不怕远征难》社论初稿中，唐平铸也删掉了批资产阶级反动路线的段落。唐平铸为什么要删掉这些话呢？因为他本身就是执行刘邓资产阶级反动路线的人物。

（3）歪曲抓革命、促生产的政策

《再论抓革命、促生产》社论是唐平铸起草的。他在初稿中说："生产一时一刻不能间断，稍有间断，就会影响整个国民经济，影响到人民的物质生活。人不吃饭要挨饿，不穿衣要挨冻，战士手中没有枪炮，就不能担负保卫祖国的任务。"以此来吓人。

（4）唐平铸经常向报社同志说，《人民日报》6月以后的社论是高举毛泽东思想伟大红旗的，及时地指导了全国的无产阶级文化大革命。意思是说，他是有功之臣。实际上6月份的社论也不是他的功劳，陈伯达同志1月17日在全社大会上说："《人民日报》6月份的文章是革命的。可是没有一篇是唐平铸有份的。这都是我们集体搞的。他插一句两句也可能有，都是无关紧要的。"

（5）唐平铸对罗瑞卿和刘志坚的黑指示，坚决贯彻执行，甚至公开与林总唱对台戏。1964年林总根据部队情况，指出了军事冲击政治的方向错误，提出了突出政治的五项原则后，罗瑞卿阳奉阴违，多方抗拒。林总指示《解放军报》要压缩军事训练报道。胡痴根据罗瑞卿的黑指示，军事训练的稿子照登不误。在唐平铸的主持下，还写了一篇在"突出政治"的前提下大搞军事训练的社论。他们打着拥护林总的旗号，实际却站在反党分子罗瑞卿一边。

（六）从社论的数量的变化中看唐平铸的真面目

陈伯达同志叫唐平铸主要抓社论。唐口口声声说，社论是指导文化大革命的，他要以主要精力把社论抓好。但他究竟抓得如何呢？这笔账值得一算！

（1）在去年 6 月至 12 月的 7 个月中，发表社论数字如下：6 月份 21 篇，7 月份 12 篇，8 月份 12 篇，9 月份 10 篇，10 月份 9 篇，11 月份 6 篇，12 月份 6 篇。

从这些数字可以看出：陈伯达亲自管社论的月份发的最多。一个月，就占 7 个月社论总数的四分之一以上。以后几个月，即成江河日下之势。特别是运动逐步深入，开展了对资反路线的批判以后，社论数字大大下降。10 月至 12 月才发了 21 篇，3 个月只抵得上 6 月一个月。

（2）83 篇社论中，文化革命（包括抓革命、促生产）的社论，仅为社论总数的 39%，远远不能适应运动的需要。而国际问题的社论倒占了 35%，几乎赶上了文化革命社论的数字。而这些国际社论，大部分是表态和礼节性的送往迎来，扎扎实实地谈反修的几乎没有。

（3）从 33 篇文化革命的社论来看，陈伯达同志管的一个月就占去 7 个月这方面社论总数的三分之一。文化革命的社论，9 月份急剧下降；10 月批资反路线以后，更降到每月 2 篇至 1 篇，简直少到不可容忍的程度了。[10]

揭发康生的罪行

笔者在整理唐平铸的遗物时，发现一封他抄下的康生给江青的信及江青对此信的答复：

江青同志：

雷英夫、钱抵千这两个反革命分子，对我怀着刻骨的阶级仇恨，同他们一伙的还有唐平铸、胡痴等坏蛋们。文化大革命初期，钱抵千在新华社、《人民日报》兴风作浪，猖狂一时，假装左派，以实行他们的反革命目的。

今天我才晓得王敏昭是反革命分子王公度的儿子。[11]他怀着三十年的反革命阶级仇恨，为他反革命的老子对我进行阶级报复。一个大特务的儿子——王敏昭混进了党内，而且成了大干部，成了大校。此事要作为教训，教育干部，以提高阶级的革命警惕性。

康生

一九六七年十一月二十二日

第二天，江青对此写了意见：

总理、伯达、本禹、文元、富治、成武、法宪同志：

我同意康老的意见。所有党、政、军的宣传教育文化事业单位，应坚决进行无产阶级文化大革命，充分发动群众，决不允许叛徒、特务、反革命分子，甚至早已清楚的坏蛋，又被包庇下来，占领重要岗位，伙同地、富、反、坏、右来反对无产阶级实行对资产阶级专政！目前在这些单位，阻力还不小，我们应继续向他们开炮、放火。包庇这些坏蛋，就是向人民犯罪，请批示。

江青

一九六七年十一月二十三日

在唐平铸的遗物里，还有一份《关于唐平铸"攻击、污蔑"康生的几件事》的材料，摘录如下：

1. 1966年4月间，中央杭州会议之后，雷英夫对唐平铸说："钓鱼台的秀才班子烂了，康生有问题。这个人是个老机会主义者，但是毛主席说不能都打倒，还要用他。"[12]

2. 1966年雷英夫对唐平铸说：总参作战部王岳西处长在钓鱼台写作班子学习，离开时康生送给他一幅画。画的是芭蕉叶上躺着一个小人儿，是康生和曹轶欧所作。邓拓同志题字"袁安卧蕉图"。王岳西送到荣宝斋裱，曾被说成是"国宝"，还挂出展览过。但到 4 月间，批所谓"三家村"时，曹轶欧又急忙把画收了回去。

3. "二月提纲"康生是画了圈的。后来说"二月提纲"有问题，是毒草，康生就否认他参与过。在钓鱼台十八号楼，康生主持传达《五一六通知》的一次会议上，宣读了他们炮制的那个"大事记"，说什么"二月提纲"是"背着"康生搞的。王力在一旁插话说："康老根本不知道这回事！"唐平铸同胡痴说："这真是此地无银三百两。"[13]

1975 年 6 月 30 日，胡痴结论（第二稿）的第一条罪名为：

> 胡痴从一九六六年至一九六七年一月间，经常同雷英夫、钱抵千、唐平铸等人在一起对康生同志进行攻击、污蔑。一九六六年八月，胡痴还把雷英夫、唐平铸等人攻击康生同志的黑话，当面告诉了叶群，并按叶群的旨意，整理成书面材料，送给了叶群和林彪。九月十八日《解放军报》发表毛主席第三次接见红卫兵的两张照片，因有康生同志陪同，胡痴看后大为不满，说对康生同志太突出了。十月四日《解放军报》计划刊登周总理、康生、叶剑英同志陪同毛主席接见部队观礼代表的照片，胡痴不顾摄影组同志的反对，竟利用职权，采用卑劣手法，强令编辑人员把照片中康生同志的人像剪掉。[14]

与前一次的结论相比，中央专案审查小组第一办公室的这个结论内容变化不大，只是把"中央负责同志"干脆直接写明了是康生。胡痴于 1978 年 5 月 30 日给中央一办的信是这样写的：

> 1966 年 5 月间，唐平铸向我讲了雷英夫讲过康生的两件事（一是杭州会议，二是画的事）。我听了难辨真假，才向当时的林彪（叶群是林办主任）反映请示，材料是雷英夫说的话，这是合乎组织

原则的。结论中说的"时间""经常""旨意""整理"等均非事实。所列的两张照片，根本无其事。[15]

康生当时是党中央核心领导成员之一，而且是手握重权的文革小组顾问，是党的"理论家""大秀才""反修斗士"。仅在文化大革命中被康生罗织罪名，直接点名以及由他批准诬陷和迫害的干部，据查证就达839名。他对江青不满意的《人民日报》《解放军报》的负责人唐平铸、胡痴当然不能放过了。

1978年，距粉碎"四人帮"已过去两年，社会上开始风传康生在文革中的种种罪行。但令人费解的是，1978年5月26日、6月25日和12月11日、12月15日，所谓的中央专案组分别出现在唐平铸和胡痴的面前，先后拿出了"审查结论"的第三稿和第四稿。原结论强加给唐平铸的"反对突出政治""对抗陈伯达领导""陶铸重用的坏人""吹捧邓小平、贺龙"，胡痴的"反对林彪""策划反革命政变、夺权""汉奸""假党员"等罪名都不见了，但是"结论"仍把"攻击污蔑康生同志"作为他们的主要罪状。

1979年2月18日，唐平铸向党中央揭发了他所知的康生的一些问题。原信摘录如下：

一、1966年5月间，贺龙同志推荐报纸刊登"谈辩证法"的两篇文章：《谈打乒乓球》《卖西瓜的哲学》。贺龙同志是在中央政治局扩大会议上提出来的，康生是知道的。但在《解放军报》登出以后，他却在会上大肆指责，说"为什么要刊登这两篇文章"，"这是严重错误"，大发脾气。

二、1966年6月间，中央派张承先带工作组去北大，康生也派了他的老婆曹轶欧带了一班人马进入，暗地里和张承先的工作组唱对台戏。曹轶欧给他提供情况，他就在北大大骂张承先"执行资产阶级反动路线"，包庇"黑帮"和"反动学术权威"，"对北大的群众实行资产阶级专政"。在决定撤销工作组时，康生提前把曹轶欧偷偷搞出来，把她塞进中央文革，当"办公室主任"。

三、1966 年 7 月间，康生在北师大讲话，当时我在场。康生说："彭真准备搞军事政变，已经做了准备。"我听了非常吃惊，但详细内容记不请了。

前些天，我看到一本文化革命的参考资料，上面有记载，抄录如下："今年二月底三月初，北京市委彭真这个大黑帮头，他们阴谋策划政变，想把无产阶级政权推翻，变为资产阶级专政。他们计划要在北京大学、人民大学每个学校驻一个营的军队，这个事是千真万确的。他还在北京大学看过房子。这件事包括相当大的阴谋，北京大学的陆平亲自给他们修房子，人大的郭影秋完全知道这件事，而且在人大也看过房子。"（1966 年 7 月 27 日康生在北师大的讲话）

四、1966 年 6 月间，康生在上海期间，他的秘书李鑫写了每天政治情况的大事记，其中主要是讲刘、邓在北京怎样执行所谓的"资产阶级反动路线"，以及当时北京的一些政治动态，如批判"三家村"等等。康生回京后，极为欣赏，印发各单位，作为煽动群众批斗所谓黑帮和资产阶级反动路线的炮弹。

五、1966 年 8 月间，康生给《人民日报》一个材料，让我和钱抵千看。这个材料是新华社的一个人给康生写的一封效忠信，说新华社有人攻击康生。康生在信边用铅笔写了批语，大意是："这不仅在新华社，《人民日报》和其他地方也有这种人，我随时准备迎击那些先知先觉们的挑战。"看了这样的话，知道康生是要下毒手了。不久，雷英夫、钱抵千、胡痴都先后被抓了起来，后来我也被关了。

六、1966 年 6 月，在钓鱼台讨论八届十一中全会公报时，康生极力主张把林彪"倡导"学毛著单写一段。他说"林总倡导学毛著是一件大事，一定要写充分"。

1966 年 8 月底，康生在钓鱼台十八号楼主持修改林彪的"五一八"政变讲话稿。叶群在会上说，林彪拜托"康老"亲自主持把这个稿子修改好。康生一再吹嘘林彪的这个讲话如何重要，还讲它"对马克思主义的哲学有所发展"。他亲自对原稿作了修改和补充，口授起草了以中央名义转发这个讲话的通知。

1966年8月31日毛主席在天安门第二次接见红卫兵大会前，本来周总理已经准备了讲话稿，康生又找胡痴和我给林彪写讲话稿。我们说总理已经准备讲话了，康生说："那可不一样，林总的地位不同，让他多出面，多讲话，扩大他在国内外的影响。"

1966年10月间，一天晚上在中央文革开会时，康生拿出一些旧报纸和从报纸上翻印的照片，让大家看。他说这是天津南开大学提供的，他们立了一大功劳。都是证据确凿的"叛徒"启事，其中不少人是化名。康生说这个是谁，那个是谁。所谓"六十一个叛徒"的大冤案，完全是康生一手造成的。[16]

七、1966年11月，用林彪名义写的毛主席语录"再版前言"，是康生、陈伯达和江青亲自主持修改定稿的，有些话是康生加进去的。[17]

揭发江青的罪行

1976年10月6日，党中央采取断然措施，一举粉碎了"四人帮"。唐平铸在给总政党委的信中揭发了他知道的一些问题：

文化革命初期，当时我任《人民日报》代总编辑，因工作列席中央文革会议和中央其他一些会议。现将我所了解的江青等人的反党罪行揭发如下：

（一）江青与林彪相互利用

（1）1966年春，江青搞了一个所谓《江青同志主持召开的部队文艺座谈会纪要》。后来毛泽东亲自对稿子共做了十多处修改，在这个"纪要"标题上加了"林彪同志委托"几个字。林彪还下令任江青为全军"文化工作顾问",任姚文元为《解放军报》"特约评论员",并对刘志坚同志说:"军队文化工作要多听江青同志的指示。她对毛主席的文艺政策领会得最深,执行得最好。"

（2）1966年5月18日,林彪在政治局会议上发表了"政变"讲话。江青不但吹捧这个讲话,还请康生主持,由王力、关锋等人把"讲话"整理成文件,代中央起草一个通知。

（3）1966年10月间,在中央文革一次会议上,江青看到《解放军报》编辑的、用总政治部名义出版的《毛主席语录》受到干部和群众的欢迎,她提出改为林彪主持编辑,并令我和胡痴报告总政,把原来的前言改为林彪写的前言。其实这个"语录"编成后请林彪题字,他开始还不愿意题。

（4）1967年1月5日下午,江青和陈伯达到林彪家中,确定新的"全军文革"成员名单,上面有江青当顾问。1月11日晚间,中央政治局开会审批这个名单。毛主席见到名单上写着江青当顾问,就说:"江青不要当顾问了!"江青说:"林副主席要我当嘛!"林彪也接着说:"是我提出要她当顾问的。她是中央文革副组长,当顾问便于指导军队的文化革命。"

（5）1966年8月31日,毛主席第二次在天安门接见红卫兵,在大会前两天,江青在中央文革小组会议上指定王力主持、我和胡痴参加,替林彪起草大会讲话稿。当时我们提出总理准备讲话,已经起草了讲话稿,康生说完后,江青又强调说:"不行,一定要林副主席讲,以后每次这样的大会都要林副主席讲话。应该让他多露面,提高他在国内外的威望,他是我们的副统帅嘛!"

（6）叶群不是"中央文革"成员,但江青经常让她参加中央文革和中央许多会议。有一次中央文革开会,叶群来迟了,江青就说:"怎么搞的?你是代表林副主席的,要多参加会议,让林副主席多了解情况嘛!"

（二）攻击、反对周总理

（1）1966 年 12 月，有一天在中南海小会议厅里，中央文革召开会议批判陶铸。会议开始前，江青拉着周总理的一只胳膊，一边狞笑一边说"总理呀，你老是右，我要把你向左边拉，怎么拉都拉不过来呀！"

（2）1967 年 1 月，有一天中央文革在钓鱼台开会，总理也参加了。会中一位秘书进来告诉总理，有电话说一个大发电站遭到破坏，向总理请示如何处理。总理立即出去接电话。总理回来后，江青连声说："破坏得好呀，破坏得好呀！就是要大破特破！"总理当时就顶了她一句："国家受这么大的损失，你还幸灾乐祸！"江青火了，气急败坏地说："什么幸灾乐祸？文化革命就是要大破，砸烂得越彻底越好。旧的不去，新的不来嘛！"

（3）1967 年夏天，一次大会后，江青、陈伯达要报上登一张有林彪的照片。当时我觉得那张照片不好，林彪的腿好像瘸了，我就换了一张有总理在旁的照片。刊出后，姚文元对我大发雷霆，说："你登这张照片是什么意思，你要负政治责任！"

（4）1967 年夏，《人民日报》起草了一篇国际问题的社论。我除了把社论稿送中央文革成员审查外，还送了一份给总理。总理对我说："你以后在宣传上遇到什么困难，可以来找我，什么时候都行。"我把总理修改过的社论稿交给陈伯达，他看后把总理改过的地方都划去了。江青在一旁责问我：《人民日报》受谁领导？"以后陈伯达、江青几次用"你去找总理嘛！"的话质问、讽刺我。

（5）1967 年中央文革成员接见"临时工造反队"。总理的意见是"全国的临时工数量很大，无论如何不能松口把临时工转为正式工"。江青却假惺惺地用手帕擦着眼泪，满口答应他们提出的一些不合理的要求。还说："工人阶级还分什么正式工和临时工，这是修正主义的一套！这是在制造工人阶级内部分裂，应当坚决打破。"等等。后来总理做了大量的工作。

（6）1966 年 11 月，一批学生冲击《人民日报》，攻击周总理。

我把情况向中央文革汇报后，江青、陈伯达等根本不过问，不表态。

（三）反党乱军，挑动武斗

（1）1966年12月的一天，刘志坚同志向中央文革反映红卫兵冲击国防部大楼的情况，以及部队开展文化革命的一些问题。他认为部队文化革命不能像地方一样，不能搞乱了，等等。当时戚本禹就骂刘志坚同志是"胡说八道"。胡痴顶了戚一句说："不能采取这种态度。"江青立即凶狠地说："戚本禹态度有什么不对？刘志坚就是胡说八道！你们军队就是按兵不动，不搞文化革命，什么稳不稳！军内有多少走资本主义道路的人和坚持资产阶级路线的人，为什么不揪出来？就是有人压住了，就是盖子没有揭开！你刘志坚就有问题，我们早就认识你了！"当时她把军队大骂了一通，还逼着我和谢镗忠、胡痴几个人表态，说："你们都是军队的干部，为什么不吭气？"这时姚文元赶快敲边鼓，说："江青同志的指示非常重要。"

（2）1967年4月间，江青在一次会议上公开反对毛主席的"要文斗，不要武斗"的指示，公然提出"文攻武卫"的反动口号。有一次中央文革开会听取江西省文化革命的汇报。当听到那里武斗已发展到双方使用真枪真炮，死伤惨重时，张春桥说："打得好啊！我们多少年没有打仗了，这是真枪实弹的民兵大演习。"他还说："这种机会哪里去找，我们不要大惊小怪！"

（3）1967年7月间，武汉事件发生后，王力被打伤回到北京，江青等到机场迎接。当时江青流着眼泪拉着王力的手说："你的伤怎么样，你们这次为文化革命立了一大功。"在为他们举行的欢迎庆祝大会时，江青在天安门城楼上就坐在王力身边说这说那。

（四）搞宗派、拉小圈子

（1）1966年10月间，在中央文革的一次会议上，江青正为一件什么事批评戚本禹。江青说："春桥、王力、关锋比较老练，我对他们是比较放心的。姚文元和戚本禹还比较年轻,我对你们两人就是克得严一点。"这两个人不断点头称是。

（2）1966年12月25日晚,在中央文革会议上有人提到毛主席的寿辰,江青板起面孔说:"主席说过了,谁要再给他祝寿,就要执行党的纪律。"可是在26日下午,江青却带着张春桥、王力、关锋、姚文元、戚本禹等跑到毛主席那里去。当晚在中央文革会议上,江青得意地对张春桥说:"你们这回该满足了吧!"

（3）1966年12月,大街上出现了打倒王、关、戚的大字报。江青在中央文革一次会议上谈到此事时,对王、关、戚说:"你们害怕了吗?不要理它!"他们三人嘻嘻地笑。戚本禹说:"我们不怕打倒,他们也打不倒。"

（4）江青与张春桥、姚文元勾得最紧,对他们二人也最信任,把他们当作"谋士"。1966年10月鲁迅诞辰纪念,江青让姚文元在大会上作报告,还用姚的个人名义发表了许多重要文章。江青在一次中央文革会议上说:"要保护姚文元的身体,不能叫他累了,有些会可以不参加,要休息好。写文章靠他啊!"

周荣鑫被揪后,江青在一次文革会议上说:"总理身边的人都倒了,春桥给总理当秘书长最合适了,可是我们这里离不开他,没有办法啊。"

（5）1966年12月间,江青在一次文革会议上说:"主席的传记只有我来写。多少年来我就想动笔,可是没有时间。"她回过头对姚文元说:"我现在要抓这件事情,可你得帮我的忙。我坐下来写不行,得一边散步一边讲,先录音下来,你加以整理。"

（五）迫害干部、任意整人

（1）1966年11月间,有一天中央文革审查主席接见红卫兵大会的电影样片,上面出现了陈毅同志的镜头,江青叫着说:"怎么把他也照上去了?让他上天安门是照顾他,马上去掉!"

（2）1966年10月,戚本禹在一次中央文革会议上,说中南海的"群众"有情绪，要求揪斗朱德。江青立刻气势汹汹地说："当然要整嘛！他老婆把我欺负苦了。"

（3）1966 年 12 月间，有一个部队干部给中央文革写信，对当时的中宣部副部长熊复的党籍提出怀疑。江青并不了解情况，信口说："熊复是个假党员，那还不揪出来！"几天以后，熊复就被揪了。

（4）1966 年 10 月间，在一次中央文革会议上，江青让人把肖望东叫过来，她破口大骂肖望东对她搞什么特务活动，肖望东被骂得莫名其妙。江青正在发作时，一个秘书进来同她耳语了几句，她马上说："啊！不是你搞的，那我错怪你了。"肖望东刚一出门，江青又恶狠狠地说："哼，他也不是什么好东西！"过不几天，肖望东同志也被揪出来了。

当时这样的事很多。在中央文革会议上，别人都要看着江青的脸色行事，她说某某有问题，某某是坏蛋，这个人准是被当作反革命或走资派揪出来批斗。可也有例外，如四川造反派提出要批斗省委的一个人，江青说："这个人不能批斗，我要保他，他是我们的人。"果然，造反派没有揪他。[18]

据唐平铸说，江青执意要除掉他还有几个原因。如前所述：一、是他和胡痴没有理解江青派她女儿肖力到《解放军报》的用意，没有"心领神会"听招呼，腾位子。二、是林彪摔死后，揪"军内一小撮"问题成了江青夺取最高权力的心病。关锋口述的"改进《解放军报》宣传的六条建议"原件上的"加注"，胡痴是经手人和加注人。三、是在讨论、修改关于《文艺座谈会纪要》的《解放军报》社论时，唐平铸等人的确提过一些使江青"不中听"的意见，中央专案组秉承江青意旨，把它上升到了"攻击、污蔑""中央负责同志"的高度。

唐平铸在 1977 年 1 月 5 日给党中央的信中说："1966 年 4 月间，江青根本不是什么'中央负责同志'，我不过在讨论那篇社论时提了点修改意见，可能影响了她树碑立传而记恨。江青故意找茬子，骂我不尊重她，几次说'《人民日报》盖子没有揭开'。"[19]

还有一件事应提一下：文化大革命初期，唐平铸的妻子陈友孟有一天在西单附近碰见了傅涯（陈赓大将的夫人），她比陈友孟晚一年到延安。两人见面非常高兴，国事、家事、天下事谈了起来，后来扯到了江青。傅涯告诉陈友孟："江青说她家庭生活不幸福，没有爱情和情趣，她很羡慕别人，想离开主席。"陈友孟回家后当笑话告诉过唐平铸，唐平铸又和别人说过。这件事后来不知怎么传到了江青耳朵里，使她对唐平铸十分恼怒。

一位《人民日报》老报人的回忆

2001年4月9日，前《人民日报》海外版副总编辑安子贞在《人民日报》"报人篇"栏目写了一篇回忆文章，其中提到了唐平铸在人民日报社的那一段短暂岁月，现摘录如下：

> 唐平铸同志对人民日报社来说，是一位不速之客。那是1966年夏天，陈伯达率中央工作组于5月31日来到人民日报社，按陈伯达后来的说法是，搞了个小小的政变，即夺了人民日报社编委会的权。第二天，发表了《横扫一切牛鬼蛇神》的社论，标志着文革大动乱的开始。唐平铸同志不是陈伯达工作组的成员，他是过了一两天以后来人民日报社的，奉命主持《人民日报》的宣传报道工作。当时人民日报社领导成员的状况是：总编辑吴冷西在钓鱼台写反修文章，他选定的接班人是陈浚同志。文革前夕，陈浚由排在第四位的副总编辑提升到第一位，原来排在第一位的副总编辑胡绩伟同志，主动让贤，下乡到北京房山县参加"四清"。陈浚新官上任三把火，编辑部机构大调整，大家搬箱挪柜调整办公室，尘埃未定，陈伯达就来了。
>
> 当时《人民日报》的宣传报道思想也很乱，姚文元批《海瑞罢

官》的文章未及时转载，后来转载了，编者按语又写得不当，《解放军报》突出政治的社论，《人民日报》转载时，删掉了重要段落……弄得人们无所适从。陈伯达工作组成员有钱抵千、尚力科、叶寒青等人，同时还带来一个"记者团"，说是搞调查研究，实际是搞政治运动的。开始，陈伯达主持了几天报社的工作，可能是他兼数职顾不过来吧，又调来军报总编辑唐平铸主持《人民日报》的宣传报道工作。开始没有什么名义，一个多月后，党中央任命为代总编辑。文革初期新闻界的气候是，军报的宣传报道是跟中央精神跟得最紧的，此外，还有《光明日报》，发表高炬和什么人的文章，也不错。《人民日报》《北京日报》等都跟不上形势，能"通天"的吴冷西也没辙了。陈伯达在批判大会上就挖苦吴冷西说：你不是能"通天"吗？大家的思想很混乱，我的脑袋里更是一盆糨糊，我看别人也清醒不到哪儿去。在批判大会上，王揖同志受陈伯达的"指点"，含泪揭发了吴冷西鸡毛蒜皮的两件事。胡绩伟同志在大会上说，吴冷西是一竿旗子，要保旗，后来被造反派批判为"保旗论"。唐平铸来了，很多人希望他能把人民日报社带出困境。唐平铸心里是否有底呢？从后来的形势发展看，他也没有底。

　　唐平铸同志在人民日报社工作，大约两年多，一直摇摇晃晃，后来，还是被军报的造反派揪走了。两年来，他一直"支持"人民日报社的夺权派，我曾经写大字报攻过他。后来，平心而论，他是一位好同志。第一，他还是一心办报的。1966 年 8 月 18 日，文革初，毛泽东主席首次在天安门大规模接见红卫兵，唐平铸在城楼上见到毛主席，回到报社后，有些人问他是否跟毛主席握手了？他说，握过了。于是有人抢着跟他握手，以分享余温余福。现在看来这种举动有些滑稽可笑，但在那时是一种时尚。还有人问唐平铸，毛主席对他有哪些最高指示？唐平铸的回答却使一些造反派感到意外，唐说：毛主席问我会不会写文章？问：你怎样回答的？答：我当时有点紧张，迟疑了一下说，会一点。未曾想到，在革命风暴掀起之际，突出政治的呼声震天价响的时候，毛主席他老人家竟然关心的是，党中央机关报的负责人会不会写文章，这给我们这些靠耍笔杆子为生的人以鼓舞。虽然这一最高指示，没有像政治家办报那样流传下来，但在我的记忆中至今仍然认为，报馆的主要负责人，应该是会写文章，懂得怎样办报。随着人事制度改革的深入开展，也应该不例外地持证上岗。

唐平铸同志是个老报人，在人民日报社期间，还是想把报纸办好的。在"阶级斗争极其尖锐复杂"的情况下，未主动整人，他不弄权，文革恶劣影响之一，是一些人耍手腕，弄权，这种手段，文革前不能说一点没有，但在党内很臭。文革后，不仅造反派学会了，有些被称为老干部的人，也自觉不自觉地把它当作整他人、谋私利的法门。唐平铸同志在人民日报社期间，没见他干这种事。反而，他倒有时被别人"弄"一下子。1967年初，在全国夺权的风暴中，他的权也被夺了。陈伯达不是宣布过，人民日报社的大权，由他代表无产阶级夺过了吗？为什么还要夺？当时很多同志从稳定局面考虑，认为夺权是不对的，可是，陈伯达默认了，唐平铸也没办法，只能跟着走。后来，我们攻击他支一派，压一派，恐怕那是鱼在水中冷暖自知了。给我印象较深的是，文革中清理阶级队伍，陈伯达让从唐平铸开始，在会上"自报公议"。这一招，吓死了从海南军区来到全国记协任书记处书记的吕彬同志，不知他有什么事情想不开，从王府井办公楼5层跳下来自杀身亡了。唐平铸是总编辑，在全报社职工大会上"自报公议"，他一边讲，有人一边追问，他说，青年时代在日本留学。有人问：学什么？答：学画画。问：画什么画？答：画裸体画什么的。这样的"自报公议"，像说相声似的，一个捧哏，一个逗哏，使人哭笑不得。后来，江青说唐平铸是叛徒，可能与唐平铸到日本学画有关，这算是陈伯达"自报公议"的后果。我觉得，唐平铸同志在人民日报社两年，身心都不得安宁。一月夺权以后，威信大减，某些事情，还得看造反派的眼色行事，说话不大算数了，领头办报的责任却未减。有一次，他下夜班后到三座门游泳，不知怎么叫陈伯达知道了，被陈伯达狠狠地批了一通说，你不好好专心办报，还有闲情逸致去游泳？以后，他就再也不敢潇洒了。唐平铸为人宽厚，我们曾多次贴大字报批他，但在工作中还是比较友善的，未见他明显整人，以后，也未听他在背后给谁打小报告。

唐平铸同志被揪走以后，被关了好多年，究竟多长时间，为什么被关，据说都是军内的事。他在人民日报社，来也匆匆，去也匆匆，我与他虽然有所接触，但谈不上有多大交情，偶尔说起他的一些事，作为谈资而已，对于他的命运未曾关注过。时间推移到1985年8月2日，我在农民日报社的时候，这天，社长李千峰同志对我说，今天在八宝山举行唐平铸同志遗体告别，咱们一起去吧！于是我们乘车到了八宝山，与唐平铸同志作了最后的诀别，我们向他遗体三鞠躬，表示敬意。[20]

注释

1 中共中央文献研究室编：《建国以来毛泽东文稿》第12册，中央文献出版社，1998年，第23页。

2 中央专案组在审讯唐平铸时的讲话（1975年6月被释放后的追记），唐平铸遗物，未刊稿。

3 中共中央专案审查小组办公室：《关于反党分子唐平铸的审查结论》（1975年6月2日），唐平铸保存手抄件。

4 同上。

5 中共中央专案审查小组办公室：《关于反党分子胡痴的审查结论》（1975年7月30日），摘自胡痴手抄"绝密"笔记本。

6 同上。

7 1966年11月28日，全国文艺界的造反派在人民大会堂举行大会。周恩来、陈伯达先后讲了江青对文艺革命的贡献，接着由江青讲话。那次会唐平铸也参加了，坐在主席台侧边。台下高呼"我们要见毛主席，我们要见毛主席"。唐平铸上厕所时走到后台，先看见了老跟在毛泽东身边的那个小护士，随后看见了毛泽东正端坐在那里。这个由中央文革江青唱主角的场面，毛泽东是不是准备适当时机到前台露面，而后来放弃了这个打算呢？这就不得而知了。唐平铸回去后对人说了一句"没有想到他老兄正坐在那里",这话不知怎么传到了造反派的耳朵里,唐平铸立刻遭到围攻。其实,"老兄"一词是战争年代形成的口头禅,不经意顺口冒出的。

8　平化同志,即张平化,文革初期任湖南省委第一书记、中宣部常务副部长等职,中央文革小组成员。

9　熊复,时任中宣部副部长、新华社社长。

10　《人民日报》遵义红旗战斗团整理:《唐平铸在〈人民日报〉期间推行资产阶级反动路线的材料》,1967 年 1 月 20 日,未刊稿。

11　王敏昭,时任新华社副社长。王公度,国民党桂系将领,1937 年在派系斗争中以"托派"罪名被杀。

12　当时唐平铸和胡痴谈过,并说在宣传上要注意掌握。

13　《关于唐平铸"攻击、污蔑"康生的几件事》(1979 年 2 月 18 日),未刊稿。

14　中共中央专案审查小组办公室:《关于反党分子胡痴的审查结论》(1975 年 6 月 30 日),摘自胡痴手抄"绝密"笔记本,未刊稿。

15　1978 年 5 月 30 日胡痴给中央一办的信,胡痴的手抄底稿。

16　六十一个叛徒,1936 年,面临严重缺乏领导干部,以及侵华日军逼近华北的情况,中共北方局书记刘少奇指示当时被关押在北平草岚子监狱的薄一波、安子文等六十一名被捕的党员,履行"假自首"手续出狱,保证政治上不以叛徒论,组织上不歧视。这批人出狱后,多数担任了领导职务。文革期间,此事被江青、康生罗织为"六十一人叛徒集团案"。

17　1979 年 2 月 18 日唐平铸给党中央的信,该信底稿收于唐平铸笔记。

18　1976 年 10 月 6 日唐平铸给总政党委的信,该信底稿存于唐平铸遗物。

19　1977 年 1 月 5 日唐平铸给党中央的信,该信底稿存于唐平铸遗物。

20　安子贞:《人民日报》海外版"报人篇"栏目,2001 年 4 月 9 日。

第八章

如何理解文化大革命的发动？

唐平铸参加修改林彪"五一八"政变讲话

1966 年 5 月 18 日，林彪在中央政治局扩大会议上，发表了有关政变的讲话。他的发言，令与会者震惊。毛泽东不但批准向全党下发了这个讲话，而且由他签发的中共中央批示称其"是一个极为重要的马克思列宁主义文件"。当时，人们普遍认为这个讲话是林彪主持撰写的。

林彪横死异国后，人们对毛泽东为什么要选定这样的接班人，对他为什么批准向全党下发林彪"五一八"政变讲话，对他亲自领导的文化大革命和他的"高瞻远瞩"提出了种种疑问。在这种情况下，出现了一封毛泽东致江青的信。信中表达出毛泽东早就对林彪产生了不安、不满和疑虑，以中央文件名义下发的这封信试图消除人们的猜测和疑问。

但是这封信公布之后，许多人越看越糊涂，更不明白了，甚至怀疑它的真实性。有些人从信的内容来辨别它的真伪。其实，研究这一问题的人，只要了解一下对外公布的林彪"五一八"政变讲话稿是按谁的意图，由谁逐字逐句主持加工、润色、撰写的，修改的依据是什么，是谁主持起草了中共中央下发林彪讲话的批示，并称其为"一个极为重要的马克思列宁主义文件"的，是谁亲自审阅并批准下发全党的整个过程，弄清了背后这些不为人知的重要事实，答案就出来了。这个经江青等人逐字逐句重新修改撰写、毛泽东亲自审阅批准、用林彪名义下发的讲话，在林彪死后，却成了他反毛泽东、搞政变的铁证。

作为《解放军报》负责人，唐平铸列席了中央文革主持的修改、整理、补充林彪"五一八"政变讲话稿的所有会议。据唐平铸说，是刘志坚通知他代表军队去的，在钓鱼台开了几次会。1979年2月18日，唐平铸在给总政党委的信中揭发了江青和康生的一些问题，其中提及：

> 1966年5月18日，林彪在政治局发表了有关政变的讲话。江青不但吹捧这个讲话，还请康生主持，由王力、关锋等人把"讲话"整理成文件，代中央起草一个通知。
>
> 同年8月底，康生在钓鱼台十八号楼主持修改林彪的讲话稿。叶群在会上说："林彪拜托康老亲自主持把这个稿子修改好。"康生一再吹嘘林彪这个讲话如何重要，还讲它"对马克思主义的哲学有所发展"。他亲自对原稿做了修改和补充，口授起草了以中央名义转发这个讲话的通知。[1]

唐平铸说："林彪在中央政治局扩大会议上的发言，江青、康生和陈伯达参加了修改撰写，这个讲话有些是即席讲的，还说了一些诸如'王八蛋'之类的粗话，有关政变的资料是叶群让一些单位搜集整理的。可以说，人们看到的这个讲话是在林彪发言的基础上，由中央文革重新组织撰写的。"

中央会议结束后，林彪讲话里有关论述政变的部分内容刊登于陈伯达签发的《人民日报》社论《横扫一切牛鬼蛇神》中。这个以林彪名义发表的讲话又经过康生、江青等人的反复修改、加工后，经毛泽东批准，作为中共中央会议文件下发。在修改过程中，江青多次表示，毛泽东十分重视这个讲话，一定要改好。

唐平铸说："对讲话里的每个自然段所要表达的内容，江青、康生要求参加会议的人认真讨论，甚至每句话、每个字都要反复推敲。同时，还要对林彪所讲的历史事件重新进行查对核实，当然这不只是文字上的修饰和润色，而是要根据中央文革的意见把问题表述清楚。特别是有关防止政变的观点，修改时主要依据了毛泽东在《五一六通知》中亲自加的话，从防止政变、防止睡在我们身边的赫鲁晓夫那样的人物着重阐述的。在八届十一中全会闭幕第二天的中央工作会议上，林彪又重复了关于政变问题的讲话，中央政治局和毛泽东很快也批准下发了。中央对《人民日报》社论《横扫一切牛鬼蛇神》中登载的（林彪）有关政变的论述也是认可的。"

唐平铸又说："我们参加会议的人没有听说或提到过有一封毛泽东给江青的信。江青从未提到毛泽东不同意林彪的讲话，不同意林彪的观点。即使江青藏着掖着，在这样的重要场合她也一定会把毛泽东的意见当作尚方宝剑作为修改的依据，按照最高统帅的要求对林彪的发言进行修改后送毛泽东亲自审阅批准，因为林彪这个讲话毕竟是江青等人负责搞的。她很爱出风头，文革初期四处邀功。"

应该说，重新审视修改后的林彪的"五一八"讲话，关键是谁主持修改、撰写、审批并下发全党的。即使有毛泽东给江青的那封信，但也吹不掉、抹不去相关者的责任。信的原件到底是怎么写的？据称原件已经被销毁了，为什么销毁？成了人们最大的疑问。

林彪在"五一八"讲话一开始就说"常委的其他同志要我先讲"，指的就是讲防止政变。王力在他的《反思录》中写道："林彪的政变经别人都说很好，刘少奇、邓小平、周总理都说要印发。林彪要陈伯达、刘志坚找了些秀才把他的讲话整理成文，整理了很长时间，讨论修改过几次，直到十一中全会后九月二十二日才印发。"[2] 王力在这里淡化和回避了中央文革康生、江青等人的责任，其实他自己也多次参加了修改。

毛泽东亲自批准"五一八"讲话

林彪的"五一八"讲话，主题之一是"防止政变"。后来这个讲话被认定是他"大讲政变"，"制造中央内部有人要搞政变、搞颠覆"，"在党内造成极度恐怖的气氛"。其实，"防止政变"是毛泽东谋划已久的重要"战略部署"。

林彪在讲话中说："毛主席近几年来，特别是去年，提出防止修正主义的问题，党内党外、各个战线、各个地区、上层下层都可能出。我所了解，主要是指领导机关。毛主席最近几个月，特别注意防止反革命政变，采取了很多措施。罗瑞卿问题发生后，谈过这个问题。这次彭真问题发生后，毛主席又找人谈这个问题。调兵遣将，防止反革命政变，防止他们占领我们的要害部位、电台、广播电台。军队和公安系统都做了布置。毛主席这几个月就是做这个文章。这是没有完全写出来的文章，没有印成文章的毛主席著作。我们就要学这个没有印出来的毛主席著作，毛主席为了这件事，多少天没有睡好觉。这是很深刻很严重的问题。"

实际情况是：根据毛泽东的指示，立即成立了由周恩来负责的防止政变和突发事件的首都工作小组，叶剑英为工作组组长，组员有杨成武等人，安排了兵力部署和应变措施。就在1966年5月18日林彪讲话的当天，周恩来为加强首都警卫工作进行部队调动事，与杨成武和北京军区研究落实，并书面报告了毛泽东：拟调六十三军驻石家庄的一八九师和六十五军的一九三师来京担任卫戍任务，卫戍司令由傅崇碧担任。部队到达后，将对在京要害部门和广播宣传机关的保卫任务重新进行调整。毛泽东阅后批：照办。[3]

邱会作说："我就是当事人。1966年春，在毛主席授意下，中央成立了首都工作小组。周恩来负责，叶剑英为工作组组长，参加具体工作的有杨成武、我（邱会作）、军委作战部部长王尚荣等人。周恩来、叶剑英指挥我们做了三篇'文章'：1.对政变时易受攻击的中央广播电台、电视台、国家通讯枢纽等地勘察，制定防范措施；对建设中的地下铁路、城市地下污水通道（可能进入的）等要害处实地勘测；对玉泉山毛主席战时指挥所，由汪东兴陪着我们看了个详细。北京市内外的制高点，我们都登上了。在位于西单的邮电大楼上，我们用望远镜对毛主席住处看得清清楚楚，立刻宣布大楼顶部为军事禁区。2.改组北京卫戍区。3.改组卫戍区时曾经设想调一个完整建制的野战军进京。十个月后，调了沈阳军区的三十八军进驻京畿。经过调动之后，北京的机动部队约十万人，毛主席很满意。"[4]

刚刚当上中共中央副主席的林彪，在 5 月 18 日讲了毛泽东最担心的事情。他要求全党提高警惕，加强防范。如果说文革初期林彪就想搞阴谋，在讲话中故意念"政变经"，造政变舆论，是不符合历史事实的，也缺乏证据。林彪所谈的防止政变，是毛泽东最早提出的。毛泽东看过江青等人对林彪讲话的修改稿后，批示同意作为中央文件下发，也就是说毛泽东向全党表明，他同意经江青修改后林彪关于政变的提法。

林彪在讲话中说："政变，现在成为一种风气。世界政变成风。改变政权，大概是这样，一种是人民革命，从底下闹起来，造反，如陈胜吴广、太平天国、我们共产党，都是这样。一种是反革命政变，大多数是宫廷政变，内部搞起来的，有的是上下相结合，有的和外国敌人颠覆活动或者武装进犯相结合，有的和天灾相结合。大轰大闹大乱。历史上是这样，现在也是这样。"

如果仔细阅读一下林彪所念的"政变经"，可以看出他的基本观点和说法是："资产阶级的代表人物，混到我们党内，混到党的领导机关，成为当权派，掌握了国家机器，掌握了政权，掌握了军队，掌握了思想战线的司令部。他们联合起来搞颠覆，闹大乱子。""可能发生反革命政变，要杀人，要篡夺政权，要搞资产阶级复辟，要把社会主义这一套搞掉。"

从字面上看，林彪的这些观点和毛泽东多次讲的"中央出了修正主义，你们怎么办""赫鲁晓夫式的人物就在我们身边""要打倒阎王，解放小鬼"，以及在林彪讲话前两天中央刚刚通过的《五一六通知》中所指的都是防止中央出修正主义的问题，都是毛泽东反复强调和最为担忧的。只是林彪在他的讲话中，系统地列举了一些别人收集到的古今中外政变历史，从国外讲到国内，引用了一些互相杀来杀去的宫廷例子，令人毛骨悚然。

但是，讲防止政变问题的不止林彪一人。周恩来在 1966 年 5 月 21日的中央政治局扩大会议上的发言，着重讲了三个问题：1. 防止反革命政变问题；2. 领导和群众问题；3. 保持晚节问题。[5]

林彪的"五一八"讲话的另一重点是举旗、护旗。他说：毛泽东"是当代最伟大的马克思列宁主义者"，"毛主席所经历的事情，比马克思、恩格斯、列宁都多得多"，"毛主席在全国、在全世界有最高的威望，是最卓越、最伟大的人物"，"毛主席的言论、文章和革命实践都表现出他的伟大的无产阶级的天才"，"有些人不承认天才，这不是马克思列宁主义"，"毛主席的话，句句是真理，一句超过我们一万句"，等等。林彪宣布：谁反对毛主席，"全党共诛之，全国共讨之"。

在 1966 年 8 月 13 日至 23 日的中央工作会议上，林彪根据毛泽东讲的无产阶级接班人的五条原则提出：反对毛泽东思想的，罢官；同思想政治工作捣乱、同文化大革命捣乱的，罢官；完全没有革命干劲的，罢官。他在讲话中进一步重申了"政权是革命的根本问题"的观点。他说："我们的政权究竟是掌握在什么人的手上？是掌握在拥护毛泽东思想的人手上，还是掌握在反对毛泽东思想的人手上？这是一个严重问题。"他强调说："人存事兴，人亡事废。"

1966 年 8 月 12 日，林彪主持中共八届十一中全会闭幕会并发表简短讲话。会议通过了经毛泽东审定并修改的公报，公报中说："全会认为，林彪同志号召人民解放军在全军展开学习毛泽东同志著作的群众运动，为全党全国树立了光辉的榜样。"按照毛泽东的提议，全会一致通过：由"把毛泽东思想伟大红旗举得最高，活学活用毛主席著作最好"的林彪，作为毛泽东的接班人。刘少奇在中央领导人中的排名从原来的第二位降至第八位，而林彪则升至第二位，成为了唯一的中共中央副主席。

8 月 13 日，林彪在为贯彻刚结束的中共八届十一中全会而召开的中共中央工作会议上发表讲话，主要讲了文化革命问题和军队的干部问题。8 月 16 日，毛泽东对林彪 8 日接见中央文革小组的讲话，12 日在八届十一中全会闭幕会上的讲话，13 日在中央工作会议上的讲话的三篇讲话稿批示："林彪同志：这三件都看了，都赞成。"[6]

9 月 22 日，中共中央在批示中指出：林彪的讲话（"五一八"讲话），"是一个极为重要的马克思列宁主义的文件。林彪同志根据党内两条路线斗争的严重事实，根据国际无产阶级专政的历史教训，特别是苏联赫鲁晓夫修正主义集团篡党、篡政、篡军的教训，对如何防止反革命政变、反革命颠覆的问题做了系统的精确的阐述"，"对毛泽东思想做了全面的、正确的、科学的评价"，"是活学活用毛泽东思想的典范，是指导无产阶级文化大革命的一个重要文件"。批示要求"全党全军认真学习，认真讨论，认真领会，把它运用到文化革命和一切行动中去"。毛泽东批准的这个批示，几乎把当时所有肯定和颂扬的语言，都加到了林彪身上。

约三年之后，1969 年 4 月 1 日，林彪在中共第九次代表大会的报告中，又进一步重复了毛泽东关于政变的讲话："那就不要很多时间，少则几年、十几年，多则几十年，就不可避免地要出现全国性的反革命复辟，马列主义的党就一定会变成修正主义的党，变成法西斯党，整个中国就要改变颜色了。请同志们想一想，这是一种多么危险的情景啊！"就在这次大会上，由毛泽东亲自提名，林彪作为接班人正式写入了党章。

林彪事件后毛泽东的尴尬

1971 年 9 月 13 日林彪魂丧蒙古温都尔汗。毛泽东发了高烧，心肺炎犯了，连续两个月卧床不起，他一下子衰老了许多。林彪事件意味着文化大革命的破产。林彪的死，把毛泽东和他领导的中央文革推向了一种极为尴尬的境地。毛泽东说了那么多赞扬林彪的话，毛泽东那样洞察一切，那样坚定地搞文化大革命，而且亲自把林彪定为自己的接班人。江青、康生等人那样卖力地修改、整理林彪的"五一八"讲话，毛泽东又亲自批准下发这个讲话，这一切又怎么解释呢？

那时，一些人立刻说毛泽东早就对林彪有怀疑，故意让他表演。但是为什么又指定他为接班人呢？一些人又解释说林彪是个隐藏得很深的大奸之人，把毛泽东蒙蔽了，搅乱了他的战略部署。但这种说法在那个年代又是对领袖的不敬。人们的忧虑和疑问是可想而知的。而当时鲜有人知，挂名林彪下发的"五一八"讲话是毛泽东夫人江青等人组织搞的。

　　果然，答案很快就出来了。在林彪死后的第二年，即 1972 年 5 月 21 日至 6 月 23 日，中共中央在北京召开了批林整风汇报会。在会议的文件中，毛泽东 1966 年 7 月 8 日写给江青的信成为最重要的内容。然而这封信的公开不但没有起到预期的作用，反而加重了人们的疑虑。

　　毛泽东的这封信说是写于 1966 年，却发表于 1972 年。先是在 1972 年 5 月作为批林整风汇报会议文件印发。之后，1972 年 10 月 1 日、1973 年 9 月 2 日和 1975 年 3 月 1 日，又有部分内容先后在《人民日报》上发表。

　　在这封信，毛泽东除了做了"虎气""猴气"的自我解剖和说了一些曲高和寡的话之外，主要内容是针对林彪讲话的。除了证明林彪并非一贯正确外，更重要的，似乎是在说明他对林彪早有察觉。

　　毛泽东在信中对江青说："我的朋友的讲话（指林彪的'五一八'讲话），中央催着要发，我准备发下去，他是专讲政变问题的。这个问题，像他这样讲法过去还没有过。他的一些提法，我总感觉不安。我历来不相信，我那几本小书，有那样大的神通。现在经他一吹，全党全国都吹起来了，真是王婆卖瓜，自卖自夸。我是被他们逼上梁山的，看来不同意他们不行了。在重大问题上，违心地同意别人，在我一生还是第一次，叫做不以人的意志为转移吧。"

　　毛泽东在信里说林彪是专讲政变问题的，还说对他的提法不安。毛泽东却没有说自己对政变有过不少具体指示，而且从军事上部署了对政变的严密防范措施。在这封据说是写于文化大革命初期的信件里，毛泽东"洞察一切"，他说："他们是要整个打倒我们的党和我本人，我则只说对于我所起的作用，觉得有些提法不妥当，这是我跟黑帮们的区别。"从全信看，这个"他们"不是泛泛而指。

　　毛泽东在信里有预见地说："中国如发生反共的右派政变，我断定他们也是不得安宁的，很可能是短命的，因为代表 90% 以上人民利益的一切革命者是不会容忍的。"这句充满玄机的"短命"预言，与林彪的突然横死，冥冥之中，不仅仅是一种巧合。

　　毛泽东说，他本来是不同意的，可是"不同意不行了"，那就是"泼了他们的冷水，帮助了右派"。于是，在这封"信"中，毛泽东一方面违心地同意，另一方面好像向人们表示他在向江青说心里话，而且字里行间表露出对"我的朋友"的不屑与反感。毛泽东不但说自己是被迫的，也巧妙地消除了江青修改撰写林彪讲话稿、经他自己审批同意的责任。

就在毛泽东给江青的这封信的落款日期后不到一个月，他回到北京，主持了中共八届十一中全会。8月4日，他指责派工作组"是镇压，是恐怖，这个恐怖来自中央"。8月5日，毛泽东写下了《炮打司令部》的大字报，立刻把所有人的神经绷紧了，毛泽东给了刘少奇这个"赫鲁晓夫式的人物"致命的一击。

作为给夫人江青的一封家信，一封私人信件，它过于政治化、公事化了。似乎不是只写给江青的，而是为了事后针对林彪事件向全党做解释。该信的政治意图极其明显。它把文革刚刚开始，斗争路线尚不完全公开明朗、关乎党和国家、机密性很强的大事，像在家里聊天似的，以家信的形式写给了还不是"中央负责人"，而且"爱讲话""爱出风头"的夫人江青。这封高度凝练、措辞严谨、思维缜密的信，更像是经过反复推敲的政治表态，而不像夫妻间的对话。

周恩来为毛泽东打圆场

毛泽东的这封信，让人们越发困惑了。

1972年5月21日，周恩来在中央批林整风汇报会上，针对人们的疑问，着重解释说："这个信只有政治局一部分同志看过，在座的你们各省市的，还有中央委员、中央候补委员都没有看过。就是在'九一三'以后，今天印的吧。这封信是什么时候写的呢? 就是在1966年5月18日政治局扩大会议林彪在河北厅讲话以后。"他接着说："主席写这封信是1966年7月8日，在武汉写的，我是7月11日到的武汉。那时见了个外宾，我跟主席报告我到国外访问罗马尼亚、阿尔巴尼亚以后，主席要我留一天。第二天上午见主席，主席就把给江青同志的那封信的抄件给我看。是一个底子，那个字是徐业夫同志抄的。”[7] 还说，这封信的原件已经被烧了，发给与会者的文本是根据抄件翻印的。[8]

批林整风时下发的宣讲材料，被广为宣传。一份材料中说："毛泽东的这封信是针对林彪'五一八'讲话写的。这个讲话刚一出笼……我们伟大领袖毛主席用辩证唯物主义和历史唯物主义这个马克思主义的望远镜和显微镜，已经看出林彪的'五一八'讲话不讲马克思主义，不讲党的领导，专讲个人，讲宫廷政变，不讲阶级斗争，不讲人民群众，鼓吹唯心史观，抹杀两个阶级、两条道路、两条路线斗争的反动本质。"这份材料接着话锋一转："毛主席虽然在写信时，已经看出林彪'五一八'讲话是违背马列主义观点的，但这仅是思想上、理论上的错误，还没有发现他当时在政治上组织上搞阴谋。"[9]

参加了林彪"五一八"讲话修改和了解整个下发过程的唐平铸，在看到突然公布的毛泽东给江青的信后，感到不明白：怎么会是这样呢？江青主持对林彪讲话反复修改并经毛泽东本人审阅批准后下发的讲话，不就是反映了中央文革和毛泽东的观点和意见吗？既然同意和批准，现在又说不同意。他认为，这样的解释不能自圆其说。

当年就有人怀疑这封信是后来修改和加工的。中共中央文献研究室编辑的《建国以来毛泽东文稿》第12册全文收录了该信，印证了这一点。在注释中有下列文字："据修改件刊印。"[10]

唐平铸说：毛泽东写这封信的时候，身在湖北武汉，时间是1966年7月8日。中央下发林彪的讲话是1966年9月22日。也就是说，在长达两个多月的时间里，如果江青从信中早已知道了毛泽东对林彪不满、不安、有疑虑，不同意他的观点，为什么还要大肆吹捧林彪，于同年8月底召开中央文革会议，作为重要任务反复认真修改、补充撰写林彪的发言，同时毛泽东批准下发的批示中还说这"是一个极为重要的马克思列宁主义的文件"呢？

毛泽东的信落款时间是1966年7月8日，此时中央文革尚未正式开始修改林彪的"五一八"讲话，中央下发林彪的讲话还谈不上日程，更没有写出下发的批示。经毛泽东批示下发的时间是9月22日。然而毛泽东早在 7 月 8 日的信中就出现了"我的朋友的讲话，中央催着要发，我准备同意发下去"这样的句子。

1966 年 8 月 31 日，毛泽东第二次在天安门接见红卫兵。林彪在审阅他的讲话稿（由唐平铸等人撰写）时，在上面加了"坚决反对压制你们！你们的行动好得很！"毛泽东审定时批示给林彪："这样修改好。"[11]可以看出，从 8 月 1 日八届十一中全会召开到 9 月 22 日经毛泽东审定批准下发林彪讲话这一段时间里，毛泽东一直在北京。值得注意的是，就连林彪在天安门城楼上的讲话也要由他逐字逐句亲自把关和批示。在此期间，叶群参加，由江青、康生主持修改的林彪"政变"讲话稿和正式下发的中央批示，林彪看过，毛泽东也看过，而且是毛泽东亲自批准的。对于这个后来被认定为"政治上、理论上有错误"的讲话，中央批示却说"这是一个极为重要的马克思列宁主义的文件"，"是指导无产阶级文化大革命的一个重要文件"，这在逻辑上是根本不通的。

毛泽东在信中说"我历来不相信，我那几本小书，有那样大的神通"，"真是王婆卖瓜，自卖自夸"，而在 8 月中旬公开发表的中共八届十一中全会公报中，几乎全部接受了林彪对毛泽东和毛泽东思想的提法，这个公告也是经毛泽东亲自审阅同意的。

更耐人寻味的是，毛泽东既然早就对林彪有所反感、防范，为什么在 1966 年的中共中央第九次代表大会上，还选定了林彪作为他的接班人，并法定地写入了中国共产党党章呢？既然周恩来早就看过毛泽东给江青的信，知道他有"不同意见"，为什么还根据毛泽东的指示，在"九大"的发言中说"林彪同志的这一重要讲话，高举毛泽东思想伟大红旗，成为无产阶级文化大革命的号角"呢？看来答案只有一个：这封具有毛泽东文笔风格的信，事后经过了精心修改和伪造。

《周恩来年谱》是这样记载的："（1966 年）7 月 11 日、12 日到毛泽东处谈话。看了毛泽东 7 月 8 日给江青的信后，建议找林彪谈谈。经毛泽东同意，7 月 14 日，从上海飞大连与林彪谈话，转达毛泽东的意见。林彪表示接受，答应回京后修改 5 月 18 日的讲话。15 日，周恩来返京向刘少奇作了汇报。"[12]

7月14日"林彪表示接受"，就是表示他接受毛泽东的意见。那么，江青在看到7月8日毛泽东的信后，1966年8月底由她和康生牵头的中央文革开始修改，9月22日毛泽东画圈以中央名义正式下发的林彪讲话，怎能不贯彻毛泽东的意见呢？

1972年6月10日至12日，周恩来在中央批林整风汇报会上作了新民主主义时期党内六次路线斗争的报告。在讲到王明"左"的错误路线时，周恩来做了自我解剖。按照毛泽东的指示，周恩来于6月23日在会议快结束时，作了题为《关于国民党造谣污蔑地刊登所谓"伍豪启事"的真相》的报告，中共中央还发出了文件予以说明，并附若干原始材料。[13] 据说毛泽东这样做的用意是：让党内高级干部了解事情真相，不允许任何人今后在这个问题上污蔑周恩来。按照毛泽东和政治局的意见，会议的录音和根据录音整理的记录稿要发给各省、市、自治区党委。有人猜测说，周恩来得以公开对自己的历史问题做辩护，是否可以看作毛泽东他为"致江青信"打圆场、做证明的一种回报？

文革时期的办报方针

在五十多年前，人们没有电脑、因特网、智能手机……连拥有电视的家庭都是极少数。报纸和广播几乎成为人们唯一的消息来源。在为数不多的报纸中，《人民日报》和《解放军报》的作用又是极为特殊的。它们不仅是强有力的舆论工具，也是毛泽东和党中央指导全中国人民思想行动的"文件"。有人在唐平铸和胡痴生前问过他们："文革时期中央和军委的办报方针到底是什么？"他们的回答竟是一致的："贯彻、宣传毛主席的指示，按照党中央及军委的要求，引导群众进行文化大革命。那时，从我们的处境和地位，不能也不可能创造什么理论和思想，必须严格按照中央和中央文革、军委文革的指示来办。只是后来慢慢地觉得有点不对劲了。"

根据20世纪60年代的国内外形势，毛泽东感到资本主义的复辟已迫在眉睫。他认为这场革命的实质是"同国民党反动派斗争的继续，是一个阶级推翻另一个阶级的政治大革命"。他说："这样的革命以后还要进行多次。"毛泽东晚年继续革命的理论，在当时的"两报一刊"的社论和文章中被不断地加以阐述，给人们留下了难忘的记忆。

陈伯达曾十分明确地对唐平铸说："我们的办报方针就是1966年5月中央政治局扩大会议和8月八届十一中全会通过的两个文件：《中共中央通知》（简称《五一六通知》）和《中共中央关于无产阶级文化大革命的决定》（简称《十六条》）。"[14] 这两个文件集中反映了毛泽东对当时党和国家政治形势的估计。

在《人民日报》的办公会议上，陈伯达多次向唐平铸炫耀他和江青等人在上海起草《五一六通知》的经过：毛泽东反复修改添加的内容，有的是在杭州交给他的，有的是交他和康生带回或派人送到上海，有的是由秘书徐业夫用电话直接传到上海的。陈伯达要求所有工作人员必须熟记《五一六通知》中最令人震惊的几段话："混进党里、政府里、军队里和各种文化界的资产阶级代表人物，是一批反革命修正主义分子，一旦时机成熟，他们就会夺取政权，由无产阶级专政变为资产阶级专政。""这次运动的重点是整党内那些走资本主义道路的当权派。"[15]

对于曾经留学日本的唐平铸来说，他年轻时学习的是美术专业，他熟悉各种美术流派，曾希望在绘画上有所造就。他在上海美专的老师刘海粟曾告诉他："美术追求的是真、善、美，无论画家采用什么样的构思和绘画手法，其内核是要表达真实的东西和美好的愿望，是要鞭挞阴暗面。它无关宏大的场景，甚至看起来很微末，但皆如此。"

有人说，如果唐平铸从事绘画，完全可以成为一个很好的画家。但命运没有如果，面对国家的危难，他毅然选择了不做亡国奴的道路，投笔从戎，从日本归国寻找红军。但是在残酷的阶级斗争面前，在严酷的政治现实中，特别是在文化大革命中，许多事情告诉他，没有超阶级的"真、善、美"，只有共产党的真，共产党的善，共产党的美。我们的报纸是党的报纸，我们的新闻是党的新闻，只能是一家之言，只能有一种声音。当时在一些人眼里，领袖、党、国家在特定意义上有着同一性。

　　陈伯达在人民日报社里反复强调，要从事斗争需要找材料、树典型、编写故事、写评论。他的话成了必须遵守的法则。唐平铸有时很想报道一些基层群众的呼声。有一次，他刚离开家，看到一群戴红袖标的人在殴打一个老人，老人的鼻子流出了血。围观的人群中有的想劝阻，有的冷漠地看着。唐平铸看着躺在地上的这个人像是一名清洁工人，他立刻走过去扶起老人，让他快些离开。几个年轻人冲着唐平铸喊："老子反动儿混蛋，这个老家伙的儿子是铁杆儿保皇！"那伙人看唐平铸穿着军装，才没有围攻他。到《人民日报》后，唐平铸愤愤地对陈伯达说："太不像话了！我们为什么不能报道一些打砸抢的真实情况，反映一下老百姓的看法？"接着，他说了刚才看到的情况和煤炭部部长张霖之被活活打死，却被说成是自杀的惨状。而陈伯达严肃地对他说："什么是真实？革命的主流就是真实！我们要刊登反映大方向的东西，你的思想还得扭。"几句话把他噎了回去。

　　在那个年代，报纸上反复宣传的是资本主义已奄奄一息，正在走向灭亡；世界上还有三分之二的人民生活在水深火热之中，受尽煎熬痛苦；而我们到处是莺歌燕舞，潺潺流水，革命和生产形势不是小好而是大好，而且越来越好……新闻报道失信于民，失信于军队，失信于社会。

　　唐平铸说：有一次，王府井大街上刷出一条"陈伯达不得好死"的大标语，表达了人们对新闻宣传的不满。陈伯达知道后，在《人民日报》群众大会上说：有人说我陈伯达不得好死，我看什么人都不得好死，有什么人好死呢？不是老死、病死，就是飞机炸死、原子弹打死！有什么问题你就跳出来说嘛！

　　当时全国各地的报纸，由记者采写的稿件和新闻少之又少，报道的中心是颂扬毛泽东的丰功伟绩和歌颂文化大革命。几乎从头到尾是新华社的通稿和官样文章，而且一个整版通常只发三四条消息，还经常是经验总结和学习毛泽东著作等应景之作，根本没有来自生活的鲜活新闻，因而也无法向读者传递翔实的信息。除了重要的政治新闻和外事活动，其他报道大多没有时效。

　　当年，凡是毛泽东说的话，报上都采用黑体字，用以强调和警示人们这是最高统帅的战斗号令。报纸就像传声筒一样，一类是传达，一类是解释，谈不上理论的研究和发展，更谈不上对实际情况的分析和判断。报纸上什么"高举再高举""落实再落实"，什么"关键的关键""核心的核心"，什么"三忠于、四无限"，什么"万寿无疆""永远健康"，什么"四个伟大""最……最……最……最……"，一大串标准用语少了一个也不行，前后次序颠倒了也不行。据当时的《人民日报》工作组成员、《解放军报》原副主编尚力科讲：

> 有一次出报，一篇文章中的最后一句是"祝伟大领袖毛主席万寿无疆！"报社印刷厂有一位女工错把万字排成无字，结果成了"祝伟大领袖毛主席无寿无疆"，夜班同志谁也没有看出来。后来发现了这个错误，立即将印出的报纸全部作废，《人民日报》总编辑唐平铸也被本社的群众组织拉进会议室去批斗了一通。当时我也在场，本来这是夜班工作的责任，但是唐平铸同志全部承担起来了，那位女工也因此受到了严厉批评和处分。[16]

那时，最大的禁忌是不能丝毫有损毛泽东的形象。比如，毛主席和毛泽东思想这两个名词不能分行，不能把毛泽东三个字放在第一列，把思想两个字排在下一行，这五个字必须连成一体。那时还没有计算机排版这种先进技术，要靠工人一个一个地拣出铅字，再排出来。唐平铸和胡痴为了避免犯政治错误，根据群众的经验，要求《人民日报》和《解放军报》的印刷厂，把这些标准用语按词组一个个铸成铅条，有纵排的，有横排的，按字体字号分类，排起来既便捷，也不会出错。这也许能算得上是当时的一项"发明"。

1966 年 6 月 11 日《人民日报》第六版登了一位工人的速写画。画面左边有 12 人，右边有 10 人，他们中间放着一块黑板，黑板上写着毛主席语录，形成半圆形的开会场面。报纸发行后，有读者打电话提出质问，说这幅画是批判"语录"，有严重政治问题。结果陈伯达责令编委会立即作出深刻检查。

原《人民日报》美术编辑许林回忆说：

1966年6月底，我设计了一个"社论刊头"，要求7月1日见报。即设计一个宽二个多厘米，高一个多厘米标有社论的刊头，在社论两个字的下方是一个放射光芒的天安门城楼。

这个表示社论的刊头见报不久，总编辑唐平铸把我叫到他的办公室说："红卫兵围着报社不走，质问为什么这个刊头的天安门城楼上没有毛主席像，要揪出反对毛主席的现行反革命分子。"

我回答："见报刊头那样小，连城楼两侧的两条标语都只有位置的框框，如果设计上毛主席的像，能看见吗？"

总编辑笑着说："那你可不可以也设计一个毛主席像的框框放在城楼的中央？"

我说："恐怕不行。因为即使设计了毛主席像的框框，框框里也还是没有毛主席像啊！毛主席像在框框里没有了，那罪过不是更大啦。"

接着，我向总编辑建议说："老唐（那时我们称呼总编辑都是这样），您向红卫兵解释一下，我们这样设计，正是从对毛主席他老人家非常尊敬的考虑，我们同他们一样热爱毛主席、忠于毛主席，如果设计了毛主席的框框，可是见报的刊头那样小，那不是对毛主席的不敬吗？"

我和总编辑都明白应该怎样应对红卫兵。就这样，我总算躲过一劫。这个"社论刊头"从1966年起，一直用到2007年底，在《人民日报》上使用了41年。[17]

"格林威治标准时间"

《五一六通知》像罩子一样把报纸框住了。处于风口浪尖的全国各地报纸几乎是千人一面，众报一腔，根本谈不上什么客观、及时地报道各省市的实际情况。比如头版头条是什么内容，重要新闻安排在什么地方，用的是什么字体，是几号字，标题占多少，题目是怎样标的，一版是什么内容，二版的文章是怎样处理的，等等。地方报纸都是在夜间打电话给《人民日报》，询问得非常详细，名曰"对表"，把《人民日报》当成了"格林威治标准时间"。最早是北京的报纸，每天都和《人民日报》的夜班通话，对照当天的报纸版面，后来全国各省市的报纸也争相同《人民日报》"对表"。各家报纸诚惶诚恐，生怕哪个环节出问题，问清后才放心，然后就照葫芦画瓢，原封不动登出来。夜班接受"对表"成了《人民日报》义不容辞的责任。

在唐平铸"对抗陈伯达指示"的"罪状"中有这样一条：

> 伯达同志去年六月份就明确指示唐平铸，不让各报来对《人民日报》的版面。唐平铸对这个指示一直阳奉阴违。去年八、九月份，许多省、市报纸为了把《人民日报》当作挡箭牌，干反革命勾当，使劲地到《人民日报》来对版面，有的每天来六七次电话，详细转抄编排、标题等情况。有时总编室占用四部电话机回答他们。总编室向唐平铸反映过多次，但是唐平铸始终不予理睬。相反还要夜班同志耐心接电话，"扶各地报纸一把"。唐平铸明目张胆支持省、市一小撮走资本主义道路当权派和坚持资产阶级反动路线的顽固分子，使他们气焰很嚣张。《四川日报》和《新华日报》竟敢对去冲击报社的红卫兵这样说："我们报纸的版面和标题，是经《人民日报》批准的。"[18]

在那个"讲政治"的年代，办报的人必须用阶级斗争的观点来衡量周围发生的事情。

1966年12月13日，《大众日报》编辑部在显要位置刊登了《我们的检讨》，内容如下："本报今日（三版）《让毛主席的声音传遍山沟》一文中，毛主席语录'下定决心，不怕牺牲，排除万难，去争取胜利'错为'下决定心，不怕牺牲，排除万难，去争取胜利'。这是严重的政治错误。这次错误是由于我们缺乏政治责任心，工作态度不严肃不认真，作风粗枝大叶所造成。我们除作深刻检讨外，决定本期报纸重印，已发出的本期报纸全部收回。"[19]

当时北京著名的《大公报》也处于风雨飘摇之中。该报原总编辑常芝青向唐平铸说："文革初期，报纸通常一版刊登毛泽东的大幅头像，二版登批判文章，经常使用'砸烂……'等口号来制作标题。一天，有个人不经意地把当天的报纸透过阳光两面看时，恰巧'砸烂'这两个黑体字透过纸面罩在了毛泽东像的一只耳朵上，这一下可招来了横祸。阶级斗争观念敏锐的北京商学院红卫兵知道这一情况后，愤怒地要砸烂《大公报》，声称在历史上一贯反动的《大公报》内部潜伏着阶级敌人，点名要揪斗报社总编辑。八一建军节那天，《大公报》又出事了：一版登了毛泽东的大幅戎装照片，四版是画刊图片，但是把整张报纸平铺开来，四版画刊上的一架大炮正对着毛泽东的头像。当时的情景可想而知，红卫兵们声讨、砸烂的声浪铺天盖地。有的红卫兵还向报社发出了最后通牒。他们高喊：'毛主席炮打刘少奇的资产阶级司令部，而《大公报》却要炮打毛主席！'一时间，真把报社上上下下闹翻了天。"[20]

在"内忧外患"的煎熬下，《大公报》的日子越来越不好过，惶惶不可终日的报社领导迫不及待地直接向毛泽东写了一份报告，要求按照《五一六通知》的精神，立即砸碎《大公报》这块旧招牌，建议先把报名改掉。唐平铸事后得知，毛泽东把报告批转给了中央文革小组处理。不久，陈伯达向报社传达：《大公报》改名为《前进报》。他要求该报在《十六条》的指引下乘风破浪前进。从此，报纸改为小报，出四开，由日报变为每周三期。

《大公报》的负责人张颂甲回忆说："这个指示传达到报社，全体哗然。北京新闻界得知《前进报》的出版是'上峰'钦定的，纷纷猜测是'有来头的'。当时有个传言，说其他报纸也要陆续改为四开小报。因此，在《前进报》创刊的这天下午，《人民日报》总编辑唐平铸、《解放军报》总编辑胡痴、《光明日报》总编辑穆欣以及新华总社、《工人日报》等各新闻单位的负责人均亲自登门致贺，有的还送来锦旗和镜框等。报社群众则在大门口锣鼓声声，鞭炮齐鸣，以示庆祝，一时热闹非凡。其后，《光明日报》《工人日报》还专门派人来了解大报改小报的经验。"[21]

那时，打着各种旗号，用着各种借口，各色各样到《人民日报》的人都有。来报社辩论和闹事的，有学生、工人、文艺工作者，甚至还有残疾人。一次，一个自称是唐平铸亲戚的十二三岁女孩子，闯到了人民日报社，点名要见总编辑，门卫只好让她进去了。她一副造反派的模样，用四川口音冲着唐平铸说："叔叔，我来看你，我要保卫红色政权。"在场的人问她叫什么，只见她头一扬，小辫一甩，说："我叫风吹帽。"人们诧异地问她这名字是什么意思。她不屑地冷笑说："你怎么连'为革命，砍头只当风吹帽'这句人人会唱的歌词都不知道？"说着说着，就见她双脚不住地跺，两拳紧握，两只小胳膊一会儿向左上方伸，一会儿向右前方举。她激动地喊着："造反，造反，我们就是要造反！我们要砸烂旧世界，雄鸡一唱天下白！"在场的人愕然。大家看着这个有点"憨"的孩子，这就是革命接班人吗？后来，好心的人们把她送出门，对她说："串联完后，早点回家。"

由于报纸宣传"左"，一些群众也越发"左"得荒唐。有一次，一个《人民日报》的记者告诉唐平铸，他看到在天安门广场的两派群众，为游行队伍应该往东走还是向西进发生了激烈争执，险些拳脚相向。在那时，"东方"表示红太阳升起的地方，代表着蒸蒸日上的社会主义，而"西方"则表示腐朽没落的资本主义。走向何方竟成了原则问题。更有甚者，有人认为在集合排队时的口令"向右看齐""向右转"也要改。一些标有"封、资、修"名称的街道、老字号店铺、医院、商场，如王府井大街、东安市场、协和医院等都改成了革命的名字。

当时负责版面的编辑为了不出政治问题，可谓挖空了心思。他们在报纸上凡有毛泽东的照片、有"毛主席""毛泽东思想"等字样出现时，一定要透过光线看看反面同一地方有没有对毛泽东的不敬之词，如反革命、反动派、帝国主义走狗、反动路线之类，或是不合适的图片。胡痴说："后来，《解放军报》的编辑做了一个报纸透视箱，在上面放一块玻璃板，下面安几个灯泡。报纸的大样出来后，把报纸的各个版面铺在玻璃板上，打开电灯进行透视，检查毛泽东的照片或他的名字前后左右，只有经过检查才能付印。许多报纸后来都先后采用了这一经验。"有一次，夜班编辑对着灯泡检查，一眼看出了毛泽东头像背面有"走狗"两个字，又正好在毛泽东的鼻尖上。这个编辑很紧张，向唐平铸、胡痴汇报后，把大家吓了一跳，于是立刻决定赶紧倒版，把"走狗"这两个铅字移开，大家才松了一口气。这些例子，真实地反映了文化大革命中新闻界可怕的文字狱。

未能理解毛泽东的"革命"

当年惊心动魄的文化大革命，随着时光的流逝，有些事情被人们淡忘了，有些事情则是人们深埋心底的伤痕。现在的年轻人，难于理解为什么那时人们把毛泽东像神一样供奉？为什么在文革中会那样狂热？为什么毛泽东"以阶级斗争为纲"的指导思想会被人们所接受？

一位当年的中学红卫兵对笔者说："那时候，中央一声号令，我们就涌向街头破四旧，我和同学们一口气就抄了朝阳门内大街的六户宅子，我们死劲地用皮鞭抽资本家和黑帮，还有他们的狗崽子们，打得他们哇哇直叫。我们还捣毁了许多四旧的东西，干得别说多欢了。我记得我们把一户资本家关在一间厢房里审问，也没有问出什么。有一对足足有一人多高的清代大瓷瓶也被我们当场砸了。至今我还忘不了那个被捆住的资本家，好像是民盟的，被我们剃了'阴阳头'，鼻涕口水吊得老长，他的身体在不停地抖。那些高年级的造反派可比我们猛多了，我们那时认为这就是革命。"

这种奇特的现象是与时代背景和中国革命的历史分不开的。进入19世纪，中华民族陷入了被西方列强恣意掠夺和宰割的境地，到了20世纪30年代，又遭到了日本军国主义的野蛮侵略。面对深重的危难，中国究竟要走一条怎样的路？这个问题尖锐地摆在了每个中国人的面前，促使人们为国家的命运去深思、去探索。面对蒋介石国民党政权的腐败，爱国华侨领袖陈嘉庚说："中国的希望在延安。"这是当时许多人饱受苦难和屈辱的选择，也是身在日本、满怀理想的唐平铸的选择。这种理念和对毛泽东的信仰，在中国革命的长期进程中，特别是在与日本侵略者、与国民党反动派残酷斗争的战争环境中，已深深地植根于那个年代许多人的心中。然而，当共产党取得全国革命的胜利后，党内高层一些人围绕如何建设社会主义，围绕对经济建设的领导和决策等问题，与毛泽东发生了分歧和矛盾。五六十年代短暂的安定与复兴，竟成了通向巨大政治危机的初级阶段。

毛泽东说："改朝换代、历史轮回，中国是五十年一小乱，两百年一大乱。"1945 年 7 月，民主人士黄炎培就问过在延安窑洞的毛泽东："共产党在夺取政权后能不能跳出这个周期律呢？"毛泽东说："我们能跳出这个周期律，我们已经找到新路。这条路就是社会主义的民主，只有让人民起来监督政府，政府才能不敢松懈，只有人人起来负责，才不会人亡政息。"[22] 可以想见，毛泽东在这里指的民主，是专政下的民主，其理论就是后来逐步形成的继续革命理论，通过类似文化大革命的形式，自上而下揪出一批变质分子。

但是，覆巢之下安有完卵？这场运动把许多人的理想彻底打碎了。社会实践和不间断的阶级斗争现实，使毛泽东认定斗争哲学是永恒的。他感到有些人不那么听话了，他对共打天下的一些战友产生了怀疑。毛泽东不允许任何人改变他的政治路线，更不容忍别人以任何方式来纠正他。

唐平铸回顾这段历史时曾说：在所谓"自己教育自己、自己解放自己"的群众运动中，在所谓"大民主"的无政府主义状况下，各种社会矛盾，人与人之间、各阶层之间、各权力利益集团之间的问题和积怨，混杂着私欲和野心，在冠冕堂皇的革命名义下，以极端的形式膨胀和爆发，引起了整个社会的动乱。这不仅仅是毛泽东的问题。

后来被人们视为"浩劫"和"悲剧"的文化大革命，在开始之时，唐平铸和大多数人一样，真诚地把它视为一场庄严、必要和伟大的历史变革，把它视为检验是否忠于毛泽东的试金石。但是，他一直无法理解这场革命的真实含义，更不可能预见它的结局。对于唐平铸和胡痴这一层的干部，他们难以了解中央高层核心到底出了什么问题。文革开始时，唐平铸毫无思想准备，以为只是有关小说、电影等文化艺术方面的事情。他同胡痴等人还草拟了一个在《解放军报》上宣传毛泽东《在延安文艺座谈会上的讲话》的提纲。

唐平铸记得，1966 年 7 月 29 日在人民大会堂召开的大专院校和中学文化大革命积极分子大会上，刘少奇说，怎样进行无产阶级文化大革命，他不晓得，他想党中央其他许多同志也不晓得。这些话立即引起了毛泽东的不快。在刘少奇讲话结束的话音未消，还未来得及拿起放在桌上的讲稿走开时，毛泽东突然疾步从后台走出来。他怒冲冲行走带来的风，把刘少奇的讲稿扇到了地上。刘少奇正要弯腰去捡，毛泽东却径直走到舞台前沿，向下面的人们招手，全场立刻爆发出震耳欲聋的欢呼声。唐平铸说，那个瞬间给在场的人留下了极其深刻的印象。

毛泽东不断地给阶级斗争加温，斗则进，不斗则修，不斗则退。只有斗争、斗争、再斗争，国家民族才有希望。对毛泽东"斗争哲学"的崇信，是唐平铸文革初期紧跟毛泽东的原因之一。他从青年时期起就跟随毛泽东，除了"紧跟""照办""忠于"之外，别无他途。他怀着美好的愿望，以为通过文化大革命能够克服和消除党在工作上存在的一些弊端和错误。他把现实发生的问题归结为，中国共产党执政时间不长，领导层内对如何治国理政缺乏足够的准备。来自外部的封锁和制裁，特别是苏联和东欧社会主义阵营的变质，对毛泽东的决策产生了重大影响。社会主义革命和建设中出现的问题是探索中的曲折，有些是不可避免的，它恰恰反映了中国革命的艰巨性和复杂性。

1966 年 8 月 28 日，毛泽东在中南海接见唐平铸时说："文化大革命的时间，看来到年底还不行，先搞到春节再说。"唐平铸回家对妻子陈友孟说："这场革命似乎是搞一步，看一步。究竟大乱了能不能治？如何治？我们的党和国家在这场斗争中能否达到预期的目的？我心里没底。"

唐平铸常常一人独坐，可以看出他在思索，他在迷茫和忧虑之中。面对各级党委和政府机构大部瘫痪，群众造反组织林立、互相殴斗，工农业生产一路下滑的局面，他找不到答案，只能以"大乱之后必有大治"来自我解释。

唐平铸在工作日志中写道：

> 1968 年 5 月 20 日，毛泽东和林彪谈到加强军队组织纪律时，毛泽东说："现在有一种说法，要抵制错误的领导。这样在群众中是可以的，但在军队中不能这样。如果各人按各人的意见办，军队怎能打仗？军队各人都按各人的意见办，怎么行？这样军队就不像个样子啦！还是你林彪同志说得好，理解的要执行，不理解的也要执行。"
>
> 林彪说："这两句话是很普通的两句话，还是主席说得好：在自己的意见被否决之后，不得在行动上有任何反对的表示。要说对的就执行，每个人都认为自己对，行动起来各行其是，不就乱了套吗？"
>
> 军委办事组专门就毛泽东和林彪的上述谈话发出通知，向全军传达。[23]

胡痴曾说过："我们对毛主席和中央的指示，从来都是服从和照办的。和党中央保持一致，既是一个党员的职责，也是党的纪律要求。这是我们当时的实际思想。"[24] 毛泽东领导唐平铸和胡痴这一代人走过了艰难的战斗历程，他们深信毛泽东追求的是一个伟大的理想，他们把紧跟毛泽东当成了毕生奋斗的目标。他们不会也不可能对眼前发生的一切做出超越惯性思维的行动。他们总是认为自己没有学好毛泽东著作，世界观没有改造好。在文化大革命中，唐平铸尽管困惑、不理解，尽管饱尝辛酸，但他仍然没有放弃对共产主义的信仰。

注释

1　1979 年 2 月 18 日唐平铸给总政党委的信，根据唐平铸保存的底稿。

2　王力：《王力反思录》，香港：北星出版社，2001 年，第 592 页。

3　中共中央文献研究室编：《周恩来年谱（1949–1976）》下卷，中央文献出版社，2012 年，第 31 页。

4　邱会作：《邱会作回忆录》，香港：新世纪出版社，2011 年，第 440 页。

5　中共中央文献研究室编：《周恩来年谱（1949–1976）》下卷，第 32 页。

6　中共中央文献研究室编：《建国以来毛泽东文稿》第 12 册，中央文献出版社，1998 年，第 106 页。

7　史义军：《"九一三"事件后的"批林"内情》，《党史博览》，2008 年第 8 期。

8　中共中央文献研究室编《建国以来毛泽东文稿》第 12 册中全文收录了该信，并注明根据抄件翻印。

9　为了配合批判总政下发的宣讲材料，1972 年 12 月 11 日中共中央发出《粉碎林陈反革命政变的斗争（材料之一）》。

10　中共中央文献研究室编：《建国以来毛泽东文稿》第 12 册，第 74 页。

11　同上，第 118 页。

12　中共中央文献研究室编：《周恩来年谱（1949–1976）》下卷，第 40 页。

13　指 1923 年国民党伪造周恩来（即伍豪）脱党启事一事。

14　陈伯达在《人民日报》办公会议上的讲话（1966 年 6 月 15 日），唐平铸工作日志，未刊稿。

15　同上。

16　尚力科接受笔者采访，1978 年 9 月 20 日。

17　许林：《我所经历的北京文革》，新浪网，2015 年 3 月 30 日。

18　《人民日报》遵义红旗战斗团整理：《唐平铸在〈人民日报〉期间推行资产阶级反动路线的材料》，1967 年 1 月 20 日，未刊稿。

19　《大众日报》编辑部：《我们的检讨》，《大众日报》1966 年 12 月 13 日。

20　1977 年 7 月 21 日常芝青探望唐平铸时所讲，未刊稿。

21　1978 年 5 月 20 日张颂甲探访唐平铸（唐平铸日志），未刊稿。

22　黄炎培：《延安归来》，东北书店，1946 年。（1983 年 9 月，唐平铸逛旧书市时买到这本书，他把书中黄炎培和毛泽东关于"周期律"的对话抄在笔记本上。）

23　摘自唐平铸工作日志，1968 年 6 月 10 日。另见中共中央文献研究室编：《建国以来毛泽东文稿》第 12 册，第 1497 页。

24　胡痴与笔者的谈话，1986 年 10 月 3 日。

第九章
有关林彪与林彪事件

"四个伟大"是谁提出来的？

1966 年 8 月 31 日，毛泽东在天安门第二次接见红卫兵。毛泽东审定了唐平铸为林彪起草的大会讲话稿。林彪在讲话中第一次公开称毛泽东为"伟大的导师、伟大的领袖、伟大的统帅、伟大的舵手"（即"四个伟大"）。毛泽东微笑地听着，频频向人们招手，并没有什么"不悦"的表情。林彪逐渐失宠后，毛泽东把矛头指向了他的这位接班人，说自己厌恶"四个伟大"。长期以来，人们普遍认为这四个头衔是林彪为了赞颂毛泽东而提出的，甚至把它作为林彪搞个人崇拜的证据。

这个口号到底是不是林彪首先提出的呢？如果仔细查阅 1966 年 8 月份的《人民日报》和唐平铸等人的回忆，就可以清楚地看到，所谓"四个伟大"不是林彪或哪个人提出来的，它的提出和形成有一个过程。

1966 年 8 月 18 日，毛泽东第一次在天安门接见红卫兵。广场上人山人海，规模空前。这次大会由中央文革小组组长陈伯达主持，由刚刚在八届十一中全会上经毛泽东提名为中共中央唯一副主席的林彪讲话。陈伯达在开幕词中宣布："我们伟大的领袖、伟大的导师、伟大的舵手毛主席，今天在这里同大家见面。"接着，林彪用湖北口音念讲话稿："这次文化大革命，最高司令是我们的毛主席。毛主席是统帅，我们在伟大统帅的指挥下……"陈伯达在这一天提出了"三个伟大"，即在"伟大的领袖"之外，又给毛泽东加上了"伟大的导师、伟大的舵手"的头衔，而林彪则从军队角度给毛泽东增加了"伟大的统帅"的称呼。

这些称呼当天分别出现在他们的讲话中。第二天，即8月19日的《人民日报》和新华社报道这次毛泽东接见红卫兵盛会时，还未将"四个伟大"并列在一起，只是综合了林彪和陈伯达两人的提法，列出了"三个伟大"，即"伟大的领袖、伟大的统帅、伟大的舵手"。这种并列的提法，在19日的《人民日报》上通栏套红，在报道中反复出现多次。

到了8月20日，《人民日报》发表社论《毛主席和群众在一起》，才第一次正式出现了"四个伟大"。这篇社论一开头就写道："一九六六年八月十八日，我们伟大的导师、伟大的领袖、伟大的统帅、伟大的舵手毛主席，身穿人民解放军军装，同他的亲密战友林彪同志，以及其他同志，在天安门检阅了无产阶级文化大革命的百万大军。"唐平铸回忆说："我们报送的这篇社论，特别是有关'四个伟大'的排列和顺序，是中央文革在钓鱼台研究敲定的，康生强调说'伟大的导师'最重要，应放在前面。"8月22日《人民日报》的"报眼"（第一版右上角）上，刊登了"我们伟大的导师、伟大的领袖、伟大的统帅、伟大的舵手毛主席万岁！"的口号。由此，标准的"四个伟大"正式出现在中央领导人的讲话、报刊以及各种文件、文章中。

1966年8月31日，毛泽东第二次接见红卫兵。林彪在天安门城楼上讲话说："我代表我们伟大的导师、伟大的领袖、伟大的统帅、伟大的舵手毛主席，向各地来的同学问好，向大家问好！"唐平铸回忆说："我起草林彪讲话稿时用了中央文革审定的提法。在大会开始前，主席坐在沙发上逐字逐句审阅林彪的讲话稿，还加了批语，表明他对'四个伟大'是认可的。当时林彪就坐在主席的旁边，报纸上还登了新闻照片。我站在他们后面稍远处，随时准备按他们的意见改稿。"唐平铸接着说："我在这个讲话的开头写了'同志们、同学们，红卫兵战士们'的话。大会后，'红卫兵战士们'的称呼在全国流行，我还很高兴。"[1]

1967年五一劳动节前夕，林彪手书"四个伟大"，并接着写了"毛主席万岁！万岁！万万岁！"一行字。这幅题词的手迹发表在5月1日

《人民日报》头版毛泽东像的下方。5月2日《人民日报》头版头条写着："我们的副统帅林彪同志为今年五一国际劳动节的题词，最集中地表达出了亿万人民对毛主席的无限热爱、无限忠诚、无限信仰、无限崇拜的感情，成为今天整个节日庆祝活动中最响亮的凯歌。"

由上所述，所谓"四个伟大"并不是林彪首先提出的，也不能把它作为林彪的罪状，而毛泽东也是接受和认同这种提法的。

由于当时加在毛泽东名字前面的赞颂词语很多，很乱，有各种各样的形容词，所以唐平铸向陈伯达请示：过去提"三忠于"，自从刊登了总参学习毛主席著作积极分子大会的闭幕消息后，有些文章提出了"六忠于"，今后以哪种提法为准？唐平铸的工作日志上记录着陈伯达于1968年3月16日4时的电话指示：

　　1. 今后一般情况还是提"三忠于"，即忠于毛主席，忠于毛泽东思想，忠于毛主席的无产阶级革命路线。不要提那么多忠于，三忠于就代表了。

　　2. 四个伟大的提法是逐渐形成的，大家都用成习惯了。平时主要用伟大的导师，导师是教员的意思，主席是先生，我们是学生。这样的提法好，是主席的意思。

　　3. 要注意新闻报道和文章，不要搞那些拖沓的、重复的、公式化的句子。比如六个忠于，比如坚定不移、坚信不疑、坚决执行，这三个"坚"，都是一个意思，用坚决执行就可以了。比如条条落实、句句落实、全面落实，用一个条条落实就行了，不要去重复。我们要大树特树毛主席的文风，反对党八股。你们要认真学习主席的那篇文章，切实改进文风。我们不但要学习主席的思想，而且要学习主席的文风。我和文元同志对新华社有两个批语，你们可以看看。我们是领导新闻工作的，一定要搞好文风。有些提法搞得不恰当，主席看了也会不愉快的，会有意见的，请你们注意，并把这些意见告诉新华社的同志。[2]

到 1970 年的 12 月 18 日，毛泽东却借谈"四个伟大"发泄了对林彪的不满。他在与美国记者斯诺谈话时说："所谓四个伟大，讨嫌。总有一天要统统去掉！"人们逐渐明白，毛泽东讨嫌、要统统去掉的不是"四个伟大"，而是林彪！他的话很快在国内外引起了猜测。

在此之前，毛泽东从来没有出面正式制止过"四个伟大"，倒是可查到他审定的含有这个口号的林彪讲话稿及他的多次批语。如果毛泽东正式提出，或明确批示不同意，或在审阅时删去这个提法，在那个"一句顶一万句"的年代，"四个伟大"的口号怎么会被全国人民天天喊、月月喊、年年喊呢？

唐平铸工作日志中的林彪

由于工作关系，唐平铸被林彪召见、亲耳听取林彪指示的机会较多，他在工作日志中对林彪的指示都做了详细记录。遗憾的是，这些日志的大部分在文革中被抄家没收，或被家人销毁。笔者从仅存的几本日志中摘录出一部分内容，从中仍然可以看到林彪的言行和思想，以下引文全部摘自唐平铸的工作日志。

林彪极为重视《解放军报》，经常亲自抓、亲自下指示，亲自召见军报领导。他说："要采取一切有效措施，一切创造性做法，来加强报纸的战斗性，保持《解放军报》在全军、全国革命化的作用。"

文革中的 1967 年 10 月 17 日，林彪针对《解放军报》的办报原则说："报社要有个强的领导班子。报社主要抓政治，要保证政权的性质，思想的性质。报社要保证是革命的，保证是红色的，保证毛泽东思想占统治地位。总之，政治第一，技术问题是次要的。办报的原则，简单来说，就是用毛泽东思想统一全军，教育全军。按这个办报没有错。军报在这方面是有成绩的，文化大革命以来落后了。这个原则，不仅是政治原则，也是组织原则。看一个干部的好坏，就看他是否按这个原则办事。

"我军不是几万人、几十万人，而是几百万人，是国家政权的主要成分。如果几百万人都用毛泽东思想统一起来，不论外部、内部发生什么变化，都不怕。任何内忧外患都动摇不了我们。因此，对部队内部，特别是对连队进行教育是很重要的。总之，只要突出政治，任何工作都可以做好的。"

1968 年 2 月 12 日，林彪又强调说："报纸是一件大事情，它等于天天在那里代表中央下命令。"

1968 年 8 月 20 日，林彪又特别指示："告诉《解放军报》的同志们，一定要热烈拥护毛主席，热情地支持左派，狠狠地打击右派和一切牛鬼蛇神，永远保持鲜红的颜色。"

1968 年 3 月 24 日晚 9 时半至次日凌晨 1 时半，驻京部队团以上干部在人民大会堂开会。林彪、周恩来及陈伯达、康生、江青等中央碰头会成员出席了大会。林彪讲了话，周恩来、陈伯达、康生、江青以及姚文元也讲了话。唐平铸参加了这次会议，并做了记录。

林彪原先没有准备讲话，但是在开会的前一天，毛泽东要林彪在会上讲一讲，讲三个问题：一是山头主义，二是反对两面派，三是讲一点辩证法。林彪在讲话中说："中央在主席那里最近接连开会，开了四次会，主席亲自主持的。会议决定撤销杨成武的代总长职务；要把余立金逮捕起来，法办；撤销北京的卫戍区司令员傅崇碧的职务。决定由黄永胜同志当总参谋长；决定由温玉成副总参谋长兼北京的卫戍区司令员。"

他说："杨成武相信一小撮，而不相信别人。中国解放战争是四个野战军，晋察冀也是解放军的一部分。一一五师只在那里有四分之一，四分之三不在那里。他对别人采取排挤的态度，我们选择了斗争他。第一他是不对的，第二他是少数。不打倒别人，就把他打倒。""这种山头主义，实际上是一种放大了的个人主义，膨胀了的个人主义。表面上是顾他那一伙，实际上他是个人主义，利用那一伙。""他那篇文章是反马克思主义的。[3] 从来没有绝对，绝对真理存在于相对真理之中。在绝对真理的长河中，人们的认识具有相对性，相对和绝对是对立和统一的，是矛盾的过程。没有孤立的绝对，解决矛盾是向绝对真理前进。我们的认识都有局限性，处于相对的状态中，只有通过无数的相对，才能一步一步走向绝对，但我们永远不能达到绝对。把事物看成绝对，就僵化了，停止了，不会前进了。毛主席认为永远不存在绝对，他要我们解剖麻雀，就是具体中找抽象，个别中找一般。杨成武是反马克思主义的，否定了事物的运动，把发展否定了，思想僵化了。"

这次大会是在江青斥责杨成武指使傅崇碧冲击钓鱼台预谋不轨、毛泽东又对那篇文章批了"名曰树我，不知树何人"九个字后召开的。老帅们临时都被安排坐在台下。大会开始时毛泽东没有参加。当主席台上就座的人依次讲完话，宣布散会后，关上了幕布。可是不一会儿，幕布又拉开了，毛泽东出人意料地出现在主席台上，其他人也跟随而来。这个戏剧性的场面出乎台下所有人的意料，紧接着就爆发出一阵激动的、长时间的欢呼声。显然，毛泽东的出现是对会议的一种表态。

"九一三"事件后，毛泽东却说"杨、余、傅"搞错了，是林彪搞的。

在一次会议上，叶群对唐平铸说："杨成武搞大树特树，从哲学上讲也是错误的，把问题绝对化了，是形而上学的。林总准备结合主席的《矛盾论》讲讲形而上学的问题。你可以查查形而上学这个词的典故。"

唐平铸从《易经》中查到这样的话："是故形而上者谓之道，形而下者谓之器，化而裁之谓之变，推而行之谓之通，举而措之天下之民谓之事业。"《易经》中，"形而上"的东西意指道，即认识事物的哲学方法、思维活动、宏观理念；"形而下"则是指可以感知的东西或器物。它们与我们理解的哲学上的"形而上学"这个名词的不同点在于：形而上学是指认识事物走到了极端，是静止、僵化的，主观的，是单凭直觉或超经验来判断和认识事物的思维方法，与辩证法是对立的。唐平铸把材料交给了叶群。但叶群后来说林彪不准备用《矛盾论》谈这个哲理问题了，具体原因没有说。

唐平铸工作日志上还有这样的记录：

　　1967 年 6 月 16 日夜，林彪致信周恩来和中央文革小组："近一个多月来，我看了三次演出，每次演出中，都有'祝毛主席万寿无疆'和'祝林副主席永远健康'这两个口号并提的情况。我认为'祝毛主席万寿无疆'这个口号是完全正确的、非常必要的。为了在党内党外、国内国外突出毛主席的伟大作用，树立毛主席的绝对威信，不要提'祝林副主席永远健康'的口号。只有突出我们伟大领袖毛主席，才符合于全国和全世界革命人民的需要和客观实际。今后，一切演出、一切会议、一切文件、一切报刊以及其他各种宣传形式都应突出毛主席，不要把我和毛主席并提。""盼总理和中央文革小组的同志们今后帮助注意掌握这一点，并希望将我这封信转发到县、团级，由他们传达到所有的基层组织和革命群众组织。"[4]

1967 年 12 月 13 日，林彪致信军委各总部、各军兵种、各军区，再次提出不要宣传他的问题：

一、不要在街上和刊物中，宣传"树立林副主席的崇高威望"的口号。

二、不要出我的语录和文集。

三、戏剧、电影、小说中，不要有叙述我的革命历史的事迹。

四、不要呼喊"祝林副主席永远健康"的口号。

五、最近各地开学习毛主席著作积极分子会，要求我题词的很多。鉴于最近一次题词引起了个别地方两派的纠纷，因此，一概不再题词了。

六、应大力突出宣传毛主席和党中央，最好完全不要提到我。在万一需要提到我时，也无论如何不可超过十分之一的比例。这样，才能形成宣传的统一性和集中性。

以上各点，盼在营以上干部中印发传到，务必落实。

该信"要求部队发到营以上，地方发到县以上"。[5]

"突出政治"是林彪军事思想的核心

林彪死后，他提出的"突出政治"和"四个第一"等被批判为"假、大、空"。一些文章说，林彪把"突出政治"等一系列思想灌输到军队政治工作中，不过是为了取悦毛泽东，是为了获取更大政治利益的手段而已。

纵观林彪的军事思想，可以看出，"突出政治"是其中最重要的组成部分。林彪主持军委工作后一直在考虑：如何贯彻毛泽东和中央的各项指示，如何汲取彭德怀的教训，如何在和平时期把数以百万计的军队抓起来，如何保持部队战争年代那一股子劲儿？林彪认为，彭德怀之所以在庐山摔了跟头，就是与毛泽东思想不一致，没有抓住主要矛盾。而搞好政治思想这个共性的东西，就能一通百通，统领全盘军事工作。

毛泽东在红军初创时期就确立了党代表制度，支部建在连上，把政治工作放在了首位。从历史眼光看，人民解放军由小到大，由弱变强，主要靠的是政治，靠人心向背。林彪认为，抓政治工作、抓"突出政治"、抓"四个第一"是对毛泽东建军思想和军队政治工作经验的继承，是在新形势下建军、治军的重要工作。

仅从 1960 年林彪出任国防部长后抓的三件事，就可以看出他是如何把政治放在军事工作首位的。

第一件事是 1960 年 1 月 22 日至 2 月 27 日在广州召开的中央军委扩大会议。会议就人民解放军的战略方针和国防建设问题通过了《1960年国防建设工作纲要》。林彪首先提出要在全军普遍提倡并树立"三八作风"，以此来指导部队的全盘工作。针对部队建设，林彪提出："作战方针是部队建设的总纲，全面提高战斗力是部队建设的中心。政治觉悟、军事技术、指挥灵敏、保障能力是部队战斗力的四大要素。"针对国防工程，林彪提出："要立即着手搞国防工程，基地工程要上山、靠山、分散、多打洞子，能够经得起敌人的突然袭击。……研究战略布局，加强三线建设。"针对国防现状，林彪提出了"北顶南放"的战略方针，即根据周边敌我态势，对于北边来犯之敌，采用寸土不让、拒敌于国门之外的战略构想；对于海上来犯之敌，敌人没有后方，采用放进来，切断后路、关起门来打狗、围而歼之的总体战略。

第二件事，同年 4 月 18 日，林彪领导召开了全国民兵工作会议，提出了在新形势下全国民兵参加社会主义建设、巩固国防、维护治安等方面的任务。会议强调了政治工作在民兵工作中的重要地位和人民战争的历史及现实意义，研究了构成全民防御网的民兵战略布局。

第三件事，同年 9 月 14 日至 10 月 20 日，林彪召开军委扩大会议专门研究人民解放军的政治工作，主持制订了备受全国、全军关注的《关于加强军队政治思想工作的决议》，受到了毛泽东的高度赞扬。在谈到自己参与起草的这个《决议》时，唐平铸回忆说："林彪认为，除了抓军事训练、国防战备、武器装备研制、敌情教育等各项工作外，必须狠抓部队的政治思想。他反复强调，抓'四个第一'、抓学习毛泽东著作、抓人的思想，是抓好我军各项工作中最重要、最有效的方法和捷径，只有这样才能在千头万绪的工作和任务中理出头绪，才能大大激发指战员的政治热情，把军队统抓起来。我们就是按这个思路起草《决议》的。"林彪号召在部队普遍开展群众性练兵活动的同时，在基层部队中开展"五好战士"和"四好连队"运动。根据他的要求，总政治部着手在全军进一步开展"两忆三查"运动。

从 1960 年起，解放军对外打赢了中印边境反击战，粉碎了蒋介石多批武装进犯，参与了越南的抗美救国战争；对内参加了社会主义建设、拥政爱民、抗险救灾等，英雄人物辈出，受到了全国人民的拥护和爱戴，是解放军发展史上值得大书特书的一页。从 1960 年到 1966 年，在林彪的领导下，总参召开了四次作战会议并进行了三次大规模的战略勘察：从 1960 年 5 月起，勘察了山东半岛、辽东半岛及整个东北地区；从 1961 年 3 月起，勘察了华南、东南地区；从 1966 年 7 月起，勘察了新疆、内蒙古及兰州等地区。这三次勘察，对兵力部署、作战模式、基地建设、后勤保障、协同作战等全局性的战略规划和重大决策至关重要。在文化大革命闹得最凶的 1966–1967 年，林彪还带病视察了海空军基地、战略导弹基地、军工厂等军事国防要害部门。

林彪是这样解释什么叫"突出政治"的："毛主席的建军思想，从来都是把政治摆在第一位，政治领导军事，统帅军事，军事只是政治的一个组成部分，政治包括更多的东西，有更大的范围。"他又说："什么是最好的新式武器？不是飞机，不是大炮，不是坦克，不是原子弹，最好的武器是毛泽东思想。"[6]

唐平铸说："从哲学角度看，林彪这里讲的是精神对物质的反作用，是指要充分发挥政治对经济基础的能动作用。他提出的突出政治，就是先要明确为什么干，然后才是怎么干。林彪抓政治的同时，并没有放松军事。"[7]

1966年3月25日《解放军报》编辑部的文章说："无产阶级的政治，包括夺取政权，巩固政权，发展生产，进行社会主义革命和建设，直至实现共产主义的远大理想。"[8]

1966年8月23日上午，林彪在军委常委第五十五次会议上对"突出政治"再次讲了话。他说："什么叫突出政治？突出政治就是突出群众，就是群众路线。就是要充分发挥群众的积极性、创造性、主动性，就是提高群众的阶级觉悟，就是要发挥群众的力量，发挥群众的智慧。群众创造历史。这和文化大革命决定中提出要放手发动群众，敢字当头，是一个意思。我们的政治工作，就是在军队里在共产党的领导下进行阶级教育。我为什么讲不突出政治的、跟政治工作捣乱的要罢官呢？因为这个问题太重要了。不突出政治，就不能发挥群众的力量，就不能发挥群众的积极性。不突出群众，就突出个人。主席五条接班人指示的精神，第三条是讲要团结大多数力量；第四条是讲要吸收大多数人的智慧；第五条是讲要谦虚。要把过去的口号同现在新的情况结合起来。"

林彪在建军思想方面的提法和做法，多次受到了毛泽东和当时党中央许多领导人的认可和赞扬，也受到各军兵种指战员的拥护。林彪主持军委工作以来，在毛泽东的领导下，面对国民党反动派的蠢蠢欲动，面对美国、苏联、日本等外国势力对中国形成的封锁包围，他在国家战略构想、海空军作战原则、地面战争和立体战争、建立和完善二次打击

手段和能力、发展核武器、进行人民战争等军事思想和理论方面，都有
独特的见解。

1969 年 10 月 20 日，周恩来趁苏联总理柯西金出访途经北京的机
会，在北京机场与他进行了短兵相接的会谈交锋。当时针对珍宝岛事件
后苏联多次侵入中国新疆地区，在中国周边陈兵百万的险恶形势，中央
最坏的估计是苏联搞突然袭击。在周恩来与柯西金谈判的前后几天里，
身为国防部长的林彪，连续几天几夜不得休息，要求军事主管和参谋人
员随时汇报敌我态势，对中国新疆、内蒙古边境，特别是苏联远东军事
要地伊尔库茨克方向（那里驻有重兵，还有一个远程轰炸机、歼击机机
场）进行关注，密切注意苏联极有可能发动突然袭击的动向和路径。

据林办秘书张云生回忆：1969 年 10 月 20 日，因苏联谈判代表团
的飞机预定于中午抵达北京东郊机场，林彪改变中午 12 点以前就午休
的习惯，坚持不等到苏联代表团从飞机上走下来决不睡觉。因此，飞机
何时从伊尔库茨克起飞，何时经过蒙古的首都，何时飞越中国边境小镇
二连浩特，何时飞经张家口，何时飞进北京，何时在东郊机场降落，何
时见到苏联人从飞机上走下来，他都不厌其烦地听取情况报告。[9]

后来在批判林彪 1971 年 9 月 13 日驱车直奔海军山海关机场登机、
投敌叛国罪行时，他的卫士长李文普作证说，林彪在逃跑的汽车里突然
问："到伊尔库茨克有多远？要飞多长时间？"这句问话，显然不符合林
彪这位对敌我双方军事态势、地理环境了然于胸的军事家的形象。

"突出政治"，把政治工作放在首位，加强政治思想工作与中国共
产党历来倡导的党指挥枪、支部建在连上、党对军队的绝对领导等提法
和做法区别在哪里？为什么毛泽东和当时的党中央那样支持林彪？

《中国共产党历史》一书的写法，与以往不同。对林彪主持军委期
间所抓的政治工作有了新的解读。书中写道：

　　　《决议》（1960 年林彪主持制定的《关于加强军队政治思想工
　　作的决议》）作为中共中央文件转发全党全军执行。这个《决议》

是在当时党内"左倾"错误不断发展的背景下产生的，一些主要观点不可避免地带有"左倾"错误思想的影响。但是，《决议》的贯彻执行，对加强军队政治思想工作，加强基层建设，起到了一定的积极作用。

该书写道：

> 从 60 年代初起，在中央军委的领导下，全军先后进行了"两忆三查""学习毛泽东著作"和"四好连队""五好战士"等活动。从总体上看，这些做法对加强军队思想工作和基层连队建设起到了积极的促进作用。

书中还写道：

> 总政治部还先后编印了《毛泽东著作选读》和《毛主席语录》（1964 年 5 月）。两本书在短期内印发了数百万册，在学习毛主席著作的群众运动中，解放军涌现出以雷锋、南京路上好八连为代表的一大批先进人物和先进单位。[10]

有关林彪和文革的几段回忆

唐平铸的妻子陈友孟在延安抗日军政大学学习时，林彪是校长。那时女同志少，她又是医生，由于工作关系，和许多领导人比较熟悉，和叶群也有交往。1967 年 1 月 17 日，唐平铸受《解放军报》"一·一三"事件牵连被关押之后，陈友孟四处写信申诉，分别寄给了周恩来、林彪、肖华及中央办公厅，还寄给了她早年认识的江青，可是全都石沉大海。

在唐平铸被揪走近一个月后，唐亚明搀扶着母亲去"闯"林彪的住地毛家湾。林家位于北京市西黄城根北街的毛家湾胡同，这个大院曾经是被罢黜的中央人民政府副主席高岗的住所，高高的灰色围墙周围有站岗巡逻的警卫战士。尽管陈友孟以前来过多次，但这次不同，警卫向里面通报后，母子俩在外面等了一会儿，大铁门"吱呀"一声打开了。里面持枪的警卫不说一句话，既没有索要证件，也没有再盘问。

当时林彪出去"转车"了（林彪有时在震动的汽车里才能休息好，林办的人称之为"转车"），叶群在家。工作人员领母子俩穿过回廊，进了客厅。客厅面积很大，靠墙的玻璃书柜里摆满了书籍，还陈列着大大小小的毛主席像章。屏风一侧是用毛笔写的经过装裱的毛主席语录"完全彻底为人民服务"条幅。客厅里安放着单人和双人沙发，围了一圈。在客厅的一角，摆放着一个大地球仪。不多久，叶群进来，和母亲拉了拉手，寒暄了几句，习惯地称她"陈医生"（她在延安女大任卫生科长时，叶群是该校干部科长）。叶群听了陈友孟述说的情况后，没有多说什么，也没有表态，只是收下了她带来的信。

十几天后，唐平铸被解放，恢复了在《人民日报》的工作。1967年5月1日，按照周恩来批准的名单通知，唐平铸登上天安门城楼，参加庆祝国际劳动节大会。林彪见到他时只说了一句话："陈医生的信我看到了。"当天各大报上登出的名单中，又出现了唐平铸的名字。家里人以为父亲的命运就此转危为安，但时隔一年，他再一次被江青等人关押，由中央二办专案组立案审查，一关就是七年。

林彪事件后，曾有组织地让人们去参观毛家湾，要求以阶级斗争的眼光批判林彪、叶群的反动本质和腐朽糜烂的生活。回来的人说："简直太奢糜了，到处是淫书淫画，《金瓶梅》、仕女图，还有进口乳罩那些污七八糟的东西。"陈友孟说她没有看到过。她还说林彪生活简朴，身体有病，话不多。

1967年11月25日，林彪办公室整理的电话记录上写着："林彪同志电话交代，他主张把(《中央关于征询对"九大"的意见的通报》稿)第二页第三段全文删去，或者改写得清淡一些为好。他认为，原文对他的评价太高。"林彪要求删去或者改写清淡一些的内容是："许多同志建议，'九大'要大力宣传林副主席是毛主席的亲密战友，是毛主席的接班人，并写入'九大'的报告和决议中，进一步提高林副主席的崇高威望。"毛泽东当天批示："删去不好，也不必改写。"[11]

1969 年 4 月召开的中共"九大"，虽然通过决议，把林彪作为接班人写进了党章，但针对"九大"政治报告的起草工作，毛泽东与原定的起草人陈伯达产生了分歧，然而，实际上不如说是对支持陈伯达观点的林彪表达了不满。

八届十二中全会（1968 年 10 月）后不久，陈伯达就向毛泽东请示起草"九大"政治报告的问题，但毛泽东一直没有具体指示。拖到 1969 年春季之后，毛泽东才同陈伯达谈了起草报告的事。他说："对这个问题，现在就得做准备了，凡事赶早不赶晚。"他指定由陈伯达起草报告，张春桥、姚文元辅助，由林彪在大会上宣读。

为此，林彪自己拉了条子（即写提纲）。陈伯达向林彪汇报的政治报告题目是《为把我国建设成为强大的社会主义国家而奋斗》，全文分十个部分。陈伯达与林彪见面后，写出了初稿的第一部分。该报告主张，经过一场政治大革命后，必然要掀起生产上的大跃进。当前国家的主要任务应当是发展生产。"报告"提出这样的思想，对经过几年暴风骤雨般的文化大革命而一路下滑的国民经济，特别是工农业生产来说，无疑是极为重要的。

但这个强调抓生产建设的稿子却违背了毛泽东的"阶级斗争为纲"和"主要矛盾是无产阶级与资产阶级的矛盾"的思想，故而被张春桥、姚文元等人斥为是鼓吹"唯生产力论"。在江青的煽动下，康生、张春桥、姚文元打算另起炉灶，与陈伯达争夺"起草权"。陈伯达不甘示弱，很快又将修改了的报告呈送毛泽东，毛泽东却连牛皮纸信封也不打开，而是大笔一挥，直接退了回去。这等于狠狠将了林彪、陈伯达一军。其实，张春桥、姚文元早就在上海组织人起草政治报告，几天之后将稿子拿了出来，直送毛泽东。

林彪向来对张春桥、姚文元这两个"笔杆子"极其厌恶，这回他却要在"九大"上宣读他们起草的政治报告，内心的反感可想而知。大会召开时，他直到上主席台前的最后一分钟也没有看报告一眼，所以在宣读报告的时候念得磕磕巴巴。他连头也不抬，敷衍了事地念完了。有的文章写道：林彪回到家里，叶群说："我真担心你念错了。"可林彪生气地说："多念错一点才好呢！"林彪与中央文革的矛盾，终于在一年后的庐山会议上爆发出来。

陈伯达对他起草的"九大"政治报告一直念念不忘。1981年7月15日，他被假释出狱后，对前来看他的王文耀、王保春（原秘书）说："你们告诉中央同志'先进的社会主义制度与落后的生产力之间的矛盾'的提法，我是根据列宁在共产国际讲话里说过的'先进的苏维埃与生产力之间的矛盾'而提出的。'四人帮'一直抓住我这个问题不放。历史问题我不想多谈，你犯了多少错误就是多少错误，让大家批判，批判过头也没有关系。但是，当我看到报纸上对我批过了头，也忍不住总要辩解几句。"[12]

1971年9月18日，《中共中央关于林彪叛国出逃的通知》说："林彪于1971年9月13日仓皇出逃，狼狈投敌，叛党叛国，自取灭亡。"身陷囹圄的唐平铸在孩子探监时带来的洗衣粉中发现了一个小纸球，从上面写着的只言片语中，他获知了这一消息。

林彪事件震撼了每一个中国人。林彪是中国现代史上一个特殊的人物。建国后，他在一些最重大、最根本的决策问题上，服从和支持毛泽东，尊重毛泽东。尽管他有自己的主见，但最终还是站到了毛泽东的一边。为了汲取彭德怀、刘少奇的前车之鉴，他尽量不上前台，公开露面和出席会议的次数也不多，但是他确实表里反差极大。

早在1959年的庐山会议时，他跟着毛泽东批判彭德怀后，私下却说彭德怀的意见是"正确的，就是急了点"。在随后的1960年军委扩大会议时，他要求唐平铸等人"要把《决议》写好"。通过《决议》，他号召全党全军"高举毛泽东思想伟大红旗""一定要把毛泽东思想真正学到手"。

在毛家湾查出的林彪笔记中写着："不干扰人之决心。三不：不建言、不批评、不报坏消息；三要：要响应、要表扬、要报好消息。"他嘱咐叶群："话要少说，书要多读。不明白的事情不应该说；真正明白了，就没有必要说了。所以，能说的话大都是无聊的重复。"自从林彪主持军委工作，特别是文革期间成了毛泽东的"亲密战友"后，处处都可以感到他在运用"三不""三要"。

1964年12月底，唐平铸去向林彪汇报1965年《解放军报》元旦社论稿，当他念到"毛主席的威信最高"时，林彪说："水平最高，威力最大，一句顶我们一万句。"当天晚上，林彪又让秘书转告刘志坚和唐平铸，社论要尽量引用毛主席的话，不要引用他的话；对他的话非要引用不可的时候，也要掌握毛泽东与他是十与一之比。

1966年召开八届十一中全会时，林彪托病不出席，毛泽东非让他到会。他不想管事，不想当二把手。让他当接班人，他不干，并写了报告继续推辞。然而在这次会议上，他带头喊："谁反对毛主席，全党共讨之，全国共诛之！"

在文革中，林彪则称毛泽东"这样的天才，全世界几百年，中国几千年才出一个"。然而在私下里，他又说毛泽东"言行不一"。他还多次对毛泽东支持江青染指军队表示不满，有戒心；但他在公众场合时，却又大力赞扬江青，说她是"党内出色的女干部"。

文革初期，在谈到运动如何收场时，毛泽东说不宜搞急刹车，林彪马上说急刹车可能摔下来。在一些重大表态上，只要毛泽东说的他就拥护。他处理文件的态度是"主席画圈就画圈"，只有毛泽东表过态的文件，他才让秘书替他在上面画圈，否则他就把球踢回去，"呈主席批示"。

一些人认为这是由于毛泽东专权，林彪在自我防范。的确，在那个年代，有多少人被迫说假话。但是面对文革现实，林彪不可能置身事外，特别是军队稳定和战备等重大问题，作为国防部长的他不能有半点疏忽。对此，他尽力稳定军队，使其少受冲击，不给中央文革插手的机会。

文革初期，有一次唐平铸随陶铸奉召到毛泽东家。毛泽东正在翻看一本大字的德国古典哲学家康德的著作《纯粹理性批判》，他突然问唐平铸："你研究过康德吗？"唐平铸忐忑地回答："知道得不多。有一句话我印象很深：大意是说人们崇敬两样东西，一个是头顶上的星空，

一个是心中的信条。也有人把信条翻译成道德法则。"毛泽东说："我的
信条是革命，是造反。"接着，毛泽东若有所思地吟道："惚兮恍兮，其
中有象；恍兮惚兮，其中有物。"[13] 回家后，唐平铸查到那是老子《道
德经》中的一句话。

与毛泽东相比，林彪很少谈古论今，很少涉及高深的理论问题，
也很少印证外国人的文章。但他勤于读书，总能一矢中的。他沉默寡言，
经常独坐在沙发上思考，而且一坐就是很长时间。他接见下属和工作人
员时只谈工作，只下达具体指示，没有多余的话。唐平铸说："他的房
间内沉闷和昏暗的光线让人感到威严和距离，倒是叶群有时走过来说一
两句家常话。"

寻访林彪坠机现场

1991 年 9 月 13 日，即林彪事件 20 周年的当天，唐亚明站在了蒙
古温都尔汗林彪坠机现场。除去事件发生后中国大使馆人员去过（当时
他们还不知机上死者的身份），据蒙古方面说，唐亚明是事件后这 20 年
来第一个到现场的中国人。鉴于那时国内政治情况和中蒙关系等原因，
笔者在东京约了六名日本岩波书店的编辑，组成了一个共十人的日本旅
游团，以淡化自己的身份和目的。那时中国人出国旅游受限制，更不要
说是去蒙古探寻林彪葬身之地。笔者是团中唯一拿中国护照的人。回日
本后，因担心影响国内亲属，笔者不敢张扬这件事，后来用日语写成文
章，在日本的杂志上连载。现在，时光又流逝了四分之一世纪，中国和
世界发生了巨大变化，有关林彪事件在国内也发表了许多文章，但这一
事件至今仍在迷雾之中。笔者又翻找出这篇文章译成中文，可以看出当
年受各种条件的限制，很不全面，但或许还有点参考价值。其中删去了
与林彪事件关联不大的部分。

青草悠悠——站在林彪坠机现场

（连载于 1992 年日本《东亚》杂志 7、8、9 月号）
作者：唐亚明

我想去蒙古

1986 年，我在日本留学工作已经三年。我给东京的蒙古大使馆打了电话，询问可否去蒙古旅行。大使馆回答：中国护照不批旅游签证。当时，中国和蒙古关系紧张，中蒙边境上驻扎着大量的苏联军队。对我来说，蒙古虽然是中国的邻国，但是感觉非常遥远。我想去蒙古，不是为了在一望无际的大草原上纵马驰骋，也不是为了欣赏马头琴的悠扬音色，更不是为了观看"风吹草低见牛羊"的风景。我想去温都尔汗，亲眼见证林彪坠机现场，这是我多年的愿望。又过了五年，我的愿望在 1991 年终于实现了！当时从中国去蒙古的旅游签证还未开放，因为我"侨居海外"，蒙古在实行民主化以后批准了我的签证。

林彪事件后的 1971 年 10 月初，我从下放地黑龙江省密山县回北京探亲。进家门后母亲告诉我的第一句话是："林彪死了！"我大吃一惊。林彪是党章规定的"毛主席的接班人""副统帅"，怎么会突然死了呢？我们曾戴着"红卫兵"袖章，手挥《毛主席语录》，无数遍地高呼"敬祝毛主席万寿无疆！万寿无疆！敬祝林副主席身体健康！永远健康！"我也曾在十米远处见过林彪，当时激动得久久不能平静。

林彪 1959 年接替彭德怀担任国防部长，主持中央军委的工作。他对军队政治工作和《解放军报》的宣传方针很重视。父亲在《解放军报》工作，有时被林彪直接叫去接受指示。林彪发表重要文章或作重要讲话，他几乎每次都奉命参加起草工作。文化大革命初期，父亲调到《人民日报》，听取已成为毛泽东接班人林彪指示的机会更多了。父亲非常尊重这位为革命胜利做过重大贡献的领导人，我家的客厅里曾挂着林彪接见父亲的照片，还摆着林彪送给父亲的《毛泽东选集》和毛主席像章。但是，在"林彪事件"发生时，父亲已因"反对林彪""反对江青""反对陈伯达"等罪名被关押了三年。在这期间，母亲病重，我们十个兄弟姐妹被下放到各地，几乎是一人一个省。母亲不知给林彪和叶群写过多少封信，恳求他们"救救我的丈夫和孩子们"，但是都石沉大海了。

1971年9月13日的"林彪事件"，是文化大革命走向失败的转折点，也是中国现代史上最重要的事件之一。但是，它充满谜团，至今都有不少人质疑官方的说法。根据正式文件，事件前后是这样的：林彪在1970年9月的庐山会议（九届二中全会）上企图篡夺国家主席职位的阴谋破产后，妄图谋害毛主席。阴谋败露，仓皇登上256号三叉戟飞机从山海关机场起飞，飞往苏联伊尔库茨克。途中，自行坠毁在蒙古温都尔汗，林彪和叶群葬身荒野……关于"林彪事件"，国内外有各种各样的说法。由官方进一步说明真相，在目前几乎不可能。

我去蒙古之前，向蒙古国营旅行社提出，希望会见当年处理过林彪坠机的现场人员。蒙古旅行社回答说，一定把我的要求转达给蒙古外交部和国防部。

抵达乌兰巴托

从东京去蒙古要在北京机场转机。北京机场候机厅里挂着一条大红横幅"庆祝北京—乌兰巴托通航"，我们坐上了通航后的第二架班机，这是内蒙古航空公司的英制客机。乘客中有身穿蒙古族服装去蒙古探亲的蒙古族人，也有去谈生意的内蒙古贸易代表团。我后面坐的是《人民日报》记者代表团的三个人，我们聊了起来。他们是中蒙关系改善后第一次访问蒙古的中国记者团。非常偶然，团长是《人民日报》副总编李庄，他与父亲生前很熟悉，我们高兴地谈了起来。他们没有前往林彪坠机现场采访的计划。

从北京到乌兰巴托只用了两个小时。

　　迎接我们的是一位头发灰白、脸色黑红、体格壮实的人。他用中文自我介绍说，他叫达西（据说很多蒙古人取西藏式名字），55岁，原是蒙古边防军少校。他在中蒙边境西侧的阿尔泰山脉驻守了26年，由于常常和中方交涉，学会了中文。他对我说，他曾参加中蒙边界谈判去过北京，当时住在西苑饭店，餐厅里有个小水池，里面游动的美丽金鱼令人难忘。他两年前退役后，全家搬到了乌兰巴托，现在每月领取现役60%的薪水，生活安稳。

　　蒙古唯一的国营旅行社"久卢琴"只有三名日语翻译，到了夏天旅行季节不够用，又赶上日本首相海部访蒙，旅行社抽不出人。他们知道领队的我是中国人，就临时请会中文的老军人来给我们当导游。会中文的达西一来，我就成了翻译。我把他的话译成日语告诉同伴们。我当过兵，见到军人有一种亲切感。我制定的近似冒险的旅行计划，有这样的人比年轻导游强多了。

　　我们住进巴杨格尔饭店。午饭后，我们随同达西去了乌兰巴托市中心的苏和巴特广场。这里的国会议事堂很像北京的人民大会堂，只是显得有些粗糙。达西告诉我："这是中国在60年代援建的，还没建好中苏关系就恶化了，因为蒙苏关系密切，中国撤回了援蒙技术员和工人。蒙古人缺乏建造技术，只好自己凑合着把它盖完了。"他又指着广场上的其他建筑物，一一说明：那是苏联人建的，那是日本人建的。

　　从1956年起，中国根据援蒙协定，派遣了一万多名建筑工人到乌兰巴托。达西说在工地上还插着"青年突击队"的红旗呢。

前往温都尔汗

　　距离林彪坠机现场最近的城市叫温都尔汗，离首都乌兰巴托三百多公里。我们原计划乘飞机前往温都尔汗（大约一个小时），然后换乘汽车前往坠机现场。但是没有料到，由于从日本寄往蒙古的传真不清楚，蒙古旅行社以为我们希望从陆路走，特地为我们准备了苏联造的面包车。司机说："来回得三天。"我们不得不临时改变计划。但是我心里很高兴，"在大草原上奔驰，花几天时间都值得！"

我们上车之前见到了日本 NHK 和英国 BBC 的记者，他们是为制作电视剧《大蒙古》而来。蒙古推行民主运动后，各国记者纷纷来到这个一直蒙在雾中的国度，得以自由采访，这是极大的变化。

面包车前行，我们路过了清代中国人居住和经商的地区。达西说，这里已几乎没有中国人了。从乌兰巴托出行五十多公里，没有了柏油路，车在土路上颠簸，我们好像骑在马背上。说是路，其实是车走多了轧出来的。有时候，路分出七八个岔道，司机好像随便地开上其中一条路。在这里，不会发生撞车事故。

路上，我和达西谈起了林彪事件。他说："听说事件发生后，周恩来给当时蒙古最高领导人泽登巴尔打电报，希望蒙古不要公布这一事件的任何消息。蒙古是一个只有 200 万人口的小国，夹在中国和苏联两个大国之间。当时中蒙关系虽然不好，但是蒙古不愿意刺激中国，所以尊重中国的要求没有公布。今后只要没有中方的要求，蒙古不会公布有关事件。"达西说，当年他驻守在阿尔泰山脉的中蒙边界，不了解坠机的情况，但是从边防军的朋友那儿听到了不少消息："说是林彪夫人叶群的那具尸体，实际上是二十多岁的人。飞机上的人都穿着军装，身上有弹痕。""林彪从前在苏联治过牙，苏联保存了他的病历。苏方从墓中挖出了尸体，对照病历进行了鉴定。"达西说："很难断定这些消息是真是假。"类似这样的说法我听过很多，但是听达西这么说还是很惊讶。我第一次从蒙古人口中听到林彪事件。达西最后加了一句："我说了半天，你可以不信。我也不是亲眼看到的。"

寻找林彪坠机现场

途中，我满脑子都是林彪事件。林彪倒挂眉，性格阴郁，怕风怕水怕光，文革前很少在大众前露面。他从 60 年代起，过分吹捧毛泽东，成为文革受害者憎恶的对象。对于他的死，同情的人似乎并不太多。现在，"林彪、四人帮"成为文革的罪魁祸首，他们被说成是一伙的。其实，林彪最早反对江青。从某种意义上来说，林彪事件就是他和江青斗争的结果。

在林彪事件前一年召开的庐山会议上，林彪、吴法宪（空军司令）、李作鹏（海军第一政委）等"军方"，与张春桥（中央文革小组副组长）、康生（文革小组顾问）、江青等人，就是否设国家主席、毛主席是不是"天才"等问题展开了激烈的斗争。这实际上也是林彪和江青围绕毛泽东继承权的斗争。进入 1970 年后，文化大革命已经开始出现破绽，毛泽东为了找替罪羊，先把中央文革小组组长陈伯达抓了起来。然后，又要下手整掉对文革路线有不同意见的"副统帅""接班人"。毛泽东在庐山会议上站在文革派一方，打算重用张春桥。这意味着权力将逐步转移到江青手里。明白了这一点的林彪当然不愿束手就擒。官方的说法是：林彪尽管被选定为毛泽东的"接班人"，但是他迫不及待地要篡夺党和国家的最高权力。事实是，毛泽东在外地视察时为打倒林彪制造舆论，引出了"林彪坠机"的惨剧。

汽车在草原上奔驰。我远远地看到"温都尔汗"的路标时，激动得站了起来。进入温都尔汗市，它远比我想象的要破旧，同行的日本人说它像"废墟"。我们参观了设在市内一座中国式平房内的博物馆，里面介绍游牧民的生活。博物馆入口处有一个身着黑衣的长头发男人走来走去，看起来三十多岁，像个无业游民。

不光我们没有去过林彪坠机现场，司机和达西也没去过。我问这个无业游民知不知道当地的情况。他说 16 年前，他还是中学生时去过一次。他还说，可以给我们带路。达西有些担心，跑去向博物馆馆长打听这个人的情况。回来后，达西说可以请他为我们带路。原来这个男人是新成立的蒙古民主党派的领导人（几天后，同行的日本人在乌兰巴托看到他出席会议）。

我们的面包车前往温都尔汗东北方向。我手里拿着一份复印件，是当年中国驻蒙古大使馆二秘孙一先（笔名伊白）写的《林彪坠落现场目击记》，这是我迄今为止读到的最详细描写事件现场的记录。按照《目击记》的描述，我们沿着克鲁伦河往前走。这一带草原肥沃，时不时看到骑马的牧民慢悠悠地前行。我们往东北方向行走了大约两小时，面包车开进往正北方崎岖的路上。这条路是汽车轧在草原上形成的，车轮在草上摩擦出吱吱吱的响声。又开了 30 分钟左右，那个带路的男人说："到了。"

面包车停在一座小丘前。我环顾四周，平坦的大草原上什么也没有。如果说飞机是在这儿坠毁的，完全没有痕迹是不可能的。带路的男人一边挠头一边说："我记得就是这儿，可能没记清。"我们登上小丘，用望远镜寻找，可是看到的也只是一望无际的大草原。

达西站在我身旁，用他那像鹰一样的眼睛向远处瞭望。突然，他说："把望远镜给我看看。"我把望远镜递给他，他往前方凝视了大约一分钟，然后把望远镜还给我说："你看！"我看了一会儿，好不容易在大约两千米远的地方，看到了草原上横躺着一个汽油桶样的东西。难道那是飞机残骸吗？同行的人争先用望远镜观看，有的人说什么也看不到。不管怎么说，我们决定先去那个"汽油桶"的地方看看。这时，我们看到远处有一辆行驶中的摩托车。达西抡起了上衣，摩托车往这边开了过来！骑摩托车的是一位身着黑衣，戴着白帽的牧民。他用蒙语和给我们带路的人达西说了几句话。达西回头对我说："就是那里。"牧民也用手指了指那个"汽油桶"的方向。

林彪坠机现场

我们立刻上车。那个"汽油桶"越来越近了。我已经看清，那是飞机的引擎残骸！离引擎不远处，还有一个飞机舱门。没错，我们终于找到了林彪坠机现场。车里响起了掌声，我有点激动了。我们进行了各种各样的准备，做了许多努力，连日奔驰，这一切都没有白费，我实现了多年的愿望。

我最先跳下了汽车，往飞机引擎的方向跑去。引擎大约长三米，直径长的部分约一米，短的部分约70厘米。外表的一部分是飞机的银灰色，一部分有烧过的痕迹。引擎上没有说明飞机机型等的标志或说明，上面有似蒙古人刻的蒙文名字和"1979"的字样。我又去看歪扭着的飞机舱门，可能是特殊的铝合金制成，这么多年的风吹雨淋也没有生锈，在阳光下闪闪发光。大的残骸只有这两件。达西说："别的东西一定是附近的牧民拿回家了吧，或许是政府处理了。"引擎又重又大又无用，牧民们肯定不要。不过蒙古当局当时为什么不清理呢？难道是故意留下来的？

在现场我还找到了一个空灭火器，已经锈得快看不出形状了，看起来不是飞机上的东西。我还发现了一个吉普车门和一只女皮鞋，达西说，这只鞋一看就是80年代的，和事件没有关系。但是为什么在这里扔鞋呢？引擎周围的草地上散落着许多飞机残骸碎片，我一个个捡起来放进塑料袋里，日本朋友也帮我捡，一会儿就捡了满满的一袋。

然后，我去周围看地形。这是一个南北约三千米，东西约八百米的凹状盆地。坠机现场周围的情况和当时大使馆官员写的资料是一致的。那份资料说，当地牧民管这一带叫苏布拉嘎盆地，属于南面20公里处的伊德尔莫格县管辖，往西北10公里是著名的萤石矿山——贝尔赫。这里的南、北、东是各高5至20米不等的丘陵。坠毁的飞机引擎在盆地中心偏北、离丘陵较远。仅从现场来看，飞机着陆失败的可能性较小。在这么宽阔的大草原上，飞机放下起落架滑行不会坠毁。蒙古地方城市的飞机场都没有像样的跑道，都是直接在草地上起降的。后来我坐过多次这样起降的蒙古飞机。

从碎片散布的情况来看，飞机是坠毁的，而不是在空中被击落的。如果是被击落，残骸碎片不会这么集中，散布的范围会更大。有人说坠毁的原因是飞行员技术不熟练，这也不正确。当时操纵这架飞机的飞行员是飞行师副政委潘景寅，有相当高超的飞行技术。1970年从巴基斯坦买回这架三叉戟时，就是他开回中国的。他不会不知道三叉戟的油箱在机体下方，如果机体着陆与地面摩擦会起火爆炸。

据说，根据计算，当时飞机的油箱里还剩1.2吨汽油。如果没有特别紧急的情况，潘景寅不会冒这么大的风险迫降，而且当时蒙古方面并没有准确地捕捉到这架飞机侵入领空的信息。据说当这架飞机进入蒙古领空时，蒙古的一个雷达站向乌兰巴托报告说，发现了一个侵犯领空的目标，但是瞬时又消失了。乌兰巴托方面命令，继续监视目标。后来就没有后续报告了。

我分析，由于飞机上发生了某种争斗，飞机失去平衡坠毁的可能性最大。或是由于争斗，飞行员慌忙试图着陆而坠毁。与此相关，路透社1972年7月28日是这样报道的："正在调查林彪坠机事件的苏联当局，发现了飞机里用枪进行搏斗的痕迹。"另外，在事件一个月后的1971年10月，苏联总理柯西金访问加拿大时，对加拿大总理特鲁多也是这样说的："调查部门认为，机组人员和林彪的人员发生了枪战，飞机失去平衡坠毁了。"

林彪逃跑时的记录

除了我的现场观察得到的印象之外，当时高级干部的警卫制度也可以作为参考。

《解放军报》记者邵一海采访审判"林彪·江青反革命集团"后，写了名为《"联合舰队"的覆灭》（春秋出版社）一书，其中记录了林彪的女儿林立衡、林彪的警卫秘书李文普、八三四一部队（中央警卫部队）警卫科副科长刘吉纯等人的回忆，从中可以看出，林彪在乘飞机逃跑之前，就已处在身边警卫的监视之下。

李文普在去机场之前，林立衡劝他阻止林彪等逃跑，而李文普决定和林彪一起行动。他说："我得上飞机，如果发生什么事，我就豁出去了。"林立衡说："你们如果不能阻止他们，我去叫部队！"然后她去报告八三四一部队的张副大队长，说："林彪他们要跑！"张副大队长立刻要给北京打电话报告，林立衡抢过电话自己报告了。正在这时，林彪的内勤公务员小陈打电话来说："林彪一家上车往机场方向跑了！"八三四一部队马上派出坐满全副武装战士的卡车去追。据有的文章说，叶群在上车前，对李文普说："不要带什么东西了。有人要抓首长。不马上走就走不了啦！"林彪在车上问林立果："到伊尔库茨克有多远？要飞几小时？"林立果回答说："不远，很快就到。"

李文普听到后开始犹豫了：如果自己跟着跑，妻子和孩子都会成为"叛徒家属"。正好在这时，八三四一部队的姜大队长大喊："停车！"挡在了林彪车前。但是林彪的车没有停下来，冲了过去。突然，李文普对着司机大喊："停车！"从车上跳了下去。叶群吼了一声："李文普，你要干什么？"李文普说："我不当叛徒！"然后大叫："来人啊！"车上有人朝跑着的李文普开了枪，李文普倒在了地上。这些情节都是李文普自己说的。

八三四一部队为了阻止飞机起飞，在林彪的汽车抵达机场之前，就已经派兵去了机场。在林彪的飞机在跑道上滑行时，机场的战士向空中开枪试图阻止起飞。

飞机内的人试图阻止叛逃的可能性

根据这些证词可以知道，除了叶群、林立果以外，林彪身边的警卫几乎都违背他的命令，试图阻止他逃跑。

在中国，高级干部并不是警卫部队的上司，警卫部队有自己的指挥系统。比如八三四一部队直属于中央办公厅，除了保卫工作，也负有监管的任务。高级干部如有什么问题，警卫部队可以通过自己的系统向上报告。如果林彪没有跑掉，他有可能被警卫部队逮捕。顺便说一下，中国的警卫制度是从苏联那里学来的。

和林彪、叶群、林立果一起登上飞机的，有驾驶员潘景寅和"林彪死党"刘沛丰，以及林彪的司机杨振刚、特殊技师邰起良、技师张延奎、机上勤务技师李平。这三名技师既没有参加林彪的所谓"阴谋活动"，在起飞之前也不知道要去苏联。我认为，在飞机进入蒙古领空时，他们三人最有可能反抗。

司机杨振刚也不是没有反抗的可能性。他在去机场之前，与李文普进行过秘密谈话。杨振刚是否也有监视林彪的任务？

这样看来，可能反抗的人多，但是他们不会驾驶飞机。据认为林立果是那种敢于乱开枪的人，所以在搏斗中迫降失败的可能性较大。当时，在文化大革命的风暴中，叛逃到苏联去是想都不敢想的"死罪"。人民解放军军人说"我不去！"并进行反抗是不奇怪的。

被认为是"林彪一伙"的周宇驰、于新野、李伟信三人，于林彪的飞机在蒙古坠毁的当天，从北京沙河机场乘直升飞机起飞，企图追随林彪逃往蒙古。可是途中飞行员陈修文知道了他们的打算后，悄悄改变了飞行仪的方向，又回到了沙河。陈修文在着陆前突然扑向周宇驰，两人搏斗起来，周宇驰开枪打死了他。后来，陈修文被追认为"烈士"。结果，周宇驰等三人中两人自杀，一人被捕。

我站在大草原上，想起在中国发生过的几起劫机事件。几乎每次事件都在飞机里发生了搏斗。勇敢地与劫机犯搏斗的人立功受奖，被人称为"英雄"。但是，林彪的飞机上所有的人都死了，无人作证，飞机里的黑匣子也不知去向。

这架飞机里，也许就有不顾死活与"叛徒"斗争的"英雄"。如果是那样，他阻止了叛逃，自己也牺牲了。即使当局了解真相，也有可能因政治原因不予公布。

天要下雨，娘要嫁人

在中国出版的几本林彪事件的书上，都记载着这样的情节：周恩来总理向毛泽东主席报告林彪出逃时，毛主席说："天要下雨，娘要嫁人，随他去吧。"而没有采取任何措施。

但是在那三小时之后，周宇驰等人乘坐直升飞机起飞，正在毛主席处报告林彪叛逃事件的周总理当即命令："追回沙河起飞的直升飞机，绝不能让它跑掉！"对这两架飞机采取完全相反的态度，让人不可思议，况且当时已知道林彪乘三叉戟逃往苏联。也许可以这样分析：林彪飞机上有内线，即使不用战斗机追击也不必担心。

另据中国官方公布，林彪的飞机由于燃料不足不得不迫降时，油箱里还剩 1.2 吨汽油，油箱在飞机与地面摩擦时起火爆炸。

这种说法令人难以置信。我在现场看到，坠机地点离温都尔汗 70 公里，离那里不远处，有一个比温都尔汗市还大，俨然像一座城市的苏联军事基地。在夜间的大草原上空，要找到有灯光的地方是不难的。而且，作为飞行师副政委的潘景寅，不可能不知道温都尔汗市和苏军基地。即使他不知道自己的方位，也可以寻找城市，没有必要在漆黑的大草原上用飞机擦肚皮的方式迫降。况且，他对三叉戟很熟悉，即使找不到机场，他在迫降之前也会放干净油箱里的汽油。

另外，有人说飞机害怕蒙古的防空武器在天上转圈，未能用完燃料，只好冒险迫降。这不合情理。如果这架飞机是来政治避难的，而且已经在蒙古领空飞行了一个小时以上，为什么不能继续飞 20 分钟呢？（据计算，所剩燃料还可飞 20 分钟。）

前往坠机现场的孙一先是这样写的："周总理听了我的报告，当场做出了'三叉戟 256 号是自行坠毁'的判断。这是基于事实的科学性结论，是高度政治智慧的结晶，不动声色地把一起国际事件变成了国内问题。"

林彪之墓

我在坠机现场照了不少照片后，和达西一起去西北方向找林彪的墓。西北方是一个缓坡，在一公里外有一座高数十米的小山包。

据当年我国驻蒙古大使许文益所写：国内来的指示是"遗体尽可能火化，骨灰带回。如实在不能火化，拍照取证，在地里深埋。为了将来把骨灰带回国，做一些记号"。但是蒙方回答说，蒙古没有火葬的习惯，只有土葬。中方又提出，为了记住这场事故，希望把遗体埋在附近的小山包上。对此，蒙方说，坠机现场不适合死者"居住"，应该找一个方位好的地方。最后，选定了一个蒙方说的"比较高，东边能看到事故现场，又可以仰望日出"的小山包。

根据蒙古习俗，埋葬时在九口棺材上盖了红布和黑布。中方最先提出，希望把印有周恩来题写的"中国民航"字样的机翼放在墓上，作为墓碑，但是蒙方回答说太重，无法搬运。最后，双方同意把飞机尾部引擎上的金属环放在墓上。蒙军士兵把它搬上卡车，抬到墓地，成为一个闪闪发光、极为显眼的墓碑。

我手里拿着这些资料，与达西一起找林彪的墓穴。但在一望无际的大草原上，哪儿都看不到资料上写的那个极为显眼的墓碑。我们又一次对照资料，墓地是在这一带。我们走进没膝的草丛里寻找。

达西边走边说："墓碑也许早就没有了。可是挖墓时要动土，如果不是自然的地表，即使过了一二百年也能看出来。"他又用那老鹰一样的眼睛四处瞭望。我跟在他后面又找了几个地方，没有看到类似墓地的地方。有几处挖过土的痕迹，但好像是不久前挖的，而且面积很小。

突然，达西迈开大步往北面走去。可以隐约看到北面稍微高出的地方，地表隆起。草的颜色也与周围有些不同。那里离我们有几百米远。达西经过军事训练的眼力和经验令人佩服。

我们终于找到了林彪的墓地！这是一块长八九米，宽三米，比地面高出五六十厘米的地方。达西看着地表说："你看，这是20年前挖过的土。"他又在墓地周围捡起一块石头说："这不是地面上的石头。你看，其他地方就没有这样的石头吧。"我到远处去找同类的石头，真的找不到。

达西接着说:"这块石头的形状不是凿出来的,是炸药炸出来的。牧民不会用炸药挖坟,也不会挖这么大的墓。蒙古军队要在坚硬的山岩上挖出九个人的墓,而且必须在短时间内挖好,一定是用了炸药。"

我仔细观察这个墓地。上面没有墓碑,也没有当时立的"中国飞机事故死难者之墓"的木牌。墓地周围也没有看到引擎的金属环。但是,这里像资料上说的一样,"较高,东面可以看到事故现场和仰望日出"。周围数百米,再没有类似的地点,在坠机现场西北一公里处,只有这个小山包。从这些情况综合判断,可以认定这里就是林彪、叶群、林立果等人的埋葬之地。墓地上有几个旱獭打的洞,也许它们知道墓里的情形。如果有铁锹,我真想挖开看看。但是我不想惊动死者的灵魂,也不知擅自挖坟会不会触犯蒙古法律。起码当着达西等蒙古人的面,我不能挖坟。

墓地周围,开着紫色的野花。我采了几束放在墓前。我并不是感恩于林彪。相反,在文革中,父亲被监禁,受到打击的母亲患重病,一家人七零八散,我也被下放到中苏边境……

《五七一工程纪要》

文化大革命结束后,人们不再提那个林彪集团的绝密文件《五七一工程纪要》了。这份《纪要》是这样写的:"十多年来,国民经济停滞不前,群众和基层干部、部队中下干部实际生活水平下降,不满情绪日益增长,敢怒不敢言,甚至不敢怒不敢言。统治集团内部上层很腐败、昏庸无能、众叛亲离。""他们用假革命的辞藻代替马列主义,用来欺骗和蒙蔽中国人民的思想。""他们的社会主义实质是社会法西斯主义。他们把中国的国家机器变成一种互相残杀、互相倾轧的绞肉机式的,把党内和国家政治生活变成封建专制独裁式的家长制生活。当然,我们不否定他(指毛泽东——笔者注)在统一中国的历史作用,正因为如此,我们革命者在历史上曾给过他应有的地位和支持。但是现在他滥用中国人民给予他的信任和地位，历史地走向反面，实际上他已成了当代的秦始皇。为了向中国人民负责，向中国历史负责，我们的等待和忍耐是有限度的！他不是一个真正的马列主义者，而是一个行孔孟之道，借马列主义之皮、执秦始皇之法的中国历史上最大的封建暴君。""党内长期斗争和文化大革命中被排斥和打击的高级干部敢怒不敢言。农民生活缺吃少穿，青年知识分子上山下乡，等于变相劳改。红卫兵初期受骗被利用，已经发配充当炮灰，后期被压制变成了替罪羔羊。机关干部被精减，上五七干校等于变相失业。工人（特别是青年工人）工资冻结，等于变相受剥削。"等等。

《五七一工程纪要》提出的口号是这样的："用民富国强代替他的'国富民穷'，使人民丰衣足食、安居乐业，政治上、经济上、组织上得到真正解放，用真正的马列主义作为我们的指导思想，建设真正的社会主义，代替 B-52 的封建专制的社会主义，即社会封建主义。"[14]

《五七一工程纪要》看起来似乎幼稚，它的真伪也令人怀疑。甚至有人认为这是"四人帮"为了诬陷林彪而伪造的。但是，从这份《纪要》中可以看出林彪集团的思想，从某种程度上反映出了林彪集团对文革的态度。

林彪专机飞往中国

邵一海的《"联合舰队"的覆灭》中有这样一段：林立衡问林立果："爸爸逃到国外打算怎么办？"林立果回答说："能怎么办？还不是像王明（从 50 年代起一直在苏联政治避难）那样在国外啃面包呗。那也比坐牢强呀。爸爸身体那么弱，一坐牢，不能过现在这样的生活，那能活几天？我们也得和别的高干子女一样被关起来。"

1972 年 2 月 11 日，林彪集团成员之一的邱会作的夫人胡敏说："叶群说过，现在能不能过关很难说。就看毛保不保林。看目前的情况，毛即使保林也是有限的。从种种迹象来看，毛似乎要抛弃林。"

林彪害怕被毛泽东整掉。他后来所干的一切，不是篡夺毛的权力，而是自保。

林彪的飞机坠落时，飞机是朝中国方向飞的。有人说这是为了寻找迫降地点，在空中盘旋后从相反方向着地。但这种说法没有证据。是不是可以这样分析呢？反对去苏联的人强行改变了飞机方向。在这种情况下，飞往苏联已不可能，而又不能返回中国，飞机试图着陆，在打斗中坠毁了。

林彪坠机事件后的 1971 年 9 月 29 日，蒙古外交部召见中国大使许文益说："这一事件在蒙古国内有各种流言和议论，蒙古政府决定发一条简短的消息说明情况。"许大使当场要求说，目前中蒙关系开始改善，希望蒙方不要做与此相反的事情。但是蒙方强调说，不是发表政府声明，只发一条一般的消息。在蒙方发表新闻后，许文益大使会见蒙古外交部副部长说，蒙古方面的发表不利于两国关系正常化，对此表示遗憾。蒙古副外长回答说："我们认为有必要让人民知道这一事件，所以发了一条普通的消息。"

事件后，中国对蒙古这样小的动作都极为敏感，如果蒙古政府正式公布这一事件，后果是难以想象的。苏联方面对事件进行了详细的调查，只有苏联能够公布事件的真相，但却长期保持沉默。

为中国革命立下了功勋的林彪元帅与夫人、儿子一起葬身在异国他乡的茫茫大草原上。他们一家的墓面向中国的方向，那架坠落的飞机也曾朝着祖国飞。但是他们被人唾弃，永远回不去了。

把残骸交给林彪的女儿

蒙古外交部一直不答复我希望见与坠机有关人员的要求。我催了多次，在我快离开蒙古时，他们终于回答我说："我们希望和中国保持友好关系，所以不想触及有关林彪的问题。"这也是我预料中的答复。

回到北京，我约上炎明哥哥，把坠机现场捡到的飞机残骸分别亲手交给了林彪的女儿林晓霖和林立衡。林晓霖把残骸捧在胸前，号啕大哭起来。林立衡接过残骸时表情平淡。但我知道，她的心中一定掀起了惊涛骇浪。

与林豆豆的谈话

以下是唐炎明写的与林豆豆谈话的记录：

今天受弟弟亚明之托去见林豆豆，并转交亚明在蒙古林彪坠机现场拍摄的照片。他因赶飞机，托我转交。

1971 年 9 月 13 日在蒙古荒漠上的那一声巨响，震撼了每一个中国人，也震撼了世界。

从监狱中放出来的"林陈反党集团"的陈伯达说："十大的公报点了林彪的名，开除了林彪的党籍。我一点也不知道林彪的事是怎么回事，还以为林彪也关在秦城监狱。到 1980 年审判时，给我看起诉书，才第一次知道林彪在 1971 年竟想谋害毛主席，乘飞机逃跑摔死了。这个消息使我很吃惊。这是真的吗？他为什么要这样做呢？倒就倒嘛，再怎么也不该这样做。"

的确，中国第二号人物怎么说跑就跑了呢？作为毛泽东的亲密战友、毛泽东亲自选定并写入党章、宪法的接班人，他比毛泽东年轻 14 岁，怎么迫不及待地要谋杀已年暮的毛泽东呢？怎么会突然从蒙古温都尔汗的天上掉下来呢？

林彪座机爆炸的浓烟烈火，随着温都尔汗的寒风淡入了茫茫的苍穹。但是，那飘失的火与烟留下的历史之谜，仍然在困惑着人们。

我乘车找到了团结湖中路的一栋六层居民楼。这是一座极普通的 70 年代旧式楼房，一进去，楼道里堆着杂物，黑乎乎的，简直不知怎么下脚。我一口气爬到了顶层。在过道里我见到了车前

（林豆豆），她一边向我伸出手，一边用另一只手习惯地理一下头发，她已经知道我要来看她。

寒暄几句后，我拿出了亚明在蒙古拍摄的一叠照片。亚明1991年9月13日去了林彪坠机现场，这恰是20年前林彪魂丧温都尔汗的时间。

他是可查到的民间最早到达林彪坠机现场的中国人。

他在信中说：我站在那里，听着耳边风沙呼呼地吼叫，脑子里呈现出飞机爆炸之后林彪、叶群、林立果等九人临死前翻滚哀叫着在烈火中拼命挣扎，衣服被烧光，一个个痛苦狰狞的表情。我的脑海里突然出现了一幅可怕的景象：这九人被摔死后变成的孤魂野鬼，迎着西伯利亚凛冽的寒流，正在异国他乡的荒原上四处游荡。

我把照片递给了林豆豆。她匆匆地翻了一遍，没有说什么，接着是一阵长时间的沉默。我没有打扰她，也许她在回忆二十多年前发生在苍凉的异国上空那场震惊世界的事件。

她断断续续地说："过去了，一切都过去了。"

1965年，叶群把林豆豆（林立衡）安插进空军报社。1967年，又根据叶群的意见，空军司令吴法宪把在北京大学物理系还没有毕业（学校已停课）的林立果安插进了空军。后来又把林立果提升为空军党办副主任，从学校出来不久的林立果很快又成了空军司令部作战部副部长。

文化大革命初期，在一次会议间隙，叶群问唐平铸和胡痴，在《解放军报》的李讷（毛泽东的女儿）与林立衡表现得怎么样？

胡痴说："我把李讷安排在了军报《快报》组。她很聪明，也好学，但就是坐不下来，经常往中央文革她妈妈那里跑，脾气也不太好，我也不好过问太多。好像也没有写什么东西。林豆豆在空军报社，具体情况了解不多。"唐平铸说："林豆豆写的《爸爸教我怎样学会写文章》一文，语言朴实、细腻，写出了林总对文学创作的观点和写作中要注意的几个问题，军报的许多人都在传看。她写的《悼念刘亚楼叔叔》那篇短文，《人民日报》《解放军报》都刊登了。听说主席还表扬了她写的通讯，她还要继续磨炼摔打。"叶群的脸上露出了一丝笑容。江青曾流露出李讷比林豆豆强的意思，可能叶群心里和毛家"千金"在较劲儿。

唐平铸和胡痴原以为叶群想把林立衡调到《解放军报》（《空军报》是军兵种报），看叶群没提，也就没有多说什么。一个"公主"已把他们折腾得够呛了。

林豆豆对我说，她多次见过唐平铸。她说："在那个年代，林疯狂了，人们疯狂了，《人民日报》《解放军报》疯狂了。林对那个时期的舆论宣传负有很大责任。我当时也是搞报纸工作的，我也疯狂了。在各个领域，我们都需要时间慢慢去清理。"

在文化大革命中，作为军人，唐平铸对林彪关于报纸工作的各项"指示"，是当作命令执行的。他没有，也难以辨认林彪宣扬毛泽东的那些话的深层用意。林彪事件对他触动很大，这也许是他想进一步了解事件的一个原因。

林彪主持军委工作以来，不但狠抓《解放军报》，而且亲自抓，亲自过问，亲自下"指示"。1966 年 8 月 21 日，林彪说："告诉《解放军报》的同志们，一定要热烈拥护毛主席，热情支持左派，狠狠打击右派和一切牛鬼蛇神，永远保持鲜红的颜色。""要反复宣传"，"只有多次重复才能加深认识"。林彪又指示："要采取一切有效措施，一切创造性做法，来加强报纸的战斗性，保持《解放军报》在全军、全国革命化中的作用。"对林彪的这些话，他当时深信不疑，坚决执行。

林豆豆接着说："林的事情有很多谜，到现在也不清楚。但有一点，就是林要谋害毛主席、抢班夺权、另立中央，这些事情是没有的。说林为了篡党、篡军，要搞谋反，提拔重用了黄（永胜）、吴（法宪）、李（作鹏）、邱（会作），这样重要的、担负军队要职的高层将领的安排和任命，没有军委主席毛泽东的亲自批准和支持，根本是不可能的。"

　　我注意到，林豆豆在谈话时称林彪为"林"，既没有叫父亲，也没有直呼其名，更没有用人们在文化大革命后期常用的"林贼"这个字眼。

　　庐山会议后，林彪几次想找毛泽东谈谈。林豆豆说给毛泽东的电话，一般都是叶群打，林彪要求面见毛泽东，谈一谈，但是长时间都没有得到毛泽东的答复。林豆豆说："彭德怀、罗瑞卿等人在中央开会批判后都提出要求见毛泽东，但都没有答复。"这一幕，在林彪身上重演了。

　　林豆豆说："我曾经前前后后写了不少材料交给中央。在公审他们这个反党集团之前，我建议不要搞公审，希望把事实弄清楚一些，但后来还是公审了。这些年来，我们一直在为林写上诉材料。有人劝我们拿到国外发表，但我是中国人，希望中国人民最先看到。"

　　她感慨地说："听传闻苏联人把林的头颅割下来拿走了，我很想要回来，让他入土为安，这毕竟是他为之奋斗，生他、养他的国家啊。"

　　她和张清林向我讲述了林彪等人逃往山海关机场的经过，特别提到八三四一部队的人要她和张清林也赶快乘车，被他们坚决拒绝了。这事我早有耳闻，但他们亲口说出，仍然使我吃惊。

　　我突然问："你为什么要告发呢？可能历史就不会这样了。"这是我长久以来的疑问。

　　时间突然停滞了，接着是长时间的沉默。

　　最后，她低头轻轻地说："我想让主席和中央救他。"

　　自"九一三"事件起，林豆豆一直生活在"告发"与"救赎"的两重阴影中。谁能说林彪、叶群、林立果之死，与林豆豆没有干系？在主观动机上，她没有"弑父母、诛兄弟"之意，但在事实上，正是她的五次告发，促使林彪三人的"仓皇逃命、折戟沉沙"。

　　林豆豆背负着"弑、诛"的枷锁，生而沉重，乃至一生不宁。

　　这是她锥心泣血之痛，也是她后来大半生极力要为其父辩清罪名的政治和情感动因，或曰"救赎动因"。其实她最渴望的是洗白自身的弑亲之名。当然，这不全是她的责任，但是，她却独自品尝着这苦涩的后果……[15]

　　2011 年 9 月 13 日，距唐亚明首次寻访林彪墓地又过去了整整 20 年。由黄永胜的儿子黄春光组织，林彪的女婿张清林、吴法宪的儿子吴新潮、李作鹏的儿子李冰天、邱会作的儿子邱路光，通过几个在蒙古做生意的朋友的帮助，竟然找到蒙古总统顾问帮忙，拿到了商务签证，得以一起前往林彪坠机现场。蒙古人当时并不知道他们的身份。9 月 13 日，他们在林彪坠机现场捡到两块小瓷片，看来是飞机爆炸时食品柜里摔落的。他们清理了杂草，献了花，在墓前放了从北京带来的月饼、苹果、点心和花生四个供盘，鞠躬后默默地离开了。黄春光记着父亲黄永胜的话："跑什么跑，害死人了！你这一跑，不仅害了我们，还害了那么多人！"

　　他们意外地发现了在墓南面立着一块高一米、宽半米的青石碑，正面刻着"九一三遇难者之墓——2008 年 9 月 13 日缅怀者敬立"，背面刻着："历史不会忘记"。

注释

1　1966 年 9 月 15 日，林彪在接见全国各地来京革命师生大会上的讲话（唐平铸起草），摘自有林、郑新立、王瑞璞主编：《中华人民共和国国史通鉴：第三卷（1966–1976）》，红旗出版社，1993 年，第 521 页。

2　唐平铸工作日志，1968 年 3 月 16 日，未刊稿。

3　指由总参政治部起草、杨成武署名的文章《大树特树伟大统帅毛主席的绝对权威、大树特树伟大的毛泽东思想的绝对权威》，1967 年 11 月 3 日全国各大报刊发表。

4　唐平铸工作日志，1967 年 6 月 16 日，未刊稿。

5　1967 年 12 月 13 日林彪致军委各总部、各军兵种、各军区信，当日由总政当即下发到各单位。

6　《永远突出政治》，《解放军报》1966 年 2 月 3 日。

7　唐平铸工作日志，1966 年 3 月 5 日，未刊稿。

8　《突出政治就是突出无产阶级政治》，《解放军报》1966 年 3 月 25 日。

9　张云生:《"文革"期间，我给林彪当秘书》，香港：中华儿女出版社，2003 年。

10　中共中央党史研究室:《中国共产党历史》，中共党史出版社，2011 年，第 698 页。

11　中共中央文献研究室编:《建国以来毛泽东文稿》第 12 册，中央文献出版社，1998 年，第 446 页。

12　王文耀、王保春:《陈伯达假释之后》，《百年潮》2004 年第 12 期，第 44 页。

13　唐平铸工作日志，1966 年 9 月 10 日，未刊稿。

14　B-52 为美国远程战略轰炸机的型号，被林立果及其"小舰队"指代毛泽东。

15　唐炎明与林豆豆的谈话，1992 年 1 月 24 日。

生命的漩涡：我们的父亲唐平铸

弃笔从戎

与共和国丰碑上那些光彩夺目的名字相比，我们的父亲唐平铸只不过是一名极为普通的战士。在战争年代和建国后的各个时期，特别是在文化大革命中，他有迷茫、有失误，但他对祖国的前途始终充满了信心。

1913 年 7 月 21 日，唐平铸出生在湖北省武汉市，年轻时就读于武昌艺术专科学校（现湖北美术学院）和上海美术专科学校（现南京艺术学院）。他有绘画天赋，立志成为一名画家。著名美术大师刘海粟和武昌艺专的唐意精、唐一禾曾是他的老师。他的同学中，有些人早已成为国内外著名的画家。1967 年 6 月间，父亲去探望刘海粟，见到了刘海粟及其女儿刘蟾。尽管家被抄、被封，但刘海粟却很乐观，他挥笔为父亲画了一幅孙悟空手拿金箍棒的水墨画。

我们的祖父原是湖南长沙一个纺纱厂的学徒，工厂倒闭后流落到武汉。他吃苦肯干，开始在汉口裕华纱厂干杂务，跟随老板跑货源，后来当了算账先生（类似于会计）。1931 年，祖父病故，家中没有了经济来源，祖母与人合开了一个为文具店做糨糊的作坊，还销售一些由亲戚从湖南捎来的土特产。

父亲的绘画才能初露，便从武昌艺专转到上海美专。他在上海期间，听说日本东京的生活费和上海差不多，而且上海有直通横滨的客轮。1934 年，祖母变卖了住房，送父亲赴日本勤工俭学。在求学期间，父亲一直思索：为什么祖国如此贫穷落后，为什么外国人欺负和歧视我们？解救中国的出路在哪儿？这些问题对于一个热血青年来说，远比静心画模特、画静物有感召力，他把更多的注意力放在了研究哲学和社会问题上，接触到了社会主义的思想。为了了解社会主义国家苏联的情况，他阅读列宁和斯大林等人的著作。除了紧张的专业学习和打工外，他每周还在大学课程之余，挤出时间去一个名叫"研数会馆"的补习学校学习俄语。由于他学习用功，俄语进步很快，达到了可以阅读俄语书刊的水平。在文革期间被关押时，他还在狱中翻译过俄语小说。现在，日本的研数会馆保留的当年俄语学习班的名册里，还印有"唐平铸"的名字。

　　1936 年初，父亲在东京加入了社会主义青年同盟，在中国共产党领导下参加抗日秘密活动。一起活动的有先后赴日的宋日昌（原上海市副市长）、张香山（原中宣部副部长兼中央广播事业局局长）、卢耀武（原文化部外事局局长）等人。当时在东京的中国留学生达五千余人，其中有一些是国民党"四一二"大屠杀后流亡海外的共产党人和进步知识分子。学生代表谢树椿、卢耀武等人利用暑假回国的机会，冒着生命危险寻找共产党。他们几经辗转，终于同北平地下党取得了联系，经中共北方局同意，在日本东京成立了中国共产党东京特别支部。当时的进步留学生们还创办了一个名曰《东流》的反战杂志。在特别支部领导下，父亲和同学们冒着被抓捕的危险，举行集会，控诉日本军国主义的侵略暴行。日本当局非常恼怒，右翼分子多次扬言要教训这些人。

　　1936 年底的一天，父亲和刘小甫（原解放军总政治部副主任傅钟的妻子）秘密得到一张地下党介绍他们到延安的字条，两人的心一下子飞到了抗日红都延安。这是中国共产党由海外向抗日根据地输送青年干部的一次特别行动，留学生代表为他们秘密举办了欢送会。在党的帮助下，父亲和刘小甫结伴先期回国。任白戈（原重庆市委书记）、常化芝（原北京化工研究院党委书记）、王之光（原郑州大学校长）等人也避开日本警察的追捕，在地下党的安排下分期乘船秘密回国。

卢耀武是中国留学生的负责人之一，由于他带头宣传抗日被日本当局逮捕，惨遭毒打。这位享寿百岁的老人生前回忆说，当时日本人用绳子把他绑着，直到打得他奄奄一息，才把他扔到回中国的船上，宣布驱逐出境。多年后他重访日本，路过东京杉并区高井户警察署时，对陪同的唐亚明说："就是这里！就是这里！他们把我关到这里。"

在地下党的帮助下，1937 年初，父亲辗转加入红二方面军，同年6 月到延安后入抗日军政大学学习，1938 年入党。投身抗日战争后，他放弃了画笔。他懂得，抗日救亡比画画更重要。1942 年延安整风期间，由于他曾留学日本，而被拘禁和严格审查，这是他在延安经受的第一关"考验"。文化大革命期间，江青为了牢牢控制《人民日报》这个全国性舆论工具，在空军的一次大会讲话中说"唐平铸是文化汉奸、特务"，中央专案组的一些办案人员还污蔑他会"武士道"。

抗日战争和解放战争时期，父亲先后参加了神头战役、百团大战、上党战役、鲁西南战役、挺进大别山、襄樊战役、淮海战役、渡江作战、解放大西南等重大战役，为抗日战争和解放战争的胜利做出了贡献。他曾先后任一二九师七六九团敌工干事、三八五旅十四团敌工科长和宣传科长，八路军野战政治部敌工部部员、晋冀鲁豫野战军第六纵队宣传部长、十二军三十四师政治委员、军政治部副主任、重庆市军管会政治部主任、军政大学总队政治委员等职。在战争期间，我军官兵和人民群众气吞山河、视死如归的献身精神使他受到教育，残酷的战争和艰苦的生活使他受到磨炼。在战场上，他除了完成作战任务外，还写出了大量的新闻、通讯、特写、评论、典型人物和经验介绍等文章。

父亲在日本留学时学会的日语，在抗日战争中也发挥了作用。他在晚年的一篇日记中写道：

> 记得有一次我们包围了一个日军阵地，我们久攻不下，又不允许这样拖下去。上级命令我紧急审讯抓来的一个"舌头"。这个鬼子看着我们穿的破衣烂衫，手中也没有什么像样的武器，竟然蛮横得很，认为我们这些土八路根本不是他们的对手。当听到我

用带着东京口音的日本话命令他投降时，他立刻惊呆了，"噫"了半天说不出话来，以为我是个日本军叛徒。他质问我："为什么帮助共产党？为什么信仰共产主义？"我厉声说："我是中国人，是八路军！我的信仰就是跟着共产党打败你们这些小鬼子！你们已经被包围了，必须放下武器！"在我们的政策攻心下，他交代了日军的火力配置和兵力部署，我们一举歼灭了这股敌人。这个奉信日本天皇，以武士道精神、以"建立大东亚共荣圈"为信仰的日本兵，最后和我成了朋友。他听说我曾在东京的大学学习，翘起大拇指说："那可是日本的名牌大学呀！"后来他参加了"日本军反战同盟"，成了骨干，为我们分化瓦解日本侵略者起了很大作用。[1]

父亲曾在长文《千里跃进，逐鹿中原》中记下了解放战争时的情景：

　　1947 年 6 月 30 日晚上，汹涌的黄河在夜色中滚滚东去。就在这个晚上，晋冀鲁豫野战军主力四个纵队十二万余人，在三百余里的地段上，要冲过这条"天险"中的急流和漩涡，挺进位于中原的大别山，把战争引到国民党统治区去。

当时父亲任第六纵队宣传部长，他亲耳聆听了首长的部署：

　　渡河的第二天下午，二野首长召集各纵队领导研究行动计划。在一间不大的农村小学的教室里，刘伯承司令员深入浅出地解释挺进大别山的意义，并要求我们向所属部队传达。他说："大别山这个地方，就像孩子的兜肚一样，是长江向南面的一个突出部，我们跃进大别山，就可以东胁南京，西逼武汉，南抵长江，驰骋中原。我们在山东按着敌人的脑袋，陕北按着敌人的两条腿，我们要拦腰砍去！"

野战军司令部命令部队以半个月的行程直插大别山。那个时候：

后有追兵，上有敌机骚扰，我军昼夜以高速前进；再加上气候闷热，经常大雨滂沱，部队从黄昏走到天明，疲累不堪。过黄泛区时，战士们臂挽着臂，手牵着手，在没膝深的污泥中迈一步拔一步。

他回忆起强渡汝河的那一仗：

当时蒋介石调了第八十五师和第十五师约三万人据守在河的南岸，又挖肉补疮，急急忙忙从豫北和陇海线抽调三个师和一个旅，星夜兼程，企图南北夹击，迫我背水一战。那时后有追兵，前有阻敌，我们的野战军首长进到我们的前线指挥所，扫了大家一眼，斩钉截铁地说："情况就是这样，现在除了坚决打过去以外，没有别的出路。今天过不去汝河，后面敌人就追上来了。过不去就得分散打游击，或者转回去。我们一定要完成党中央交给我们的战略任务！"刘伯承提高了嗓门说："狭路相逢勇者胜，你们明白吗？"上级的指示就是命令，战士们激昂地嗷嗷叫。仅郓城一战，我们一个纵队就歼灭了敌人一个师部及两个旅。歼灭定陶的敌人四千余人，我仅伤亡三百人，比例是十四比一。

没有战争经历的人，很难想象当时的场面。父亲写道：

我们部队在前面攻城夺池，对敌穷追猛打；四面八方来的老乡和民兵，给部队送粮食，扛炮弹，抬伤员，遍地搜寻敌人的散兵游勇，缴枪抓俘虏，那时真是群情激昂，热火朝天。没有人民群众的支援，就没有我们的胜利。

……再过淮河，我们就上了大别山。八月的大别山，多么美妙！不知名的野花，茂密的马尾松，掩映在数不清层次的梯田间。到了宿营地，安排给刘伯承司令员休息的是一间窄小的民房。这家有一位七十岁左右的老太太正在熬菜粥。她盛了一些端给刘伯承，说："喝口稀的吧！看，眼窝都塌下去了。唉！这么大年纪还当兵！"

这就是我们的党！这就是我们的人民！这就是我们的军队！这就是我们的信仰！这就是我们能够打败日寇、横扫八百万蒋家军、建设新中国，能够越过前进征途中无数急流、漩涡、险滩的精神优势！ [2]

解放后，父亲长期从事我军的政治宣传和新闻工作，是《解放军报》的创办人之一。1985 年 8 月，他的战友胡痴在《刘邓大军征战新闻篇》一书中写了一篇悼念他的文章，题目是《军事报道的先锋——忆唐平铸对刘邓大军新闻工作的贡献》。文中写道：

> 唐平铸同志在军事新闻战线上，不仅是一位优秀的指挥员，而且是一位思想敏锐、文笔犀利、英勇善战的模范战士。他是《战友报》《人民战士报》的特约通讯员、特约记者，曾列野战军政治部颁发的军事报道优秀奖的榜首，多次获得两报通讯报道的甲等奖。[3] 其作品的特点是，思想鲜明，重点突出，文风修炼，题材多样，勇于探索，不落俗套。
>
> 比如，为宣传以小的牺牲换取大的胜利这个主题，他曾写坏了几张纸，都没有起好头，但报纸不久就发表了他写的《英勇机智的张鸣鹤》和《徐庄坚守战》两篇通讯，显然是他为突破这个主题终于开好了头。又如，当新华社提倡《话说得再短些》时，唐平铸同志积极响应，先后写了不少短小精悍的报道，其代表作《人炮俱存》和《苟团长带伤指挥》四百来字的短文，都是他狠心由一千多字压缩下来的，新华社也都做了转播。《急急忙忙跑来就被消灭了——蒋军一五三旅被歼经过》和《蒋军第四十师的覆灭》两篇文章，前者写了强攻定陶之战，后者写了我军在大别山高山铺的战斗，都是作者在极端紧张的战斗间隙中，留下来的佳作。
>
> 当然，影响最大的是那篇介绍《王克勤班》的文章，是由唐平

铸主持写成的，它在《战友报》上一发表，就引起各部队的重视和推广，展开了学习王克勤的运动，并被新华社转播。延安《解放日报》登出了《普遍开展学习王克勤运动》的社论，称赞他"为中国人民解放事业创造了新的光荣的范例"，把学习王克勤的重大意义提高到了一个新高度。王克勤的"三大互助"带兵经验迅速在全军推广，极大地提高了部队的战斗力。当一级杀敌英雄、模范共产党员王克勤排长在鲁西南战役中，率领全排奋勇登城、英勇牺牲的消息传到野战军总部时，刘伯承司令员难过地说："蒋介石一个旅也换不来我一个王克勤！"他和邓小平政委以自己的名义，亲笔给王克勤所在部队写了唁电。[4]

父亲逝世后的 1985 年秋，唐炎明去广州军区看望司令员尤太忠，受到了尤司令和夫人王雪晨的热情接待。战争时期尤太忠曾任十二军三十四师师长，唐平铸是政委。尤太忠高兴地回忆起他们度过的战斗岁月。他说："那时我们才 30 岁出头，年轻力壮，精力充沛，干劲可大了。唐平铸文化水平高，笔头很好，不仅理解上级精神快，而且会议记录准确。每次我们参加刘邓召集的作战会议回来，他三下两下就整理出来，我们很快布置到各部队。"尤太忠特别提到进军大西南。在人民解放军取得辽沈、平津、淮海三大战役胜利之后，根据中央军委和毛泽东的命令，要求我军速歼长江南岸之敌，南下西进，夺取重庆。在军长王近山的指挥下，他和唐平铸率领的三十四师是先头部队，沿着石门、大庸一线，冒着滂沱大雨，每天以八十至一百二十多里的速度疾进，强渡乌江，直扑彭水。从军事上看，西南地区易守难攻。我军进军行程两千余公里。一路上山路崎岖，川多流急。蒋介石妄图以川湘鄂胡宗南的三个兵团、宋希濂的两个兵团和孙震、孙元良兵团及当地民团数十万人，拼凑成"川湘鄂防线"阻止我军南下西进入川。

尤太忠说，他和唐平铸带着部队一路拼杀，直扑重庆市内的各个制高点，兄弟师还攻占了白市驿机场。如果不是蒋介石逃得快，险些成了瓮中之鳖。1949 年 11 月 30 日下午，重庆解放。尤太忠和唐平铸率领的二野三十四师和兄弟部队打开了重庆的大门，成为进入该城的第一支解放军部队。

谈话中，尤太忠提到一本《里应外合，消灭敌人》的书，唐炎明回北京后从藏书里翻了出来。该书1945年5月10日由太行军区政治部出版，注有"对敌绝对秘密"字样，编号为0045。它是父亲根据中央指示精神，在总结我军对敌军内部策反的经验、方法和范例的基础上写出的。书中还有一篇张香山的文章。太行军区政治部在编者按中对该书给予了高度评价，称它"具有指导作用"，要求"各部队在实践中把它更加充实起来"。此书与父亲解放后写的《千里跃进，逐鹿中原》《南征日记》《打过黄河去》等长文以及与李达、陈斐琴、胡痴、杨国宇等人合写的多篇著作，是研究中国共产党战争史和政治工作史的重要文献。

从1937年初加入红军算起，到1985年逝世，父亲弃画笔，握钢笔，持钢枪，从戎48年。加上在日本的斗争经历，他参加革命整整50年，为中国人民的解放和幸福献出了一生。

《解放军报》的创办人之一

20世纪50年代初，解放军由单一的陆军正式扩建为陆、海、空三军组成的合成军队，各军兵种也都陆续组建。为了配合部队政治教育和军事训练，更好地贯彻中央和军委各项指示，急需有一份在军委领导下指导全军工作的报纸。

1955年6月3日，总政治部向中央军委、党中央呈送了创办《解放军报》的报告。8月4日，毛泽东批示同意。《解放军报》于1955年9月28日试刊，1956年元旦正式出版。父亲是军报的创办人之一。根据军委命令，他和胡痴1953年先后由西南军区调入北京，筹办《解放军报》。军报的第一任总编辑是欧阳文，父亲是副总编辑，胡痴为总编室主任。从报社成立至1990年6月，担任报社领导的还有李逸民、华楠、赵易亚、刘宗卓、钱抵千、吴之非、吕梁等。文革开始之前，华楠被调离，父亲唐平铸主持军报，代理总编辑工作。他调《人民日报》后，胡痴自 1966 年 9 月至 1967 年 1 月担任代总编辑。

为了贴近部队、贴近基层，军报的领导不仅要求记者和编辑深入基层，而且身先士卒，在荒无人烟、条件艰苦的边防哨卡、海岛前沿都有他们的足迹。军报的人员出去执行任务，从不车接车送，都是蹬自行车、挤火车和汽车，有时步行或搭乘农民顺路的马车、牛车。为了赶时间，有的记者啃着挎包里自带的干粮，在车站一蹲就是半宿。

父亲唐平铸、胡痴等军报领导狠抓典型事迹和典型人物的报道。1963 年 3 月，在毛泽东为雷锋题词后，父亲等人组织了对雷锋事迹的全面报道，进一步在全国、全军掀起了学习雷锋的高潮。雷锋精神激励了中国几代人，传向了世界。在父亲等人主持下，1963 年 3 月 30 日，军报一版以"艰苦作风代代相传"为通栏标题，发表了南京路上好八连的长篇通讯，并配发了《务必保持艰苦奋斗的作风》的社论。毛泽东看后，欣然命笔，写下了广为流传的《八连颂》诗篇。接着，他们又把报道"硬骨头六连"作为军报宣传的一大"战役"来抓。他们主持或亲自撰写的《百炼成钢的硬骨头六连》长篇通讯和《我们需要这样的硬骨头作风》的社论与读者见面了。从 1962 年到 1964 年的两年多的时间里，军报对郭兴福教学法这一"练为战"的军事训练典型进行了深入报道，成为轰轰烈烈的"大比武"的先声。

军报宣扬的许多典型，不但教育激励了一代又一代人，也浸透了我们的父亲唐平铸及军报全体人员对人民军队的热爱和感情，在党和军队的新闻发展史上，留下了浓墨重彩的一笔。本书虽然没有篇幅涉及父亲在军报的具体日常工作，但是作为党和军队喉舌的《解放军报》，它的每一天、每一页都记录了人民军队发展壮大的光辉历程和业绩。为之呕心沥血、历经坎坷的军报创办者们虽已相继故去，但他们所受的磨难和为军报做的工作，人们是不会忘记的。

一位名叫王革勋的军报读者，是 1951 年参军的老革命，他发表了一篇名为《一张报证见深情》的文章，现引用如下：

　　我从五八年部队转业，一直订阅《解放军报》《八一杂志》。因为我是在解放军部队成长起来的人民战士，对人民军队充满着眷恋之情，无疑是一种感情寄托。另外，我欣赏《解放军报》办得活，版面安排、内容反映比其他报有突出之处。比如国内外形势的综合宣传较为及时，党的教育内容编撰具体生动。它的专栏"思想战线"尤其吸引人，很适应政治工作者的业务需要。所以《解放军报》成了我生活中不可缺少的读物。

　　但是从六二年二季度开始，《解放军报》改为只限军内发行，地方上地委、县委书记兼分区、人武部政委者，可以凭证订阅。这样一来，我作为普通党务干部，自然就订不上了，心里觉得很不是个滋味，三季度就没订上军报，总觉着自己工作中、生活中缺少点什么。在情绪不愉快、不得已的情况下，六二年十一月下旬，我抱着试试看的态度，给《解放军报》总编辑写了一封特别激动的信，言明《解放军报》维系着一个转业干部热爱部队的心，我所从事的工作也确实离不开它，要求军报首长无论如何，哪怕破例发给一张订报证，解决这个问题也行。

　　谁知就在寄出信后的第三天，我就接到回信。那时信件传递快，机关工作效率也高。拆开信一看，我原信上有个毛笔批示：

　　同意发给一个证，可从十二月份订起。

唐平铸

　　并附来一张订报证。这时我才知道唐平铸将军是主持解放军报社的副总编辑。可见唐将军非常理解人民战士的心，一收到信就立即作了批示。将军及时亲自批字，发给地方普通干部一张订报证，恐怕当时在全国也属罕见。我高兴极了，随即到邮局办理了《解放军报》订阅手续，从此我又能继续阅读《解放军报》了。我从内心里感激部队的关怀，将军批准发给的一张订报证，蕴藏着人民军队对它的战士的无限深情，我要努力做好地方工作，并随时准备响应党的号召，重新走上保卫祖国的战斗岗位。

我跟唐将军虽然不曾见面，但在刘邓大军千里跃进大别山之后，1948年出版的《南征一年》中，我看过他写过的不少文章，文如其人，朴实无华，以后又在辞书中看到过他的照片。他的革命风范，他的严谨的工作作风，将永远留在我的记忆中。[5]

监禁中的生活

能在命运的漩涡中奋进、搏击的人，是鲁迅赞赏的"弄潮儿"。然而，跌进漩涡中能够生还者，毕竟寥寥无几。在文革中，我们的父亲唐平铸正是跌进了与生命和命运攸关的漩涡。他的遭遇，除了"悲剧"这个词以外，找不出第二个词来形容。在中国特有的、人为的漩涡中，他挣扎过、抗争过、翻滚过……他被关押了近八个年头，能从"四人帮"的牢笼里捡回一条命，已是万幸。

1966年5月，当父亲踏进北京闹市区王府井大街的《人民日报》办公大楼时，以为凭他对党的忠诚，凭他穿着军装的文人生涯和军旅经历，总不至于分不清方向吧。但他哪里料到，这不是书生办报，而是"政治家"办报。他进入的是全国舆论界的中心，是深不可测的高层政治斗争的风口浪尖。

继在1967年1月受到《解放军报》"夺权"的牵连而被短暂监禁之后，1968年9月17日，父亲第二次被监禁，这也是他被正式逮捕的日子。他的案件一开始由中共中央第二专案办公室负责，后来又转到了中共中央第一专案办公室。在被关押一年后，即1969年9月17日，父亲在日记中回忆了被捕时的情景：

那天天刚亮，我把儿子叫起来，准备利用休息时间去德胜门外的二拨子钓鱼。他们骑车先走了。我出门时碰上叶寒青[6]下夜班回来，他告诉我，陈伯达打电话说"调我回军报"，并要我"不要紧张"。当时天正下雨点儿，我本来不想钓鱼了，又怕儿子找不着，还是去了。到了二拨子，下起倾盆大雨，春明、大毛（向明）都在那里。我们就在一位老乡家里躲雨，十点钟往回返。刚到家，有两个军人在门口截住我，厉声大吼："你上哪去了？等了一上午！"我看他们的态度不对，就知道有事了。这两人不准我进家，我只好在对面的一间屋子里换了衣服（我被雨淋得湿透了）。他们也不让我同妻子讲话，只命令我带着简单的行李跟他们走。其中一个说："哼，你还钓鱼！"他用舌尖顶着牙齿狠狠地说出了那个"钓"字。他们左右一坐，把我夹在汽车后座中间，押走了。随后就把我关了一间小小的屋子里。房门上掏了一个小孔，随时有战士在外面观察监视。[7]

父亲几次被转移，一年多后，他被关到了一个监管更严的地方。后来犯人可以看报了，他把看过的报纸用水泡成纸浆糊在脸盆上，干一层，糊一层。最后，剥下来做了一个脸盆形状的大灯罩，用于聚光看书，弄得看守连连称奇。在被关押后期，直系亲属可以探视了，但是需要事先写信申述理由。经友人指点，孩子们把信送到中南海西门对面的一间房子里，请那里的工作人员转呈中央专案组。经过批准方可探视，有时要等三四个月才有回话。探视时有专人"全程陪同"，不准谈生活以外的事情，送去的日常用品必须经过检查，不允许送食品，也不允许直接把东西递给犯人。孩子们就用在洗衣粉里放小纸球等方法给他送消息，使他了解狱外的情况，竟然没有被检查出来过。这些消息，有些是已公开传达的，有些是道听途说的，有些是孩子们怕父亲在里面想不开，写的家庭趣事。父子间这种危险的"地下活动"，从未间断。如前文所述，林彪事件的消息，他就是这样知道的。

有一次，孩子们背着不能行走的母亲去探监。同往常一样，警卫一见他们，先是在楼梯口检查，然后拍巴掌，用掌声通知楼上的第二道岗。上面的警卫回应几下巴掌声后，在看守的陪同下才可以进去探视。那时还没有对讲机等通信设备，同一楼层的囚犯不能互相见面，都由看守守监视着轮流单独放风，甚至连上厕所都要先报告，有专人陪同。那一次，孩子们气不过他们这样对待父亲，就在走廊里故意乱拍巴掌，竟招来了许多警卫，以为出了什么事。结果是父亲连带家属一起，遭到了看守人员的严厉训斥。

父亲在 1969 年 9 月 17 日的日记中还写道：

> 这是一年前的事了，我已经在这小屋子里整整被关了一年。这一年我经历了巨大变化。几十年沸腾的革命生活，突然转变到这样一个环境，开始很不习惯。然而，这间小屋也是我静心思考的地方。这一年中，它使我有时间回过头去看看自己的历史，对自己灵魂深处的污浊来一番大扫荡，使我有机会带着问题去学习毛泽东思想，学习马列主义理论。我把这些想通了，精神就愉快，就解放。除了对家里妻子儿女惦念之外，就没有什么挂记的了。
>
> 在这一年中，我读了列宁著的《唯物论与经验批判论》这本难读的书。过去几次下决心都没有时间读，这次反复看了，写了两篇读书笔记。现在正在读恩格斯的《反杜林论》……
>
> 1967 年 1 月 17 日我在人民日报社第一次被揪斗。1968 年 9 月 17 日我第二次被揪斗。
>
> "17 日"，对我是个教训日，也是政治思想上的忏悔和翻身日。每年的这一天，在日本强盗侵占东北"九一八"事件的前夕，我同时来好好纪念我自己的"九一七"。为了纪念，我今天换了新毛巾，自己放了假，没有学习。上午写了这篇日记，下午准备洗洗衣服，打扫打扫卫生，干干净净进入我的新一年。[8]

他在另一篇日记中写道：

> 每天领我去劳动的那个战士，我实在讨厌他，吹毛求疵，还经常发脾气。不是嫌我没有把地上的树叶扫干净，就是说我把大

粪浇到了菜心里。但时间长了，我觉得他挺负责任，星期天也不休息，从来不睡午觉，不是锄地，就是喂猪，一天忙到晚。有件事使我很感动：今天他让我到茅坑里去淘粪，装在一个大铁桶里，总有一百几十斤。我心里想，我跟他一起抬，真够呛。但他插进一根粗木棍时，他那一头留得很短，我这一头留得很长，抬起的重量几乎都压到了他身上。我们的战士把我们都当成了阶级敌人，我不能怪他们，何况我们革命几十年，总是有错误呢！　　⁹

他在狱中的另两篇日记如下：

1970 年 11 月 6 日

听说小妹（爱明）她们准备分配，她可能到甘肃或内蒙。孩子们一个个远走高飞，从我身边走了。祝他们在祖国的社会主义道路上展翅飞翔，祝他们为祖国，为人民，为毛主席贡献自己的一切！努力吧，孩子们，永远沿着毛主席指引的道路前进！

12 月 31 日，除夕

在革命征途中，我摔过两次跤。五十年代初一次，那是进城以后骄傲了，自满了。在六十年代又是一次，没有紧跟毛主席，犯了政治上的错误。归根到底，是资产阶级世界观的问题，立场问题。

在"老三篇"里，毛主席有两处写着"但是还不够"。

毛主席说："我们今天已经领导着九千一百万人口的根据地，但是还不够，还要更大些，才能取得全民族的解放。"

他又说："首先要使先锋队觉悟，下定决心，不怕牺牲，排除万难，去争取胜利。但是还不够，还必须使全国广大人民群众觉悟，甘心情愿和我们一起奋斗，去争取胜利。"

"但是还不够"，就是要我们继续前进，继续革命。

父亲被监禁时，为了防止案犯"畏罪自杀"，连裤带、手表都被搜走，大小便有人监视，睡觉时不准关灯，只许"一侧睡"，即面向门上的观察孔睡觉。背对观察孔坐和卧都是不允许的。他出狱后才知道，他同吕正操、王尚荣、刘宁一、胡痴、王若飞夫人李培之等"要犯"关在一起，每个人都有编号。看守喊："六号，上厕所！"犯人只知自己的号码，互不知晓其他人是谁，连上厕所都要错开。专案人员常常对着观察孔吆喝："还躺着干什么，不交代就是死罪！""你以为你革过命呀，你是老反革命。现在就要革你的命！"父亲说："偶尔听到有人骂专案组的声音，才知道，'原来他也关在这儿'。"

唐亚明曾经在另一本书中回忆过当年的情景：

那天，我去黄寺（原北洋军阀兵营的一栋旧楼）送东西。最近专案组通知我们把东西送到这儿，才知道父亲可能被监禁在这栋楼里。我已经五年没见过父亲了，可是专案组只同意收东西，不让见。我只得把香皂、牙膏等日用品交给门口铁面无私的警卫。天渐渐暗了下来。我悄悄绕到了楼后面，等巡逻的战士走过去，钻进了楼周围的矮树丛。我多想见父亲啊，哪怕看一眼也好。我蹲在树丛里等了一会儿。

为了防止"犯人"自杀，他们被关在一楼的可能性很大。但是一楼的窗台也很高。

我抓住窗台上的铁栏杆，脚蹬墙壁，好不容易爬了上去。房间里有一个老头儿，在屋里走来走去。不是父亲。我爬到另一个窗台上，有个老头儿正在昏暗的灯下看书。他也不是父亲。我又爬上了一个窗台。房间里的人正在那儿发呆，听到声音往我这边看了看，我赶紧跳了下来。

我大概看了五六个窗户，都没找到父亲。他到底关在哪儿呢？

我避开巡逻的战士继续找。当我又爬上一个窗台时，眼前一亮，啊，爸爸！他正伏在桌上写什么呢。我使劲敲窗户，父亲吃惊地抬起了头，一看到我，第一个动作是回身去关门。父亲慌忙打开了窗户。我隔着铁栏杆边哭边喊："爸爸！爸爸！"父亲紧忙问："小毛，你怎么来了？""爸爸，你身体好吗？"父亲说："妈妈身体怎么样？大家都好吗？"我刚要回答，一只大手搭在了我的肩上，一把把我从窗台上揪了下来。我摔倒在地上，两个持枪的解放军战士站在我面前。他们拧住我的胳膊，把我拉到了警卫室。

我被审讯了很长时间。我只回答一句话："我想见爸爸。"警卫战士说："今后绝对不许爬窗户了，我们会开枪的！"然后，他们把我放了。后来我听父亲说，他当天就被转移到了别的房间。

父亲被抓走时我十五岁，见到他时我已二十岁。我们相见了不到一分钟。[10]

学习不倦

我们的父亲一生兴趣广泛，在文学、绘画、诗歌、摄影、音乐、日语、俄语等方面都有很高的造诣，被一些人称为军中"才子"、"文人"和"笔杆子"。

在监禁期间，开始时只允许他看《毛泽东选集》。他据理力争，要求读英文版。然后，又以"为了深刻理解毛泽东思想"为由，拿到了英语字典和语法书。他用了两年时间啃语法、背单词，通读了英文版《毛泽东选集》。

1974年10月间，在监禁后期，经专案组多次审查，他得到了一本反映黑人反对奴隶主义的长篇小说，用了两个多月的时间，集中翻译出来，书名为《霹雳前程》，约二十万字。翻译用的都是多年积攒的"交代"用纸。后来，看管人员发觉他老是主动要纸写交代，而且交代的都是"老豆腐账"，就不痛快地给他纸张了。他只好把报纸的中缝撕成一个个长条，在上面书写。为了节省纸张，字写得小到不能再小，是真正的"蝇头小楷"。他被释放后幽默地说："没想到，我在里面竟学会了哑巴英语。"

在牢房里，他写了一份《关于汉字改革向中央的建议》，在该建议的后面，他附上了一份写得密密麻麻，数以万计的《汉字精简方案（初稿）》，详细论述和说明了汉字精简的具体步骤和方法。他在日记里写道：

> 我研究了汉字改革问题。尽管手头没什么材料，但我还是尽我所能，草拟了一个改革汉字的建议和实施方案。几个月前，我曾把初稿交给专案小组，让他们转交中央文革，结果如石沉大海。今年"七一"时，我把报纸上看到的战士练兵、群众搞生产的许多豪言壮语摘录了几百条，让专案组转交《解放军报》，结果也是石沉大海。令人不解的是，他们认为我这是在"捞政治资本"，"搞投机"，真令人心寒。我这次再不交给他们了，除非有可靠的把握再给出去。另外，文字改革的方案还要再修改。我对这个工作有极大的兴趣，如果放我出去，党将来让我干这件事，我是极乐意的……[11]

1971 年夏天，他得知中央已恢复了对"中华人民共和国版二十四史"的点校工作，并且可以使用"旧人"。他兴奋异常，立刻向专案组人员提出参加点校。看守他的人讥讽说："你以为你是谁呀？你想都甭想，你是政治犯！反革命！"

父亲为了消磨狱中难熬的时间，开始织毛衣。这是在延安大生产运动时学会的。他用"放风"时捡的碎瓦片把筷子削成毛衣针，把旧毛衣拆了织，织了拆，后来，他试着在毛衣上织出各种图案。家中现在还保存着一件他在狱中织的毛衣，正面是一幅精细的中国地图，背面是老牛拉车的图案。从这件毛衣，可以看出他的美术功底和灵巧的双手，可以看出他对祖国的热爱，更可以体会到他在狱中的万般辛酸。

专政的"铁拳"下

文化大革命中，我们全家被"无产阶级专政的铁拳"打得七零八落。家里遭到造反派、专案组、工宣队三次毁灭性的"抄家"。毛泽东、林彪、周恩来、邓小平等人接见他的珍贵照片，他第一次受冲击时写给周恩来、林彪等人的信的抄件，收藏的字画、历史资料、图册、照片、日记，以及出访带回的纪念品等，统统被搜掠而去。家里的沙发、立柜等家具都由旧货店廉价收购。仅有的一台黑白电视，转移到朋友赵观祥家，才幸免被没收。

有一次，华明（老四）闻风不对，匆匆从学校赶回家，在家里到处乱翻"销赃"。他把藏在墙角一堆衣服里的一摞照片找了出来，里面有1959年父亲随中国新闻代表团访问苏联时，赫鲁晓夫接见的相片；有父亲与贺龙、罗瑞卿的合影；有1964年随中国军事代表团访问阿尔及利亚、埃及时与李志民等的合影。华明把照片撕碎后，扔到马桶里，用水冲走了。他说："这些不能留！"家里有一幅画家黄胄画的驴。文革中有文章说黄胄画的毛驴后面，是反党反社会主义的匕首和炸弹。华明担心父亲再增添与"驴贩子"有关系的罪名，便用小刀把画上黄胄的名字划掉了。

父亲被释放后听说此事，笑着说："我已经被定性为反党分子、反革命修正主义分子，罪名已到顶了，再沾上这些也没什么。黄胄有什么问题？他是一名画家嘛。"华明求父亲去请黄胄再画一幅。他想了想，第二天带着那幅画去探望黄胄。那时黄胄已很少作画，但是听完这个故事后，便把那幅画裁去一条，然后用毛笔重新写上了自己的名字。他左看右看，似乎还不太理想，最后在画上又添了一条小毛驴，还加了几片柳叶。

我们被扫地出门后，被撵到了没有厨房和厕所的两间小房子里。孩子们用碎砖头在门口垒了个煤炉子，按湖北老家的习惯，在灶的旁边还装了个瓦罐，好用热水。工宣队见了讽刺说："你们还'修'得不够吗？"勒令拆除。

　　有一次"军艺"的造反派来抄家，华明急了，拿着一把菜刀挡在门口。妹妹惠明眼快，急忙用身体挡着哥哥。造反派冲过来要夺刀，华明回身跑到屋里，把刀扔进一锅正在熬的热汤中，换了一把炒菜铲拿在背后。造反派冲上去，威逼他交出凶器，兄妹俩强辩说他们看错了，还说你们可以随便搜。造反派在屋里翻了一通没有找到，胡乱砸了一气，丢下一句"咱们没完，走着瞧！"兄妹俩躲过了一劫。

　　家里人听说"黑帮"的存款会被冻结，炎明赶紧拿着一张到期的存单去银行取钱。存单上的 600 元是留给母亲和妹妹治病用的。炎明把存单递给营业员后，营业员左看右看，瞪了他一眼，转身向后屋走去。不一会儿，里面出来一个人，冷冰冰地说："你回去，存单我们按上面的通知留下！"炎明大声争辩，要求给一个凭据，但是没人搭理他。

　　在文革前我们家曾养过一条狗，胡痴家养过一只白猫，它们是唐、胡两家孩子们的宠物。文革的批判大会上有人念了这样一首顺口溜："唐家狗，胡家猫；又是跳，又是叫。搞阴谋，笑藏刀，想翻天，不得了。让你跑，任你嚎，红宝书，能照妖，金猴奋举千钧棒，看你唐、胡哪里逃！"

　　父亲被监禁后，子女天各一方。

　　老大羽章在哈尔滨军事工程学院被打成"反动学术权威""小神仙""黑军师"，后随内迁去了湖南长沙。

　　老二炎明从北京被"逐"到陕西兴平兵工厂，后被强制复员。所幸北京市食品研究所所长刘震收留了他。刘震是李志民上将的亲戚，他先后收留、保护的，还有刘少奇、肖华、王炳南、李聚奎、张灿明、汤平、王纯、严俊等二十余个党、政、军大小"黑帮"的子女。在当年，没有超人的胆识和对老干部的同情心，谁敢这么干？他对炎明说："好好工作吧，你们的父母都是老干部，要相信党一定会解决他们的问题。"在他的领导下，炎明在食品科技上做出了成绩，被当作"可以教育好的子女"的典型。周总理逝世后，炎明和同事王英若不顾"清查"的危险，带领五十多人到天安门纪念碑前向周总理敬献花圈。是刘震所长和书记邓婉如一次又一次地顶住追查，保护了他们。粉碎"四人帮"之后不久，刘震所长因癌症去世。当年被他保护的"狗崽子"们怀着沉痛的心情，参加了告别仪式，向这位正直的良师益友鞠躬致敬。

老三智明是哈军工的高才生，被贬到了四川江油深山里的研究所，几年都难得回一趟家，正值青春期，对象也难找。

老四华明北京工业学院毕业后，被分配到遥远的青海西宁氮肥厂当工人。

老五爱明被分配到河南新乡水泵厂当工人。

老六惠明因病留在家里。

老七向明到山西大同的农村插队，连主食高粱面都吃不饱。

老八亚明去了黑龙江生产建设兵团，在中苏边境"屯垦戍边"。

老九丽明那届毕业生没有下乡，被分配到北京显像管厂当工人。

最小的老十春明，13岁时和军报的一个同龄孩子想知道父亲到底犯了什么罪，夜里偷偷爬进军报办公室。他们学着电影里侦探的样子，戴着手套，打着蒙布的手电筒，倒着走路，在经过的地方撒上"六六六"粉。他们把办公室翻得乱七八糟，想看看有没有父亲的罪行材料，但是什么也没有找到。他们胆战心惊地溜回家里，一夜未睡。第二天案发了，军报以为出了重大政治案件，上报总政保卫部立案。保卫部很快就锁定了"目标"，两人被逮捕，判处"劳动教养"，几个军人把他们连推带搡地送到了天津郊外的劳改农场。教养结束后，未成年的春明好不容易在一家街道工厂找到一份烧锅炉的工作。

我们的母亲陈友孟因病行动不便，家里也没条件洗澡。附近有一家浴池，那里的年轻工作人员得知她是老革命，几个姑娘就"学雷锋"，隔些天就用三轮车把她拉到浴池，帮她搓背洗澡。母亲过意不去，让孩子们用大红纸写了一封感谢信，打算等姑娘们再来时拿到浴池张贴，可是姑娘们突然不来了。母亲对孩子们说："你们想想，你爸爸是在押犯，我们不能连累她们啊！"

不幸的家庭各有各的不幸。痛苦的往事说不完。

相伴一生的妻子

我们的母亲陈友孟，1937 年奔赴延安参加革命。

她原名陈秀珍，1913 年出生在武汉一个清贫文人家里。她的父亲以代写书信为生，生了三女二男，秀珍是老二。当时城里的女孩子也只能接受最基础的启蒙教育，她 16 岁时就嫁给了与她同龄的唐平铸。婚后不久，丈夫去上海美专学习，为了自立，她报考了学习医疗护理的夜校。她后来说，当时只是想学点本事，将来好孝敬婆婆。她做梦都没有想到，她学到的知识，日后竟用在了抢救伤病员的战场上。

父亲到日本留学后，很久没有音信，母亲到处打听，终于从上海回来的朋友处听说丈夫已回国。但朋友也不知唐平铸去了哪里，说估计他是不想连累家人。

父亲的老战友卢耀武回忆说，陈友孟到延安参加革命是个传奇：武汉黄鹤楼附近有个算命先生，离陈友孟家不远，她情急中去算命。这先生问明生辰八字后，送了她一个"贾"字，让她回家慢慢领悟。她猜了很久都没有猜出意思，后来全家人一起猜，最后认为应该这样解：把"贾"字拆开，上方是"西"字，下方是"贝"字。"贝"与"北"发音相近，把"贾"字上下分开念，就是"西北"。母亲高兴得像个孩子似的跳起来："西北，西北，不就是延安的方向吗？"她凭着对丈夫的了解，认定他去了进步青年向往的延安。"我要去找平铸！我要去打鬼子！"婆婆拗不过，只好给她准备了一些路费和干粮。1937 年 5 月下旬，她上路了。

那个年代，一个青年女子很难独自出门。恰好唐平铸弟弟的同学赵观祥也决心奔赴延安，母亲便与他同行。他们辗转周折，用了一个多月的时间到了西安，找到设在七贤庄的八路军办事处（当时还叫红军联络处），遇到了正在那里的叶剑英和邓颖超。他们身边的接待人员非常热情，而且看中了这对男女青年，希望他们留在办事处工作。赵观祥同意留下，当即改名白敏。新中国成立后，赵观祥曾任国家测绘总局副局长。而母亲坚持要去延安寻找丈夫，办事处便给她写了一封介绍信。

当时，国民党政权已封锁了通往延安的道路。母亲北上途中，时常碰到盘查和阻拦。要是被挡住了，她就折返一段路。过几天风声不那么紧了，她就继续北上。走了好些日子，还在西安以北不远处的三原县徘徊。

时当 8 月，突然下起了滂沱大雨，她就在一处山崖下躲雨。躲雨的当地农民越聚越多。他们身穿黑布衣裤，用布条或草绳扎着裤腰、裤腿，目光呆滞地盯着这个南方姑娘。她听不懂他们说的陕西方言，害怕极了，终于控制不住大哭起来。一个老大娘热情地把她迎进了家里，让她在炕上休息。大娘听说她要去延安，拉着她的手说："娃娃，你一个人走这么远的路，可苦了你了！"

说也凑巧，奔赴延安途中，因大雨受阻的蓝苹（到延安后改名江青）等人，也来到了这个村子里。母亲和他们谈起了自己千里寻夫、想参加革命的经过。从上海来的蓝苹，当时给母亲的印象是"大方，看来见过大世面"。蓝苹反复问她，是不是确认丈夫在延安？但是母亲并无把握。蓝苹劝她不要着急，说到延安还有好长一段路，你一个人上路太危险，不妨先在大娘家停留几天，我到延安后找到唐平铸后让他来接你。

蓝苹果然说到做到，她先是到了洛川。那天（8 月 25 日）晚上，正值洛川冯家村举行的中央政治局会议结束，这个来自上海的女演员立刻吸引了许多人的目光。身穿补丁衣服的毛泽东，微笑着向她伸出了手。那时还没有什么小汽车，蓝苹搭乘的是毛泽东的卡车，毛泽东坐在驾驶室里，蓝苹一行则坐在露天车厢里。她到延安后，找到了正在抗大第二期学习的唐平铸，告诉他，你老婆来找你，已经走到了三原，你赶紧去那里把她接来吧。父亲非常惊讶，请假赶往三原，果然顺利地找到了妻子，把她接到了延安，进入抗大第三期学习。

关于江青由上海到延安的经过，有不少说法。陈友孟与江青在陕西三原因大雨受阻相遇，可以作为江青经三原到延安的佐证。在时间、地点上，与介绍江青到延安的徐明清所说情况相同。江青比陈友孟早到几天。解放后，母亲一直没有忘记那段往事。她特别惦记那位照顾过她的老大娘，可惜没有找到。江青在 1938 年 11 月成为毛泽东的妻子。文革中，母亲为解救被囚禁的丈夫，给江青写信求助，还提到当年在三原相遇之事。可是却如石沉大海，没有回音。

母亲在抗大学习期间，一次，担任教务长的罗瑞卿与唐平铸夫妇聊天，问她："你知道古代孟姜女千里寻夫哭倒长城的故事吗？"母亲回答："听说过。"罗瑞卿说："你就是现代的孟姜女呀！"说到这里，罗瑞卿掉头对唐平铸说："陈秀珍这个名字很多，现在她参加革命了，应该给她改个名字。你们的故事很感人，是革命友谊加现代孟姜女！"罗瑞卿征得唐平铸的同意，将陈秀珍的名字改作陈友孟。"友"表示友谊，"孟"是指孟姜女。从此，陈友孟的名字伴随了她一生。

母亲在武汉护校学过一点医术，到了延安后，她抓紧一切可能的机会参加医务学习。一年后，组织打算让她进成立不久的延安鲁迅艺术学院，因为听出她的声音好。但是她说自己喜欢救死扶伤的医务工作，婉拒了组织的安排。后来，孩子们和她开玩笑："你当年要是进了鲁艺，现在不就是大歌星啦？"她笑而不答。

母亲的医术是在战争中学来的，战场就是课堂。有一次，她去听白求恩大夫讲课，并现场学习手术。她说："那个高鼻子蓝眼睛的人，态度严厉，看起来怕人，但是他手术干净利落，连固定受伤部位的夹板都是他亲手做的。"

当时还有不少优秀的医生到延安参加革命，母亲虚心向他们学习，使自己的医疗水平不断提高。在抗大毕业后，她任延安中国女子大学卫生科长。叶群当时是女大的组织科干事，后任科长。母亲被大家称作"陈医生"，她与许多领导同志及他们的夫人都很熟悉，连抗大校长林彪也一直这样称呼她。在八路军总部所在地左权县麻田村，她还接生过邓小平的儿子邓朴方。

随着抗日战争的进展，母亲随父亲调入八路军一二九师，参加了在太行山保卫和拓展根据地的战斗。父亲在战斗部队从事敌工工作，母亲在野战医院负责救护。在炮火和硝烟中，他们成长起来。解放战争时，父亲先后任纵队宣传部长、师政委、军政大学总政委，母亲一直在野战医院，任医疗队长、院长。他们从太行山行进到大西南，从战争走进和平。

解放后，父母亲回忆起他们在抗日战争中的一段经历：

父亲说："百团大战时，我在总部机关担负搜集、整理、分析敌人情报的工作。任务重，要求急。我还时时牵挂着友孟他们是不是被日本鬼子包了'饺子'。我的心一直揪着，战斗结束后才从刘伯承师长那里知道了她的情况。"

1981年6月，父亲帮助母亲整理了《伤病员的贴心人》一文，记述了当时的情景：

　　1940年秋天，坚持华北敌后抗战的八路军，对日本侵略者发起了震惊中外的百团大战。敌人遭到重创后，派了重兵对我抗日根据地进行规模空前的"扫荡"。

　　日寇对太行山的"大扫荡"是9月初开始的。

　　当时情况紧急，百团大战中下来了大批伤员，需要紧急安置和治疗。我当时才二十来岁，什么经验都没有。我接受了一二九师第三医院院长的命令，临时组织了"第三所"，去接收三百多名伤员。我带了十五名护士和照护员去执行这个任务。院部给我的药品和手术器材极少，我记得只有一点红汞、碘酒、石碳酸，一袋解热药，一盒樟脑注射液，几支麦角液，还有十几把镊子，两把剪子，一个小手术包，几卷绷带和两副注射器。我们刚刚撤到山西武乡县的刘家嘴，一个排长带着三百多名伤员就全部转来了。

　　第二天，情况更紧了。敌人已经接近洪水镇，离我们只有二十多里地。我们和院部取不上联系，我也不可能知道唐平铸的消息。药品少还可以对付，伤员也很体谅，最恼火的是吃的问题。院部拨的粮食还在西面山上，根本救不了急。我们费了很大的劲在附近的村子动员了一些麦子，在碾子上压了压，煮稀糊糊吃。无油无盐，伤员们吃得挺高兴。

　　正在这时，有一支部队来到村子里。一个身材高大、戴着眼镜的同志，走到我面前，看了看锅里的稀糊糊，和蔼地问："你们是哪一所的？"伤员回答是第三医院第三所的。他接着问："你们所长呢？"我站起来也没有顾得上敬礼，回答说："我就是。"

他问我："你们在这里住多久了？"我心里正生气，院长只交给我组织第三所的任务，粮食只说在准备，没有告诉敌人来了怎么转移。我不客气地说："多久？这个所才成立两天！"我也不认识这位首长是谁，反正是有点想发牢骚了。可是他平心静气，态度和蔼地对我解释当前的困难。他又问我："你这个小鬼是第一次担负这个任务吧？"我告诉他，我刚从延安调到前方不久。他笑了笑说："好吧，有什么困难，去找我们的管理科长。"他回过头来对一个警卫员说："你去告诉警卫连，要他们做好两锅饭给伤员吃。"临走时，他笑着和我握了握手。

首长刚走，伤员们就把我围住了，问刘师长讲了什么。我听了"刘师长"三个字，半天都说不出话。想起刘伯承师长的关怀，我的脸都急红了。我把刘师长的话告诉大家，伤员们感动极了。过了不到一个钟头，师部警卫连送来了两锅香喷喷的小米饭，还有些山药蛋。

下午3点，来了一个警卫员，说师长请我去。见了刘师长，他还是那样和蔼地对我说："有一股敌人可能插到东山来'扫荡'，企图包围我们。你们今晚一定要转移到西山去。"他指着地图，详细地对我讲了晚上转移的路线，走哪里比较安全和好走，告诉我发生紧急情况如何处置。我一下子觉得有了靠山，回去后立即叫了排长及几个负轻伤的党员开了个会，研究了夜晚转移的任务。

夜深了，村干部给我们动员了十几副紧急捆绑的担架，安置了重伤员，较轻的就跟着慢慢走。伤员们走不多远就得坐下来休息，我们扶着他们一步步往前挪。

这样走了三个多钟头，向导说还不到十里地。我心里正在着急，忽然听到远处有狗吠声，我心里有点犯嘀咕。不一会儿，在我们来的路上隐隐约约听到马蹄声。我急了，连忙喊护士长要她带几个有枪的护士到后面看看，以防万一。我带着伤员们马上走。伤员们有的一瘸一拐地跑，有的举起临时做的拐杖准备同鬼子拼了。我心里急得像热锅上的蚂蚁。

正忙乱的时候，护士长领着一个全副武装的战士跑到我面前，向我敬礼，说："刘师长派我们骑兵连来紧急护送伤员，有三十几匹马……"我不等他说完，也顾不得保密不保密，就大声喊："同志们，刘师长给我们送牲口来了！"黑夜里，我看不清伤员们的面容，但可以想象大家是多么兴奋和感激啊！

行军的速度显然加快了。当我们刚刚到达西山一带的小路时，突然东面传来一阵激烈的枪声，敌人已抢占了我们刚才停留的东边山坳。好险呀！

后来才听说刘师长知道我和唐平铸。唐平铸是总部机关里少数懂日语的人之一。他说："年轻人需要锻炼。"[12]

母亲一直珍藏着一封家信。那是1949年进军大西南时，父亲在行军路上匆匆写给她的。随着时间的流逝，纸已发黄，字迹也变得有些模糊。信封上贴着五枚"中华邮政华中区"邮票。信中写道：

友孟：

连着接到你的两封信，甚为欣喜。在沙市时我写了四封信给你，一封你也未收到。我急死了，以为是出了什么问题。后来遇到三十一师的师长赵兰田同志，他说曾看到你。直到这次收到你的信，我才放心了，可能是邮政方面的问题。我写这封信时，你一定生了吧？我们在打仗，不能照顾你，也无法见到我们的孩子，非常遗憾。我有几件破衬衣，已无法穿了，警卫员说不能补了，我想可以拆了给孩子做尿布，见面再说吧。

我调到三十四师来当政委，在党内担任师党委书记，还管一些军里的工作。担子很重，对我锻炼很大。我们师是进军西南的先头部队，任务光荣艰巨。我师从湖北宜都出发，走了七天到达湖南的慈利，打算经过彭水直取重庆。胜利后，我们军就要担负重庆市的警备任务。

最近，我身体很好。我看了一本苏联小说《真正的人》，描写一个苏联飞行员在作战中把腿摔断了，从敌后爬了十八天，终于找到了自己人。后来，他在医院每天练习用断腿走路，最后重返战场，成为一位著名的"无脚飞行员"，在战争中立了大功。尽管作战任务重，我注意了身体锻炼，饭量也增加了，一顿饭可以吃三碗干饭和一碗稀饭。头痛有时发，没有过去那样一直痛了。

你把小炎、虎儿安置在那样好的一个地方，实在是好极了。我把他们的保育费寄给你，让人家也减轻点负担。孩子起什么名字，得让我好好想想，咱们见面再商量吧。我考虑你入川恐怕要在明春，孩子最好一直先放在那里。我知道你老是想到前方来，你可以找一下王宏坤，打听打听野政和后勤。我预计打下重庆还要一些时间，那里是国民党的老巢。

希望你多注意保养身体。写这封信以后，恐怕相当长时间才能再写信给你。不过，你的信就是慢一点，还是可以转到的。

母亲在外面干些活，我很同意。当地政府照顾她，我们不能靠优待，那不是办法。妹妹如果不同意，要写信多说服她。

爱礼

平铸

十一月一日　湖南慈利[13]

1953 年，母亲随父亲调入北京，在中南海做医疗保健工作，后来随罗荣桓夫人林月琴创办军委十一学校，以后长年任北京卫生检疫所所长。

有一次，我们问母亲："妈妈，你怎么生这么多孩子呢？可你不生，这世界上就没有我们了。"她说："战争时期，没有节育条件。当时组织上鼓励为革命多生孩子，多子女的家庭很多。那时真叫难哪！把你们从老乡家接回后，都是驮在马背上跟着我们行军。解放以后，还是鼓励多生孩子。"

抗日战争时期，母亲把老二炎明、老三智明寄养在太行山根据地的老乡家里，淳朴的乡亲们疼爱八路军的后代。她回忆说："有一次日本鬼子扫荡，把我和部队冲散了。当时老二病了，我刚从老乡家里把他接来。我慌忙抱着他沿着山坡跑，鬼子在后面追。我实在跑不动了，在山坡拐弯的地方顾不得深浅，猛地一下跳进了一条山沟里，躲了起来。这时老二吓得要哭，我担心哭声引来鬼子，就急忙抓起一把土，塞进了他的嘴里。鬼子们端着枪，哇里哇啦喊着从我头上跑过去以后，我低头一看，孩子的小脸都变青了，我急忙哭着把土从他的嘴里抠了出来。后来，我去找那个救过我们母子性命的山沟，可怎么也记不清准确的位置了。"[14] 智明的奶娘看着孩子胖乎乎的小脸，给他起了"奶蛋"的乳名。解放重庆后，父亲的警卫员陈龙云把他从山西左权接了回来。后来智明大了，父亲把"奶蛋"改写成"乃旦"。20世纪50年代，苏联军队的《红星报》和《苏联妇女》杂志采访了生了十个孩子的母亲陈友孟，刊登了有关她的文章和照片，称她为"英雄母亲"。

在三年困难时期，许多人自己养鸡，用菜叶子拌一点玉米面喂。我们家的喂鸡钵子，看起来像个钢盔，两边是铁丝扭的把手，被烟火熏得黑黑的。正在上高中的炎明写了一篇名为《革命碗》的故事，投递给《中国青年》杂志。没想到文章竟然发表了，妹妹所在的学校还把这篇短文当作不忘过去的辅导教材。炎明高兴地用二十多元稿费买了一个篮球。不多久，《中国青年报》和《妇女报》的记者来家里采访。母亲把钢盔的来历告诉了记者："抗日战争时，百团大战打得很惨烈。这个钢盔是八路军一个被打断腿的伤员，在战场上缴获的，他送给了我。打仗时我用它煮水、煮纱布给伤病员们清洗伤口，救了不少战士的生命。这么多年了，我一直舍不得丢。"后来，这个日本鬼子的钢盔，被中国革命历史博物馆作为革命文物征集。

还有一次，家里的阿姨趁老十春明不在，要杀他养的那只公鸡招待客人。刀割到一半时，正好春明进家。他一眼看到心爱的公鸡被杀，大哭着冲了过去。可是鸡脑袋已经耷拉着，奄奄一息了。母亲看到春明伤心的样子，就用酒精给鸡脖子消了消毒，然后用缝衣服的针线把鸡脖子缝合了。结果这只鸡竟然活了过来！只是每天早上鸣叫时，声音很难听。孩子们开玩笑说："妈妈这是土八路医术的干活，以前就是这么给伤员做手术的吧。"母亲生气地说："你们懂什么！"

文化大革命中，母亲也受到迫害。她是"走资派"和"走资派黑婆子"的"双料货"，尽管多年病休，已是"一条死狗"，但也必须按时由孩子用自行车驮着去单位"学习""汇报思想"。军报的造反派闯到家里，坐在桌子上对她训话，还组织家属集会批斗她。孩子们弄不明白，在战场上舍生忘死抢救了数以百计的伤病员，在解放后勤勤恳恳从事卫生工作的母亲，为何受到如此欺凌？

造反派经常在深夜里敲门查户口，实际是监视和威胁她和孩子们。她几次想回老家湖北，可是参军几十年，老家已没有什么人了。就是有，也无法接纳她这个"牛鬼蛇神"。

唯一支撑她生活下去的就是她对事业的热爱和忠诚，她根本不相信丈夫是反革命分子，也不相信他是牛鬼蛇神。她口述给中央的申诉信，儿子写好后，她要看几遍才放心。

父亲被释放后，她已病得很难说话，四肢强直，但她继续鼓励父亲向中央申诉。每次信写好后，她不点头和眨眼，是通不过的。

1984年初，母亲病重。当时父亲也患了癌症。有一天，两位自知时日不多的老人互相搀扶着，用湖北乡音断断续续地哼起了他们在延安抗大学习时唱过的校歌：

> 黄河之滨，
> 集合着一群中华民族优秀的子孙。
> 人类解放，救国的责任，
> 全靠我们自己来担承……

接着，他们又哼起了《延安颂》。当时的场面，令家人潸然泪下。

1984年2月，我们亲爱的妈妈陈友孟病逝。在八宝山举行的告别仪式上，一些头发花白、在战火中被她救治过的伤员，走近她的遗体，哭着说："陈医生，走好啊！"她的骨灰盒上，覆盖着鲜红的党旗。

病床上的思索

　　在经历了十几年的政治迫害后，父亲唐平铸终于有了一纸"恢复名誉"的平反结论。尽管中央军委打算给他安排工作，让他到外地的大军区去，还有人建议他去毛选编委会任职，但是他考虑到病危的老伴及自己的精力，特别是 80 年代初，"四人帮"的余孽还在暗中作祟，对他处处刁难。他对如何度过劫后余生考虑了一段时间后，同老战友胡痴一起办了离休手续。用他自己的话来说，"可以闭门思考些问题，还想把进军大西南的《南征日记》整理出来，有许多战例和事迹需要和老同志共同回忆、整理，要给后人留下点什么。以前在工作岗位上有些问题看不出来，下来以后，接触群众多了，看问题会更客观、更实际，更全面一些。有机会的话，打算向中央多提些建议。"

　　他离休后捡起了钓鱼的爱好。在战火纷飞的艰苦年代，只要有空闲，只要附近能"开竿"，他就用一根竹子，一条线，一个自制的鱼钩，随手再掰一节芦苇当作浮漂，在河边垂钓起来。炊事班的战士们总是高兴地用筷子敲起饭碗欢迎他。抗日战争初期，他在八路军野战政治部敌工部工作，负责与日本军反战同盟和朝鲜独立同盟在中国参战的同志联系。郑律成是朝鲜独立同盟和义勇队的负责人之一。父亲说，他钓鱼是郑律成教的。1982 年 1 月 20 日，他写了一篇悼念人民音乐家郑律成的文章刊登在《人民日报》上：

　　　　有一次，我在他们那里工作晚了，郑律成同志让我留下。他住的是一间小小的房子，土炕占了一多半，炕上放着单薄的黄色军被，和一个当枕头用的小包袱。用白纸糊的小窗子旁边，有一个砖头垒起的"桌子"，上面放着一些书报和文具。地上堆了许多鱼网、绳子和鱼钩等物。我好奇地问他："你还搞鱼吗？"他笑着说："吃罢饭到清漳河钓鱼去，改善改善生活。"饭后他领我到河边，先在沿岸石头缝里捉了一些小蛤蟆，把它们一个个穿刺在一条长十几丈绳子的许多鱼钩上，然后把绳子的一端牢牢地拴在岸边的一块大石头上。晚上我和他挤在一床被里，天南地北谈了半宿。第二天天不亮，他就把我叫醒，说是收鱼去。我对他用这种办法能不能钓上鱼半信半疑。可是，当他慢慢地把绳子拉到岸边时，我果真看见鱼钩上挂着两条三四斤的鲇鱼在那里挣扎。我真是又兴奋又惊奇。他把那条大一些的送到伙房给大家吃，另一条我们俩人美美地吃了一顿。1944年他回延安时，把自制的渔具全送给了我，我也学会钓鱼了。[15]

离休后，父亲还写了一本《如何钓鱼》的小册子，其中写道："钓鱼是比登山、滑雪、野营、旅游等更加大众化、费用少的有趣户外活动。当你两眼盯着鱼漂，看见它抖动时，怎么样形容你的心情都不过分。"在该书中，他对鱼的习性、钓鱼地点的选择、与气象的关系（风、霜、雨、雪）、钓具、鱼食等都做了详细介绍，可惜由于生病没能全部写完。

早年学画的经历，让他离休后又拿起了画笔。他擅长水彩画，经常和小女儿丽明外出写生，父女俩的足迹踏遍了北京的名胜古迹和郊外的绿水青山。在父亲的影响下，丽明画得越来越好，后来她和同伴们在北京美术馆举办了"七女子画展"，朱德元帅的夫人康克清亲自给她们题了词，各报刊登了举办画展的消息和文章。丽明现在在美国的一所大学教授舞台美术，她的丈夫也是画家。

然而离休后的悠闲生活没持续多久，似乎是命里注定，父亲突然又跌入了另一个生命的漩涡。他感到下腹部时而隐隐作痛，还有潜血。他在日记里写道："医生说需要住院检查，但愿是虚惊一场。"[16]然而多年愤懑、压抑的心境，壮志未酬的抱憾情怀，成为癌细胞滋生的温床。1982年5月12日，他住进了解放军301医院南楼。经过各种检查，得出化验的结论：中晚期结肠癌，癌细胞已侵入了淋巴。处置方案是立即手术。

6月1日清晨7时，他被子女们簇拥着推往手术室。他的鼻子里插着管子，笑着对孩子们说："我很好，信心十足。"手术室内，无影灯下，医生切开了他的腹部。像菜花状的癌变物长满了肠壁，穿过了肠膜，但还没有扩散到腹腔。医生对病变部位立即做了摘除和清理,手术进行了三个小时。

化疗开始,目的是消灭残存的癌细胞。父亲说:"也不知道是哪位先者发明了这种至今仍在使用的治疗方法,既消灭了可能存在的癌细胞,也杀伤了健康的机体和白血球。这种敌我不分的囹圄疗法,想起来,真有点像我们的政治运动。"病房外,绿草如茵;病房内,医生护士忙里忙外,照顾得无微不至。然而他说:"可是我一进入这种房子,反而感到孤寂。十年浩劫时的铁窗生活又浮现在眼前……"

他无法停止思考,在《住院日记》中,他抄录了东汉科学家张衡的名句:"不以高官厚禄为荣,但以无德无才为耻;不以身家性命为重,而以国家黎民为忧。"在1983年2月20日的日记中,他抄录了民国时期文学家、学者刘半农的诗《教我如何不想她》,并写下了感想:

> 天上飘着些微云,地上吹着些微风。
> 啊!微风吹动了我的头发,教我如何不想她?
> 月光恋爱着海洋,海洋恋爱着月光。
> 啊!这般蜜也似的银夜,教我如何不想她?
> 水面落花慢慢流,水底鱼儿慢慢游。
> 啊!燕子你说些什么话?教我如何不想她?
> 枯树在冷风里摇,野火在暮色中烧。
> 啊!西天还有些儿残霞,教我如何不想她?

这首歌词是刘半农一九二零年在伦敦写的。有人曾经认为这是一首歌颂爱情的诗歌,"四人帮"更把它当作"黑歌"加以批判。其实,刘半农在歌词中抒发了对祖国的怀念之情,赞颂了大自然的美,同时用"枯树在冷风里摇"的诗句来形容摇摇欲坠的反动统治,用"野火在暮色中烧"来描写人民的革命,就像那烧不尽的野火,将会在中华大地燃烧。多么美好的歌曲啊,叫我如何不想她!

革命战争时代那种同志亲密无间、与人民群众鱼水交融的情景，多么令人向往！而文革后仍然时而遇到冷漠和猜忌，有些人为了权力、金钱可以置党性、人格于不顾。为什么会出现这种情况？为什么？

在战争年代，人民拥护我们。我们的干部和战士都是从死人堆里爬出来的。而现在有些人靠的是买官、跑官、要官，民愤极大，更不要说有什么理想了。人民群众要的是敬业奉献、正直廉洁、经过磨炼的公仆。在干部队伍的建设上，我们还有很长的路要走。在我们一部分人中，特别是年轻一代人，缺乏的是信仰和理想，缺乏的是反思，缺乏的是社会主义条件下对体制和制度建设的进一步探索，缺乏的是用有效的法制、法规反腐和打击刑事犯罪。这时候让普通人讲道德、讲公义，显然软弱无力。这是我们的硬伤。

共产党人笃志于理想，尽管这个理想很遥远。现实中的腐败猖獗与意识形态、理想信念之间发生了激烈碰撞。我们不能忽视社会矛盾和冲突所形成的压力以及由此形成的对社会变革的推动。解决好理想和信仰，关系到建设公平正义的社会，关系到党和国家的存亡。[17]

他在病床上读《彭德怀自述》，看到庐山会议一段，写道：

我实在控制不了自己的感情，怎么在党内整人整到这种地步，简直看不下去。我们的领导人不能容人，把一个忠心耿耿、为党奋斗了几十年的老帅，令人痛心地整掉，他怀着对党的忠诚和信仰含冤死去。《自述》是他被审查时写的交代材料，字字句句，使人感到一股正气，对错误的东西决不留情，为真理坚持到底，自己有了错误，诚恳地作自我批评，在受冤屈时，宁可牺牲自己，也不牵连别人。[18]

只有同样受过无端审查，同样受过迫害监禁的人，才能对彭大将军的悲惨遭遇感同身受，才会对所经历的，极端反常的事件痛心疾首。

父亲回忆起文革中遍布全国的冤狱。那时，是生，是死，是荣，是辱，只要"上面"一句话，政治生命掌握在专案组手里和"结论"的几页纸上。他被无端地"隔离审查"、等待"结论"、不分配工作，缠了他十二年之久，甚至在"四人帮"和康生垮台后，又拖延了三年零四个月。这些中央专案组办案人员奉旨行事，根本不顾什么法、什么理。全国不知搞了多少假案、错案、冤案！父亲说，真应该出版一部有中国特色的"专案史"。他还抄下了在狱中写的一首打油诗：

> 吹毛求疵疵何在？
> 捕风捉影影无踪。
> 以假乱真真可鄙，
> 颠倒黑白白日梦！

这首为"文革"专案组画像的诗句，今天读起来，可以付之一笑，但那时莫须有的罪名，扼杀了多少人的生命，吞噬了多少个无辜的家庭！这是他在万般痛苦中发自肺腑的心声。

他的《住院日记》，不是写给别人看的，却留下了他的肺腑之言。

生命之光

住院期间，父亲除了在日记上写下他的思考之外，还把铁窗下翻译的英文小说《霹雳前程》，拿到病床前修改。护士饶涓主动帮他整理抄写，"抄得非常工整，还做了一个很漂亮的封面，我真不知道该怎么感谢她。"他读到爱明尼斯基的英文诗《祝您晚安》，灵机一动，步其韵，改为《祝您早安》。他把它赠给了这位好学上进、心地善良的19岁江西姑娘，祝福年轻的一代有着更加美好的明天。

> 鸟儿吱吱叫了，打破了黎明前的幽静，

微风的翅膀，打开了你那朦胧的眼睛，
花儿昂起头，迎接着阳光的亲吻——
祝您早安！

太阳升起来啦！远山披上新衣，
愈来愈鲜艳，愈来愈明亮，
不知道这是幻景，还是梦想——
祝您早安！

　　病中的父亲，仍然关心着子女们，他对我们讲述自己的人生体验，勉励我们成长。有一次，亚明问躺在病床上的父亲："你写了那么多的文章和社论，一定积累了不少经验吧？"他笑着说："清朝的时候，有个叫方薰的画家，写了一篇很有名的《山静居画论》的文章。文中说：今人作画用柳木炭起稿，谓之'朽笔'，古有'九朽一罢'之说，盖用土笔为之。以白色土淘澄之，裹作笔头，用时可逐次改易。数至九而朽定。乃以淡墨就痕描出，拂去尘埃，故曰一罢。"他接着说："这段话表明了这位画家的严谨态度：伏案构思，草图屡作屡易，直至九次修改增删，才觉差强人意，最后定稿。我们写文章，也像作画那样，目的是给人看的，要想文能达意，有一点含糊的地方、晦涩的地方都不行。要多读、多想、多写、多改，才能写出好文章。但最重要的是，要深入生活，敏锐地观察生活，热爱生活，要有对事业的至诚之心。"

　　他给孩子们写了几句话："人们不但要广泛地汲取多方面的知识，而且要有驾驭知识的能力，就是说，要善于把自己所学的知识，有效地控制和集中在主要目标上，形成能力优势，造就独具的知识结构。"他接着写道：

　　这几句话是根据报纸上看到的一个论点加以补充和改写的，这是一个重要问题。过去有种说法是"书读得越多越蠢"，结果是轻视知识、轻视科学、轻视知识分子的倾向在党内长期存在。我们建国几十年还处于被动落后的局面，不能不说这是一个重要原因。三中全会以来，党的路线的转变，我们每个共产党员都衷心拥护。事情还有另一方面，有了多方面的知识，还要驾驭和控制它，使它集中于主要目标上，这样，我们才能有所作为，不然又会变成万金油。我们这一代人，虽然还要继续努力，但毕竟精力有限，心不由己，你们青年人，应当挑起历史的重担，把革命和建设事业世世代代地继续下去。努力不倦地学习吧，用人类已有的知识来丰富自己，向科学的深度进军。

一九八三年二月二十六日 [19]

亚明在日本考上了早稻田大学，与一位来中国留过学的日本女学生结了婚。他没有反对这桩异国婚姻，祝福他们互敬互爱，勉励他们为中日友好多做工作。当小两口千里迢迢飞到他的病床前时，他重操30年代在日本留学时学的日语。"多少年不用，我同他们讲话时结结巴巴，日本话忘了很多……"他望着孩子们，感慨良多。

在第一次手术后，父亲出院了。他更加感到生命的短促，于是制定了一个谁也不知道的"计划"。他不愿意躺在床上"养"病，他感觉自己的时间不多了，他要四处走走，看看这个为之奋斗的祖国。1983年3月20日手术出院后，他拖着病体，在孩子的陪同下几乎走遍了半个中国。他先去看望了老领导和老战友，他们大都是大军区、军兵种的负责人。这些老人在一起时，多数是谈党和国家的大事，很少谈自己。他们谈得最多的是如何加强军队的现代化建设，特别是在长期无仗可打的情况下，如何加强实战模拟训练。他们都希望出版反映自己的老部队二野的著作。

1983年6月，父亲到上海看望了亲家汪道涵（原上海市市长，后任海峡两岸关系协会会长）和老朋友宋日昌（原上海市副市长）。而后不顾劳顿，又到福州探望了军区司令员杨成武。父亲与杨成武多有来往，他们谈到文革中受到江青一伙的残酷迫害。在福州，父亲和亲家周赤萍（原福州军区政委）见了面。周赤萍是放牛娃出身，跟随毛泽东上了井冈山，在战斗中身负八处枪伤。在辽沈战役中，他任纵队政委，与梁兴初一起指挥了著名的黑山阻击战，全歼美式装备的廖耀湘兵团十一万之众，活捉了廖耀湘。文化大革命中，由于再版了他的回忆文章《东北解放战争时期的林彪同志》，林彪事件后他遭到拘禁，后被投入秦城监狱。1990年去世后，老家江西宜春的乡亲们在一座小山上，为这位老战士修了一座三米多高的石碑，上书"周赤萍将军永垂不朽"几个大字。杨成武司令派专车把父亲送到庐山，而后他去武汉探望了老同学和亲属。

他又去看望了亲家石西民夫妇。石西民也是老报人，1939年春，在周恩来的直接领导下奉调重庆八路军办事处筹建《解放日报》。他在文化大革命中被打倒，恢复名誉后担任社科院副秘书长、国家出版总局局长等职。相近的经历，相似的遭遇，使他们无话不谈。临别时，石西民劝他注意身体，他说："我感到好像没有什么病，浑身有使不完的劲。"石西民送给他一幅字，上边是自己亲笔抄的一段话："我们已经无法挽回昨天，这是很明显的。从现在起，我们就要开始走向明天。无论对你，无论对我，都是一样。所以，每个今天都要尽可能做好。"

1984年4月20日，父亲和老战友钟明锋，应邀回他们曾经战斗过的老部队参观访问。这支部队驻守在吉林省通化，当时，全军正在这里召开以这个部队为典型的正规化现场会。战士们高兴地敲锣打鼓，举着"欢迎老首长回家看看"的大标语在营区门口迎接他们。父亲在日记中动情地写道："我们就像两个从小离家出走的游子，一下子扑进了母亲的怀里，激动的心情是难以用语言表达的。回到阔别四十多年的家，见到亲人，看到那些生龙活虎的年轻战士，我们这两个白发苍苍的老军人眼睛都湿润了。"[20]

这支部队在抗日战争时期是一二九师的一个团。它在抗日战争中战功卓著。在解放战争中，该团从解放战争的第一个战役——上党战役，一直打到最后一个战役——解放西南的成都会战，参加了解放战争的全过程。从1945年8月到1950年1月的4年半时间里，该团参加重大战役和战斗60余次，纵横9个省，行程39,700余里，解放县以上城市18座。当听说唐平铸是抱着重病来看望他们的，团里没有用大鱼大肉招待他，而是像过去一样亲亲热热地坐在一起包饺子，唠家常。这个团从成立起已经换了 17 名团长，22 名政委。在抗战期间，父亲从这个团调到八路军总部敌工部，钟明锋由营长升为团长。父亲在日记中写道：

　　　　1937 年秋，我和老钟由红军团调到这个部队的时候，它还是由太行山的和顺、昔阳、榆次、平定等地的老百姓刚刚组成的一支游击队，称为"独立支队"。除了由红军老团调来一个连和一部分干部作骨干外，都是当地的农民。乡亲们为了打日本鬼子，手中拿的是大刀和长矛，穿的也是五花八门，有的头上系着山西农民常系的白毛巾。可是不到半年，经过几次战斗和整顿，部队就大大变了样。1938 年的夏天，部队打到冀南平原，编为冀豫支队第二团。在定县的大杨庄缴获了一门四一四山炮，这是一二九师出征以来第一次缴获的山炮。

　　　　1939 年初，我们在太行山被编为三八五旅第二团。在敌人进攻辽县时，我们在狼牙山的战斗中，缴获了鬼子的几十支步枪和一挺歪把子轻机枪，一门山炮。从我们以后的战果来看，这算不了什么，可是在那时却是一件大事。周围的老乡们奔走相告：

　　　　石匣有个狼牙山，它是鬼子的要命山。

　　　　三八五旅老二团，夺了敌人的轻机关。

　　　　这个团在太行山的抗日烽火中，在解放全中国的南征北战中，在抗美援朝一把炒面一把雪的艰苦岁月里，为人民的解放事业立下了汗马功劳。

　　　　和几十年的老战友在一起，说的最多的是当年太行山的战斗生活：在哪里打了什么仗，哪些同志负伤了，哪些同志牺牲了，哪些老战友还健在，当时的老乡如何支援我们……

　　　　想起那些倒在敌人的枪口下、倒在血泊中的战友们，想起那些冒着生命危险支援我们的乡亲们，我们这些战争的幸存者，还能有什么想不开、有什么不可割舍呢？我们要用努力的工作去告慰那些先烈，哪怕只有一口气，也要把革命事业进行到底。[21]

　　父亲这一路走下来，回到家时，身体消瘦了许多。家人明白，他是在向老战友、老同学、亲属和他战斗生活过的地方作最后的诀别。他也很想去日本看看，那是他早年读书、参加革命的地方，但在当时，是无法得到批准的。

　　1984 年 7 月 21 日，父亲在病床上度过了 71 岁生日，这也是他最后一次过生日。大家切开了蛋糕，可是谁也吃不下去。大女儿爱明知道父亲爱吃涮羊肉，拿来了一个电热杯、一小包羊肉片。孩子们看着他用筷子在吱吱作响的水里，慢慢地涮着肉片，默默无语。他们多么希望重病缠身的父亲能够忘却一切烦恼，过一个欢乐的生日，能够重新健康地回到家中！

　　他在日记中写道："吃得并不香。生命为什么这样短促，似乎还未开始就进入了老年……"[22] 入夜，他感慨万千，日记上是一首诗《夕阳》：

> 微风轻轻地吹拂着我的脸庞，
> 落叶在残阳下闪烁着金光，
> 我独自在寂静的街头徘徊，
> 黄昏啊，使我无限惆怅！
> 倚窗眺望那西下的夕阳，
> 我的心灵为什么不安，
> 是叹息那不灭的希望火花，
> 还是感伤那将逝去的美好时光。
> 远处的街灯投下昏暗的光圈，
> 月亮钻出浮云悄悄跟在我身旁。
> 为了往昔的欢乐常驻心间，
> 我忧郁、踯躅又满怀向往。
> 我要一直走到长夜的尽头，
> 用我的生命迎接黎明的霞光。
> 为了大地给我的温馨和芬芳，
> 愿将这心灵的话语向您献上。[23]

遗恨

　　1985 年 7 月 10 日，301 医院的陆维善主任再一次给父亲做手术，打开腹腔看到，癌细胞已扩及全身，手术无法进行，只好缝合了。他的睾丸肿胀得像个小足球。为了延续生命，医生为他做了透析。他对准备到上海赴任前来看望他的江泽民夫妇说："我不怕死，但没有想到死神来得这样快。"他在弥留之际，还在苦苦念叨："人的……正确……思想……到底是从……哪里来……的？"在父亲生命的最后一息，子女们围在床前。他断断续续交代：死后把遗体捐出来，做病理研究。除了留给生病的孩子治疗、生活等费用外，把家中的国库券及一些存款交给组织，要多凑一点，作为最后的一次党费。

　　1985 年 7 月 20 日，72 岁生日的前一天，父亲在北京 301 医院与世长辞。

　　1985 年 8 月 4 日，在八宝山告别仪式的大厅里，摆满了党、国家和军队领导以及各总部、军兵种送的花圈，《人民日报》、《解放军报》、新华社、《解放日报》等新闻单位，他生前所在的十二军、湖北省委也送了花圈。在近千人的告别仪式中，身穿白衣的十多位医生、护士格外引人注目。当年同父亲一起从日本归国投身抗战的刘小甫的儿子傅小钟，代表已去世的母亲，向遗体两次告别。老战友胡痴佩戴黑纱，一直守护在他的灵柩旁。文化部部长朱穆之为他即将成集出版的画作题词："犹有余辉照人间"。他的战友、公安部部长刘复之参加了悼念。亲家周赤萍从福州发来唁电。他的儿媳拿着她父亲汪道涵的唁电泣不成声。亲家石西民夫妇参加了悼念。日本友人松居直从大洋彼岸发来唁电。他的湖北老乡、时任国家主席的李先念从外地打来电话，表示哀悼。肖华、刘志坚、韦国清、杨国宇、韦杰、左漠野、陈锡联、李达、尤太忠、李德生、乔羽、欧阳文、李庄、杨白冰等参加了悼念或发来唁电。父亲的战友、解放军报社社长吕梁，以及被"四人帮"从上海调来接任父亲的《人民日报》原总编鲁瑛也来向父亲告别；歌唱家程志代表他的岳母苏明和妻子苏小明前来追悼会，苏明是父亲生前的好友。

　　《人民日报》《解放军报》《解放日报》等各报纸刊登了父亲去世的消息和生平。《解放军报》在介绍他的生平时写道："十年动乱中，唐平铸同志受'四人帮'迫害，被非法关押近八年之久。粉碎'四人帮'以后，经中央军委批准对他作出了彻底平反、恢复名誉的决定。他把毕生精力献给了党的事业，为我军的宣传工作和新闻事业作出了突出贡献。"[24]父亲得到了公正的历史评价，但是，他已经没有反应，不能思索，不能动作，因而也不会再陷入那些人为的政治漩涡了。

　　解放军301医院的护士饶涓写道："我无法抑制我的悲痛。1982年6月1日，唐伯伯在我们病房做的手术，正好我给他上的特别护理。夜晚，术后伤口剧烈地疼痛，各种引流管、输液管使他动弹不得，但他却连哼也没有哼一声，这在我护理过的病人中是不多见的。文革给他造成的精神和身体上的创伤是我们难以想象的，有时他也不知不觉地流露出一丝内心的苦楚与寂寞，我们那时还不太理解。他乐观、开朗、博学多才，从他身上我感受到了一种奋发的力量，一种对我们这些小一辈人的爱护和希望。"[25]

　　一位受过他支持和鼓励的青年，在悼念信中写道："唐老满腹才华，满腔热诚从此消失，我只能高呼：苍天不公！他是年轻人的向导，中年人的班长，老年人的益友——当然，也是心术不正之人的对立面，他是位大大的好人！"

　　我们的父亲在漩涡中挣扎奋斗了一生。如果我们活着的人能从中理解他的理想和渴望，他的困惑和悲伤，他的乐观和苦难，他的思考和忧虑，就是对九泉之下死者的最大安慰了。

　　2001年12月，胡痴因心脏病突发病逝。在八宝山遗体告别仪式上，随着缓缓前行的人流，我们几个兄弟姐妹默默走到这位父亲挚友的遗体前，深深地鞠躬。

　　唐平铸遗言如下：

　　　　在可能离开这美好世界的时候，我以无限深情怀念我们伟大的党、伟大的祖国、伟大的人民，怀念与我同生死、共患难的战友们和亲人们，以及我所熟悉的同志们和朋友们。

没有任何语言能表达我和孩子们、亲属们的深情。

我多么怀念毕生为之奋斗的事业！

半个世纪以来，我在革命队伍中，做了一名普通共产党员应当做的工作，没有大的建树，尤其是在接近晚年的时候，受到"四人帮"反党集团的迫害和由此产生的疾病的长期折磨，使我失去了最后冲刺的机遇，这是非常遗恨的事情。[26]

我们的父亲唐平铸，为中国人民的解放事业，为新中国的新闻事业奋斗了终生。

亲爱的爸爸，我们永远怀念你！

注释

1   唐平铸日记，1968 年 5 月 20 日，未刊稿。
2   唐平铸：《千里跃进，逐鹿中原》，解放军文艺出版社，1961 年，第 81 页。
3   胡痴当时任《战友报》和《人民战士报》社长兼总编辑。
4   胡痴：《军事报道的先锋——忆唐平铸对刘邓大军新闻工作的贡献》，《刘邓大军征战新闻篇》，陈斐琴等主编，新华出版社，1987 年，第 668–673 页。
5   《王革勋文集》第七十三，《一张报证见深情》，见《淇县之窗——淇县热线》网站，www.qxzc.net/gr/wgx/d/d(73).htm。
6   叶寒青，时任《解放军报》主编。
7   唐平铸日记，1969 年 9 月 17 日，未刊稿。
8   唐平铸日记，1968 年 9 月 17 日，未刊稿。
9   唐平铸日记，1970 年 11 月 6 日，未刊稿。
10 唐亚明：《不知道披头士的红卫兵》（日文），日本：岩波书店，1990 年，第287–288 页。
11 唐平铸：《汉字精简方案》（初稿），1973 年 7 月，未刊稿。
12 刘伯承等著：《刘伯承回忆录》，上海文艺出版社，1981 年，第 252–256 页。
13 唐平铸 1949 年 12 月 1 日给陈友孟的信，未刊稿。
14 唐炎明日记，1965 年 10 月 10 日，未刊稿。
15 唐平铸：《悼念郑律成同志》，《人民日报》1982 年 1 月 20 日。

16 唐平铸日记，1982 年 5 月 2 日。

17 唐平铸：《住院日记》，1983 年 8 月 3 日。

18 唐平铸：《住院日记》，1983 年 8 月 13 日。

19 唐平铸写给子女的几句话，唐平铸日记，1983 年 2 月 26 日。

20 唐平铸日记，1984 年 4 月 20 日。

21 唐平铸日记，1984 年 4 月 23 日，未刊稿。

22 唐平铸日记，1984 年 7 月 21 日，未刊稿。

23 同上。

24 1985 年 8 月 3 日《解放军报》本报讯：唐平铸同志逝世；1985 年 8 月 6 日《人民日报》本报讯：唐平铸同志逝世。

25 1985 年 8 月 10 日饶涓给唐平铸家属的信。

26 唐平铸遗书，1985 年 7 月 17 日。